中国商用车发展报告（2022）

组编：方得网

主编：姚　蔚

参编：谢光耀　刘振国　郑　玲
　　　徐向阳　崔东树　李鲁苗
　　　吴　征　王　阳　李忠心

机械工业出版社

本书分为四部分。第一部分为总报告。总报告运用经济学理论与模型，概括地总结了本书的核心内容，对中国商用车行业的现状、竞争力、未来趋势进行了分析和研判，同时对中国商用车行业的全球竞争力优势、不足、机遇与挑战也进行了分析并给出了建议。第二部分为行业发展报告，重点对当前商用车行业热点领域，如自动驾驶、自动变速器、新能源商用车政策、新能源商用车产业、公路物流、道路客运、商用车整车及柴油发动机上市公司竞争力等进行专题研究。第三部分为细分市场报告，主要对商用车行业的不同细分市场进行竞争力分析和趋势研判，包括重型货车、大中型客车、轻微型货车、轻型客车、皮卡，以及商用车进出口市场。第四部分为企业竞争力报告，重点选取有代表性的商用车企业，对其竞争力优势进行全面剖析，包括吉利、比亚迪、宇通、中国重汽、上汽红岩、法士特和特百佳。附录部分梳理了 2021 年 1 月—2022 年 6 月中国商用车大事记。

本书适合商用车投资机构、研究机构、行业组织、政府部门等相关工作人员，以及商用车制造、经销、售后服务、零部件、运营（物流、快递、货运、客运、公交、旅游、租赁、金融）等企业工作人员阅读参考。

图书在版编目（CIP）数据

中国商用车发展报告. 2022 / 方得网组编；姚蔚主编. —北京：机械工业出版社，2022.10
ISBN 978 - 7 - 111 - 71670 - 9

Ⅰ.①中… Ⅱ.①方… ②姚… Ⅲ.①商用车辆-汽车工业-产业发展-研究报告-中国-2022 Ⅳ.①F426.471

中国版本图书馆 CIP 数据核字（2022）第 179102 号

机械工业出版社（北京市百万庄大街 22 号 邮政编码 100037）
策划编辑：母云红　　　　　责任编辑：母云红
责任校对：梁　静　王　延　责任印制：刘　媛
涿州市般润文化传播有限公司印刷
2023 年 1 月第 1 版第 1 次印刷
169mm×239mm · 18.5 印张 · 1 插页 · 370 千字
标准书号：ISBN 978 - 7 - 111 - 71670 - 9
定价：199.00 元

电话服务　　　　　　　　　网络服务
客服电话：010 - 88361066　　机 工 官 网：www.cmpbook.com
　　　　　010 - 88379833　　机 工 官 博：weibo.com/cmp1952
　　　　　010 - 68326294　　金 书 网：www.golden-book.com
封底无防伪标均为盗版　机工教育服务网：www.cmpedu.com

主要作者简介

姚蔚，经济学硕士，师从著名经济学家李京文院士，中国数量经济学会和中国注册会计师协会会员。现任方得网总编辑、方得智驾总编辑，《中国客车产业发展报告》主编。从事汽车经销工作多年，熟悉汽车行业经济规律和市场特点，具备系统扎实的经济理论知识，能够客观和前瞻性地分析汽车市场变化，对行业经济问题和企业发展问题有独到见解。

徐向阳，北京航空航天大学交通科学与工程学院教授、博士生导师。中国汽车工程学会会士、常务理事，中国汽车工程学会汽车先进动力系统分会副主任委员、齿轮技术分会常务副秘书长。获国家科技进步一等奖（2016 年）、中国机械工业科技进步特等奖（2020 年）、中国汽车工业科学技术一等奖（2015 年）等。

郑玲，重庆大学教授，重庆大学机械与运载工程学院汽车智能化方向学术带头人。获中国汽车工业科技进步一等奖、重庆市自然科学二等奖、中国兵器装备集团科技进步一等奖；获 2018 年度"科学中国人"荣誉称号。现任中国汽车工程学会高级会员、中国人工智能学会智能驾驶专业委员会委员；担任教育部人才计划评审专家、国家奖评审专家以及国家留学基金委高水平大学交流计划评审专家。

谢光耀，商用车行业资深媒体人，中国人民大学法学学士、应用经济学硕士，师从中国人民大学郑水泉教授。现任第一商用车网总编辑，《中国客车产业发展报告》编委。从事商用车分析报道多年，对包括货车、客车、新能源与零部件在内的商用车产业有独到观点和深入研究。曾担任中国汽车报社《商用汽车新闻》执行主编、《中国汽车报》商用车专刊主编。

刘振国，高级工程师，交通运输部科学研究院综合运输研究中心总工程师。主要从事综合交通规划、交通与产业融合发展、客货运输和旅游交通相关战略政策研究。曾获交通运输部五四青年奖章，青年创新人才一等奖和多项省部级科学技术奖，入选多地交通咨询专家库。

崔东树，高级经济师，中国汽车流通协会专家委员会专家，中国市场学会（汽车）营销专家委员会学术顾问。目前担任中国汽车流通协会汽车市场研究分会秘书长，专注于汽车消费市场研究和汽车产业政策研究，持续跟踪新能源汽车产业链变化。

李鲁苗，硕士，中国汽车技术研究中心有限公司中国汽车战略与政策研究中心新能源汽车政策研究室工程师，研究方向为商用车领域。

吴征，中国汽车技术研究中心有限公司中国汽车战略与政策研究中心新能源汽车政策研究室工程师，研究方向为商用车领域。

王阳，运联智库总裁。

李忠心，运联智库运联研究院院长。

序

展现在读者面前的这本《中国商用车发展报告（2022）》，关注2021—2022 年中国商用车行业的发展全貌，重点聚焦中国商用车行业未来的发展。

全书对 2021—2022 年中国商用车行业、企业、商用车各细分市场，以及近期发展的重点领域和未来趋势等进行了翔实的分析；同时，从经济学角度为读者提供了一个观察我国商用车行业发展趋势的新视野。

伴随着新能源与智能科技的发展，中国汽车正处在历史机遇期和变革期。中国商用车销量超过全球商用车销量的一半，具备全球竞争优势，特别是在电动化、智能化转型方面，更是引领全球商用车发展。

中国已连续 9 年新能源汽车产销量世界第一，三电（电池、电机、电控）、智能驾驶等技术不断突破。凭借快速增长的消费需求和良好的基础设施环境，中国商用车将成为智能汽车时代最具示范意义的市场和驱动行业发展的重要动力。

我国汽车产业发展报告（包括各种汽车蓝皮书）很多，但是关注商用车发展的报告不太多。特别是在"双碳"目标和数字化转型的今天，这种现象必须要有所改变。正因如此，《中国商用车发展报告（2022）》的推出，具有重要意义。

最后，希望通过本书的出版，能"抛砖引玉"，引出专家、学者和广大读者对我国商用车发展的高见和讨论，为我国商用车产业的节能减排、竞争优势的增强以及智能化的蓬勃发展做出重大贡献。

是为序。

2022 年 7 月 26 日

目 录

中国商用车
发展报告

2022

第一部分
总 报 告

第 1 章　中国商用车产业竞争优势分析

本章作者：姚蔚

摘要：

中国是全球最大的商用车市场和产地。未来，中国将是世界上最具有商用车竞争优势的地区。中国的商用车正在快速走向新能源化和智能化，这个趋势将改变中国商用车行业现有的竞争格局以及企业的盈利方式。与此同时，中国有机会在这个趋势中占据领先地位。

一、中国商用车具备全球竞争优势

（一）中国是全球最大的商用车市场和产地

中国拥有全球最大的商用车市场和产能，行业竞争激烈，这奠定了中国商用车产业成为全球最具竞争力产业的基础。

1. 中国拥有全球最大的商用车产销量

中国商用车占据全球一半的产销量。2021 年，中国的重型货车销量达到 139 万辆，轻型货车销量达到 211 万辆，占据全球大半江山。中国商用车门类和品种齐全，自主产业链完整，大部分零部件都在中国本土生产。

中国自主品牌商用车可以满足本土市场绝大部分的需求：中国每年 400 万~500 万辆的商用车销量中，进口商用车总计不到 1 万辆。2021 年中国品牌商用车出口接近 50 万辆（49.8 万辆），出口到全球多个国家和地区，包括美国、日本、韩国、法国、英国、比利时、芬兰、丹麦等发达国家。

2. 中国商用车竞争格局

中国商用车行业属于垄断竞争行业。行业内既有市场占比较大的几家寡头企业，同时也存在几十家中小企业。存在一定程度的垄断是由于商用车行业有较高的进入门槛、规模效应和品牌效应，这让市场中的大企业可以维持竞争优势；较高的退出门槛，又让经营不好的企业不容易退出市场，这些企业在行业中会使竞争加剧，降低行业利润率。

中国商用车行业的进入门槛来自中国汽车产业的审批制：只有达到中国汽车产业政策的相应要求，才有可能获得生产资质。商用车固定资产投入大，属于重资产行业；研发成本也较高，这些高固定成本需要一定的规模摊销，形成规模效应。商用车用户回购原品牌的比例高以及品牌忠诚度高，这使得新品牌市场开拓难度变大。

中国商用车行业退出门槛较高，这主要是由于商用车企业大量的固定资产，如生产线、模具、零部件存货等，很难再应用到其他领域。中国商用车的高进入和退出门槛，决定了这个行业既不像完全竞争市场那样有太多的参与者，也不像垄断行业那样拥有超过一般制造业的超额利润。

（二） 中国商用车具备世界竞争优势

根据迈克尔·波特（Michael Porter）的竞争优势理论，下面这四方面因素决定了某个产业是否具备全球竞争优势：生产要素、需求状况、相关产业和支持产业表现，以及企业的策略、结构和竞争对手。中国商用车产业在这四方面的良好条件，支持了其具备世界性的竞争优势。

1. 生产要素

近 20 年来，生产要素的巨大优势促进了中国商用车的快速发展。

首先是基础设施。多年来的超前大规模基础设施建设，打造了中国基础设施的领先优势。中国已建成综合立体交通网，有着全球最大的高速铁路网、高速公路网、世界级港口群，综合交通网络总里程突破 600 万 km。中国动力供应充足，发电量世界第一。除了传统基建，中国的新基建也位居全球前列。从 1G 到 5G，中国都进行了大规模的基础设施建设。中国发达的互联网经济，也让商用车的智能化生产和应用具备了得天独厚的条件。

其次是土地资源。中国拥有丰富的土地资源，为商用车企业带来足够的发展空间。在中国，众多商用车企业占地都是数百亩，生产线为一字形排列，无须节省空间而采用 U 形排列。几乎所有主流商用车企业除了拥有四大工艺（冲压、焊装、涂装和总装）外，还有试制车间，甚至还有包括各种跑道和道路在内的测试场。有的地方工业园区给予商用车配套零部件企业土地，零部件企业可以就近建厂，配送时间和距离大为缩短。

第三是人力资源。中国的教育水平和人口为商用车行业提供了丰富的人力资源。中国教育的现代化发展总体水平已经迈入世界中上国家行列。第七次人口普查数据显示，我国拥有大学（指大专及以上）文化程度的人口为 2.18 亿人，为全世界最多。中国不断提升的教育水平为商用车行业提供了足够多的受到良好教育的劳动力，更提供了各类专业人才；同时，中国汽车行业通过几十年的合资合作，也培养了大量汽车管理、制造、营销等领域的国际化人才。

2. 需求状况

中国人口众多，幅员辽阔，基础设施完善，经济不断增长，这些都使得中国的物流和人口流动数量为全世界最多。中国有 14 亿人，美国有 3.2 亿，日本有 1.3 亿，整个欧洲有七八亿，全球共有 77 亿人。中国庞大的生产和消费，使得其物流运输的体量是欧美国家的数倍，加上中国拥有统一的大市场，这些都让中国的货物流动量和人口流动量居全球首位。

中国的公路货运始终在物流体系中占据 7 成以上份额。作为公路物流的主力军——货车则在运输体系中扮演重要的角色。正是庞大的需求造就了中国这个全球最大的商用车市场。

3. 相关产业和支持产业表现

中国拥有完整的制造业系统，商用车制造所需的原材料以及零部件，从钢铁、电力、关键制造设备，到玻璃、轮胎，再到各种外饰、内饰、电器、底盘件等，都有相关产业支持。当前，中国的移动支付、5G 网络、人工智能、媒体公关等，也为商用车产业的发展提供了巨大的支持。

4. 企业的策略、结构和竞争对手

中国商用车的差异性并不算大，很多领域存在严重同质化，产品属于价格敏感型。正因如此，低成本战略几乎是所有整车企业都需要采取的竞争策略。

中国客车出行的替代方式比较多，比如高铁、民航和私家车等，客车产品差异性最小，进入门槛低，竞争激烈程度在所有汽车细分市场中居前。货车业务是很多大型汽车集团的"自主板块"，企业对于市场份额志在必得；再加上规模效益显著，退出壁垒高，各车企对市场份额的争抢非常激烈。

相比国外商用车行业只有几大巨头存在的寡头竞争格局，中国商用车行业属于垄断竞争格局，每个细分市场都有几十家企业参与竞争，并且产能大于需求。这些企业奉行的成本最低的竞争战略，导致行业严重"内卷"。正因为竞争异常激烈，创新与持续改进成为企业生存的必备条件，这使得中国商用车产业具备了较强的世界竞争力。

二、中国商用车行业的竞争程度

迈克尔·波特的五力模型认为，行业中存在着决定竞争规模和程度的五种力量：供应商的议价能力、购买者的议价能力、新进入者的威胁、替代品的威胁，以及同业竞争者的竞争程度。这五种力量综合起来影响着产业的吸引力以及现有企业的竞争战略决策。下面将分析商用车行业竞争的这五种力量。鉴于目前新能源商用车占比还比较小，本章的商用车均指传统车辆（柴油、汽油以及天然气等传统燃料车辆）。

1. 供应商的议价能力

商用车行业的供应商中，关键零部件企业——发动机、变速器和车桥，具有一定的议价能力，特别是柴油机和变速器，主要供应商潍柴、康明斯、法士特、采埃孚等具备一定的议价能力。其他零部件的供应商较多，且产品差异性和品牌效应较低，议价能力弱。

另外，有些中国本土企业不能生产的零部件，如芯片、后处理系统等，供应商品牌，如博世、克诺尔、采埃孚、康明斯等就拥有很强的议价能力以及高额利润。

2. 购买者的议价能力

中国的商用车用户，特别是货车用户以散户为主，议价能力较弱。占比 2～3 成的集团客户拥有较强的议价能力，尤其是快递快运用户等，其单次购买规模按照百辆、千辆计算，议价能力极强。中国的轻型客车用户与货车行业比较相似，散户议价能力较弱，集团用户议价能力强。

中国的大中型客车用户基本都是集团用户，拥有很强的议价能力。这些集团用户以招标形式购买，有严格的技术要求，招标时经常指定零部件品牌，俗称"点单"。大中型客车市场有一半以上的销量是由各地公交公司"贡献"的，而公交公司购车往往会使用财政资金，因此政府在公交采购中拥有很大的话语权。很多地区的公交采购都带有地方保护主义性质，有些地方甚至要求客车厂家在当地投资建厂。有些客车企业为了能够获得地方的公交采购订单，在当地投资建厂，这就是"投资换市场"。

3. 新进入者的威胁

中国的汽车生产准入需要审批，在所有商用车领域的准入中，新建重型货车企业的审批门槛最高。近年来，进入重型货车行业的新企业都是通过兼并重组获得重型货车生产资质的。

重型货车市场高涨时，就会有大量新的企业涌入行业。比如，重型货车市场在2016—2019 年销量连续创下新高后，2020—2021 年就先后有宇通、长城等企业进入重型货车行业，斯堪尼亚和沃尔沃卡车也开始在中国兴建独资工厂。

大中型客车行业是中国进入门槛最低的细分市场——只需要专用车的生产资质，就可以进入。中国具有客车生产资质的企业有几百家，但真正有规模的也就是 20 多家。客车行业销量从 2017 年起持续走下坡路，退出的企业众多，鲜有新的企业进入客车行业。

4. 替代品的威胁

货车的替代品对这个行业的威胁并不大。中国公路运输占运输总量的七成，基本都由货车完成。在中国，飞机作为物流工具过于昂贵；铁路运输比货车公路运输烦琐；而水路运输时效性不如货车公路运输。中国高速公路网的发达、物流公司的高效以及驾驶员的勤劳，使得货车成为物流运输的主力军。近些年来，国家推动的"公转铁"对货车运输产生了一定的替代性威胁，但总体影响有限。

客车行业受到替代品——高铁和私家车的影响较大。伴随着中国高铁里程的不断增加和高铁网的全面覆盖，长途大型班线客车已经基本退出市场。私家车的普及以及节假日小客车（俗称小巴/面包车）免高速通行费的政策，使乘坐大客车（俗称大巴/巴士）返乡和出游的需求大大降低。

5. 同业竞争者的竞争程度

商用车行业的同业竞争非常激烈。中国货车企业虽然大部分是国有企业，但非常"拼"，响应市场的速度非常快。激烈的竞争造就了中国货车行业换代快、改型快、升级快，并且价格只有发达国家产品的一半不到。这也是进口货车只占中国市场不到1%份额的原因之一。中国客车行业的竞争更为激烈。客车企业多数是民营企业，竞争可以用"白热化"来形容。正是极其激烈的竞争，造就了中国商用车产业的全球竞争优势。

三、成熟的传统商用车

迈克尔·波特的行业生命周期理论认为，行业发展分为新生阶段、增长阶段、成熟阶段和衰退阶段，如图1-1所示。中国商用车行业中，传统燃料（包括燃油、燃气、甲醇等）商用车的占比超过95%。本节我们将讨论传统燃料商用车。

中国商用车行业从1956年一汽建厂起，已经走过了66个年头。20世纪90年代前，中国商用车生产以中型车为主，行业缺重（重型车）少轻（轻型车）。加入世界贸易组织（WTO）后，中国的商用车行业快速发展。2006年，中国商用车已经补齐重型车和轻型车短板，种类齐全，销量居全球第一。中国传统商用车行业已经进入行业发展过程中的成熟阶段，其具体特点如下。

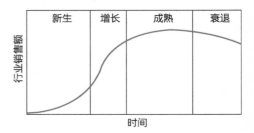

图1-1 行业生命周期发展阶段

1. 行业发展速度放缓，企业对份额的争夺更加激烈

中国商用车行业从2001年加入WTO后到2010年，是发展最快的几年。2010年之前，商用车行业多个细分市场存在产能不足、供小于求的状况。2010年商用车销量达到一个历史性高点后开始了前所未有的下降，至2015年到达最低谷（图1-2）。

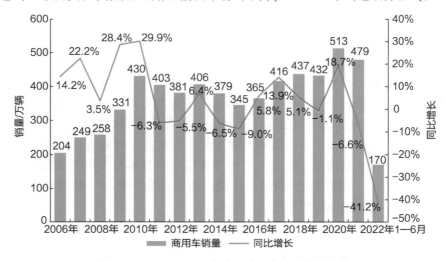

图1-2 2006—2022年中国商用车行业销量走势

2016 年后，商用车行业销量也呈现出明显的周期性波动。当前，商用车行业的每个细分市场——重型货车、中型货车、轻型货车、皮卡、微型货车、大中型客车、轻型客车，无一不是产能大于需求，企业对市场份额的竞争非常激烈。

2. 行业中的企业买方成熟，回购及更新占比大

（1）成熟的购买者

中国商用车用户相比乘用车用户更为成熟，大部分都是专业人士。很多商用车的组织型用户（包括法人用户、车队用户等），有专门的部门和人员负责采购。大中型客车和货车的集团用户不但对车辆的性能有具体要求，甚至对零部件的品牌也有明确要求。货车和轻型客车行业的众多散户（个体从业者）也多为"老司机"，这与很多乘用车用户几乎不了解产品完全不同。商用车用户会根据用途和工况采购车辆，甚至会提出定制化需求。商用车使用工况多样，功能千差万别，不同用途的车辆配置不同，这使得商用车的品种远超乘用车。商用车的生产方式是以销定产。

（2）回购比例大

中国商用车行业已从增量市场进入存量市场，市场需求大部分来自车辆更新。商用车行业的忠实用户多，再次回购原品牌的占比很高，品牌忠诚度也是很多商用车企业极力维护的。"老友汇""百万名人堂"等，都是品牌厂商维护老用户的组织。用户的高回购率和品牌忠诚度，提高了中国商用车行业的门槛，新进入的企业往往需要用更高性价比的产品，才能让用户在更新车辆时选择新品牌。

3. 竞争重点转向成本和服务

商用车行业的供应链成熟，无论是底盘的关键零部件——发动机、变速器和车桥，还是驾驶室的所有内饰、电器等，都容易获得成熟稳定的配件，甚至包括驾驶室和底盘以及造型设计都有供应商。新进入商用车行业的企业往往只需要有公告资质、总装线，就可以通过购买驾驶室、车架、动力链以及其他内外饰和底盘件等，组装商用车上市并销售。正是成熟的供应链体系和分销服务体系，让商用车行业的产品差异化程度大大降低，大多数商用车企业的竞争策略只能转向更低的成本和更好的服务。

虽然凭借成熟的供应链体系，新进入企业很容易让产品快速上市，但在商用车行业，规模经济优势依然存在。规模大的企业，往往拥有自产自研的核心零部件体系，产品具有一定的差异化，可以避免惨烈的价格战。庞大的产量规模，可以分摊各种固定成本；众多的客户存量，也容易拥有更多的回头客。市场规模和用户群体成为商用车行业最大的门槛，这也是商用车行业的头部企业地位稳定的主要原因。重型货车行业销量前五强企业近 18 年来都没有发生过变化；轻型货车行业销量前四强企业也同样保持了基本稳定。

4. 制造和销售模式面临变革

自从福特 T 型车生产开启了流水线生产方式后，商用车产品近百年来都是以流

水线方式生产的。伴随着中国人工智能（AI）的快速发展，中国商用车行业的机器人使用率不断提升，智能制造正在改变着传统商用车的生产方式。

中国客车行业的销售模式以直销为主。运营客车的用户几乎都是法人客户，单次采购数量巨大，因此，客车基本是 B2B（企业对企业）直接销售。大多数企业采取直销模式，需要跟客车用户建立长期良好的关系。对于传统燃料客车来说，这个模式几十年没有变化，新进入的企业很难在短时间内打开市场。伴随着新能源公交客车销售量不断增加，政府话语权越来越大，客车市场的后来者可以通过在各地建厂来获得当地订单。"投资换市场"逐渐成为客车行业新势力打开市场的重要手段。

中国的货车销售模式以经销为主，主要依靠获得地方代理权的经销商来销售，一级经销商之下还有二级经销商。各地的代理商仅限于在授权区域内销售，不允许跨区销售。几十年来，货车行业由经销商代理、以 4S 店为主导的销售模式几乎没有发生改变。然而，近年来，电商和互联网经济的发展正推动着商用车的销售模式发生新变化。很多经销商都搭建起了自己的传播渠道，包括微信公众号、抖音、快手、视频号和哔哩哔哩等。有些经销商通过互联网搜集销售线索，有些甚至通过直播卖车。伴随着土地、人员等成本的不断提升以及公众越来越依赖互联网，传统的以 4S 店和二级经销商为销售"主战场"的营销方式，正面临来自互联网的冲击和变革。

5. 国际竞争日趋激烈

从 20 世纪 90 年代开始，自主品牌企业的商用车品系不断完善，品质不断提升，全面占领国内市场。2000 年后，中国自主品牌在中国商用车市场中占据绝对优势；同时，中国商用车开启了出口之路，从最初出口到发展中国家，到出口到新兴市场国家，再到出口到发达国家和地区，中国商用车出口区域不断扩大。中国商用车产品的成熟，一方面扩大了其出口的地区和数量，另一方面使让竞争变得白热化。在很多国家和地区，中国商用车企业的主要对手不是其他国家的企业，而是来自中国的同行。

6. 行业利润降低，并且有可能是永久和不可逆的

伴随着中国商用车行业不断成熟，其利润率也接近制造业平均利润。在中国商用车行业中，大中型客车的进入门槛最低，市场也最接近自由竞争市场，竞争最为激烈，利润率最低。中国新能源汽车财政补贴政策让客车行业在 2015 年达到了销量和利润的顶峰。从 2016 年开始，购车补贴退坡，不但客车行业销量连年下降，客车企业的利润也不再有往日的风光。2020—2022 年的新冠肺炎疫情更是让客车行业哀鸿一片，就连上市十几年从未亏损的宇通客车都因疫情一度陷入亏损，其他客车企业更是无一能摆脱亏损的局面。

微型货车和轻型货车因为进入门槛也比较低，十几年前就已经成为"红海市场"，行业销量大而利润率低。其产业链上的零部件企业也同样利润率较低，例如轻型柴油机。重型货车是进入门槛最高的汽车细分领域之一，也是商用车行业中利

润率较高的细分领域，其产业链上的关键零部件，如柴油机、重型变速器等，利润率相对较高。2020 年，货车行业的销量和利润达到了一个顶峰。从 2021 年下半年开始，货车行业销量大幅下降，进入下行周期。未来，传统货车行业即使再进入上升周期，也很难回到 2020 年的巅峰状态。

宽体轻型客车细分市场在 2010 年以前"玩家"较少，仅有江铃和南京依维柯两家，因此利润丰厚。江铃汽车曾经常年是汽车企业中利润率最高的企业之一。伴随着江淮、上汽大通、东风、福田等企业相继参与到这个细分市场的竞争中，宽体轻型客车的利润率呈连续下滑态势。如今，宽体轻型客车市场的"内卷"，让其利润率与整体商用车行业无异。

商用车行业的利润率会随着市场周期、国家政策变化等出现波动，但总体趋势走低。

7. 经销商利润下降

商用车，尤其货车的经销模式多年不变。中国商用车经销商主要的赚钱渠道有赚差价、赚分期付款手续费、赚保险挂靠提成等。用车服务和维修始终没能成为经销商赚钱的主要来源。

伴随着商用车行业的利润下降和经销商的不断增多，商用车经销商的经营利润也在持续下降。商用车行业是强周期行业，在周期的上升阶段，会不断有新的经销商加入；在周期的下行阶段，经销商利润普遍降低，有些经销商还会因库存过大、现金枯竭而倒闭。特别是货车经销商，经历了 2021 年 7 月 1 日国六排放升级前的大量囤货，又遭遇 2022 年货车销量大幅下滑、用户还不上贷款的连带担保责任，导致一批货车经销商因资金链断裂而倒闭或者退出市场。

四、中国商用车正面临百年未有之大变局

（一）汽车业迎来百年未有之大变局

中国汽车行业正面临百年未有之大变局。来自新能源化、智能化、网联化的力量，推动着汽车行业发生自诞生以来从未有过的变化。未来的汽车将颠覆传统的汽车操纵系统，如方向盘、变速杆、加速踏板、制动踏板这些一百多年来控制汽车的装置或许会消失。未来的汽车也将颠覆传统的机械底盘系统，发动机、变速器、车桥将不复存在，取而代之的是线控底盘——电子驱动、电子制动和电子转向。驱动汽车的不再是发动机，而是电力。通过电子指令，就可以指挥汽车起动、停止以及转弯，而不再需要机械传动。

作为汽车两大分支之一的商用车，也正处于这样的变革前夜。中国城市公交的新能源化率已超过 80%，2025 年有望达到 90%～100%。纯电动重型货车也在 2021 年迎来年销万辆的转折点。中国商用车智能化正进行得如火如荼，L3、L4 级无人驾驶汽车已在全国多地测试运行。新能源化与智能化相互促进，加速了对传统燃油汽车的替代。使用内燃机的传统商用车行业是成熟的、走向衰退的行业，而新能源化和智能化的商用车行业则是新兴的行业，充满了变化和机遇，行业格局正在重新构建。

（二）"3060"目标加速商用车新能源化进程

新能源化是汽车发展的大势所趋，"禁燃"已成为全球性的话题，并被很多地区和企业提上日程。我国的"3060"双碳目标，加速了商用车的新能源化进程。

2020年9月，我国提出力争于2030年前二氧化碳排放达到峰值，力争在2060年前实现碳中和的目标，这就是"3060"目标。随后，《2030年前碳达峰行动方案》等顶层文件出台，倒逼汽车产业加快绿色转型，尤其是对于以两成保有量"贡献"了五成燃油消耗量的商用车领域。

"十三五"末（2020年），我国交通行业累计推广应用新能源汽车超过100万辆，大幅超过原定的60万辆目标。其中，新能源公交车、城市物流配送车、巡游出租汽车分别达到47万辆、43万辆和13万辆。全国已有约1500对高速公路服务区实现充换电设施覆盖，约占全国高速公路服务区总数的45%，累计建成充电桩约12600个。2021年，交通运输部出台的《综合运输服务"十四五"发展规划》和《绿色交通"十四五"发展规划》提出，到2025年底，全国城市公交、出租汽车（含网约车）、城市物流配送领域新能源汽车占比分别达到72%、35%和20%。

2022年6月10日，生态环境部、国家发展和改革委员会、工业和信息化部、住房和城乡建设部、交通运输部、农业农村部、国家能源局七部门印发的《减污降碳协同增效实施方案》明确提出，到2030年，大气污染防治重点区域新能源汽车新车销售量达到汽车新车销售量的50%左右；加快新能源车发展，逐步推动公共领域用车电动化，有序推动老旧车辆替换为新能源车辆和非道路移动机械使用新能源清洁能源动力，探索开展中重型电动、燃料电池货车示范应用和商业化运营。

对于中国商用车来说，新能源之路不是一个可选项，而是一个必选项。

（三） 商用车更适合率先开展智能化应用

随着自动驾驶技术的快速发展，商用车智能驾驶迎来了前所未有的发展机遇。自动驾驶为解决商用车的人力成本、交通事故以及高效作业难题，带来了全新的解决方案。在政策和环境的驱动下，商用车自动驾驶企业在城市公交、港口、矿山、干线物流、末端配送等封闭、半封闭特定场景下开展了大量的示范应用，为其商业化落地和运营积累了宝贵经验。

相比乘用车，商用车更需要智能化。这是因为，商用车驾驶员门槛高，工资高，并且年轻一代越来越不愿意做商用车驾驶员，这导致物流和客运行业的"驾驶员缺口"不断加大。智能驾驶有望让中国商用车从"双驾"（一辆车上有两名驾驶员）变"单驾"，不但有助于解决驾驶员招聘难的问题，更能降低商用车的运营成本。另外，智能驾驶可以有效降低事故率，提高商用车行驶安全性。众所周知，疲劳驾驶是导致商用车事故的重要原因。重型货车由于车辆吨位大，质量变化明显，且制动器工作条件恶劣，其性能易发生衰退，驾驶员难以准确评估有效制动距离，容易导致追尾事故的发生；再加上运输距离长，行业竞争激烈，驾驶员往往会超载、超速、疲劳驾驶，进一步增大了车辆碰撞风险。搭载自动驾驶系统的商用车大大降低了驾驶员的驾驶负荷，加强了行车管控，提升了车辆运营安全；另外还可以更大限度地提升运营效率，有效解决驾驶员短缺和人力成本上升的难题。

商用车自动驾驶比乘用车更容易落地，已经是行业公认。相比乘用车，商用车在港口、矿区、厂区等相对封闭的区域和固定运输场景更容易实现智能化驾驶；而城市中的清洁、清扫、物流配送等场景，也让商用车可以率先实现智能化。当前大量新兴的科技企业都瞄准了商用车的智能化应用，如图森未来、智加科技、挚途科技、宏景智驾、赢彻、友道智途、主线科技等。L3 级别的自动驾驶货车和客车已经在北京、上海、宁波、长沙等地运行；很多企业从技术储备上已经达到 L4 级，只等相关法规落地就可以投入商业化运营。

五、智能与新能源商用车行业是新兴行业

迈克尔·波特对"新兴行业"是这样定义的：新兴行业是指由技术创新、相对成本关系、新的消费者需求或者其他有可能催生新产品或者服务商机的经济和社会变革推动的新成立或者重生的行业。智能与新能源商用车行业就属于这样的新兴行业。

（一）新能源与智能驾驶商用车行业是新兴行业

中国智能与新能源商用车行业具备了新兴行业的所有特点：首先是技术不确定；其次是战略不确定；再次是初始成本很高，之后迅速下降。在这个阶段，很多新企业产生，同时也会有很多老牌企业成立全新的部门进入这个新兴行业。比如，大部分智能驾驶公司都是初创公司，也有很多老牌企业在公司内成立新能源与智能驾驶部门或合资成立全新的公司。

1. 政策对替代的影响

在这个阶段，营销的首要任务是促使替代发生。中国新能源客车行业因受到国家财政的大力支持，在公交车领域较快完成了纯电动对传统燃料的替代。

中国对新能源汽车的补贴从 2009 年"十城千辆工程"开始，财政补贴在 2015 年到达顶峰，从 2016 年开始逐渐退坡。在这个阶段，客车是享受到财政补贴最多的细分市场。在国家高额财政补贴的支持下，新能源客车行业增长速度最快，产业链上的零部件企业和整车企业都有较好的利润。2016 年，补贴开始退坡，新能源客车对传统燃料客车的替代速度放缓。

2020 年，受"3060"双碳目标的推动，碳积分和碳交易市场在电力、钢铁等领域开始应用，纯电动重型货车在电厂、钢厂等领域开始了对传统燃料重型货车的替代。伴随着碳交易市场的进一步开放，新能源货车对传统燃料货车的替代有望继续加速。

可见，在新能源商用车对传统商用车的替代过程中，国家政策起到了至关重要的作用。同样，我国关于智能驾驶的法规政策，也将在智能驾驶商用车对传统商用车的替代过程中发挥决定性的作用。

2. 行业内企业发生巨大分化

对于新兴行业来说，用户替代一旦超过 15%，就进入了这个行业生命周期中销量增长最快的阶段。在这个阶段，虽然商品价格较行业刚起步时已经降低，但因销量增长且采购成本、制造成本和营销成本下降，其利润反而增加。

在增长阶段，整个行业有比较好的兼并氛围。行业内大量企业发生巨大分化，有的企业脱颖而出，有的企业折戟沉沙。比如，新能源汽车电池行业从 2009 年起涌入大量企业，最终只有宁德时代、比亚迪、远景动力、国轩高科、中航锂电等少数几家企业发展壮大起来。虽然这个阶段的企业销量不如成熟期高，但行业整体是向持续增长迈进的；而成熟期的行业是向衰退阶段迈进的。所以，新能源汽车企业的市值往往超过销量更高的传统汽车企业，比如比亚迪的销量和产值远不及上汽，但其上市公司市值却远超上汽。

（二） 制约新能源与智能驾驶商用车行业发展的问题

虽然新兴行业未来会有光明的前景，但其早期发展也会面临各种壁垒。很多早期进入行业的企业，可能会因为这些壁垒而发展遇阻，未必能够成为行业的领头羊。

新能源与智能驾驶商用车企业大量涌现，各大传统整车企业也独立出部门或者成立合资企业纷纷入局。这个行业在快速发展中也会遇到"成长的烦恼"，准备进入这个行业和已经身在这个行业中的企业要充分认识到这些问题，以便有针对性地制订应对策略。

1. 无法获得足够的原材料、生产部件以及人力资源

中国传统商用车行业下游的供应链体系非常成熟，新进入的企业可以轻易获得性价比高、质量稳定、供应充足的原材料和零部件。但新能源与智能驾驶商用车企业经常面临原材料及零部件供应不足、质量不好或者价格过高的问题，人力资源也相对比较短缺。比如，电池对于新能源商用车企业来说，始终面临供货不够稳定的局面，而且价格波动也更大；智能驾驶汽车所需的毫米波雷达、激光摄像头等零部件，国内生产企业较少，国外品牌则价格很高，并且受制于疫情等方面的影响，供应不稳定。

2. 原材料价格不断上涨

由于新能源汽车需要大量用到锂等稀有金属，当新能源汽车销量快速增长后，锂价会大幅攀升。另外，伴随着新能源汽车保有量的持续增长，缺电已成为全球化的话题。未来，新能源汽车的爆发一定会推动能源形式的变化，但在能源革命到来前，新能源汽车产业的发展会始终受限。

3. 缺乏基础设施

对于新能源商用车来说，充电（换电）站和充电桩是决定其发展速度的重要因素。2021 年新能源重型货车销量能够首次突破万辆，也是得益于充换电站在钢厂、矿区等地的建成使用。对于智能驾驶商用车来说，5G 网络、交通信号等方面的协同则至关重要。

缺乏基础设施确实是新能源与智能驾驶汽车发展的障碍，但在未来前景的召唤下，这些基础设施一定是由具有战略眼光的政府和企业来建设的，最终既成就了新能源与智能化汽车产业，也成就了这些基础设施的提供者。

4. 政策和技术标准体系亟待完善

与传统汽车成熟的法规政策体系和产品标准相比，新能源与智能驾驶汽车的法规政策与技术标准体系都需要建设和完善。比如，关于新能源汽车的续驶里程标准就不统一。

在智能驾驶领域，法规限制和标准缺失更是制约行业发展的短板。根据《城市道路管理条例》第 27 条的规定，自动驾驶汽车未经批准，无权上城市道路开展测试，只能在不包括桥梁的指定城市道路上检测试验；根据《中华人民共和国公路法》第 51 条的规定，自动驾驶汽车无权上公路（包括高速公路）检测试验，只能在封闭试验场检测试验。这些法律法规亟须根据智能驾驶产业的发展而动态调整。

5. 技术快速迭代

新兴行业技术迭代很快，刚刚研发的产品投入市场没多久，可能技术就已经过时了。新兴行业必须始终保持着对相关最新技术的关注度。特别是智能驾驶领域，毫米波雷达、激光摄像头、线控底盘、5G 交互技术等，都在快速迭代。

新能源汽车同样如此，补贴政策对于能获得补贴的车辆技术要求几乎年年在变。很多企业的车型刚刚开发出来进入市场，补贴就减少或者无法获得补贴，企业只能根据政策开发全新的车型。补贴彻底退坡后，由于新能源汽车技术的快速迭代，新能源汽车的改型换代速度也仍然会高于传统汽车。

6. 客户的迷惘

面对不同的技术路线、生产方法、技术变化以及各家企业所持有的前后矛盾的看法等，很多客户往往会感到迷惘，不知如何选择。比如，新能源汽车有磷酸铁锂、钛酸锂、三元锂等之争；充电方式上又有快充、慢充和换电之争。智能驾驶也同样有很多类似的路线、方法之争，比如，未来方向究竟是毫米波雷达还是激光雷达，还是二者兼而有之，行业内一直都存在分歧。对于企业来说，"站错队"也就意味着技术路线错误，可能会给企业带来致命打击。

7. 产品质量不稳定

新兴行业会有很多新企业，并且由于行业缺乏统一标准，部分企业的产品会出现技术和质量不稳定等问题。特别是伴随着销量不断增加，技术和质量不稳定的问题会更加突出。不过，任何一个新兴行业都要经历这样的过程。如果问题还不够多，则说明这个行业的大范围应用还没有真正开展。比如，当前关于新能源车自燃、续驶里程严重不足的问题很多，这说明新能源汽车正在进行大规模应用；而智能驾驶相关事故较少，说明真正规模化的商业运行还没有开始。

8. 在金融界的形象和信誉

新行业和新企业的融资渠道比较有限，往往只能通过"风投"等有限的渠道来融资。很多金融机构对这些新行业和新企业都持谨慎态度。由于前期不具备盈利能力，银行贷款也比较困难，很多新兴的企业都必须要有持续不断的"风投"跟进，一旦投资停止，就有可能因为现金流枯竭而难以为继。

9. 监督许可

对于新兴行业，国家相关部门的监督许可是决定企业能否持续发展的重要因素。比如，电池制造商要面临电池回收的问题；智能驾驶企业只有获得当地政府不同级别的测试牌照，才具备测试资格。

10. 高昂的成本

新兴行业往往会面临高昂的成本，而这个成本常常要高于企业最初对于成本的预测，其中就包括人力资源成本。当前智能驾驶企业一拥而上，这方面人才就显得比较缺乏。具备智能驾驶以及算法技能的人才，薪金往往是其他人员的数倍，这无形中大大增加了智能驾驶企业的人工成本。

11. 受到威胁企业的抗争

一个新兴行业要取代传统行业，必然会遭遇原有行业中企业的抗争。原有行业的企业会通过投资或者研发新产品延缓退出，也有可能不惜牺牲利润、降低价格来延缓退出。特别是，商用车行业由于退出门槛较高，新能源与智能驾驶商用车会遭到传统商用车企业以及零部件企业的抵制。另外，当原有行业涉及大量的上下游企业时，政府有时也会出台政策，延缓传统行业退出的速度。

（三） 新兴行业的前景

前途是光明的，道路是曲折的。新能源与智能驾驶商用车行业的发展，面临着众多壁垒和问题。但当壁垒被跨越、问题被解决后，行业就会呈现快速发展的态势并且取代传统商用车行业。

当前，新能源商用车在发展过程中面临的基础设施矛盾非常突出，包括充电站少、充电时间长；另外，电力也出现短缺情况。但是，只要新兴技术足够好，基础设施迟早会建设起来。举一个一百多年前的例子：汽车刚刚兴起时，有人断言汽车不可能替代马车，因为既没有油，也没有路，后来，美国洛克菲勒大力发展石油生意，成为世界首富；美国依靠发达的高速公路等，最终成为"车轮上的国家"。

无人驾驶现在不但在技术上还不够成熟，而且在法规上同样不被允许。但无人驾驶所具有的更节约人力成本、更安全以及更高效等优势，最终一定会使其成为商用车的主流驾驶形式。美国针对智能驾驶正在不断修订法律，无人驾驶出租车已在旧金山等地被允许收费运行。中国有关智能驾驶的法律法规也正在酝酿变革中。

未来，传统商用车还会继续发展，而新兴的智能与新能源商用车市场将会不断扩大，最终全面取代传统商用车。但无论何种动力形式，中国商用车行业都将是全世界商用车领域最具竞争力的。

中国商用车
发展报告

2022

第二部分
行业发展报告

第2章 商用车自动驾驶国内外
发展现状与挑战

本章作者：郑玲

摘要：

随着自动驾驶技术的快速发展，商用车自动驾驶迎来了前所未有的发展机遇。自动驾驶为解决商用车的人力成本、交通事故以及高效作业难题，带来了全新的解决方案。在政策和环境的驱动下，商用车自动驾驶在城市无人公交、港口、矿山、干线物流、末端配送等封闭、半封闭特定场景下开展了大量的示范应用，为其商业化落地和运营积累了宝贵经验。但商用车自动驾驶现状与人们的预期还有很大差距，仍面临诸多挑战。本章概述了商用车自动驾驶的国内外研究现状，分析了商用车自动驾驶环境感知与高精定位、多车协同控制以及线控底盘三大关键技术，并从技术、成本以及人们对自动驾驶信任度三个方面，剖析了商用车自动驾驶的挑战。

一、引言

据交通运输部行业发展公报统计，2021年我国依托公路运输完成营业性客、货运量达50.87亿人、391.39亿t，分别占总体的比例为61.3%、75.0%（图2-1），可见公路运输在全社会营业性运输体系中占据着极其重要的地位。按照用途不同，汽车分为乘用车和商用车两大类，作为汽车大家庭中的一员，商用车主要服务于实体经济，其行业规模深受宏观经济形势的影响，因新冠肺炎疫情、国际贸易摩擦等因素的制约，世界经济发展脚步放慢，从2019年起，全球商用车产量大幅下降。图2-2显示，2020年我国商用车产量达到523.1万辆，占全球份额的24%；2021年，我国商用车产量为467.4万辆，比2020年有所回落，其中，上半年商用车市场受排放法规切换、治超治限、基建项目启动等因素拉动，增长较快，而下半年受市场提前透支、房地产开发行业较冷以及前期政策红利逐步减弱等因素的影响，需求弱于上半年，全年产量同比[一]下降10.65%。受经济、市场等多层影响，2022年国内商用车市场面临更大的下行压力，截至2022年上半年，全国商用车产量为168.3万辆，同比下降38.5%。但从前些年统计数据来看，我国商用车产销量庞大，后续市场仍具有较大的发展潜力。

[一] 本书除特别说明外，同比均指与上一个统计期相比。

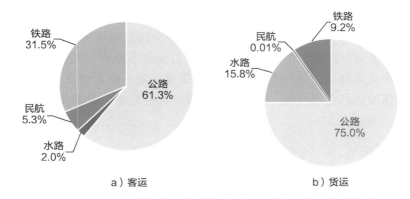

a）客运   b）货运

图 2 - 1   2021 年我国社会营运性质客运、货运各部分占比情况

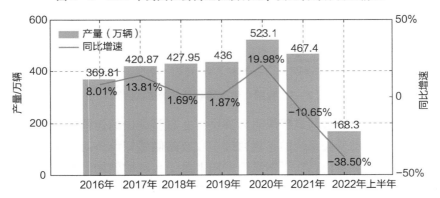

图 2 - 2   2016—2022 年上半年我国商用车产量变化情况

纵观产业格局，商用车的发展主要面临以下几处痛点。其一，驾驶员缺口庞大。据相关调查显示，我国商用车驾驶员年龄结构不合理，总体年龄偏大，主力军集中在 36～45 岁，而 25 岁以下占比仅为 1.4%，形成了明显的年龄断层（图 2 - 3）。由于商用车驾驶员工作环境恶劣、长期远离家庭、薪酬待遇低，所以对年轻人缺乏吸引力，无法为行业的未来发展提供充足的新生力量。此外，行业对大、中型车辆驾驶员有更为严格的培训及从业资质要求，获取高等级驾驶执照需要耗费大量时间和精力成本。根据 2021 年 2 月发布的相关交通规定，货车驾驶员将实施 8h 工作制，随着新法规的落地与老龄化问题的加重，行业对驾驶员的需求还将被进一步放大。其二，货运成本高昂。人难招、用人贵已经成为运输行业内的普遍现象，为了降低人力成本，驾驶员工作强度提升的情况越来越普遍，如此便陷入了招人难—涨薪资—工作环境恶劣—招人难的死循环。另一方面，除道路通行费之外，燃油费用也是运输成本的重要组成部分，驾驶员不科学的驾驶操作，如频繁加减速、长期怠速会降低汽车的燃油经济性，大幅增加油耗，这也进一步挤压了企业的合理利润。其三，行车安全难以保障。车辆吨位大，载质量变化明显，且制动器工作条件恶劣，其性能易发生衰退，使驾驶员难以准确评估有效制动距离，易导致追尾事故的发生。

商用车体积大、尺寸长，转向时前后轮间存在较大的轮迹差，加之驾驶室过高，整车存在多处视野盲区，驾驶员无法准确获取周围交通信息并做出合理的驾驶行为，也会引发交通事故。此外，由于运输距离长、行业竞争激烈，驾驶员往往会为了追求高效作业而疲劳驾驶，进一步增大了车辆碰撞风险。由此可见，与乘用车相比，商用车所面临的痛点更加严峻，行业对升级转型有着更迫切的需求。

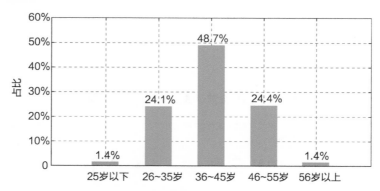

图2-3　我国商用车驾驶员年龄结构分布

自动驾驶技术的出现与日臻成熟为解决行业日益突出的运营难题带来了先进的技术手段。搭载自动驾驶系统的车辆通过车载或路侧感知设备对周围行车环境进行全方位感知，基于认知信息在车辆纵横方向上给予合理的辅助，并进行自动驾驶决策，降低了驾驶员的驾驶负荷，加强了行车管控，提升了车辆运营安全。依托基于人工智能的高等级自动驾驶技术，驾驶员还将从原先的车辆操控者变为相应车辆或是车队的管理者，通过人物角色的转变与拓展极大程度上提升运营效率，有效解决了驾驶员短缺和人力成本上升的难题。通过节能驾驶与网联队列控制技术的支持，智能商用车可在路侧设备的辅助下实现超视距环境感知，在港口、货运干线等诸多场景下自主形成队列行驶，提升运营效率，并能根据当前工况将车辆运行状态自行调节至最佳状态，杜绝不经济驾驶行为，降低运输能耗，减小运输企业运营负担。

此外，商用车自动驾驶技术的推广应用，在极大程度上带动了包含芯片、运营服务在内的众多软硬件供应企业的快速崛起，形成了商用车自动驾驶的产业生态，有效带动了上下游制造商的技术融合与产业升级。因此，在巨大的市场需求和政策法规的驱动下，商用车自动驾驶将迎来前所未有的高速发展和商用化示范运营。

二、商用车自动驾驶国内外发展现状

（一）国外发展现状

国外汽车强国在商用车自动驾驶关键技术上相对领先。搭载 L1 级和 L2 级驾驶辅助系统的商用车已经实现量产，包括预警提示类功能的驾驶辅助系统，如车道偏离预警、前向碰撞预警、盲点检测、交通标志识别等系统；干预辅助类功能的驾驶辅助系统，如自适应巡航（Adaptive Cruise Control，ACC）、自动紧急制动（Autonomous Emergency Braking，AEB）、车道保持辅助（Lane Keeping Assist，LKA）、自动泊车（Automated Parking Assist，APA）、智能远光等系统。此外，L3 级综合功能自动驾驶也已具备推广应用条件，L4 级高度自动驾驶已经进入试验阶段。

国际主要商用车主机厂如戴姆勒（Cascadia）、沃尔沃（FH、UD）、福特（F-Vision）、曼恩（aFAS）、特斯拉（Semi）等，在特定场景下已基本能完成 L4 级自动驾驶相关测试。沃尔沃与英伟达等公司合作，通过在沃尔沃商用车上加装包括机器视觉、激光雷达在内的 21 个车载传感器，在瑞典歌德堡港内采集交通场景与驾驶员交互数据，为后续港口的自动化运输系统建立与测试提供了技术支撑。荷兰鹿特丹港 Euromax 码头采用德国 Dematic 公司的 Dynacore 导航软件对自动导引运输车（Automatic Guided Vehicle，AGV）进行导航和控制，通过预埋大量的磁钉对 AGV 航向进行实时修正，从而实现了 AGV 在桥吊和堆场之间的自动化作业。自 2018 年起，图森未来开始进行道路测试，并在美国亚利桑那州凤凰城邮政服务中心和得克萨斯州达拉斯配送中心之间超过 1600km 的运输线路上为美国邮政（USPS）提供货运服务，且于 2021 年 12 月成功完成了世界上首次完全自动驾驶测试。

在矿区场景应用方面，1996 年，日本小松公司的 1 辆 77 t 无人驾驶货车在澳大利亚昆士兰矿山进行了实车测试，该车采用雷达对障碍物进行检测，最大运行速度为 36 km/h。随后，小松公司的 5 辆无人驾驶货车在西澳大利亚投入运行，采用架线供电方式，沿道路每 150m 设一根标杆，以采样周期为 0.1s 的耦合脉冲激光校准制导和 GPS 定位系统对货车进行引导，控制精度达到厘米级。截至 2017 年年底，小松已经在澳大利亚、美洲等 6 座矿山累计部署超过 100 辆无人驾驶货车，系统的环境耐受性与控制灵活性均得到有效验证。2019 年，斯堪尼亚针对矿山研发了 AXL 自动驾驶自卸车，通过配备多重感知冗余技术保证临近车身位置至少被多个传感器覆盖，同样采用双机备份等多项冗余措施保证系统安全运行，从而满足封闭路况下的使用需求。

此外，末端物流配送也是商用车自动驾驶的典型应用场景。Starship 公司所研制的六轮无人配送小车配备了包括摄像头以及超声波雷达传感器在内的大量电子设备，可以实现自主充电、过马路、爬路沿、夜间行驶等功能，最高行驶车速为 16km/h；此外，还搭载了远程操纵平台，在紧急情况下工作人员可进行人工接管。Nuro 通过与比亚迪北美公司合作研制了 R 系列无人配送车，搭载了外部安全系统，能够在与人或外界车辆发生碰撞时主动张开气囊保护行人或车辆的安全，目前 R2 平台已经获得美国交通部和公路管理局的路权豁免，并在加利福尼亚州（以下简称加州）正式开展商业运营，与 Seven‑Eleven（7‑11 便利店）、Domino's（达美乐）、Walmart

（沃尔玛）等企业开展合作。

综上可知，国外商用车自动驾驶研究历程较长，在特定区域、场景下的应用已有示范运营，且面向开放性场景的相关技术也已进入测试阶段。但由于技术、成本、伦理以及法规等原因，其商业化的量产与落地仍面临很大挑战。

（二）国内发展现状

国内各主流商用车主机厂，如解放、东风、陕汽、重汽等，通过跨界合作的产业融合模式，推动了自动驾驶的创新发展。目前，已基本达到 L1 ~ L2 级智能商用车的量产水平，且都在加速推进 L3 ~ L4 级自动驾驶的模块化开发。一汽解放与挚途科技联合立项了前装车规级 L3 级自动驾驶重型货车，一汽解放 J7 L3 超级货车已于 2021 年 7 月小批量生产下线并交付上路运营。赢彻科技联合东风商用车和中国重汽推出了基于自动驾驶系统"轩辕"的 L3 级重型货车，相关车型已于 2021 年年底交付，未来可通过空中下载（Over-the-Air, OTA）技术升级至 L4 级。

在关键技术的研发上，高科技企业如百度、主线科技、慧拓智能、希迪智驾、智加科技、西井科技等，成为主力军。2021 年 9 月 14 日，宏景智驾发布了全新一代 L3 级自动驾驶重型货车 Hyper Truck One，并于 2022 年上半年正式量产下线。聚焦于商用车干线物流，百度生态公司 DeepWay 深耕于面向结构化场景的自动驾驶技术，也于 2021 年 9 月推出 L3 级智能重型货车星途 1 代，并计划在未来 3 ~ 5 年实现高速公路 L4 级自动驾驶。主线科技基于"L4 级自动驾驶货车 + 全功能影子模式"，与德邦物流、福佑货车等展开货运业务合作，目前已经在国内 20 余条主干线进行运营测试，行驶里程累计超 100 万 km，为主线科技自动驾驶软硬件迭代升级及商业模式验证提供了海量数据支持。2022 年，主线科技在天津港自动驾驶二期示范区揭牌仪式上交付了 8 辆无人驾驶集装箱货车（业内俗称集卡），依托"Trunk Master"系统，无人驾驶集卡已经能够在社会集卡动态混行场景下，具备感知识别各类障碍物、预测交通参与者行为、自主避障、换道超车等功能，实现了集装箱装卸作业安全、稳定、高效运行。慧拓智能旗下的无人驾驶矿车搭载了机器视觉、激光雷达、毫米波雷达与全球定位系统（Global Positioning System, GPS）等感知设备，并依托感知融合和车路协同感知技术，实现了在沙尘、雨雪、碎石等恶劣工况下的自车定位与多目标检测跟踪，使车辆能够根据交通管控和高精地图进行实时决策、轨迹规划与精准停靠，具有遇见活物停车、其余绕行的避障功能。此外，上层智能调度系统还能根据车辆的轨迹及车载传感信息对地图进行自动更新，实现对矿区作业的智能化管理。目前，慧拓智能已在多个矿山实现了快速复制，已经交付超过 200 辆无人驾驶矿车，在与国家能源集团、中国宝武集团等国内顶级能源企业合作下落地了多个智慧矿山无人化项目。

针对半开放式场景下的应用，国内阿里巴巴、京东、美团、苏宁、智行者等公司也在加大末端无人配送研发力度，并在高校、园区进行了测试运营。由于国内相关企业有着明显的市场优势，配送业务体量庞大，极大促进了无人配送技术的产业落地与发展。

综上所述，国内商用车自动驾驶的发展势头强劲，经过几年的奋起直追，在关键技术上已取得了长足进步，并在矿区、港口、末端物流配送等场景下开启了商业化运营。特别是国内的基础设施建设以及5G通信技术的快速发展，为我国商用车自动驾驶技术的落地和大规模推广应用提供了有力的技术保障。

三、商用车自动驾驶关键技术

（一）环境感知与高精度定位技术

环境感知相当于智能商用车的"眼睛"，即依托车载或路缘感知设备来获取周围道路信息和障碍物的运动状态，为决策规划提供依据和条件，其中包括自车可行驶的区域、道路交通规则、障碍物当前所处的位置及行驶速度等。

根据传感器获取的信号类型，车载传感器分为视觉与雷达两大类。随着数字图像处理技术的快速发展和计算机硬件性能的提高，基于机器视觉的识别准确率得到大幅提升，加上视觉传感器成本相对较低，使其在汽车感知系统上颇受青睐。但视觉传感器对光照敏感，易受车体振动的干扰，在恶劣工作环境下性能不佳。在视觉传感器图像识别的算法方面，基于深度学习的方法，较传统方法准确率高、适应性好、通用性强，但神经网络结构往往比较复杂，对算力要求高。因此，基于深度学习的方法一般不能直接部署于车端，必须对神经网络进行轻量化处理。目前，常用的轻量化神经网络有SqueezeNet、MobileNet和ShuffleNet等。毫米波雷达采用回波检测的原理，其工作波长短、频带宽，具有探测距离远、速度测量精度高、穿透力和抗干扰性强等优点，广泛用于高级驾驶辅助系统（Advanced Driving Assistance System，ADAS）的前方障碍物距离探测，但对行人及横向运动物体的感知能力较弱。因此，考虑到单一感知设备所存在的局限性，往往会将多型号、多类型的感知设备进行组合，构建多传感器信息融合框架，通过多传感器在时空上的冗余信息，获得被测对象的一致性描述。多传感器信息融合技术充分结合了各类传感器的优点，可显著提升检测算法的鲁棒性与准确性。

图森未来自主研发的高清摄像头感知系统，融合激光雷达和毫米波雷达等其他传感器，能够360°感知周围环境和运动目标，多传感器全覆盖使得无人驾驶系统在几乎任何条件下都可以平稳运行。踏歌智行采用激光雷达和毫米波雷达作为感知系统的输入，结合V2X（Vehicle to Everything，即车对外界）通信、高精度定位和云端平台，实现了矿山运输无人驾驶解决方案。西井科技Q-Truck搭载了超远视距高精度工业级双目摄像头、激光雷达、毫米波雷达等多种传感器，实现了360°全方位观察周边环境，融合定位精度可达厘米级，已在全球多个港口进行了无人驾驶车辆的规模性部署。

智能商用车的高精度定位是实现其自动驾驶的另一个关键技术。自动驾驶实现定位的技术分为三类。1）基于卫星信号定位。这是获得车辆绝对位置的唯一办法，车载全球导航卫星系统（Global Navigation Satellite System，GNSS）接收机在空旷地带接收到 GNSS 卫星信号，通过相应的数据解算即可获得其位置信息。但卫星信号容易受遮挡和电磁环境的干扰导致定位失败。2）基于航迹推断的定位。该技术利用惯性测量单元（Inertial Measurement Unit，IMU）测量获取车辆运动的加速度和角加速度信息，由此计算车辆的运动姿态，再根据前一时刻的位置信息计算当前的位置信息。由于解算过程中的累积误差，该技术定位精度不高。3）基于特征匹配的定位。该技术基于激光雷达、立体视觉，用观测到的特征和数据库中存储的特征进行匹配，由此获得当前时刻车辆的位置和姿态。

由于每种定位技术的局限性，要实现高精度定位，往往需要采用多传感器进行融合定位。目前，GNSS 与惯性导航系统（Inertial Navigation System，INS）的融合定位方式是商用车自动驾驶定位广泛采用的方案之一，当 GNSS 卫星信号受到遮挡时，INS 仍能为车辆提供位置信息，而在 GNSS 定位工作正常时，能够消除 INS 积累的误差。此外，融合 GNSS、IMU 和视觉传感器的定位方式，在 GNSS 信号可用但存在时延的场景下，采用 GNSS、INS 组合定位方式，在 GNSS 信号受到遮挡的场景下，采用视觉和 INS 的组合定位方式，通过视觉信息修正惯性导航的累计误差，能进一步提高定位精度。在港口作业场景下，龙门吊的结构与使用方法给港口重型货车的停放位置提出了严苛的精度要求，智加科技通过搭载摄像头与激光雷达，融合深度学习视觉与 SLAM 方法，设计了面向港口的精准定位与控制方案，可将集卡停车误差控制在 ±2cm 之内。以图森未来为代表的 L4 级自动驾驶商用车，采用视觉定位和多传感器融合技术，结合高精地图，在隧道场景下实现了分米级车辆定位。

（二） 多车协同控制技术

近年来，为了有效降低商用车的油耗、提高道路通行效率，商用车自动驾驶编队控制一直是一个研究热点。编队控制将同一车道内的相邻车辆进行编队，基于车载传感器和 V2X 通信设备，通过编队的信息流拓扑结构，实现车辆之间的信息交互和协同控制，达到稳定编队行驶的目的。商用车自动驾驶编队行驶可极大地减小跟车距离，一方面提升道路利用率，另一方面降低车辆高速行驶时的空气阻力，可进一步降低燃油消耗。编队行驶主要面向中高速开放道路场景，属于高级自动驾驶范畴，由于业内仍无法界定其性能运行边界，难以确保系统的预期功能安全，因此编队控制技术至今仍处于验证阶段。

沃尔沃以领航车 – 跟随车架构为基础，在西班牙进行了异质 4 车队列测试，依托车间通信技术，3 辆乘用车在 1 辆商用车引领下实现了无人编队行驶，可在

85km/h的车速下将车间距缩短至6m。日本基于Energy ITS项目开展了同质3车队列测试，在摄像头、激光雷达、专用短程通信（Dedicated Short Range Communication，DSRC）等技术的支持下，可在高速公路上以80km/h的速度进行队列行驶，通过将车间距缩减到10m可有效提升约14%的燃油经济性。虽然我国在队列控制方面研究起步较晚，与国外先进技术水平存在差距，但近年来也有了长足进步，东风、图森未来、北汽福田等诸多企业均在结构化道路上成功完成了商用车编队行驶技术测试。

此外，智能网联商用车的出现为优化交叉路口场景的交通通行提供了可能，一方面，智能网联商用车可以得到信号灯配时等交通环境信息，对自车的行驶轨迹进行优化；另一方面，智能网联商用车还可以获取周围其他车辆的信息，通过对自车的控制改善区域交通效率。

特定场景下的多车协同控制可转换成约束框架下的最优调度问题，其解决方案有集中式与分布式两类。前者调度任务主要由区域路侧计算单元承担，根据收集到的交通信息，在保证交通参与者在冲突区域内没有碰撞的前提下，路侧调度中心将道路的时间、空间资源统筹分配给区域内每一辆车，以保证通行路段的安全性。与集中式调度不同，分布式调度通常将一部分计算任务交给交通参与者承担，自动驾驶车辆具有更大的自主权限，可根据自车的动力学响应来进行紧急避障或平滑轨迹等，从而提高车辆横向稳定性。但分布式调度在吞吐量方面的效率较低，且随着车辆数量增加易出现死锁现象。

由于多车协同控制技术在提升作业质量、生产效率等方面的优异性能，正逐渐成为无人驾驶领域下一个研究热点。

（三）线控底盘技术

作为自动驾驶系统的关键执行系统，线控底盘的主要功能是代替驾驶员来操纵车辆的驱动与转向，故线控底盘技术主要有线控驱动、线控转向、线控制动三大技术。

线控驱动，业内俗称线控油门（Throttle-By-Wire，TBW），由电子控制单元（Electronic Control Unit，ECU）根据测量到的加速踏板的位置，来驱动节气门控制电机，从而达到控制车辆加速的目的。理论上，控制汽车纵向运动的功能都会用到线控油门，如自适应巡航系统、牵引力防滑控制系统和自动泊车系统等，具有这些功能的车辆都标配了线控油门。

线控转向指ECU根据测量到的方向盘转角，来驱动转向机的控制电机，达到控制车轮转角的目的。线控转向不仅可以实现转向比的连续变化，而且由于拆除了转向柱，在发生碰撞时，还可避免转向柱对驾驶员造成伤害。线控转向主要提供自动驾驶车辆的横向运动控制，由于其直接影响到车辆的稳定性和安全性，其技术一直不够成熟。

线控制动包括线控液压制动（Electro-Hydraulic Brake，EHB）和电子机械制动（Electro-Mechanical Brake，EMB）。EHB系统由于具有备用制动系统，安全性较高，是目前主要推广量产的方案。EMB由于缺少备用制动系统且技术尚不成熟，短期内很难大批量应用。线控液压制动是在传统的液压制动器基础上发展而来，线控制动单元（驱动电机＋制动主缸＋防抱死制动系统/电子稳定控制）替换了原有的真空助力器＋制动主缸＋电子稳定控制模块，踏板与制动单元之间无机械连接，仅靠传感器来给线控制动单元提供踏板位置信息。线控制动是商用车自动驾驶的关键技术，其反应速度优势明显大于普通的电子稳定控制，这对高级自动驾驶的实现至关重要。此外，在商用车电动化背景下，整车不再拥有真空源，无法通过真空助力器完成液压管路的建压，线控制动通过电机代替真空助力器进行制动液压管路建压，是未来智能电动商用车必备的执行单元。

由于线控底盘集成技术的门槛很高，博世、大陆、采埃孚、克诺尔等国外供应商优势明显。近几年，国内供应商的技术积累以及产品性能已有了长足的进步，如万向钱潮、万安科技、亚太机电等，有望占据更大的市场份额。

四、商用车自动驾驶的挑战

近年来，国内商用车自动驾驶技术已取得了重大进展，在港口、矿山、办公园区、干线物流等封闭、半封闭特定场景下开展了示范性应用，为商用车自动驾驶技术的落地和商业化运营提供了宝贵的经验。但商用车自动驾驶现状离人们的预期还有很大差距，仍面临诸多挑战。这些挑战包括技术、成本以及人们对自动驾驶的信任度。

在技术方面，尽管人们采用了摄像头、毫米波雷达、激光雷达等多种传感器，并基于多源信息在时空对准条件下，进行不同层级的信息融合，但其道路及目标检测的准确度并不能令人完全满意。比如，摄像头采用深度神经网络算法，大大提升了目标检测和识别的准确性，但离自动驾驶车辆对环境感知的现实要求还存在距离。多个开源数据集测试表明，目前性能最优的车道检测算法，其准确度仅为95%，面对存在阴影、遮挡的情况，识别的准确度会下降到90%。采用摄像头和毫米波雷达的信息融合来提高目标识别的准确性，是目前自动驾驶汽车开发的主流方案，但目标检测的准确性仍有待进一步提升。其次，由于高度复杂动态的交通环境，自车与环境车辆、行人及其他交通参与者的关系不断发生快速变化，如何在繁多的信息流中，像人类驾驶员一样，快速提取交通场景的交互信息，结合自车的运动状态，规划出安全、节能、舒适的行车轨迹，仍是决策规划中的一个难题。目前，大多基于规则的轨迹规划方法，其规划的路径往往比较生硬，不符合人类驾驶员的驾驶习惯，与人们预期的自动驾驶安全、宜人的驾驶决策规划还有很大差距。此外，由于交通环境的高度动态性，车辆底盘执行系统的功能安全不确定性以及信息交互和信号传输过程中的不确定性，综合考虑不确定性的车辆轨迹跟踪控制是另一个技术挑战。

在成本方面，自动驾驶汽车的开发成本很高，包括硬件、软件以及自动驾驶汽车的测试和性能评价。从硬件来看，自动驾驶的一些关键设备，如激光雷达、毫米波雷达、实时动态载波相位差分（Real-Time Kinematic，RTK）技术、图形处理器（Graphics Processing Unit，GPU）以及芯片等，价格依然偏高。尽管随着激光雷达的国产化以及小型固态激光雷达的研发，激光雷达的成本在进一步下降，但其价格仍远高于自动驾驶汽车量产应用的要求。此外，由于各种传感器的性能局限，为了保证自动驾驶汽车的安全性，往往需要采用多传感器冗余备份，这也增加了硬件成本。自动驾驶技术开发中的数据集采集以及测试验证也是一项资金投入很大且不可或缺的工作。国外的数据库相对丰富，采集都集中在美国加州、新加坡、西班牙、英国等气候、环境友好的地方，收集的数据对于学习具有挑战性的驾驶情况帮助不大，其他更为广泛的具有恶劣天气和危险场景的驾驶数据，还必须投入高昂的成本，以获取具有代表性和有价值的驾驶数据集。自动驾驶汽车测试根据仿真测试的程度不同，分为模型在环（Model in the Loop，MIL）、软件在环（Software in the Loop，SIL）、硬件在环（Hardware in the Loop，HIL）和整车在环（Vehicle in the Loop，VIL）、场地测试和实际道路测试，这些测试也将耗费大量的资金，大力发展虚拟仿真测试技术，可以有效弥补道路测试的不足。人力成本也是自动驾驶汽车开发的一大支出，近年来苹果、华为、小米等科技公司均布局自动驾驶板块，为了吸引人才抢占技术制高点，不断给自动驾驶技术人才开出更高的薪资，对人才的争夺也使得开发成本大幅提升。

信任度也是推广自动驾驶技术所面临的一大挑战。民意调查显示，约 2/3 的民众对自动驾驶技术是不信任的，大家普遍认为隐私、安全、可靠性、清晰的双向沟通和多种互动模式是建立信任的关键。将影响信任的因素进行划分、以不同的方式进行处理是构建信任的关键，技术开发商应当处理好隐私、安全和双向沟通这些因素，政府和第三方机构应做好可靠性的评估。相关的法律法规尚需进一步建立和完善。

五、结语

商用车天生具有生产资料的属性，它要为社会与团体带来经济价值，因此，商用车的自动驾驶更注重依靠先进技术提升车辆行驶的安全性、减少驾驶员的驾驶强度、降低燃油消耗，达到真正意义上的降本增效和节能减排。发展商用车自动驾驶的意义重大，在政策和环境的驱动下，随着自动驾驶研发和技术的迭代，商用车自动驾驶技术将更加成熟，产业生态链将进一步拉长，并极大提升运行效率，为人类的智慧物流和智慧出行带来一场深刻变革。

第3章 商用车自动变速器发展现状和趋势

本章作者：徐向阳

摘要：

本章系统回顾了商用车自动变速器技术发展历史；分析了商用车自动变速器快速发展的驱动力；介绍了国内外商用车自动变速器市场发展现状，欧美日发达国家和地区商用车自动变速器普及率已经达到或超过90%，我国商用车自动变速器市场化2019年才刚刚起步，重型商用车电控机械自动变速器行业基本形成了2家外资企业（德国采埃孚和美国伊顿康明斯）+4家自主企业（法士特、一汽解放、东风和中国重汽）的市场格局；从技术层面上，分析对比了国内商用车自动变速器产品的关键技术指标和发展趋势；从商用车电动化、智能化发展趋势的角度，介绍了我国商用车电驱动总成发展现状和发展趋势。

一、商用车自动变速器发展回顾

（一） 国内外商用车自动变速器发展历史

传统自动变速器有液力自动变速器（Automatic Transmission，AT）、电控机械自动变速器（Automated Manual Transmission，AMT）、双离合器自动变速器（Dual-Clutch Transmission，DCT）和无级自动变速器（Continuously Variable Transmission，CVT）四种典型产品。1939年，通用汽车首次把液力自动变速器搭载在乘用车上。1946年，艾里逊（Allison）研发了第一台商用车液力自动变速器，主要用于非公路车辆，后来才出现了大客车及公交车使用的液力自动变速器。商用车双离合器自动变速器最早在2011年由三菱扶桑搭载在轻型货车上，2014年，沃尔沃首次将双离合器自动变速器搭载在重型货车上。无级变速器由于其自身结构限制，传递转矩过小，不适用于商用车，未来也很难有发展的机会。电控机械自动变速器的研究开始于1960年，迄今已有60余年的历史，发展到今天成为公路载货车辆自动变速器的主要形式。

20世纪六七十年代，欧美先后诞生了手动换档自动离合器的AMT和脚踩离合器自动换档的AMT（这两种类型严格意义上都属于半自动变速器），自动换档和离合器全自动的AMT则于20世纪80年代才诞生。奔驰和斯堪尼亚是研究AMT的先驱。1989年，欧洲最早将AMT搭载于依维柯中型载货汽车上，到2008年，AMT在欧洲商用车变速器市场占有率就超过50%，现在欧洲商用车AMT搭载率超过了90%。美国艾里逊公司在20世纪80年代与欧洲几乎同步开始开发商用车AMT，目前，美国AMT在商用车市场的占有率也超过85%。图3-1和图3-2分别是德国

换代	第一代AMT商用自动变速器，自动预换档系统	第二代货车全自动AMT变速器	第三代货车全自动AMT变速器	第四代货车全自动AMT变速器	欧曼EST-A上市
图片	 ZF 8S-180 AVS	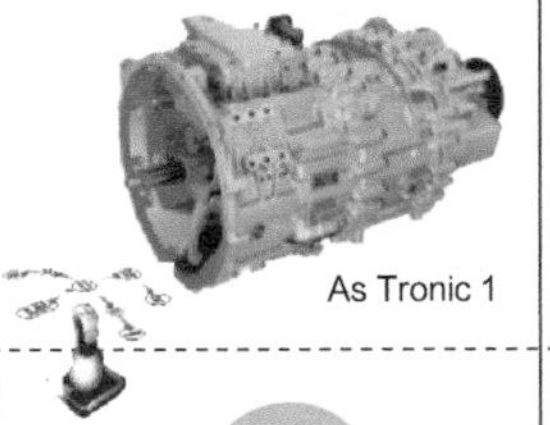 As Tronic 1	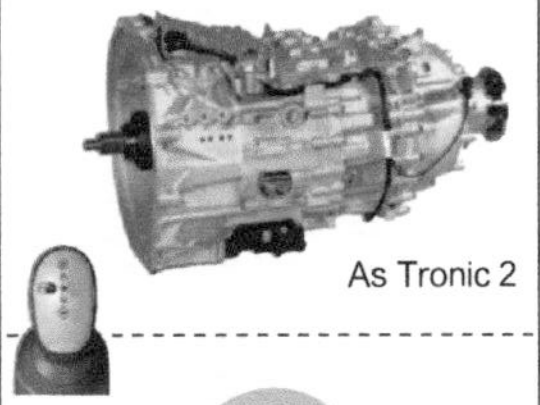 As Tronic 2	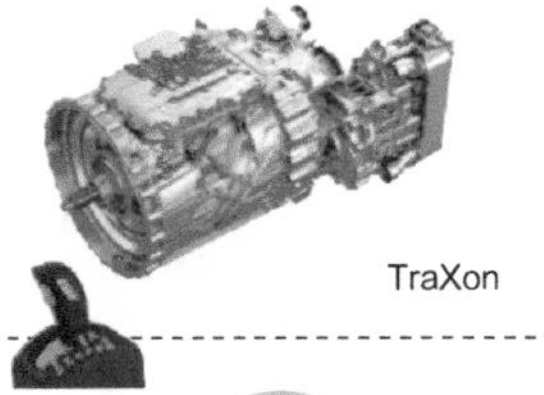 TraXon	
年代	1980年	1997年	2000年	2015年	2017年
特点	半自动换档 AVS是通过在传统的机械变速器上添加了大量换档执行机构的外挂部件和传感器部件及线束，称之为添加式（Add-on）系统。该系统仅实现了换档的自动化，而离合器的分离/结合还是靠驾驶员踩离合器踏板实现，因此称为半自动换档	全自动换档 随着电子控制技术的发展，在历经长达9年的研发后，采埃孚推出了一款第一重磅的产品——As Tronic变速器，不仅实现了变速器换档的自动化，同时也实现的离合器控制的自动化，成为名副其实的全自动AMT变速器。As Tronic第一代中央控制单元（单片机）为外置式，布置在整车驾驶室内，同时采用了三段式+双中间轴结构，可靠性和传动转矩得到大幅度提高	模仿优秀驾驶员 得益于电子控制技术和CAN总线技术，第二代As Tronic开始于一个强大的电子控制单元（TCU），强大的软件功能可以使得变速器始终工作在最优化的状态，从而达到优秀驾驶员换档水平 同时将换档控制信息通和TCU控制单元集成在一起，提高了系统的可靠性 截至2015年，销售超过100万台	智能驾驶，超越优秀驾驶员水平 2015年，采埃孚在原有的As Tronic自动变速器基础上，推出了新一代AMT自动变速器TraXon： 1）更智能：具备空档滑行，PreVision GPS等功能 2）更省油：比上一代省油3%～5% 3）更可靠：换档系统可靠性增加66%，离合系统增加50%，整体B10寿命增加25%，达到160万km 截至2019年年底，全球累计销售36万台	开启中国重型货车自动档时代 欧曼采埃孚最新一代TraXon自动档成功上市，中国重型货车真正开始进入自动档时代 截至2019年，欧曼已累计销售自动档8000多台

图3-1 德国采埃孚公司AMT发展历史

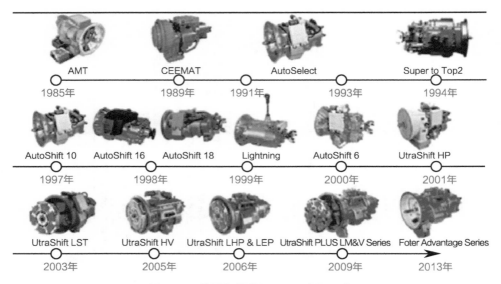

图 3 - 2   美国伊顿公司 AMT 发展历史

采埃孚（ZF）和美国伊顿（Eaton）两个欧美最具代表性企业的 AMT 产品发展历史。

国内 AMT 起步较晚。在国家 "863" 计划的支持下，我国从 1980 年开始开展 AMT 的研究。2008 年，首款搭载 AMT 的车型中国重汽 HOWO 上市，AMT 在中国开始商业化。但国内自主 AMT 的发展并不顺利，由于产品一致性差、可靠性低、成本高、维修服务无法满足用户要求、驾驶人员使用不习惯等各种因素交织在一起，商用车自主 AMT 在上市后不久就遇到了市场困境。经过自主企业持续十多年的攻关，2019 年，自主 AMT 产品开始批量进入市场。2020 年，中国商用车 AMT 市场占有率达到 3%，但仍然是德国采埃孚公司的产品一家独大。

（二） 商用车自动变速器发展的驱动力

商用车自动变速器发展的驱动力主要来自括用户需求以及政策法规。

用户对商用车自动变速器的需求主要体现在两方面。一方面是对驾驶便捷性的需求，自动变速器可以解放驾驶员左脚，减轻驾驶疲劳。随着 "80 后" "90 后" 人员成为商用车驾驶员，年轻一代驾驶员对舒适性和操作轻便性的要求显著提高，用户端对 AMT 的强烈需求成为商用车自动化的重要驱动力。另一方面，商用车最主要的运营成本是燃料，随着交通运输行业竞争的加剧，商用车用户对降低运营成本的需求日益强烈，自动变速器可以根据车辆使用场景和工况选择更合适的换档时机或者进行更科学的巡航控制、更优的能量管理策略等，使 AMT 节油优势日益显现。据试验统计，商用车 AMT 比手动变速器可节油 3% ~ 5%，以一辆重型商用车年行驶里程 20 万 km 计算，重型商用车节油率 1%，5 年总拥有成本（Total Cost of

Ownership，TCO）可降低近3万元。

政策法规也对商用车变速器发展方向起到决定作用。2021年，国家主席习近平在联合国大会一般性辩论上，向世界做出了"3060"双碳承诺，交通运输行业提出在2028年实现碳达峰，国家在2021年也推出了国六排放法规。由于AMT可根据整车工况将发动机与变速器配合进行高效换档，将发动机维持在高效区间，保证燃油充分燃烧，不会对尾气处理系统造成过大的负担。但手动变速器可能会由于驾驶员的陋习和误操作，导致昂贵的国六尾气处理装置过快损坏，造成损失。因此，国六等政策法规也是驱动AMT普及的重要外部力量。

二、商用车自动变速器发展现状

（一）　国外商用车自动变速器发展现状

欧美国家商用车自动变速器已经普及。欧洲AMT占比超90%，美国AMT占比也超85%。

欧洲最大的AMT供应商是德国采埃孚。欧洲主流重型货车品牌达夫（DAF）、依维柯（IVECO）和雷诺（Renault）都主要采用采埃孚的AMT产品，但同时也有自己的AMT产品。其余四个主流整车厂斯堪尼亚（Scania）、沃尔沃（Volvo）、奔驰（Benz）和曼（MAN）都有很先进的AMT技术，其车型主要搭载自产的AMT产品。

美国最大的AMT生产商是帕卡（Paccar），帕卡旗下整车品牌肯沃斯（Kenworth）和彼得比尔特（Peterbilt）都采用帕卡的AMT产品。另外，伊顿、艾里逊和底特律（Detroit）为万国（International）、福莱纳（Freightliner）及西星（Western Star）等提供AMT。沃尔沃美国和马克（Mack）有自己的AMT产品。

艾里逊是主要的非公路商用车AT供应商。而DCT没有主流厂商，三菱、沃尔沃和伊顿有商用车DCT技术。

欧美日等发达国家和地区的主要商用车和AMT制造商在不断的技术发展和产品迭代过程中，逐渐形成了各自的AMT品牌，如图3-3所示。

图3-3　国外主要商用车及其配套的AMT品牌标识

（二）国内商用车自动变速器发展现状

国内重型商用车 AMT 行业基本是"2 + 4"的格局，如图 3 - 4 所示。所谓"2"，是指两家外资企业：德国采埃孚和美国伊顿康明斯；所谓"4"，是指 4 家自主企业：法士特、一汽解放、东风和中国重汽。

a）外资品牌　　　　b）自主品牌

图 3 - 4　国内市场主要 AMT 品牌标识及型号

采埃孚是德国老牌变速器企业，在商用车 AMT 领域有着 40 余年的技术积淀和良好的用户口碑，已在国内外各品牌高端重型货车上大量装车。除进口产品外，采埃孚和福田汽车已经在嘉兴成立了两家合资企业，分别生产重型和轻型 AMT，且已在 2019 年正式投产。采埃孚的主要 AMT 产品是"传胜"（TraXon）系列十余款产品，拥有 12 个前进档和 4 个倒档，输入转矩覆盖 1400 ~ 3400N·m，根据转矩不同加注 12.5L 或 13.5L 变速器油。其重量较轻，最重的 3400N·m 款仅为 265kg。搭载采埃孚 AMT 的车型主要有一汽解放 J7、中国重汽汕德卡、福田戴姆勒欧曼 EST、上汽红岩杰狮 H6、江淮格尔发 K7、东风柳汽乘龙 H7、现代创虎等高端重型货车。动力链方面，与采埃孚变速器匹配最多的是康明斯发动机，这套动力链组合在 AMT 市场上的占比高达 38%。

法士特是全世界产销量最大的商用车变速器制造商，目前在国内商用车变速器领域拥有 70% 市场份额的绝对优势。其近几年推出了十余款 AMT 变速器，硬件能够达到国际水平，也已经有了不错的销量和口碑。法士特主推的 AMT 产品是 C16JSDQXL 系列，有 16 个前进档和 2 个倒档，输入转矩覆盖 2200 ~ 2600N·m，加注 15L 变速器油，重量为 291kg。搭载法士特 AMT 的车型主要有陕汽 X6000、东风柳汽乘龙 H7，以及徐工、北奔、广汽日野、三一等高端重型货车。与法士特 AMT 匹配最多的是潍柴发动机，这套动力链组合在国内市场的占比也高达 37%。

伊顿虽是美国著名的变速器制造商，但进入中国市场较晚。2017 年，伊顿与美国柴油机公司康明斯在中国合资成立伊顿康明斯（Eaton-Cummins）变速器公司。2020 年，首款 AMT 产品"赢动"（Endurant）亮相；2021 年伊顿康明斯无锡工厂投产。"赢动"变速器有 12 个前进档和 2 个倒档，最大输入转矩 2650N·m，重量 298kg，加注变速器油量仅为 7.5L。伊顿康明斯的 AMT 虽然才刚刚起步，但目前国内 AMT 与传统 MT 相比仍在市场上占比很少，且 AMT 占比在迅速上升，所以伊顿康明斯也很有机会。另外，随着康明斯发动机保有量的增加，凭借伊顿康明斯的技术实力，完全可以与采埃孚和法士特在国内市场一较高下。

一汽解放、东风和中国重汽三家整车厂在 AMT 领域也有很强的实力。解放实现了发动机、变速器、车桥全部自主研发，动力总成有着很好的协调性。其主推的

CA12TAX 系列 AMT 有 12 个前进档和 2 个倒档，重量 298kg，加注变速器油 7.5L。东风基于与沃尔沃合作的 DT14 系列 14 档 MT，自主研发了 DA14 系列 14 档 AMT，最大输入转矩 2200N·m，重量 347kg，加注变速器油量 14.5L。中国重汽是国内 AMT 的先驱者，采用威伯科（Wabco）的控制技术，经过了大量的路试并掌握了大量数据。其 HW25716 变速器最大输入转矩 2500N·m，重量 366kg，加注变速器油量 12L。

万里扬是生产轻型微型商用车 AMT 变速器的主要厂商，占有 60% 的市场份额。其 5AG40 和 6AG40 两款变速器分别有 5 个档位和 6 个档位，转矩覆盖 360~450N·m。搭载这两款变速器的车型包括江铃凯锐、庆铃铃咖、福田欧马可 S1、福田奥铃小钢炮、解放 J6F、东风凯普特、中国重汽 HOWO 统帅等高端轻型货车。

AMT 在国内市场有着非常广阔的发展前景。虽然目前 AMT 占比仅为 3%，但未来 AMT 销量将逐年增长，直至取代 MT 成为燃油商用车变速器的主流。上述六家企业目前占据主动，但国内 AMT 市场才刚刚起步，格局未定，任何厂商都有机会，市场有可能百花齐放。

除 AMT 外，最近几年商用车液力自动变速器也开始在轻型商用车和客车以及特殊用途商用车上得到应用。商用车 AT 目前国内最大的供应商是采埃孚，主要产品是 ZF8HP，该产品搭载在长城炮、上汽大通多用途汽车（Multi-Purpose Vehicle，MPV）等多款皮卡和 MPV 车型上。在重型商用车领域，AT 产品则基本被采埃孚和艾里逊所占领。最近几年，面对巨大的市场需求，商用车 AT 正成为国内自主企业研发的重点，法士特先后开发出 6AT~9AT 等 8 个系列产品，转矩范围覆盖 450~2800N·m，产品应用在客车、港口车辆、消防车辆、矿用车辆和军用轮式车辆等多种类型商用车上。贵州凯星也基于艾里逊 6AT 推出了大转矩商用车 AT 产品，并在重型商用车和矿山车辆等得到应用。另外，针对国内轻型商用车，特别是皮卡、大MPV 等商用车对纵置 AT 的需求，长城汽车旗下的蜂巢传动研制出了纵置 9AT，预计 2022 年推向市场；东安汽发、盛瑞传动、万里扬等独立的变速器企业也纷纷推出纵置 8AT，并开始与国内整车企业如中国重汽、江铃汽车、庆铃汽车等企业的相关车型进行匹配，预计 2022 年实现销售。

（三） 国内外商用车自动变速器对比分析

国产 AMT 经过十余年的发展，性能已经可以满足国内重型货车的需求。在硬件层面，国产 AMT 已接近进口产品，但软件层面还有差距。

将法士特 12JZSD 系列 12 档变速器与采埃孚和伊顿 12 档变速器对比，参数上差距不大，法士特仅在加注油量上逊于伊顿，重量方面逊于采埃孚。而且法士特的全磨齿、全斜齿、鼓形齿等设计都使得该变速器性能卓越，市场的反馈也说明法士特的 AMT 在可靠性上并不差。

但在软件层面，法士特的控制技术仍然来自美国威伯科公司，其余国内厂商的AMT控制技术也不例外，都来自威伯科。而采埃孚已经摆脱了对威伯科的依赖。国产AMT在软件层面还有很长的路要走。现在随着智能网联技术的发展，对自动变速器行业来说是挑战也是机遇，国内厂商有机会实现弯道超车。

图3-5~图3-8所示是目前国内市场上AMT产品的主要技术参数对比。从对比中可以看出，尽管中国自主品牌AMT的档位数量最高已经实现了16档，但其他关键技术指标，如反应产品集成度和功率密度、转矩密度等的重量、反应冷却润滑技术和热管理技术、效率和养护成本等的加油量、反应传动比范围和与发动机匹配的速比范围等技术指标，与德国采埃孚和美国伊顿仍然有一定的差距。另外，国外AMT的B10寿命基本达到150万km以上，国内自主AMT一般是120万km；在变速器换油周期方面，国外产品换油间隔周期比自主产品更长，甚至做到免换油等。

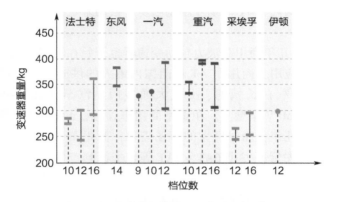

图3-5　国内商用车AMT产品重量对比

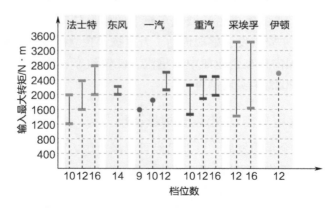

图3-6　国内商用车AMT产品最大输入转矩对比

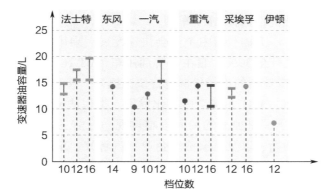

图 3-7 国内商用车 AMT 产品变速器加油量对比

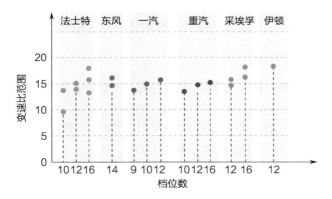

图 3-8 国内商用车 AMT 产品变速比范围对比

三、商用车自动变速器发展趋势

（一）市场发展趋势

从乘用车自动变速器普及的过程受到启发，以及从 2018—2021 年 AMT 重型货车的销量变化来看，未来以 AMT 为主的自动变速器产销量会在重型商用车市场上快速上升，占比也会逐渐提高。2019 年，作为国内重型商用车市场 AMT 的元年，销量达到 8000 台，占比 0.67%。2020 年，实现爆发式增长，销量 4.8 万台，占比 2.98%。2021 年，国内 AMT 销量已经超过 10 万台，增速超过 100%。预计在 2025 年 AMT 市场占有率将达 50%，规模 80 万台左右；到 2030 年 AMT 市场占有率将达 90%，规模达到 180 万台。

在 AMT 市场占有率扩大的同时，随着 AMT 的成本降低和带来收益的增加，AMT 会越来越多地搭载在除高端车型以外的重型货车上。过去 AMT 车型比 MT 车型贵出数万元，但现在差价不到一万元，甚至有些地方 MT 车型短缺造成二者终端价格相同。另外 AMT 的可靠性在提高，维护成本在降低，越来越多的非高端重型货车用户会为了经济型与便捷性选择 AMT 车型。

对于品牌与产品，一方面，自主企业会快速发展。乘用车自动变速器 6 年间自主品牌占有率从 3% 上升至 30%。自主品牌商用车 AMT 在技术上已经实现了突破，自主商用车 AMT 自动变速器的市场份额也将快速提升，甚至技术层面自主品牌也将能做到引领。另一方面，AMT 市场会多极化发展，类似法士特占领大半 MT 市场或是 AMT 普及之前采埃孚一家独大的局面很难再现。目前三家独立变速器企业采埃孚、法士特和伊顿康明斯，以及三家整车企业一汽解放、东风和重汽都有不错的产品，一家垄断的格局难以形成，随着未来 AMT 市场占有率的快速增长，自主和外资多家企业在竞争中会发展成为主流：法士特有机会将自主高端智能变速器产品推广开来；采埃孚有机会在中国市场大放异彩；伊顿康明斯虽然刚成立不久产品较少，但也有机会与法士特、采埃孚竞争；一汽、东风和重汽三家整车企业的 AMT 则可以通过自产变速器和自家动力总成、整车的匹配优势占领市场。

（二） 技术发展趋势

商用车自动变速器的技术发展趋势主要是 AMT 技术参数提高、AMT 智能网联化、动力总成电动或混动化，以及 DCT 在轻中型商用车领域的发展。AT 则会两极化，$450 \sim 700N \cdot m$ 转矩的 AT 主要应用于皮卡、MPV 和高端轻客，$2500N \cdot m$ 及以上的大扭矩 AT 则主要用于特殊用途车辆上。

随着 AMT 技术的成熟，AMT 技术参数在不断提高。发展趋势是多档位（12/14/16/18 档）宽速比、大输入转矩（至少 $2200 \sim 3500N \cdot m$）、少变速器油加注量（小于 15L）、高效率（最高效率大于 99.5%）、轻量化（小于 350kg）、免维护、长寿命（B10 寿命 $180 \sim 200$ 万 km）。另外，各生产企业也意识到 AMT 不只是 MT 加上换档控制装置，而是其中很多零件的性能需求都有所改变。在重新设计零件并做好和发动机、车桥等的匹配后，AMT 的性能和可靠性将大大提高。

随着商用车对燃油经济性、动力性、驾驶便捷性、舒适性和安全性等要求的提高，借助智能网联技术的发展，AMT 正在向智能网联化方向发展。在硬件水平提高的同时，AMT 也在从硬件定义向软件定义方向转变。AMT 除手自一体、坡道辅助、自动空档、自动驻车等功能外，还会根据场景工况进行动力总成的一体化匹配标定，实现基于高精地图信息进行预见性的换档与巡航控制，或者识别驾驶风格意图进行预见性换档。并且控制系统将由独立的 ECU 转变为域控制器或中央控制器，实现动力链一体化智能协同控制。预计 2025 年会实现限定场景和封闭区域内的高度自动驾驶（HA 级）的商业应用，2030 年实现高速公路和部分城市道路的高度自动驾驶规模化应用（图 3 – 9）。

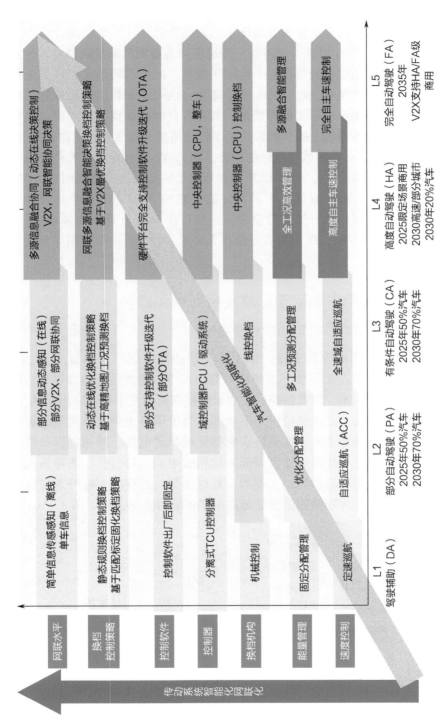

图3-9　商用车自动变速器智能网联化发展趋势

随着电驱动技术的发展和成本的降低，以及政策对新能源的支持和节能减排法规的日益严格，商用车的电动化和混动化也是发展趋势之一。采用混合动力（增程混动、P2 混动和多档位专用混动变速器）变速器成为商用车满足油耗要求的重要技术途径。纯电驱动未来也会大量应用于商用车领域。纯电动的形式可以是电机加变速器，还可以是高速低速电机组成纯电混合动力，也可能是轮边电机或轮毂电机组成分布式驱动。新能源驱动形式种类繁多，都有各自的优缺点，不同用途商用车的需求也完全不同，未来市场上的新能源商用车传动系统会是多条技术路线并进。

DCT 相比于 AMT 有着换档品质好的优势，相比 AT 又有着成本和传动效率的优势。但 DCT 传递的转矩较小，所以 DCT 更加适用于轻型以及中型商用车。在 450 ~ 1200N·m 的市场中，如轻型货车市场，目前成熟的 AMT 和 AT 产品较少，所以 DCT 作为自动变速器可以填补这部分空白。虽然目前 DCT 在商用车领域应用不多，但随着大转矩 DCT 的发展，DCT 很有可能在未来成为轻型、中型商用车自动变速器重要技术路线之一。

四、新能源商用车电驱动总成发展现状和趋势

（一） 新能源商用车电驱动总成发展现状

近年来新能源商用车发展迅猛。2021 年，新能源商用车产销量为 18.6 万辆，在全部商用车的销量中占 3.88%。在新能源商用车中，主要是新能源客车、新能源小客车和新能源轻型货车，以及特殊应用场景的换电重型货车和市政车辆。

新能源商用车的动力总成供应商几乎全部来自中国自主企业。在新能源动力总成领域，厂商众多，有数十家。这些供应商都提供驱动电机、减速器以及整个动力总成的解决方案。有近十年内成立发展起来的精进电动、特百佳、凯博易控、绿控传动、越博动力、汇川联合动力、大地和、英博尔等，也有法士特等老牌变速器厂商，还有比亚迪、吉利远程等新进新能源商用车领域的整车企业（图 3 – 10）。

a）新能源企业　　　　b）传统变速器企业　　　　c）整车企业

图 3 – 10　国内主要新能源商用车驱动总成品牌标识

精进电动成立之初主要是开发电机产品，目前已经发展成为定位中高端市场的新能源车电驱动企业，是国内领军企业之一，也是出口企业，且已在驱动电机、控制器、传动领域掌握核心技术并实现完整布局。精进的商用车电机产品主要为三相永磁同步电机，额定功率覆盖 83～250kW，额定转矩覆盖 345～2800N·m。同时精进也提供纯电动和混动的电机、减速器（变速器）二合一，或电机、减速器、控制三合一的总成产品。在市场方面，精进在市场整体下滑、国内新能源补贴减少、整车厂降本以及疫情等影响下，在近几年内，订单有所减少。电驱动产品出口国际市场、成为国际著名品牌一级供应商，是精进电动的一大亮点。

绿控传动也是国内领先的新能源商用车驱动产品及动力系统解决方案供应商。绿控产品众多，覆盖客车、轻型货车、中型货车、重型货车、非道路矿用货车等多个领域，每个车型都有数种解决方案。主要解决方案包括基于 AMT 的纯电系统、中央电驱动桥系统、并联混合动力系统、混联混合动力系统等。电机采用永磁同步电机，额定转矩覆盖 350～2400N·m，传动有纯电 2 档/4 档 AMT 变速器、单级减速器、集成启动发电机（Integrated Starter Generator，ISG）的并联 AMT 和带驱动/感应电机的混联 AMT。绿控持续领跑纯电重型货车市场，同时绿控的销量和销售额在四年内持续增长。

汇川技术是国内工业自动化领域的头部企业，其新能源汽车子公司汇川联合动力是新能源商用车动力总成的主要供应商，在新能源乘用车动力领域也名列前茅。汇川联合动力对新能源电控技术有着很深的积累，近年来也在研发动力总成系统。汇川有轻型货车和微型客车的三合一（电子液压助力转向系统控制器 + ACM 控制器 + DC/DC 变换器）控制器和五合一（电子液压助力转向系统控制器 + ACM 控制器 + DC/DC 变换器 + 高压配电箱 + 电动助力转向控制器）控制器产品，也有混合同步（HSM）电机、单级减速器等产品。汇川不仅市场占有率大，而且也是为数不多营收额和净利润都高速增长的企业。

大地和是老牌电机企业，拥有自主高性能永磁同步电机技术和电控技术，连续领跑微型客车市场，近年销量也持续上升。英搏尔也在逐渐从单电控产品向新能源动力总成转型，2020 年扭亏为盈并持续增长，2021 年在商用车新能源动力总成市场也跻身前列。凯博易控的高转速电机和高速齿轮技术，以及高速低速双电机的解决方案都很有竞争力。越博动力的模块化、一体化控制器技术使得它在 2018 年达到巅峰，成为新能源动力总成第一股，但此后一直销量下滑、市值萎缩，出现巨额亏损。

法士特在新能源领域的主要产品是轮边减速器和纯电动 AMT/MT 变速器。法士特凭借在商用车传统变速器领域的技术积累，其新能源产品延续了可靠性和经济性方面的优势，再加上法士特在销售服务网点数量和售后响应速度上的优势，2021 年在新能源搅拌车、渣土车上大量装车。

新能源商用车市场刚刚起步，正在高速发展当中，有着非常广阔的前景。目前新能源电驱动市场上品牌众多，产品更是不计其数，未来还会有更多的新品牌和传统品牌入局。但与此同时竞争也变得激烈，新品牌有新技术，传统品牌也有着销售等方面的优势，对所有企业来说有机遇的同时也有着更多的挑战。新能源产品虽然利润空间大，但技术的开发需要很大的成本，很多企业在订单减少的情况下亏损持续扩大，有破产的风险。未来在市场竞争更激烈的情况下，各厂商需要掌握核心技术，并发挥自己独特的优势，才能在市场上立足。

（二） 新能源商用车电驱动总成发展趋势

2021 年，新能源商用车销量 18.6 万辆，相比 2020 年增长 54%，在商用车市场的占比为 3.88%。该细分市场正在快速增长，预计 2035 年销量占比将达到 50%。

未来新能源动力总成市场将与传统商用车变速器市场结构完全不同。传统商用车变速器厂商只有几家，这些企业经过几十年的发展，已经有了技术壁垒，形成了规模效应，并且有了口碑，它们的产品在有技术优势的同时，也有很高的定价权，这种格局不会被轻易打破。但新能源市场才刚刚起步，几十家企业互相竞争，没有一家有绝对优势。新能源动力总成的构型、电机类型、减速器类型多种多样，并且很容易创造出新的方案。新能源动力总成市场卖家多，但产品略有区别，可能会形成垄断竞争市场。所以，在未来数年内，商用车新能源动力总成市场还会不断扩大，对任何新企业和传统企业来说都有机会，但同时淘汰速度也在加快。企业需要在商用车三电（电机、电池、电控）中掌握一项核心科技，才能在新能源动力总成的竞争中占据主动。

新能源商用车电驱动总成的技术发展趋势主要包括纯电动化、驱动系统集成化、智能网联化等几个方面。由于用户对降低运营成本的需求和政府对城市环保的政策支持，未来商用车将向纯电动方向发展。对于轻型和短途商用车，如小客车、轻型货车、公交车及部分大客车等，纯电的发展非常快速并将成为主流。这些纯电动车辆的成本、动力可靠性、耐久性都是发展的方向。对于大部分运营车辆来说，混合动力尤其是插电式混合动力，也会是发展方向之一，其可以有效地降低燃油消耗，降低运输企业的 TCO。对重型货车来说，目前已经出现了大量的纯电动搅拌车、渣土车等工程用车，但由于对续驶里程和连续运营的刚性需求，纯电动难以满足牵引车等长途物流车的需求。在重型货车卡向 AMT 和纯电发展的同时，兼顾燃油汽车优点的混合动力汽车会成为发展方向之一。

商用车驱动系统的布置形式分为集中式和分布式两种。集中式驱动的动力系统结构与传统汽车相似，通常将内燃机换成电机，或者是将单电机集成在驱动桥上；分布式驱动则是轮边电机驱动桥或者轮毂电机驱动桥方案，二者各有优缺点。单电机减速器方案可共用燃油汽车的技术，NVH（Noise、Vibration、Harshness，即噪声、振动、声振粗糙度）较好，但系统效率低，体积和重量较大。集成电驱动桥方案虽占用空间小，传动效率高，但 NVH 差且簧下重量大。分布式驱动桥方案由于没有差速器，结构更加紧凑，传动效率进一步提高，但除簧下质量大的问题外，还有开发难度大、成本高的缺点。无论对于集中式还是分布式驱动系统，多合一是发展趋势。电控系统中电机控制器、DC/DC 变换器、高压配电箱（PDU）、车载充电器（OBC）以及整车控制器（VCU）等都可以集成在控制器中。并且电控系统与电机和减速器集成为电驱动总成，电机和减速器同轴，减少了不对中误差。深度集成的电驱动总成在布置、零部件匹配、整体可靠性等方面优势明显，未来无论传统的电机企业还是电控企业，都会向驱动总成方向发展，市场上集成产品也会成为主流。

第4章 新能源商用车政策现状与发展建议

本章作者：李鲁苗 吴 征

摘要：

产业政策是推动新能源汽车发展的重要措施，对加快市场发展、推动技术进步、促进产业集聚等发挥着积极作用。本章系统梳理了我国新能源商用车支持政策体系及主要内容，并通过政策历程分析了政策支持特征及存在的问题。结合国家政策导向，以及加速商用车电动化的发展需求，本章建议积极落实国家碳达峰、碳中和目标，研究出台汽车产业低碳转型路线图；找准应用场景试点先行，促进新技术新模式发展；聚焦重点领域，延续财税支持，加快建立积分市场化机制；加强专用充换电基础设施建设，提高补能便利性；地方多措并举加大政策支持力度。

一、新能源商用车支持政策现状

为了有效推进商用车领域能源结构转型升级，国家层面从宏观综合、购置补贴、税收优惠、运营补贴、推广应用、基础设施等各个方面提供了系统化的政策支持，同时地方层面也积极在运营补贴、路权管理等方面加大支持力度。尤其是购置、税收和运营等方面的财税类政策，对加快新能源商用车推广应用发挥了重要作用。

1. 宏观综合政策

宏观综合政策涵盖国家发展导向、产业发展规划等，引导着新能源汽车产业未来发展方向。2020年9月，国家领导人习近平总书记首次提出我国力争于2030年前二氧化碳排放达到峰值，力争在2060年前实现碳中和的目标，将推动汽车产业加快绿色转型，尤其是对于以两成保有量"贡献"了五成燃油消耗量的商用车领域。同年11月，为了进一步明确新能源汽车产业发展路径，凝聚行业共识，坚定产业发展信心，国务院公布了2021—2035年新能源汽车产业发展规划内容，明确了新能源汽车产业中长期发展目标，提出了"公共领域用车实现全面电动化"目标。2021年，国家层面发布的《关于完整准确全面贯彻新发展理念做好碳达峰碳中和工作的意见》《2030年前碳达峰行动方案》等顶层文件中，明确了发展绿色低碳交通的相关内容，为交通运输领域低碳化发展明确了工作方向。

总体来讲，宏观综合政策对新能源商用车发展在市场推广、产品应用、技术发展、政策支持等方面提出了要求（表4-1），具体包括：一是提高公共领域新能源汽车推广比例，其中对于重点区域、百万人口以上城市的公交、物流配送、环卫等商用车领域新能源汽车比例不低于80%；二是推动特定场景新能源汽车产品应用，包括港口、机场、矿区、工业园区内短途运输等封闭、固定线路场景;三是加强自动驾驶、燃料电池等新技术新模式应用,鼓励在公交、环卫、港口、物流园区等固定线路场景示范应用自动驾驶车辆;四是加大政策支持力度,国家继续加强实施国家公交都市、绿色货运配送示范工程,创新开展近零碳交通示范区建设,鼓励地方加大停车、充电等优惠力度。

表 4-1 宏观综合政策及政策要点

政策名称	相关内容	
	关键词	要点
《新能源汽车产业发展规划(2021—2035 年)》(国务院办公厅,2020 年 10 月)	公共领域车辆电动化目标	力争到 2035 年,公共领域用车全面电动化。2021 年起,国家生态文明试验区、大气污染防治重点区域的公共领域新增或更新公交、出租、物流配送等车辆中新能源汽车比例不低于 80%
	商用车电动化应用场景	加快新能源汽车在城市公交、场地用车等领域的应用,优化公共服务领域新能源汽车使用环境;推动新能源汽车在城市配送、港口作业等领域应用,为新能源货车通行提供便利
	加大政策支持力度	鼓励地方政府加大对公共服务、共享出行等领域车辆运营的支持力度,给予新能源汽车停车、充电等优惠政策
	自动驾驶技术示范应用	支持以智能网联汽车为载体的城市无人驾驶物流配送、市政环卫、快速公交系统(BRT)、自动代客泊车和特定场景示范应用
《关于印发 2030 年前碳达峰行动方案的通知》(国务院,2021 年 10 月)	新能源运输装备推广应用	推动城市公共服务车辆电动化替代,推广电力、氢燃料、液化天然气动力重型货运车辆;到 2030 年,当年新增新能源、清洁能源动力的交通工具比例达到 40% 左右
《关于深入打好污染防治攻坚战的意见》(中共中央 国务院,2021 年 11 月)	持续打好柴油货车污染治理攻坚战	深入实施清洁柴油车(机)行动,全国基本淘汰国三及以下排放标准汽车,推动氢燃料电池汽车示范应用,有序推广清洁能源汽车。进一步推进大中城市公共交通、公务用车电动化进程
《"十四五"现代综合交通运输体系发展规划》(国务院,2021 年 12 月)	新能源运输装备推广应用	推动城市公共服务车辆和港口、机场场内车辆电动化替代,百万人口以上城市(严寒地区除外)新增或更新地面公交、城市物流配送、邮政快递、出租、公务、环卫等车辆中电动车辆比例不低于 80%。到 2025 年,城市新能源公交车辆占比达到 72%
	开展新能源推广应用行动	深入实施公交优先发展战略,持续深化国家公交都市建设;在 100 个左右城市有序实施绿色货运配送示范工程
	近零碳交通示范区建设	选择条件成熟的生态功能区、工矿区、城镇、港区、机场、公路服务区、交通枢纽场站等区域,建设近零碳交通示范区,优先发展公共交通,倡导绿色出行,推广新能源交通运输工具
	自动驾驶技术示范应用	鼓励自动驾驶在港口、物流园区等限定区域测试应用,推动发展智能公交、智慧停车、智慧安检等

（续）

政策名称	相关内容	
	关键词	要　点
《绿色交通"十四五"发展规划》（交通运输部，2021年10月）	新能源运输装备推广应用	到2025年，全国城市公交、出租汽车（含网约车）、城市物流配送领域新能源汽车占比分别达到72%、35%和20%；国家生态文明试验区、大气污染防治重点区域新增或更新的公交、出租、物流配送等车辆中新能源汽车比例不低于80%；鼓励开展氢燃料电池汽车试点应用；推进新增和更换港口作业机械、港内车辆和拖轮、货运场站作业车辆等优先使用新能源和清洁能源
	绿色交通基础设施建设	推动公路服务区、客运枢纽等区域充（换）电设施建设，为绿色运输和绿色出行提供便利
	开展新能源推广应用行动	包括电动货车和氢燃料电池车辆推广行动、城市绿色货运配送示范工程和近零碳枢纽场站建设行动
《氢能产业发展中长期规划（2021—2035年）》（国家发展和改革委员会、国家能源局，2022年3月）	交通领域示范应用	在矿区、港口、工业园区等运营强度大、行驶线路固定区域，探索开展氢燃料电池货车运输示范应用及70MPa储氢瓶车辆应用验证；在有条件的地方，可在城市公交车、物流配送车、环卫车等公共服务领域，试点应用燃料电池商用车

2. 购置补贴政策

为弥补新能源汽车与传统汽车价格差距、提高消费者购买意愿，2009—2022年国家连续14年对新能源商用车给予购置补贴支持，对加快商用车产业电动化转型发挥了关键作用（表4-2）。随着产业技术、成本和市场规模等情况的变化，购置补贴政策对新能源商用车支持不断优化调整，逐步细化车辆类型，提升整车和关键零部件技术指标，调整支持方式，加强扶优扶强。

具体特征如下：一是动力类型聚焦新能源汽车，自2013年开始不再对普通混合动力车辆提供补贴，且同等车型下的燃料电池车型平均补贴标准高于纯电动车型，纯电动车型高于插电式混合动力车型；二是车辆类型更加细化，新能源客车由10m以上扩展到6m以上且按长度段细分为三类，新能源货车按吨位细分为三类，并设置了差异化补贴标准；三是不断提升技术指标要求，根据产业发展需求逐步增加动力电池系统能量密度、整车能耗水平（单位载质量能量消耗量、吨百公里电耗等）相关指标，注重车辆使用和安全，并在2016—2020年适时提升要求；四是补贴转向扶优扶强，由定额补贴转向根据技术水平设置差异化补贴，即"技术水平越高、补贴金额越大"；五是补贴标准逐步退坡，以技术进步、产业规模、成本差距等为依据，逐年下调补贴金额。

表4-2　新能源商用车购置补贴政策

序号	政策名称
1	《关于开展节能与新能源汽车示范推广试点工作的通知》（2009年1月）
2	《关于扩大公共服务领域节能与新能源汽车示范推广有关工作的通知》（2010年5月）
3	《关于扩大混合动力城市公交客车示范推广范围有关工作的通知》（2012年8月）
4	《关于继续开展新能源汽车推广应用工作的通知》（2013年9月）
5	《关于进一步做好新能源汽车推广应用工作的通知》（2014年1月）
6	《关于2016—2020年新能源汽车推广应用财政支持政策的通知》（2015年4月）
7	《关于调整新能源汽车推广应用财政补贴政策的通知》（2016年12月）
8	《关于调整完善新能源汽车推广应用财政补贴政策的通知》（2018年2月）
9	《关于进一步完善新能源汽车推广应用财政补贴政策的通知》（2019年3月）
10	《关于支持新能源公交车推广应用的通知》（2019年5月）
11	《关于完善新能源汽车推广应用财政补贴政策的通知》（2020年4月）
12	《关于进一步完善新能源汽车推广应用财政补贴政策的通知》（2020年12月）
13	《关于2022年新能源汽车推广应用财政补贴政策的通知》（2021年12月）

3. 税收优惠政策

税收优惠政策有利于降低新能源商用车综合成本，进一步缩小与传统燃油商用车的成本差距。目前，国家对新能源商用车从购置环节到使用环节，分别给予了购置税免征和车船税免征支持，同时依据产业技术、成本和市场规模等发展情况，对免征车辆提出了技术要求（表4-3）。具体如下。一是新能源产品需进入指定目录，其中享受购置税免征的产品需进入《免征车辆购置税的新能源汽车车型目录》，享受车船税免征的产品需进入《享受车船税减免优惠的节约能源　使用新能源汽车车型目录》。二是明确技术指标要求，按购置补贴政策技术门槛，对纯电续驶里程、能耗水平、燃料电池系统额定功率等做相关要求，并根据产业情况对部分指标进行调整。而且，国家通过《中华人民共和国车辆购置税法》《中华人民共和国车船税法（2019修正）》等立法方式，对设有固定装置的非运输专用作业车辆、城市公交企业购置的公共汽电车辆免征购置税，对使用新能源的车船减征或者免征车船税。其中，购置税免征政策将于2022年年底到期。2022年6月22日，由李克强总理主持召开的国务院常务会议提出，考虑当前实际研究免征新能源汽车购置税政策延期问题。

表 4 –3　新能源商用车税收优惠政策

序号	发文时间	政策名称
1	2012 年 3 月	《关于节约能源　使用新能源车船车船税政策的通知》（财税〔2012〕19 号）
2	2014 年 8 月	《关于免征新能源汽车车辆购置税的公告》（财政部　国家税务总局　工业和信息化部公告 2014 年第 53 号）
3	2015 年 5 月	《关于节约能源　使用新能源车船车船税优惠政策的通知》（财税〔2015〕51 号）
4	2017 年 12 月	《关于免征新能源汽车车辆购置税的公告》（财政部　税务总局　工业和信息化部　科技部公告 2017 年第 172 号）
5	2018 年 8 月	《关于节能　新能源车船享受车船税优惠政策的通知》（财税〔2018〕74 号）
6	2018 年 12 月	《中华人民共和国车辆购置税法》
7	2019 年 4 月	《中华人民共和国车船税法（2019 修正）》
8	2020 年 4 月	《关于新能源汽车免征车辆购置税有关政策的公告》（财政部　税务总局　工业和信息化部公告 2020 年第 21 号）
9	2022 年 1 月	《关于调整享受车船税优惠的节能　新能源汽车产品技术要求的公告》（工业和信息化部　财政部　税务总局公告〔2022〕2 号）

4. 运营补贴政策

为了促进城乡道路客运健康发展，弥补因成品油价格调整而增加的成品油消耗成本，2006 年起中央财政对燃油城市公交提供油价补贴支持。在汽车电动化发展趋势下，为了平衡传统燃油公交车和新能源公交车的使用成本，推进新能源城市公交车应用、限制燃油公交车增长，财政部等三部门发布《关于完善城市公交车成品油价格补助政策　加快新能源汽车推广应用的通知》（财建〔2015〕159 号），提出 2015—2019 年中央财政逐年降低燃油公交车成品油价格补助，增加新能源公交车运营补助。其中，新能源公交车运营补助采取定额补助方式，对五类动力类型、三个长度段[⊖]的新能源公交车设置 2 万～8 万元/辆/年的差异化补贴，形成了新能源公交车运营成本的绝对优势。

2022 年 1 月，财政部、交通运输部联合发布《关于调整农村客运、出租车油价补贴政策的通知》，为了顺应汽车产业电动化转型趋势，提出将出租车涨价补贴主要用于支持城市交通领域新能源汽车运营，用于推进公交、邮政等城市交通领域新能源汽车运营，以加快能源结构转型。同时，各地方给予国家公交都市、绿色货运配送示范城市每城市每年分别 500 万元、300 万元专项奖励资金。截至目前，共有 33 个城市被命名为国家公交都市建设示范城市、16 个城市被批准为"绿色货运配

　㊀　动力类型包括纯电动公交车、插电式混合动力（含增程式）公交车、燃料电池公交车、超级电容公交车、非插电式混合动力公交车。长度包括 $6 \leqslant L < 8$、$8 \leqslant L < 10$ 和 $L \geqslant 10$。其中，L 指新能源公交车车长，单位为 m。

送示范城市"。

5. 推广应用政策

新能源商用车推广应用政策主要推动新技术、新模式创新发展和应用，通过开展燃料电池汽车示范应用和换电模式试点，加强关键技术研发，选择合适的应用场景，探索有效的商业运营模式，加快商用车领域电动化转型。

燃料电池汽车作为电动化重要技术路线之一，具有续驶里程长、加氢时间短等突出优点，成为纯电动商用车的有益补充。2020 年 9 月，财政部等五部委联合发文决定开展燃料电池汽车示范应用工作，明确重点推动燃料电池汽车在中远途、中重型商用车领域的产业化应用。2021 年，五部委正式下发《关于启动燃料电池汽车示范应用工作的通知》，明确首批示范运营城市群分别为京津冀、上海、广州城市群。据不完全统计，北京、上海、广州、江苏等 30 多个省市自治区发布了燃料电池汽车专项政策，在城市公交、物流配送、仓储、港口、环卫等商用车领域率先示范推广。2021 年第 1 批到 2021 年第 12 批《新能源汽车推广应用推荐车型目录》中共 208 款燃料电池车型，包括 69 款客车和 138 款货车，基本是商用车车型，主要包括城市公交、半挂牵引车、保温车、厢式运输车等。

换电是新能源汽车能源补给方式之一，可有效解决或缓解早期货车续驶里程短、充电难、购置成本高等电动化难题，受到商用车行业的关注和认可。2021 年 11 月，工业和信息化部决定将在 11 个城市[○]开展新能源汽车换电模式应用试点工作，并将试点城市划为综合应用类城市和重型货车特色类城市，鼓励在城市物流配送、市政环卫等公共领域率先试点，尤其是在港口、工业园区内短途运输等封闭场景加强换电重型货车车型应用。在换电模式发展新机遇下，北京、海南、重庆、西安等地出台换电支持政策，明确换电车辆、换电站发展数量，并提供车辆运营和建站补贴。截至 2022 年 1 月，《新能源汽车推广应用推荐车型目录》已有 182 款商用车换电车型，主要包括半挂牵引车、自卸汽车、自卸垃圾车、混凝土搅拌运输车等，车型占比分别为 26%、24%、17% 和 15%，聚焦于重型货车领域。

6. 基础设施政策

充换电基础设施是新能源汽车普及应用的重要保障，也是决定商用车电动化发展的重要因素。新能源商用车应用以公交、环卫、物流配送等公共服务领域为主，在国家出台的充电基础设施相关政策中，明确提出了公共服务领域充电设施目标和要求（表 4-4），主要体现在三个方面：一是规划布局与公交、环卫、物流等领域车辆运行相适应的建设地点；二是明确与车辆推广相匹配的专用充电基础设施数量；三是鼓励在矿场、港口、物流运输等领域探索换电新模式推广应用。

○ 其中综合应用类城市 8 个（北京、南京、武汉、三亚、重庆、长春、合肥、济南），重型货车特色类 3 个（宜宾、唐山、包头）。

表4-4 充换电基础设施政策及要点

政策名称	相关内容	
	关键词	要点
《关于加快电动汽车充电基础设施建设的指导意见》（国务院办公厅，2015年10月）	建设公共服务领域充电设施	对于公交、环卫、机场通勤等定点定线运行的公共服务领域电动汽车，应根据线路运营需求，优先在停车场站配建充电设施，沿途合理建设独立占地的快充站和换电站；对于物流等非定点定线运行的公共服务领域电动汽车，应充分挖掘单位内部停车场站配建充电设施的潜力
《电动汽车充电基础设施发展指南（2015—2020年）》（国家发展改革委等，2015年10月）	明确公共服务领域充电设施建设数量	优先建设公交、环卫与物流等公共服务领域充电基础设施，新增超过3850座公交车换充电站、2450座环卫物流等专用车充电站
《关于进一步提升电动汽车充电基础设施服务保障能力的实施意见》（国家发展改革委等，2022年1月）	建设公共服务领域充电设施	充分考虑公交、物流等专用车充电需求，结合停车场站等建设专用充电站
	加快换电模式推广应用	围绕矿场、港口、城市转运等场景，支持建设布局专用换电站，加快车电分离模式探索和推广，促进重型货车和港口内部集卡等领域电动化转型。探索出租、物流运输等领域的共享换电模式，优化提升共享换电服务
	优化财政支持政策	对作为公共设施的充电桩建设给予财政支持。鼓励地方建立与服务质量挂钩的运营补贴标准，进一步向优质场站倾斜。鼓励地方加强大功率充电、车网互动等示范类设施的补贴力度

7. 地方政策

地方结合当地新能源汽车产业发展实际情况，已出台了包括推广应用、财政补贴、交通路权、基础设施等方面的支持政策，加快新能源汽车产业发展。2021年是"十四五"开局之年，上海、广州、深圳及江苏等紧跟国家政策导向，及时明确本地"十四五"新能源汽车产业发展方向，在商用车领域主要体现在推广应用、技术创新、政策支持等方面（表4-5），主要体现在四个方面：一是加快公共领域车辆全面电动化发展，包括城市公交、环卫、城市物流配送、邮政等领域；二是促进燃料电池、换电等新技术新模式发展，在城际公交、重型货车领域开展示范应用；三是推动智能网联技术应用，在机场、港口、工业园区等固定封闭线路上示范运营；四是出台政策支持，包括交通管理、停车和充电优惠、基础设施建设等方面。

表 4 – 5　主要地方新能源汽车发展规划及要点

地方名称	政策名称	相关内容	
		关键词	要点
上海	《上海市加快新能源汽车产业发展实施计划（2021—2025 年)》	电动化推广应用	公交汽车、中心城区载货汽车、邮政用车全面使用新能源汽车，环卫车辆新能源汽车占比超过 80%，重型载货车辆、工程车辆新能源汽车渗透率明显提升
		燃料电池汽车推广	支持燃料电池汽车在具备条件的郊区公交、重型载货、冷链运输、环卫、非道路移动车辆等领域示范应用，推动在机场、港口、铁路等交通枢纽实施一批示范应用项目
		交通管理支持	完善货运车辆营运额度和市区通行证管理制度，逐步实现市区通行证仅对纯电动或燃料电池货运车发放
		智能网联技术应用	探索智能汽车在接驳公交、物流、环卫清扫等特定行业，以及园区、景区、机场、火车站、港口、停车场等特定区域的商业化应用。加快推动自动驾驶集装箱货车、自动驾驶出行服务、高架道路无人清扫车、停车场自主泊车等典型场景示范项目落地
广州	《关于印发广州市智能与新能源汽车创新发展"十四五"规划的通知》	电动化推广应用	大力推动新能源汽车在环卫、邮政、城市物流配送、机场、港口等公共领域应用
		燃料电池汽车示范	聚焦市政、环卫、物流等重点场景，加快燃料电池重型货车、专用车、公交车示范运营
		智能网联技术应用	加快推动在机场、港口、工业园区和旅游景区等封闭区域开展智能汽车示范运营；探索智能汽车在智慧公交、港口码头、智能环卫、物流配送、智能通勤、园区内摆渡车、最后一公里自动泊车等特定场景的应用
深圳	《深圳市新能源汽车推广应用工作方案(2021—2025 年)》	车辆推广应用	在物流配送、环卫、工程建设等公共领域进一步推广使用新能源汽车，尽快实现轻型物流车和环卫车全面纯电动化
		基础设施建设	加快完善公交、物流、环卫、泥头车辆运营、停放、充电一体化保障体系；落实新增公交、物流、环卫、工程等领域充电设施配套用地和空间预留

（续）

地方名称	政策名称	相关内容	
		关键词	要点
江苏	《关于印发江苏省"十四五"新能源汽车产业发展规划的通知》	电动化推广应用	提升城市公交、环卫、邮政快递、物流配送等公共领域新能源车辆新增占比，加快中重型货车电动化进程，推动换电模式在公共领域的推广应用；支持渣土运输、城市物流配送、港口、矿山、环卫等公共领域车辆开展换电应用
		交通管理支持	实施电动化城市试点示范工程，探索制定支持新能源货运车辆城区通行管理制度
		燃料电池汽车示范	重点推动市内氢燃料电池公交车运营，城市间氢燃料电池汽车物流配送，省际中重型氢燃料电池汽车商用车产业化应用，支持氢燃料电池叉车等作业工具在物流园、工业园区等场景应用；优先开展公共交通、港口物流、工业园区等区域的氢能基础设施建设
		智能网联技术应用	面向机场、景区、矿山、工地、港口、社区等特定需求，开展基于5G的自动驾驶接驳车、工程车、物流车、快递车、环卫车等车辆示范运营
安徽	《支持新能源汽车和智能网联汽车产业提质扩量增效若干政策》	公交车电动化	自2022年起，新增及更新城市公交车，合肥、芜湖市区新能源公交车占比达到100%（特殊情况经主管部门批准除外），其他市区占比不低于80%
		配送领域电动化	鼓励城市快销品、家用电器、家居建材、快递物流等领域配送车辆更换为新能源汽车
		固定场景车辆电动化	加快推进环卫、园林、市政、消防、机场、景区用车等车辆新能源化。自2022年起，新增或更新上述车辆，原则上应为新能源汽车（特殊情况经主管部门批准除外）
			鼓励在港口、码头、工矿企业等固定线路和城市渣土运输、垃圾清运等场景推广使用新能源重型货车
福建	《福建省促进绿色消费实施方案》	推动公共领域车辆电动化	提高城市公交、环卫、城市物流配送、邮政快递、民航机场以及党政机关公务领域等新能源汽车应用占比；推动全省各级机关、事业单位等公共机构率先采购使用新能源汽车

二、新能源商用车政策建议

1. 落实"双碳"目标，出台汽车行业行动方案

当前国家正推动"1＋N"政策体系构建，加强统筹协调和顶层设计，做好能源、交通等重点行业和领域的具体行动方案，实现绿色低碳高质量发展。对于汽车行业"碳排放大户"的商用车领域，建议尽快研究制定商用车低碳交通发展路线

图，以低碳发展为主线，构建新形势下的政策法规体系。一是加大绿色低碳产品供给和推广。综合考虑运营特征、碳排放强度、全生命周期经济性、市场推广等因素，研究商用车分车型、分场景、分区域的电动化发展路径和进程时间表，有序实现全面电动化。二是推动低碳技术创新应用。围绕整车、动力电池及管理系统等关键零部件，提升新能源、智能网联、轻量化等关键技术研发。三是构建汽车低碳发展的政策体系。围绕研发、生产、销售、使用、回收等全产业链，既要在补贴、税收等方面给予支持，也要加强行业监管。

2. 加强试点示范，促进新技术新模式应用

在燃料电池汽车、换电模式、公共领域车辆电动化、智能网联等方面开展试点，提高新能源商用车运营效率和经济性。一是组织开展燃料电池汽车示范应用。加快燃料电池商用车产品研发和生产，加强研发、生产、使用等环节的补贴支持，促进城际公交、城际物流运输等中短距离运输的燃料电池商用车发展。二是组织开展换电模式应用试点。通过 11 个试点城市的发展经验，加快研究换电模式车辆在准入、注册登记、年检、流通、缴税、补贴等各环节的政策体系，建立电池箱、换电接口、通信协议等统一标准，促进港口、钢厂等固定线路、短途距离运输的换电重型货车发展。三是加快开展公共领域车辆电动化试点。在公共领域应用场景丰富、电动化潜力大的城市开展试点，提升城市公交、环卫、城市物流配送、重型货车等领域车辆的电动化水平，加快商用车电动化进程。四是开展智能网联汽车示范应用试点。围绕电动化、网联化、智能化方向，加大基础性、前瞻性、战略性技术研发和产业化支持力度，鼓励地方找准应用场景，完善财税支持、推广应用等措施。

3. 延续财税支持，制定商用车积分管理制度

在"双碳"目标下，新能源商用车发展仍需要财税政策支持。一是对电动化缓慢领域继续提供财税支持。坚持扶优扶强政策导向，适时延长重型货车等领域新能源汽车购置补贴，适度向具有智能化网联化特征的车辆倾斜；延长购置税优惠政策实施期限；采取"以奖代补"方式，加强城市公交等公共领域新能源汽车运营补贴支持；对提前报废老旧营运客货车并换购为新能源汽车的，按照车辆类型、使用年限给予差异化补贴。二是加快研究出台商用车积分管理制度。综合考虑车辆用途、动力类型、应用场景等因素，根据不同领域车辆的电动化进程，分车型、分阶段纳入积分管理制度，合理设置考核要求及积分标准，建立考核惩罚机制，并探索与乘用车积分打通的可行方案。

4. 优化使用环境，加强充换电基础设施建设

从规划、建设和管理等环节，加大充换电基础设施政策扶持。一是优化规划布局。综合考虑城市公交、环卫场站使用及充电需求建设专用充电站，引导在具备条件的物流园、产业园、货运枢纽和旅游景点等开展基础设施建设。二是完善奖励政

策。研究出台"十四五"新能源汽车充换电基础设施奖励政策，建立与新能源汽车推广、基础设施使用情况等挂钩的补贴机制，并对新能源汽车发展缓慢的地方予以倾斜。三是加强管理制度。优化基础设施建设项目审批流程，对公共领域专用充换电站建设予以优先审批；建立国家新能源汽车充换电基础设施监管平台，对充换电设施建设、运营等情况实现动态管理，优化公共充电桩布局。

5. 发挥地方事权，进一步加大政策支持力度

地方仍需加大政策支持，发挥地方优势和资源，多措并举推进当地新能源汽车发展。一是加快公共领域车辆电动化发展。对于受地方政府部门管理、经济性可行的城市公交、市政环卫、邮政快递领域，加大政府采购力度；鼓励有条件的地方提供购置补贴、置换补贴、运营补贴等支持。二是实施新能源汽车交通支持政策。对新能源货车优先办理营运证、通行证，允许新能源汽车不受限行限制，鼓励有条件的地方探索实施近零/低排放区，提供停车、过路过桥等费用减免等。三是加快完善充换电基础设施建设。将新建公交、环卫场站项目纳入城市建设规划中并配建充换电基础设施，对现有公交、道路客运、环卫、城市物流配送货运场站进行改造并完善基础设施建设；鼓励有条件的地方给予建设运营补贴，探索利用 PPP 模式加快新能源商用车专用场站配建充换电基础设施。

第5章 新能源商用车产业发展现状与未来趋势

本章作者：吴 征 李鲁苗

摘要：

商用车载质量大、排放高、使用频繁，是碳排放、污染物排放的重要"贡献者"，是未来加快推动电动化的重点领域。根据研究测算，商用车市场保有量仅占11%，但却"贡献"了超5成的碳排放。在国家政策及全行业的大力推动下，我国新能源商用车已取得积极进展，但整体电动化进程仍然缓慢，面临着产品成本高、基础设施建设不完善、产品丰富度不足、政策支持力度逐渐减弱等多方面问题，亟须加强政策引导，探索电动化发展路径。因此，结合商用车电动化发展趋势以及存在的问题，建议分阶段、分场景推动商用车全面电动化，持续加强新能源商用车政策支持力度，加强新技术、新模式商业化应用探索，加快充换电基础设施建设，多方面统筹推动新能源商用车产业发展。

一、新能源商用车产业发展现状

（一）新能源商用车市场情况

1. 新能源商用车实现大幅增长，货车电动化趋势明显

根据机动车上险数据统计，2021年，我国新能源商用车销量为18.3万辆，同比增长56%；2022年1—5月，我国新能源商用车销量达8.2万辆，同比增长83%。其中，受政策调整、市场提前透支、疫情下地方财政收紧等多因素影响，新能源客车2021年销量4.8万辆，同比下降23%，2022年1—5月销量1.1万辆，同比下降11%；在"双碳"目标要求下，以及公共领域电动化及换电、燃料电池试点等多方面政策的推动下，新能源货车市场迎来了较好的发展机遇，2021年实现销量13.4万辆，同比增长143%，2022年1—5月销量达到7.1万辆，同比增长131%。近年来新能源商用车销量及占比情况如图5-1所示。

2. 新能源客车市场不断下滑，龙头企业保持领先优势

近年来新能源客车市场呈现下滑状态，2021年新能源客车销量为4.8万辆，同比下降23%左右，较2016年下降近64个百分点，占整体客车销量的比例也由2016年的25%持续下降至2021年的10%。2022年1—5月，新能源客车销量为1.1万辆，同比下降11%。近年来新能源客车销量及市场占比情况如图5-2所示。短期

内客车市场受制于产品续驶里程仍难满足长途客运需求、产品技术经济性尚存不足等因素，销量仍集中在城市公交领域。随着城市公交等公共领域全面电动化，及二三线城市和农村客运公交化市场逐步发展，新能源客车市场或将实现恢复性增长。

图 5 – 1　2017—2022 年（1—5 月）新能源商用车销量及占比

注：数据来源于机动车上险数据。

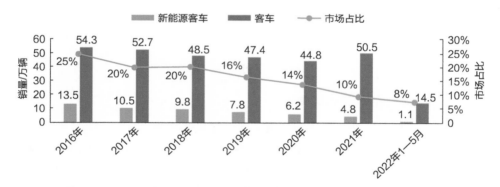

图 5 – 2　2016—2022 年（1—5 月）新能源客车销量（万辆）及市场占比

注：新能源客车数据来源于机动车上险数据，客车来源于中国汽车工业协会数据。

从动力类型来看，新能源客车仍以纯电动车（BEV）为主。2021 年，纯电动车、插电式混合动力车（PHEV）、燃料电池车（FCEV）销量分别为 4.6 万辆、0.1 万辆和 0.1 万辆，市场占比分别为 95%、3% 和 2%；2022 年 1—5 月，纯电动车、插电式混合动力车、燃料电池车销量分别为 10261 辆、833 辆和 305 辆，市场占比分别为 90%、7% 和 3%。

从应用领域来看，新能源客车以城市公交为主。2021 年，城市公交、公路客运、企事业单位用车（团体用车）及出租租赁车辆销量分别为 4.3 万辆、0.3 万辆和 0.2 万辆，市场占比分别为 89%、7% 和 4%；2022 年 1—5 月，城市公交、公路客运、团体（企事业单位等）等车辆销量分别为 10260 辆、626 辆和 513 辆，市场占比分别为 90%、5% 和 5%。2021 年、2022 年 1—5 月新能源客车动力类型、应用场景情况如图 5 - 3 和图 5 - 4 所示。

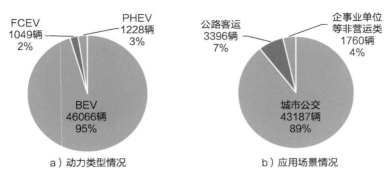

a）动力类型情况　　　　　　b）应用场景情况

图 5 - 3　2021 年新能源客车动力类型及应用场景情况

注：数据来源于机动车上险数据。

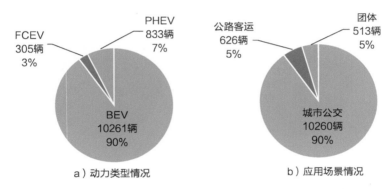

a）动力类型情况　　　　　　b）应用场景情况

图 5 - 4　2022 年 1—5 月新能源客车动力类型及应用场景情况

注：数据来源于机动车上险数据。

从车辆类型来看，新能源客车以大中型客车为主。2021 年，大型客车、中型客车、轻型客车销量分别为 2.5 万辆、1.8 万辆和 0.6 万辆，市场占比分别为 51%、37% 和 12%；2022 年 1—5 月，大型客车、中型客车、轻型客车销量分别为 5521 辆、3396 辆和 2482 辆，市场占比分别为 48%、30% 和 22%。

从车长分布来看，新能源客车车长集中分布在 8 ~ 12m 区间。2021 年，6m 以下（含）、6 ~ 8m（含）、8 ~ 10m（含）、10m 以上客车销量分别为 0.2 万辆、0.4 万辆、1.7 万辆和 2.5 万辆，市场占比分别为 5%、8%、36% 和 51%；2022 年 1—5月，6m 以下（含）、6 ~ 8m（含）、8 ~ 10m（含）、10m 以上客车销量分别为 533辆、2078 辆、3267 辆和 5521 辆，市场占比分别为 5%、18%、29% 和 48%。2021年、2022 年 1—5 月新能源客车车辆类型、车辆长度市场情况如图 5 - 5 和图 5 - 6所示。

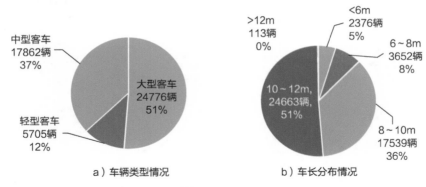

图 5 – 5　2021 年新能源客车车辆类型及车长分布情况

注：数据来源于机动车上险数据。

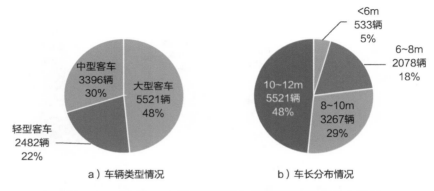

图 5 – 6　2022 年 1—5 月新能源客车车辆类型及车长分布情况

注：数据来源于机动车上险数据。

　　从销售区域来看，2021 年，排名前十省市自治区合计新能源客车销量达 2.9 万辆，占比 60% 左右，其中浙江、江苏、广东位居前三位；2022 年 1—5 月，排名前十省市自治区合计新能源客车销量达 0.9 万辆，占比 80%，其中广东、四川、山东位居前三位。

　　从企业分布来看，2021 年，排名前十企业新能源客车总销量为 3.5 万辆，占新能源客车市场的 73%，市场集中度比上年 74% 有所降低，其中宇通客车保持行业领先优势，占新能源客车市场的 24%；2022 年 1—5 月，排名前十企业新能源客车总销量为 0.9 万辆，占新能源客车市场的 76%，市场集中度基本保持平稳。2021 年、2022 年 1—5 月新能源客车销售前十区域及销量前十企业情况见表 5 – 1 和表 5 – 2。

表5-1 2021年新能源客车销售区域及企业销量排名

排名	区域	销量/辆	市场占比	排名	企业	销量/辆	市场占比
1	浙江	4154	9%	1	宇通客车	11369	24%
2	江苏	3495	7%	2	中通客车	4933	10%
3	广东	3252	7%	3	中车时代	3826	8%
4	山东	3244	7%	4	比亚迪	3336	7%
5	湖北	3219	7%	5	苏州金龙	2981	6%
6	安徽	2660	6%	6	厦门金龙	2506	5%
7	四川	2651	5%	7	安凯汽车	1740	4%
8	湖南	2238	5%	8	厦门金旅	1692	3%
9	辽宁	2102	4%	9	南京金龙	1460	3%
10	吉林	1630	3%	10	北汽福田	1263	3%

注：数据来源于机动车上险数据。

表5-2 2022年1—5月新能源客车销售区域及企业销量排名

排名	区域	销量/辆	市场占比	排名	企业	销量/辆	市场占比
1	广东	2391	21%	1	宇通客车	2101	18%
2	四川	1418	12%	2	比亚迪	1918	17%
3	山东	1288	11%	3	中通客车	844	7%
4	北京	1003	9%	4	北汽福田	791	7%
5	河北	708	6%	5	苏州金龙	633	6%
6	浙江	648	6%	6	中车时代	514	5%
7	安徽	593	5%	7	南京金龙	513	5%
8	江苏	470	4%	8	蜀都客车	460	4%
9	重庆	310	3%	9	厦门金旅	438	4%
10	新疆	255	2%	10	中植一客	417	4%

注：数据来源于机动车上险数据。

3. 纯电动轻型货车占据主要市场，企业集中度提升

近年来新能源货车市场呈现波动态势，2017年新能源货车实现了大幅增长，之后呈现下降的趋势，2021年再次实现大幅增长，销量为13.4万辆，同比增长143%。2022年1—5月，新能源货车销量达7.1万辆，市场占比快速提升至5.6%。新能源货车市场受政策影响较大，2015年以来补贴政策效果突出，单车补贴额度较高，对新能源货车市场激励效果明显；2018年后，补贴政策技术条件加严，加之柴油货车替换政策等，导致2017年市场大幅提升以抢夺政策红利，之后呈现明显下降趋势；2021年以来，随着"双碳"目标要求的明确，以及公共领域电动化及换电、

燃料电池试点等政策的落地实施，新能源货车市场迎来较好发展势头。近年来新能源货车销量及市场占比情况如图5-7所示。

图5-7　2016—2022年（1—5月）新能源货车销量及市场占比

注：新能源货车数据来源于机动车上险数据，货车来源于中国汽车工业协会数据。

我国新能源货车以轻型货车为主，2021年，新能源微型、轻型、中型、重型货车销量分别为0.03万辆、12.2万辆、0.13万辆和1.05万辆，其中轻型货车占比达90.9%；2022年1—5月，新能源微型、轻型、中型、重型货车销量分别为0.04万辆、6.23万辆、0.05万辆和0.77万辆，其中轻型货车占比为87.9%。

从动力类型来看，纯电动货车仍是主要技术路线，随着地方加强探索换电、燃料电池等技术路线示范应用，换电货车、燃料电池货车市场发展也已逐渐加速。2021年，纯电动、插电式混合动力、燃料电池货车销量分别为13.21万辆、0.13万辆和0.08万辆，市场占比分别为98.4%、1%和0.6%，其中换电货车销量达3317辆；2022年1—5月，纯电动、插电式混合动力、燃料电池货车销量分别为7万辆、0.06万辆和0.02万辆，市场占比分别为98.9%、0.8%和0.3%，其中换电货车销量达3618辆。2021年、2022年1—5月新能源货车各车辆类型、动力类型销量情况如图5-8、图5-9所示。

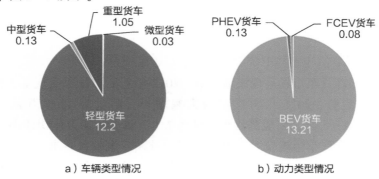

a）车辆类型情况　　　　　　　b）动力类型情况

图5-8　2021年新能源货车各车辆类型及动力类型销量（万辆）情况

注：数据来源于机动车上险数据。

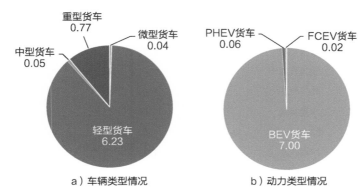

a）车辆类型情况　　　　　　　　　　b）动力类型情况

图 5 - 9　2022 年 1—5 月新能源货车各车辆类型及动力类型销量（万辆）情况

注：数据来源于机动车上险数据。

　　2021 年，我国有销量的新能源货车企业超过 150 家，排名前十企业新能源货车总销量为 8.8 万辆，占新能源货车市场的 66%，市场集中度相比上年有小幅提升。2022 年 1—5 月，我国有销量的新能源货车企业超过 140 家，排名前十企业新能源货车总销量为 4.8 万辆，占新能源货车市场的 68%，市场集中度有小幅提升。

　　从企业排名来看，2021 年，东风汽车、重庆瑞驰销量分别达 1.68 万辆、1.55 万辆，同比实现销量翻倍增长，凭借在微、轻型新能源货车市场领域的持续发力，继续保持行业领先位置；华晨鑫源、山西新能源、奇瑞商用车分别位居新能源货车销量第 3 ~ 5 位。2022 年 1—5 月，重庆瑞驰、东风汽车销量分别达 0.83 万辆、0.79 万辆，凭借在微、轻型新能源货车市场领域的持续发力，继续保持行业领先；长安汽车、华晨鑫源、奇瑞商用车分别位居新能源货车销量第 3 ~ 5 位。2021 年、2022 年 1—5 月新能源货车销量前十企业情况见表 5 - 3 和表 5 - 4。

表 5 - 3　2021 年新能源货车企业销量排名

排名	企业	销量/辆	占比
1	东风汽车	16824	12.5%
2	重庆瑞驰	15491	11.5%
3	华晨鑫源	9439	7%
4	山西新能源	8116	6%
5	奇瑞商用车	7613	5.7%
6	长安汽车	7246	5.4%
7	广西汽车	6425	4.8%
8	北汽福田	6330	4.7%
9	上汽通用五菱	5256	3.9%
10	厦门金旅	5209	3.9%

注：数据来源于机动车上险数据。

表 5 – 4　2022 年 1—5 月新能源货车企业销量排名

排名	企业	销量/辆	占比
1	重庆瑞驰	8275	11.7%
2	东风汽车	7861	11.1%
3	长安汽车	5609	7.9%
4	华晨鑫源	5106	7.2%
5	奇瑞商用车	4503	6.4%
6	广西汽车	4243	6%
7	山西新能源	3692	5.2%
8	吉利商用车	3432	4.8%
9	上汽通用五菱	2658	3.8%
10	上汽大通	2575	3.6%

注：数据来源于机动车上险数据。

（二）　新能源商用车技术发展情况

1. 核心技术指标逐渐提升

近年来，新能源商用车行业企业加快产品技术的迭代升级，推动整车轻量化技术应用，进一步提升动力系统传动效率，使得整车能耗、续驶里程、电池系统能量密度等均稳步提升。

在新能源客车方面，非快充类纯电动客车动力电池系统能量密度平均水平由 2018 年的 138.8W·h/kg 提升到 2021 年的 158.3W·h/kg，提升 14%；单位载质量能量消耗量（E_{kg}）平均水平由 2018 年的 0.173W·h/km·kg 下降到 2021 年的 0.149W·h/km·kg，优化 14%；续驶里程平均水平由 2018 年的 353.4km 提升到 2021 年的 498.3km，提升 41%，可满足城市公交车日常运营需求。近年来非快充类纯电动客车主要技术参数变化情况如图 5 – 10 所示。

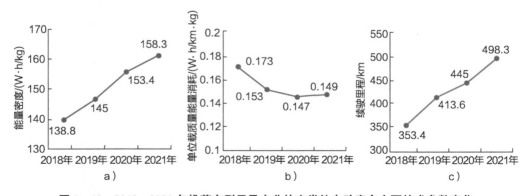

图 5 – 10　2018—2021 年推荐车型目录内非快充类纯电动客车主要技术参数变化

在新能源货车方面，纯电动货车动力电池系统能量密度行业平均水平由 2018 年的 128.5W·h/kg 提升到 2021 年的 149.3W·h/kg，提升约 16%；在电耗方面，行业平均 E_{kg} 水平由 2018 年的 0.303W·h/km·kg 下降至 2021 年的 0.24W·h/km·kg，下降 21%；在续驶里程方面，行业平均水平由 2018 年的 273km 提升到 2021 年的 317km，提升了 16%。近年来纯电动货车主要技术参数变化情况如图 5-11 所示。

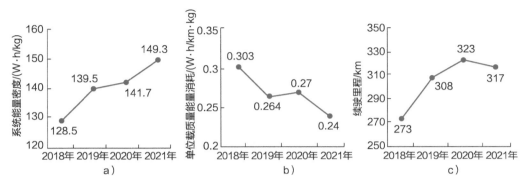

图 5-11　2018—2021 年推荐车型目录内纯电动货车主要技术参数变化

2. 换电、自动驾驶等新技术、新模式加速应用

新能源商用车行业正加强车电分离、自动驾驶、燃料电池等新技术、新模式的推广应用。一是徐工汽车、大运汽车、华菱星马等企业开发多款换电式车型，并积极与相关金融机构、换电站运营服务商开展合作，重点探索车电分离换电模式在货运领域的应用。二是行业加强燃料电池商用车研发和推广，2021 年共有超过 200 款商用车车型进入新能源汽车推荐车型目录，我国已启动京津冀、上海、广东、河南、河北等城市群开展燃料电池汽车试点示范，商用车型占比达 90%。三是主流商用车企业加快推进智能网联技术在公交客运、货物运输等领域的应用，宇通客车推出 WitGO 智慧出行品牌，发布"自动驾驶微循环解决方案 2.0 版"和 L4 级全新小宇 2.0 版；苏州金龙蔚蓝 AZURE 智能网联公交在江苏、浙江、四川、重庆等多个地区批量上线运营；一汽解放、北汽福田等围绕矿山、港口内运输以及城际间货物运输等场景，积极推进开发搭载自动驾驶功能的新能源货车产品。

（三）　新能源商用车企业发展情况

"十四五"期间，新能源商用车企业纷纷开展全新的战略规划布局，加速电动化和智能化转型，积极推出覆盖多技术路线的新能源汽车产品，力求在新发展趋势下占得先机，且行业头部企业深入布局自动驾驶等前沿技术领域，引领行业智能化发展。一汽解放成立新能源汽车事业部，并发布新能源战略"蓝途行动"，目标在 2025 年实现新能源汽车销量 12 万辆；东风商用车发布生态品牌"鲲跃"，持续推出纯电动中重型货车、氢燃料重型货车、智能化重型货车和高品质牵引车等产品，打造一系列"绿色智慧物流解决方案包";上汽商用车"十四五"期间将坚持纯电、混动、燃料电池三条技术路线,计划打造数十款整车产品,覆盖个人家庭、通勤、城际物流/客运、城市物流、公交、专用车等全场景,并将聚焦港口、厂区等特定场景与干线物流场景的 L4 级和 L3 级自动驾驶产品实现智能网联装机率达到 60%。部分新能源商用车企业战略规划情况见表 5 – 5。

表 5 – 5　部分新能源商用车企业战略规划

序号	企业名称	战略规划
1	一汽解放	2021 年 9 月,一汽解放成立新能源汽车事业部,并发布新能源战略"蓝途行动",启用蓝色"解放"和星空"鹰标"专属新能源标识。在销量方面,将在 2025 年实现新能源汽车销量 12 万辆,占其总销量的 20%;2030 年实现新能源汽车销量 32 万辆,占其总销量的 50%;2035 年实现新能源汽车销量 50 万辆,占其总销量的 70%。在技术方面,将在 2023 年实现新能源核心总成全面自主化和高速公路 L4 级智能汽车商业运营;2025 年完成新能源整车专属平台开发,实现全工况开放区域下 L5 级智能汽车运营,具备全工况自动驾驶功能;2030 年前实现全固态电池等关键核心技术开发
2	东风商用车	2021 年 9 月,东风商用车发布了生态品牌"鲲跃",持续推出纯电动中重型货车、氢燃料重型货车、智能化重型货车和高品质牵引车等产品。根据不同的场景诉求,打造系列"绿色智慧物流解决方案包",其中"换电物流整体解决方案"主要涵盖公路短途、场内短倒、港内短倒、城建渣土、城建搅拌五个具有高频短倒特点的场景;"L4 智慧港口整体解决方案"结合港口行业发展诉求,依托纯电动、无驾驶室 L4 级智慧无人集装箱货车,提供智慧车辆、车管平台、车路协同、通信基站和运营支持等服务
3	上汽商用车	上汽集团商用车"十四五"期间将坚持纯电、混动、燃料电池三条技术路线,计划打造数十款整车产品,覆盖个人家庭、通勤、城际物流/客运、城市物流、公交、专用车等全场景,实现新能源商用车销量占比 38%,并将成为绿色智能商用生态"创领者"。在智能化领域,将依托友道智途,以全栈自主软件和数据驱动算法、高算力车规级计算平台、网络信息安全三大核心竞争优势,聚焦港口、厂区等特定场景与干线物流场景的 L4 级和 L3 级自动驾驶产品,实现智能网联装机率达到 60%
4	奇瑞商用车	奇瑞商用车以开瑞汽车作为奇瑞集团"商乘并举"战略的重要布局,发布了品牌焕新战略和奇瑞赤兔平台。其中奇瑞赤兔平台将开发三大系列产品,载重范围覆盖 4t 以下,拥有 26 个新能源模块,通过搭积木开发方式组合出超过 124 款产品
5	吉利商用车	未来发展,吉利商用车将实施"4.2.3"发展战略,即依托"以研发为先导,以商业模式为基础"投资发展形成的在新一代绿色智能的新能源商用车行业的"4"大支柱,全力开展产品市场和资本市场的战略协同,通过"2"个市场双轮驱动,构建"3"驾马车协同发展的集团整体发展长远架构

二、新能源商用车产业未来趋势

在"双碳"目标驱使下,我国正加速推动商用车的电动化发展,且正在呈现出多种技术路线并行发展的态势,换电、燃料电池、自动驾驶等新技术、新模式正加快在新能源商用车领域的示范应用。在这之中，众多行业企业加强战略布局，积极开展新能源商用车的产业研发及推广应用。

（一）　"双碳"目标驱使下商用车将加速电动化发展

商用车能耗、排放水平高，相比乘用车而言，对能源、环境影响十分显著。根据研究测算，商用车市场保有量仅占11%，但却"贡献"了超5成的碳排放。2021年10月26日，国务院发布《2030年前碳达峰行动方案》，明确提出大力推广新能源汽车，逐步降低传统燃油汽车在新车产销量和汽车保有量中的占比，推动城市公共服务车辆电动化替代，推广电力、氢燃料、液化天然气动力重型货运车辆。当前，国家各个行业主管部门高度重视"双碳"发展，加强相应部署，对汽车产业发展提出新的要求。商用车作为汽车产业的重要部分，其电动化发展是实现汽车行业碳减排的重要举措和路径。

（二）　换电、燃料电池商用车将加快发展

2020年9月，财政部等五部委联合发布《关于开展燃料电池汽车示范应用的通知》，对符合条件的城市群开展燃料电池汽车关键核心技术产业化攻关和示范应用给予奖励，并提出要重点推动燃料电池汽车在中远途、中重型商用车领域的产业化应用。2021年4月，工业和信息化部等部门发布《关于组织开展新能源汽车换电模式应用试点工作的通知》，并于2021年10月启动新能源汽车换电模式应用试点工作。在相关政策的推动下，多数城市及企业正加强开展换电、燃料电池商用车相关应用场景的有益探索，也加速了相关车辆的开发及商业化应用进程。根据2021年《新能源汽车推广应用推荐车型目录》，商用车企业开发的换电、燃料电池商用车车型分别达159款、207款，相比2020年均实现大幅增加，这也直接推动了2021年换电、燃料电池商用车市场销量实现了翻倍增长。下一阶段，具有中远途、中重型货物运输场景的城市仍将依托试点示范政策加快换电、燃料电池商用车应用，以试点示范来探索解决多方面问题的可行路径，进一步形成可持续的发展模式，促进老旧柴油重型货车的电动化替代。

（三）　自动驾驶商用车将加速落地应用

伴随着汽车产业电动化、智能化发展的趋势，具备自动驾驶功能的智能网联新能源商用车产品在我国逐渐受到重视，所衍生出的固定场景物流运输、公交运输等商业模式也已开始进行示范应用。通过搭载智能网联技术，新能源商用车可充分与港口、矿场以及公交线路等场景中的智能系统进行整合，从而实现自动规划行驶轨迹、自动检测障碍物避障、自动监测运行状态及灯光系统、自动跟车，以及自动变道、加速、减速等功能。自动驾驶商用车典型应用场景类型见表5-6。

表 5 – 6   自动驾驶商用车典型应用场景

序号	应用场景	代表企业
1	自动公交	宇通客车、轻舟智航、文远知行、蘑菇车联等
2	园区接驳	百度 Apollo、驭势科技、知行科技等
3	港口运输	图森未来、主线科技、西井科技等
4	矿场运输	踏歌智行、慧拓智能、易控智驾等
5	无人配送	新石器、京东物流、美团等
6	环卫清扫	智行者、酷哇机器人、仙途智能等

三、商用车电动化发展存在的问题

在多方面政策推动以及全行业的共同努力下，我国商用车电动化发展已取得较好的成绩，如公交车领域已实现较高的电动化率，但整体来看，电动化进程仍然缓慢，2021 年新能源商用车销量在所有商用车中的占比不足 4%，尤其是货车领域，电动化发展还面临多方面问题。

（一） 新能源商用车购置成本高

由于动力电池成本高昂，相比传统燃油汽车，新能源商用车的购置成本显著高于传统燃油汽车。以 6×4 牵引车为例，根据行业调研，一辆柴油牵引车的购置成本约为 35 万 ~40 万元，而同级别的新能源牵引车购置成本往往超过 90 万元，其中动力电池成本约占 35 万元。商用车一般为生产工具，运营商更加看重其成本经济性，由于购置成本较高，商用车运营商难以在短时间内大规模推广应用新能源商用车。

（二） 基础设施建设仍不完善

新能源商用车载质量大、能耗高、长途行驶情况多，对补能时间、续驶里程较为敏感，对基础设施建设要求较高。我国充电基础设施虽整体规模保持较高增速，但存在布局结构性失衡问题，尤其是城郊、高速公路等场景缺乏保障性充电设施，导致新能源商用车在长途客运、城乡物流配送、中长途运输等场景中面临续驶里程不足却无处充电的可能性，阻碍了新能源商用车的推广应用。换电、燃料电池商用车虽逐渐成为重点应用的技术路线，但当前换电站、加氢站建设数量较少，难以在短时间内支撑其大规模应用。

（三） 新能源商用车产品丰富度不足

商用车应用场景多元化，车辆类型需求较为丰富，但相比燃油汽车，市场中新能源商用车车辆类型较少，产品丰富度不足，且优质产品较为单一，与运营需求不匹配。比如校车、救护车、救险车、机场摆渡车等运输距离短、运输载质量小、运营维护成本高，较为适用于新能源汽车，但由于高安全性、高稳定性、高可靠性等特殊应用需求，市场中缺少技术成熟、质量可靠的新能源商用车产品，只能寻求燃油汽车，使得该场景中的新能源商用车市场难以释放。

（四）　政策支持力度逐渐减弱

一方面，财政补贴逐渐退坡使得新能源商用车的成本优势进一步减少，政策影响效果愈加不明显，不利于车辆推广应用；另一方面，地方层面交通路权支持力度不足，受大气污染防治等政策影响，多数城市选择实施差异化路权措施，但部分地区虽禁止货车进入城市区域，但并未给予新能源货车通行优惠等政策，导致新能源货车在通行方面相比燃油货车并无优势。

四、新能源商用车产业发展建议

结合商用车电动化发展趋势以及存在的问题，建议从以下几个方面统筹推动新能源商用车产业发展。

（一）　分阶段、分场景推动商用车全面电动化

商用车能耗高、排放大，对能源、环境影响更为显著，其电动化发展对推动汽车产业转型升级，促进能源安全、环境治理，实现碳达峰、碳中和发展目标，都具有非常重要的意义，将是未来产业发展的重要趋势。建议研究面向 2035 年的商用车电动化发展路线图，考虑商用车应用场景复杂、车型丰富，且不同场景下的电动化发展水平、难度不一，分场景、分车型、分阶段逐步推进商用车全面电动化发展。

（二）　持续加强新能源商用车政策支持力度

建议 2022 年后继续给予新能源商用车财税政策支持，延长政策支持周期，支持对象侧重于电动化、智能化技术更先进的产品，同时针对长途客运、城市短倒、干线物流等作业强度高、成本敏感度高的典型场景，加大扶优扶强力度，进一步促进新能源商用车的推广应用。加快老旧汽油柴油商用车的淘汰进程，引导存量老旧汽油柴油商用车更新替换为新能源汽车，促进城市节能减排，降低环境污染。鼓励有条件的地方城市探索实施运营补贴、通行路权、通行费减免、零/低排放区、停车费减免、充电补贴等促进商用车电动化发展的支持措施。

（三）　加强新技术、新模式商业化应用探索

聚焦电动化、智能化、网联化融合发展趋势，加强对车电分离、智能网联、无人运输、车网融合等新技术、新模式技术发展与应用引导支持，逐步引导向商业化

运营过渡，在使用环境、商业运营和安全管理等方面出台配套措施。探索开展城市试点示范政策，进一步聚焦地方事权，围绕使用环节完善支持政策体系，营造适合新技术、新模式应用发展的政策环境。

（四） 加快充换电基础设施建设

聚焦新能源商用车充电难、充电慢等问题，建议结合新能源商用车运输需求，优化充换电基础设施规划布局，重点在城乡接合部、高速公路服务区等重要枢纽加快建设充换电基础设施，推动形成适合新能源商用车应用的充电网络。围绕换电、燃料电池商用车示范应用的实际情况，建议试点城市加大对换电站、加氢站建设、运营的政策支持力度，推动形成完善的换电站、加氢站基础设施网络。前瞻布局5G基站、大数据中心、工业互联网等在内的新型基础设施建设，为智能网联商用车商业化应用做好支撑。

第6章 公路物流发展研究

本章作者：王　阳　李忠心

摘要：

公路运输是支撑国民经济发展的底层物资流转体系的主力军，年运输量占全部运输方式的 75% 以上。公路运输以其灵活性、便利性等优势，服务了几乎所有的产业，涵盖非常广泛，包括大宗原材料物流、工程物流、生产物流、销售物流四个大类、几十个小的细分领域。过去十年，消费物流由于快递、快运、城市配送等领域的迅速崛起，开始有大批头部企业出现并上市，公路物流成为资本、消费者关注的重点。近五年，生产物流、大宗原材料物流正在逐步发生变化，网络货运、"双碳"等都在深刻影响并推动着这一变化，未来会有越来越多的头部企业出现，行业结构和效率都有大幅改善的机遇。

一、我国公路货运的基本情况

物流是整个国民经济发展的基础支撑行业，是服务了所有实物空间位移的行业。从第一产业的农林牧副，到第二产业的原材料、矿产、能源、工程基建、制造业，再到第三产业的商业、服务业等，只有三产里的部分虚拟产业没有物流。在全部的物流方式中，公路运输以其灵活性、端到端的优势，多年来一直占据物流行业的主要位置，常年的运输量占比都在 70% 以上。

过去十年中，随着消费升级、制造业柔性化等需求端的变化，加上能源结构变革、技术进步等供给侧的变化，催生出快递、快运、城市配送、网络货运、商用车车联网等新业态。同时也有大批资本进入，诞生了一大批上市公司和创新创业公司，让公路物流成为整个物流行业关注的焦点和创新的聚集地。

（一）公路运输的主体地位

2013—2021 年，公路年货运量一直稳定在 300 亿 t 以上且整体呈增长趋势，如图 6-1 所示。2019 年开始"蓝天保卫战"，对钢铁、煤炭、铁矿石等大宗产品大规模实行公路转铁路、公路转水路，公路货运量出现了小幅度下滑。从 2020 年开始，随着基建和经济的复苏，公路货运量又出现了明显增长。

（二）物流业态的整体划分逻辑

物流是一个整体概念，同一个项目最终的交付可能是通过多种运输方式完成的，

图6-1 2013—2021年我国公路货运情况

注：数据来源于国家统计局。

这是由需求和物流供给共同决定的结果，也就是既要考虑商品流动诉求，也要考虑不同形态物流形式的成本结构。按照运联研究院的物流业态划分理论，我们把物流划分成大宗原材料物流、工程物流、生产物流、销售物流四个大类（表6-1）。

表6-1 物流大类划分

大类	细分	大类	细分
大宗原材料物流	煤炭	生产物流	基础生产供应链
	钢铁		复杂供应链
	铁矿石		合同物流
	粮食		整车
	化工		零担
	砂石	销售物流	快递
	水泥		城市配送
	混凝土		
工程物流	大件运输		特殊

（三）公路物流近年的重大变化

物流原来是封闭行业，并没有与社会公众发生深度互动。过去十年，随着电商的发展、资本的进入以及国家政策的重视，物流逐渐成为全民关注的行业。

1. 电商兴起，快递与每一个人建立了深度联系

以淘宝、京东为代表的电商发展迅猛，作为履约的底盘，快递与每一个消费者发生了深度的联系，成为全民关注的行业，也诞生了顺丰、中通、圆通、韵达、申通、德邦等一大批上市公司。

2. 资本关注，物流成为重要的投资赛道

从2014年起，互联网资本开始关注物流行业，深度参与了快递、快运、车货匹

配、合同物流、物流科技等领域，诞生了中通快递、安能、壹米滴答、极兔、满帮、货拉拉、密尔克卫、海晨物流等一大批各细分领域的明星企业。

3. 国家政策越来越重视

政府越来越意识到物流的重要性，每年都会持续出台各类政策支持物流行业发展，典型的如针对运力板块的网络货运（原无承运人试点）。网络货运和"双碳"政策把资本关注的重点从消费物流端延伸到原材料和生产端，打通了封闭的前端。

二、细分行业情况及发展趋势判断

（一）大宗原材料物流——煤炭

1. 煤炭是大宗商品中产量最高的品类，上游产区集中度颇高

煤炭是大宗商品中产量最高的品类，2021 年全国原煤产量合计 41.3 亿 t（同比增长 5.7%）。从行业看，煤炭产区集中度颇高，山西、内蒙古、陕西、新疆、贵州、安徽六个省和自治区煤产量合计 35.4 亿 t，占比 85%，如图 6 - 2 所示；鄂尔多斯、榆林、朔州、大同四市产量合计 15.7 亿 t，占比 38%。

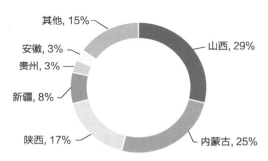

图 6 - 2　2021 年各省煤炭产量占比

注：数据来源于国家统计局。

2. 煤炭物流规模约 4000 亿元，底层运力相互割裂、组织散乱

物流端，铁路、水路是煤炭的主流运输方式，主要优势在长途运输，成本十分低廉。其中，铁路发运煤炭量 25.8 亿 t 以上，占比 58%；环渤海七港口发运煤炭 8 亿 t 以上，占比 18%，合计发运量占比约为 76%（图 6 - 3）。随着近几年的政策推进，铁路、水路运输比例还在不断提升。

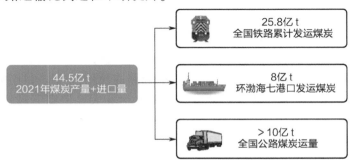

图 6 - 3　2021 年不同运输方式煤炭运量

注：数据来源于国家统计局。

公路运输主要解决了煤炭的短途运输以及"公转水""公转铁"的短驳问题，虽然运输成本相对更高，但配载更加灵活，响应更为及时，是煤炭物流不可或缺的一环。从运量上看，煤炭公路运量超过 10 亿 t，物流规模约为 4000 亿元。

从底层承运商来看，运力之间割裂现象严重。煤炭产区分布在各地，导致运输煤炭的运力被天然分割在不同的产区。又因为公路运输以短途为主，所以本地司机[⊖]只服务于本地货主，跨区域流动较少，运力相对封闭。而大宗物流商虽然可以在多地分别配置资源，但各地资源之间的联动少之又少，无法充分释放资源的效率，实现规模效应。

（二） 大宗原材料物流——钢铁

1. 钢材市场规模及主流交易方式

我国钢材产量已连续多年全球第一，2021 年钢材产量 13.4 亿 t，占全球产量的 66%（图 6 - 4），不但产量规模大，而且市场相对集中，以宝武集团、鞍钢集团等为首的大型国有钢铁集团占据了国内主要市场。

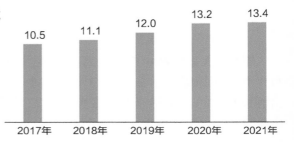

图 6 - 4　2017—2021 年我国钢材产量（亿 t）

注：数据来源于国家统计局。

在钢材交易上，国内钢铁集团除了针对道路、水利工程等大型基建项目采用直销模式外，主要通过传统的多级分销模式服务市场。近年来，随着线上电商在基础材料领域的渗透，钢材行业也开始出现如欧冶云商、五阿哥、钢银电商、找钢网等一批撮合交易平台，满足中小买家直接向大型钢铁集团和贸易商采购的需求。

2. 大宗钢材的物流方式

虽然我国钢铁市场格局相对集中，但各大集团下属生产厂数量众多，且分布广泛，市场需求普遍以本地满足为主。这就导致大宗钢材物流的长途运输需求占比较低，主要是短途运输需求。因此，大宗钢材物流以短途公路运输模式为主，长途的公路铁路运输、公路水路运输、铁路水路运输等多式联运模式为辅。通过测算，国内大宗钢材物流市场规模近 3000 亿元，其中公路占比约 60%。目前大宗钢材物流市场的头部企业家主要是钢铁生产企业、交易平台和大经销商下属的物流子公司，见表 6 - 2。特别是钢铁生产企业及交易平台下属的物流子公司拥有绝对的订单分配权，其主要工作是将订单分配给底层物流承运商。而底层承运群体主要为中小合同物流、车队和个体司机，整体仍属于小、散、乱的状态。

　　⊖　为保持与物流行业惯称的一致性，本章使用"司机"一词。

表 6 – 2　大宗钢材物流代表企业

企业分类	企业名称	企业分类	企业名称
国企子公司	欧冶物流	民营公司	胖猫物流
	鞍钢物流		及韵物流
	积微物联		物泊科技
	韶钢松山		好运虎
	…		…

（三）　大宗原材料物流——铁矿石

1. 铁矿石市场规模

我国是全球钢铁生产第一大国，也是铁矿石需求第一大国。国家统计局公布数据显示，2021 年我国铁矿石累计产量 9.8 亿 t，进口铁矿石累计 11.2 亿 t。我国铁矿石主要产自河北、辽宁、四川、山西、内蒙古、安徽、新疆七大省和自治区，铁矿石产量占全国铁矿石总产量的 80% 以上。进口铁矿石主要来自澳大利亚和巴西，其中澳大利亚占进口总量的 61.7%，巴西占进口总量的 21.1%（图 6 – 5）。

图 6 – 5　2018—2021 年我国铁矿石产量及进口量（亿 t）

注：数据来源于国家统计局。

目前国内铁矿石的开采及使用主要集中在国有大型钢铁集团，开采出的铁矿石几乎全部用于钢铁集团内部的钢铁生产，但仅能满足部分产能，仍存在大量原料缺口，只能通过进口方式来满足。

2. 铁矿石的物流方式

铁矿石需求规模巨大，根据测算，我国铁矿石整体物流规模超 3000 亿元。目前国内铁矿石的物流方式主要分为四大类：公路运输、铁路运输、管道运输、公路水路与铁路水路多式联运。在靠近矿山和港口的钢铁生产厂，短距离运输采用最多的是管道，稳定便捷且综合成本低。远离矿山的内陆钢铁生产厂主要采用铁路、公路等物流方式。进口矿石则主要采用多式联运模式，通过远洋货轮运至距离钢厂最近的港口，再通过铁路、公路的方式进行短驳完成运输。

目前在公路运输方式中，采用去程拉钢材、回程拉矿石的往返模式最为常见，也是公路运输运营成本最低的一种模式。

（四） 大宗原材料物流——粮食

1. 粮食产业结构

粮食主要包含饲料和工业用的玉米、大豆等，以及食用、国家储备的小麦、稻谷等，还有一些种子用粮。全国一共5个主要粮产区，生产了全国近78%的粮食，分别为东北三省、冀鲁豫、长江中下游区域（湖北、湖南、江西、安徽）以及四川、内蒙古等地。2021年全国粮食总产量68285.1万t，同比增长2.0%。从产量来看，黑龙江7867.7万t，排名第一，占全国粮食总产量的11.5%；河南6544.2万t，排名第二；山东5500.7万t，排名第三；安徽4087.6万t，排名第四；吉林4039.2万t，排名第五。从销售端来看，我国粮食的销售地主要分布在长江中下游、西南及泛珠三角地区，呈现产销分离、北粮南运的状态。

2. 粮食物流链条

粮食物流一般服务于粮食从种植生产、储存、贸易、分销到加工生产、产地销售整个商品流，是一条由贸易商开始进行前端收储、包装、交易，然后到各个应用主体的配送物流服务链条，如图6-6所示。整个粮食物流市场规模约1100亿元，其中公路物流占到整个粮食物流市场的57%（含仓储、港作⊖等）。

前端收储仓库　　陆运集港　　产地港口　　海运干线　　销地港口　　末端配送　　饲料厂/末端客户

图6-6　粮食物流链条

3. 典型企业案例

以华南地区的粮食物流龙头企业侨益为例，侨益物流2021年完成了约2600万t的粮食操作货量与超过20亿元的收入水平，已经基本覆盖广州港粮食流通，服务于"ABCD"⊖、建发、中粮、国贸等大型粮食商贸客户，以及新希望、双胞胎、温式、海大等大型终端饲料养殖类客户。

侨益主要分为八个组团（事业部），包含散船、集装箱、仓储、分拨等功能性

⊖　港作指港口操作业务，如船舶调度、货物装卸等。

⊖　ABCD指全球四大粮商，它们分别是美国ADM、美国Bunge（邦吉）、美国Cargill（嘉吉）和法国Louis Dreyfus（路易达孚）。

组团以及福建、东北、西南、长江组团等地域性组团，分别提供收粮、集疏港、船货代、仓储、末端配送等多段物流服务，搭建了一个规模化、标准化的大宗农产品供应链物流平台，解决了大宗农产品生产加工企业流通组织效率低、安全体系不完善、非标准产品突出等问题。

（五）　大宗原材料物流——化工

1. 石化行业的发展推动危化品运输需求

我国是全球规模最大的危险化学品（以下简称危化品）制造国，石化工业的发展也推动了危化品物流的发展。同时，化工是典型的产销分离行业，化工基础原材料产业集群大多分布在西部地区，而产品的销售和化工加工企业又多集中在东部沿海地带，所以化工物流是典型的长半径运输（图6－7）。由于我国的铁路运力主要从事大宗货物运输，对危化品水路运输又有着严格的政策把控，所以目前危化品的运输还是以公路运输为主，这也导致运输成本居高不下。

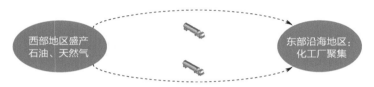

图6－7　中国危化品产业集群分布

2. 危化品物流具有极高的资源专用性

区别于普通货运的是，危化品运输不论是公司还是个人都需要持证上岗，这也导致危化品物流是一个门槛较高的细分市场。危化品公路运输基本上以整车运输形式为主，一般是从货源企业运输到目的地企业，运输节点较少，大部分是由危化品企业下属的物流子公司或者物流部门进行运输，少部分通过招标的方式进行运输（图6－8）。

图6－8　危化品物流运输节点

3. 危化品物流市场的三类主要参与者

危化品物流市场中主要有三类市场参与者：化工企业的物流子公司、央企型危化品物流企业和民营第三方物流公司，见表 6 – 3。

表 6 – 3　危化品物流市场的主要参与者

市场参与者	主要业务	典型企业标识
化工企业的物流子公司	承接母公司运输业务	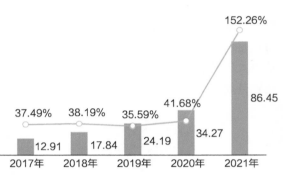
央企型危化品物流企业	危化品运输、仓储等供应链服务	
民营第三方物流公司	服务化工大客户为主	

以民营第三方物流企业密尔克卫（MILKYWAY）为例，密尔克卫是危化品运输行业的民营第三方物流企业，成立于1997年，并于2018年在 A 股上市，目前市值近 200 亿元。从 2021 年年报业绩来看，密尔克卫的营业收入为 86.45 亿元，同比增长 152.26%，收入取得了翻倍的增长，这主要是由于多年来相继对外收购以及收购并表所致（图 6 –9）。

从分业务来看，密尔克卫的全球货代业务收入为 31.2 亿元，占比为 36.14%；全球航运集罐箱收入为 3.5 亿元，占比 4.05%；仓储配送一体化收入为 5.5 亿元，占比为 6.35%；区域内贸交付收入为 12.6 亿元，占比为 14.56%；全球工程物流及干散货收入为 2.4 亿元，占比为 2.72%；化工品交易收入为 31.3 亿元，占比为 36.18%，如图 6 – 10 所示。

图 6 – 9　2017—2021 年密尔克卫营业收入（亿元）与增长速度

注：数据来源于密尔克卫上市年报。

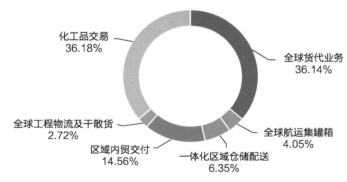

图 6 – 10　2021 年密尔克卫各业务收入（亿元）

注：数据来源于密尔克卫上市年报。

（六）　工程物流——砂石

砂石作为应用范围最广、最常见、最重要的基础设施建设原材料，凭借年消耗近200亿 t 的规模，在大宗原材料流通领域占据着十分显著的市场份额。但是，砂石骨料的生产和运输处于远离消费端的生产供应链范畴内，且运输及交付环境相对封闭、单一，导致市场对沙石的开采、加工、运输和应用极为陌生。

砂石的生产源头来自遍布全国的 1 万多砂石矿山，采矿企业进行原石开采后，一部分原石经过初步粉碎加工成颗粒度均匀且足够细碎的骨料，由施工单位采购后直接投入下游建筑、道路工地，或者直接用于末端的混凝土制备等场景，这种砂石即是天然骨料；另一部分原石则是通过一整套破碎、筛选、洗砂等工艺，经水泥厂、施工方采购后，再投入末端应用（水泥厂、建筑工地等），此类骨料即是机制骨料。

上述从矿山到加工厂再到水泥厂或施工现场的砂石骨料的运输，基本都是在封闭环境下进行的。从矿山到加工厂的运输场景普遍发生在方圆 200km 以内，属于较为典型的属地化公路运输，通常由加工厂或矿主长期合作的本地渣土车车队或个体司机负责实际承运。在很多省，加工厂和矿主往往是同一主体，因此也就造成了其生产及运输的封闭性。但也有部分（25%左右）的砂石骨料会通过内河水路、铁路等形式，跨省或跨区域运至本地供给不足的地区。

（七）　工程物流——水泥

作为砂石骨料制备的下游产业，水泥/熟料的生产和流通也同样呈现属地化特征，甚至很多上游矿厂、骨料生产加工也是由水泥企业实际运营的。就生产方式来说，熟料及水泥的生产由遍布全国的熟料加工厂和水泥厂完成，成品水泥采取就近销售的方式，供给周边的建筑工地、基础设施工地等。

正是这种属地化的交付特点，直接决定了水泥成品/熟料的运输也是以公路整车运输为主，承运商大多是长期与水泥生产企业合作的车队或个体司机。具体的运输形式是以袋装和散装相结合的方式进行，目前市面上的散装罐车运输已经占到65%左右的份额，普通货物栏板车袋装水泥运输的市场占比日趋缩小。

除属地化公路整车运输之外，部分水泥成品（粉状）及熟料的运输方式也会根据具体建设项目特征和要求进行跨省中长途铁路或水路运输，但不占主流。总体来说，通过公路整车运输的水泥及熟料货量占总量的 80% 左右。对于需要长途运输的水泥成品交付，目前行业内则是以铁路运输为主，占比 75% 左右，其余为内河及沿海水运。当然，水泥成品/熟料的中长途运输并不局限于某一种运输方式，水路铁路联运、铁路公路联运等多式联运也普遍存在。在实际交付场景中选择哪种运输方式，取决于项目本身的特点和成本之间的平衡。工程物流运输节点如图 6-11 所示。

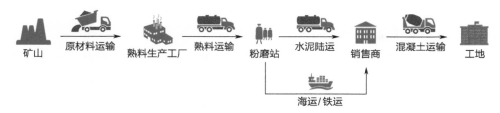

图 6-11　工程物流运输节点

（八）工程物流——混凝土

混凝土的制备和运输交付，是从最前端的矿石开采开始到最终交付至建设工地现场（实际应用场景）整条加工链的最后一环。

根据规定，混凝土及预拌砂浆的搅拌必须在建设工地之外进行。常规情况下，各个建设项目所需的混凝土/预拌砂浆都是由水泥供货方（以就近本地经销商为主）在自己的场地进行搅拌制备后，按照建设工地的需求节奏进行交付的。由于混凝土的凝固时限（初凝通常为 4h 左右），导致其运输过程必须使用搅拌车，并且要在 4h 内到达。

这就锁定了混凝土公路整车运输的车型、运输形式及运输距离，即必须采用短距离、点到点直达的公路整车搅拌车运输来满足施工方的质量和进度要求。就运输主体来说，目前市面上绝大多数搅拌车混凝土交付是由本地水泥经销商负责的，其中以社会运力为主，少数规模较大的经销商会通过自有搅拌车车队进行交付。部分大型建设项目为保障项目顺利进行，也会在预算允许的情况下，直接采购搅拌车等运输设备，自建只服务于本建设项目的搅拌站，以保障施工效率和物料供给及时性。

总体来说，混凝土及预拌砂浆的制备和运输，受限于国家规定和混凝土凝固时限，必须以特种设备（搅拌车）的公路运输方式进行。在此过程中，所有服务动作均发生在围绕工地现场的属地区域内，以 100% 公路运输的形式完成最终交付。

（九）工程物流——大件运输

1. 三大货物品类与运输场景

大件运输场景与运输的品类息息相关。其货物重量通常在 10t 以上、长度在 10m 以上，整体上可以分为三大类型：Ⅰ 类是大型机械，如工程机械、大型农机，目前全国保有量超过 1000 万台，每年都需要频繁转场，随着项目的转移，不断从一个工作地转移到另一个工作地；Ⅱ 类是大型设备，如大型变压器、机床、盾构机、大型锅炉、风力发电部件（叶片）等，这些货物的全生命周期中一般只会运输一两次；Ⅲ 类是生产建设材料，如大型钢材、铸件、预制件等，主要服务于各地建设工地，仅运输一次，如图 6-12 所示。

图 6-12　大件运输物流分类

2. 大件运输的特点

大件运输特点是专业门槛高、空驶率高、规模大、服务差。

大件运输行业的专业门槛颇高，装车方式专业性很强，道路通行要求高，行业上下游相对于其他物流赛道更为独立，目前全国注册的大件专用车辆仅为23.7万辆，近几年保有量提升明显。

在物流订单上，大件运输是典型的"有去无回"，没有固定线路，行业平均空驶率超过60%。特别是在按轴收费的政策下，实际的单车运输成本远超其他行业，但是相较于其他行业，大件运输的毛利非常可观。

从整体上看，大件运输的需求市场十分庞大，行业存在诸多问题，如超高的空驶率、繁复的中间交易环节、散乱的货源订单、非专业的运输服务等。这些问题限制了大件运输企业的发展，同时也证明了行业优化空间较大，是痛点也是抓手。

（十）　生产物流——基础生产供应链

1. 什么是基础生产供应链

基础生产供应链主要应用在供应原材料相对单一的领域，并且环节之间形成稳定与连续的供应和生产，较少有制品残存。如食品、酒水、粮油、纸、轻纺等行业的整条供应链条都比较符合基础生产供应链的特征。

2. 基础生产供应链物流——粮油物流

以粮油物流为例，粮油首先分为大米、面粉、食用油及调味品四大种类，上游供应原材料基本都是粮食，主要涵盖水稻、小麦、大豆、菜籽、棕榈等。粮油物流分为原材料、初加工制品及产成品分销物流，前端原材料的粮食物流基本是以海运作为长干线、陆运/内河运输作为短支线的主要运输方式，粮油后端的物流是以产地工厂发销地为主，运输方式基本都是公路的点对点运输，如图6-13所示。

图6-13　粮油物流运输节点

3. 粮油物流的主要参与者

粮油物流的典型代表企业有两大类，第一类是大型粮油巨头的子公司，如益嘉物流、鲁花物流、福临门物流、九三物流等，主要服务于从生产到销售端各主体节点的物流供应链；第二类是大型第三方企业，如"国"字头下的深粮、中粮工科等，另外还有中谷、广大一丰等第三方巨头。

（十一） 生产物流——复杂供应链

1. 什么是复杂供应链

复杂供应链的典型特征是需求相对复杂且多元，SKU[⊖]种类多，在时效性和计划性方面要求较高，整个环节涉及生产前、生产中、生产后和售后物流，过程相对烦琐且多元。典型的复杂供应链制造业是电子和汽车行业。

2. 高门槛生产物流——汽车零部件物流

以汽车为例，汽车产业就是典型的生产前供应链模型，是拥有多级材料供应环节的行业，各个环节对于服务深度、资源专用度的需求具有明显的差异。我们通常将汽车物流按照生产和销售节点进行分类，即入厂物流、厂内物流、整车物流和销售物流四个环节，其中入厂物流也可称为零部件物流，如图6-14所示。

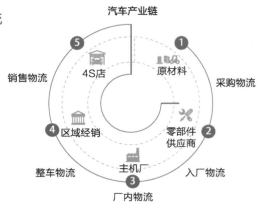

图6-14 汽车物流节点

零部件入厂物流可将全流程拆分为集、运、仓、配四部分，其中集货部分多采用Milk Run的多方取货模式，将区域内货物集拼后，由本地中转仓以整车或零担的形式运输至目的地的中转仓，经分拨后再由目的地中转仓配送至主机厂周边的供应商管理库存（Vendor Managed Inventory，VMI）仓，是为了满足厂商即时生产的需求以及转嫁库存成本及风险的一种库存管理方式，在VMI仓内按照主机厂的要求把零配件按照成品的比例配置好再发送给主机厂，如图6-15所示。这种模式极大地提高了生产效率，降低了主机厂的库存和管理成本。

图6-15 汽车零部件入厂物流

⊖ SKU即库存进出计量的单位，一件商品多色、多款即拥有多个SKU，如Air Jordan 4 Fear Pack 42码为一个SKU。

3. 汽车零部件物流的主要参与者

汽车零部件物流的典型代表企业有三大类：第一类，汽车厂商下属物流子公司，例如上汽旗下的安吉物流、一汽旗下的一汽物流等，主要服务于集团内部的物流需求；第二类，第三方物流企业，例如原尚物流，该类型采用承运商模式，主要依靠外部运力提供服务；第三类，中小型物流公司，其综合服务能力偏低，在获客方面具有一定的局限性，一般作为外协运力与大型的汽车物流企业合作。

（十二） 销售物流——合同物流

合同物流一般指代替货主管理物流业务，将复杂物流需求做专业的"翻译"和拆分，转化为整车、零担等组合方案并选择合适的供应商承运的第三方物流。所以，相较于快递、零担、整车等，合同物流是不在一个维度上的物流业务类型划分，其价值主要体现在方案配置能力和资源管理能力上。

这里提及的货主不仅指制造、商贸企业，也指围绕这些核心企业上下游的多个主体。这些主体链接的相邻主体越多、覆盖面越广，其物流业务越需要合同物流介入。比如汽车零部件的入厂，再比如新势力的分销。

对于强2B（面向企业的）属性的合同物流来说，做好市场细分更有利于体现"玩家"的服务能力和价值。合同物流主流的划分逻辑是按品类细分，如汽车领域的安吉物流、一汽物流、能运物流，电子领域的准时达、海晨物流、飞力达，以及家电领域的日日顺、安得智联等。当然，主战场——汽车、家电、快消、医药商流的高度集中，决定了目前各细分领域能独自提供一整套高性价比方案并保证落地的"玩家"并不多。所以，合同拆分后再外包的现象非常普遍，相应地，就有了做承接转包的次级/区域型中小合同物流。

但随着供应链升级，偏重于商流逻辑的市场细分解释力越来越弱，我们更倾向于综合"玩家"的业务优势及其客户的供应链模型，对大型合同物流"玩家"再次细分，以体现其服务深度及价值。如依托母公司品牌货源的流通订单，承接其分销供应链需求的安得、日日顺，为品牌型合同物流；同样有"背景"但更深入客户生产前供应链的安吉物流、一汽物流、准时达等，归为生产型合同物流企业；跨界的京东、顺丰，优势在渠道端，往往是品牌型合同物流的下游合作伙伴，归为渠道服务型合同物流企业。

（十三） 销售物流——整车

1. 整车分类：计划性整车与临时性整车

整车运输指点到点的整车运输，主要服务于B端（企业端），一般一个"整车"只装一家的货。由于定义涵盖面极广，所以整车实际上是一种较为"笼统"的说法。

从分类上来说，整车运输可分为计划性与临时性两种（图6-16）。计划性整车比较稳定，对承运商的运力需求比较大。比如大车队承接的快递、快运业务一般都以稳定单边为主，运输时间、线路相对固定。对于企业来说，车队可以提供稳定、可靠的运输服务；对于车队来说，企业稳定的货源可以有效提升运输效率。临时性整车波动明显，当货量高峰期企业自身物流难以满足时，便

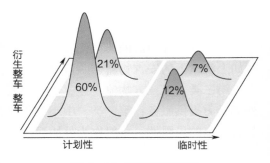

图6-16 整车物流结构

注：来源于交通运输部、运联研究院整理资料。

需要临时性调车来填补运力。临时性整车最大的特点就是价格不稳定，受天气、时间、车型、重量、回程等多方面因素共同影响。同样是上海到拉萨的运输业务，回程司机的价格要远低于平均水平，正是由于价格波动较大，客户对竞价的需求驱动着平台型整车"玩家"的产生。

2. 整车"玩家"：平台与车队

整车"玩家"从运营模式上可以分为平台与车队两大类型。平台型"玩家"，最早追溯到2014年，数以百计依靠流量为驱动的车货匹配平台涌现；到了2016年，国家引入无车承运人的概念并展开了为期3年的试点工作；2020年，《网络平台道路货物运输经营管理暂行办法》施行，正式拉开整车平台新纪元。比较典型的企业如满帮，平台与运力之间没有挂靠关系和劳动合同协议，平台只是为司机提供货源信息，属于轻资产运营模式。网络货运平台分类如图6-17所示。

图6-17 网络货运平台分类

而车队型"玩家"比平台型更偏向于重资产运营模式，其运力基本是自有车、长期合同车以及部分挂靠车辆。比较典型的如则一，除了自有车，则一下面还挂靠着不少中小车队以及个体司机。区别于挂靠公司，则一通过提供货源线路，与司机的关系更为紧密。

（十四）　销售物流——零担

1. 零担物流市场规模及细分

当前国内零担物流市场整体规模约 2 万亿元，按照运输订单的重量段差异可大致分为小票零担和大票零担两大类，其中小票零担又可按照覆盖区域的差异分为覆盖全国范围的全网快运和主要覆盖单个省区的区域零担两个细分市场。根据测算，当前全网快运市场规模约 1500 亿元，区域零担市场规模约 3500 亿元，大票零担市场规模约 1.5 万亿元。

2. 零担物流公司主流分类

根据细分市场客户需求的差异，相应地形成了以服务全国范围内小批量、多频次、快时效、高质量物流需求生产制造与商贸流通客户群体的全网快运公司，以服务省区内小批量、多频次、低价格物流需求批发市场商贸客户群体的区域零担公司，以及以服务跨省区大批量、低价格、固定线路物流需求生产制造客户群的专线物流公司。三类公司服务于不同客户群体，满足不同的零担物流需求，形成了相对差异化的市场竞争格局。

3. 零担物流"玩家"及竞争发展趋势

全网快运市场经过近几年残酷的市场竞争，虽然不断有老的企业倒下、新的企业诞生，但目前存量仅有十几家，并且市场集中度逐年提高（表 6-4）。

表 6-4　全网快运代表企业

全网快运代表企业	2021 年零担收入/亿元	全网快运代表企业	2021 年零担收入/亿元
顺丰快运	302.3	中通快运	64.0
跨越速运	113.0	百世快运	54.4
德邦快递	106.8	韵达快运	30.1
安能物流	96.5	天地华宇	13.0
壹米滴答	73.9	速通物流	5.2
京东快运	67.0		

区域零担企业近几年随着商贸批发市场的萎靡，内部竞争也逐渐加剧，全国范围内超 300 家区域零担企业中的部分"玩家"开始尝试独自向外扩张或多家联合成网的方式探索发展模式（表 6-5）。

表 6 – 5　区域零担代表企业

区域零担代表企业	2021 年零担收入/亿元	区域零担代表企业	2021 年零担收入/亿元
宇鑫物流	13.5	长吉物流	5.3
长通物流	12.1	方圆物流	4.2
宇佳物流	8.7	中原快运	2.8
云聚物流	6.9	余氏东风	2.6
辽西物流	6.0	安华快运	2.4
龙兴物流	5.4		

专线物流企业全国存量巨大，约有 10 万家，产品同质化严重，价格战频发，生存日益艰难，催生了以存量整合方式建立的专线整合平台，以搭建大票零担网络为目标，引领专线"玩家"继续生存下去（表 6 – 6）。

表 6 – 6　专线整合平台代表企业

代表类型	平台名称	代表类型	平台名称
全国型代表	聚盟	区域型代表	飞腾物流
	三志物流		永昌物流
	德坤物流		豪翔物流
	…		鸿泰物流
			…

当前由于疫情和市场空间限制，快运企业开始向大票零担和区域零担市场渗透，专线企业为了提升竞争力，也开始尝试与区域零担联合取长补短；区域零担则凭借成本优势，暂时建立了一定的壁垒，将全网快运拒之门外。

（十五）　销售物流——快递

1. 市场规模 8500 亿元

物流行业根据质量段和运输距离，可粗略分成快递、快运、区域零担、大票零担、整车和城市配送六大类。快递的质量段集中在 30kg 内，运输距离以 600km 以上为主。近十年，快递业务量保持着数量级的增长，行业市场规模也在不断扩大。2012 年快递业务量仅为 56.9 亿件，到了 2021 年，快递业务量达到 1083.0 亿件，增长 1803%，市场规模也达到了 8500 亿元，连续多年位列世界第一（图 6 – 18）。

2. 电商快递占比 80%

快递根据类型可分为电商快递、商务快递和企业快递。电商快递主要来自淘宝、京东等各种电商平台。得益于电商行业的快速发展，电商快递的市场占比也越来越大，如今快递中 80% 是电商件，剩下的 20% 为商务件（商务快递、企业快递），如图 6 – 19 所示。

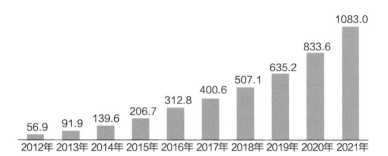

图6-18 近十年快递业务量（亿件）

注：数据来源于国家邮政局。

a）快递构成占比　　　　　　b）代表平台标识

图6-19 快递公司业务构成

注：数据来源于国家邮政局、运联研究院整理资源。

3. 市场集中度高

快递行业的市场集中度逐年提升，2021年行业前五名快递企业的市场份额达到了73%，且呈现进一步集中趋势。行业前五名中，中通、韵达、圆通、申通均以电商件为主，顺丰主要以商务件为主。

中通2021年的快递业务量为223亿件，市场份额达到20.6%，是电商件企业中TOP1（排名第一）企业。从近5年的市场占比来看，中通的市场份额相比2017年提升了5.1%，且未来份额有望进一步提升。顺丰作为商务件企业的佼佼者，快递业务量也达到了81亿件，市场份额占9.7%。虽然与2016年相比市场份额有小幅上升，但2017—2019年的3年间，顺丰的市场份额呈现下降趋势（图6-20）。

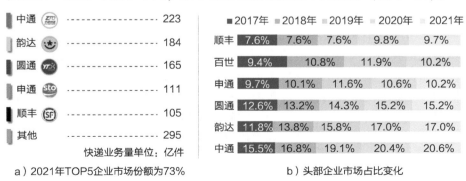

a）2021年TOP5企业市场份额为73%　　　　b）头部企业市场占比变化

图6-20 中国快递企业市场份额

注：数据来源于国家邮政局、运联研究院整理资料。百世快递于2021年被极兔收购。

（十六） 销售物流——城市配送

城市配送是服务零售的末端交付环节。从供需角度来看，消费属性、商品属性共同决定了商品的 SKU 和渠道的特征，进而决定了供应链模型的差异（图 6 – 21）。我们按照不同的零售主导分为品牌/生产端、经销商、市场、电商四类；商品属性分别对应短保类、快消类、耐用类三类。这时可以将不同供应链条进行合并拆分，其末端即对应着不同的城市配送场景。

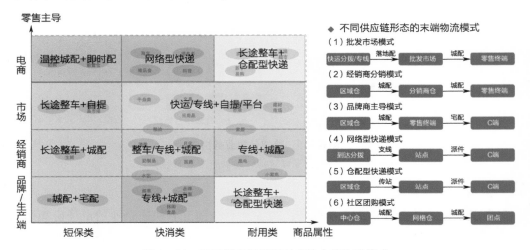

图 6 – 21　不同供应链模型对应的末端物流模式

注：为表述方便，图中城市配送简称城配，住宅配送简称宅配。C 端即消费者端。

从发展历程看，城市配送规模与社会零售总额的变化基本呈同趋势变动，城市配送作为最接近终端客户的物流场景，是一个公认的万亿元级市场。但与快递、快运市场不同，当前城市配送市场集中度极低，企业的规模普遍很小，亿元基本成为绝大多数企业难以达到的门槛，形成了大市场却没有大企业的行业现状。其中主要原因还是与城市配送自身的属性有关，城市配送本身的网络效应和规模效应都比较弱，同时城市配送不仅有运输属性，还需要提供各种附加服务，如装卸、分拣等。

城市配送典型的代表企业有凯东源城配、唯捷城配、货拉拉等。凯东源主要服务于快消品行业，其创新的流通服务商模式，协助品牌商重构分销体系，实现产销利益协同；唯捷城配聚焦餐饮、零售两大板块，依靠仓配一体化的服务为企业商业供应链提升赋能；货拉拉则作为平台，将社会零散运力整合到线上，采用信息发布形式改变传统车等货模式，为货主和司机提供城配订单撮合交易。

（十七） 销售物流——特殊物流

还有一类特殊物流，货品品类、运输模式、温度等都和以上所有的物流形式不通用，有一套独立的物流体系，其中比较典型的是冷链物流。首先，普通货车不能装载冷链产品；其次，冷链产品本身对车辆及仓储的温度要求各有不同，导致其资源使用效率偏低（图6-22）。

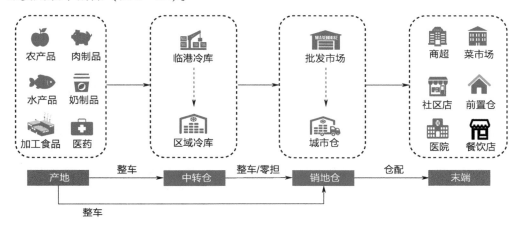

图6-22　特殊城市配送物流形态

随着人们生活水平的稳步提高，对食品、食材、医药等消费品需求量的稳步提升以及消费升级带来的改变，冷链物流行业的受关注程度开始逐年增高，冷链物流得到迅速发展。目前我国冷链物流链条仍以传统多级渠道分销为主，但商流端的变革推动链条在逐渐缩短，冷链零担规模越来越大。

冷链整车运输和普通货物整车相似，运输组织相对简单，比较典型的是前端的仓到仓业务；冷链城市配送货品多为冷仓到店的B2B（企业对企业）模式，一般都是一点到多点的运输，多为城市的短途运输；冷链零担货物批量小，冷链产品品类繁多，温度控制要求不一，时效相对较慢，缺乏足够路由监控；同时，冷链零担相比冷链整车、冷链城市配送链条更长，需要集货装卸、干线运输、末端交付等，更为复杂。

冷链物流中比较典型的企业有顺丰冷链、双汇冷链、中通冷链。顺丰冷链是国内首个初步尝试建立全国性冷链网络的物流企业，但经过多年尝试，并没有成功，目前的业务仍以区域型项目制为主；双汇物流隶属于双汇集团，属于企业内的合同物流，形成冷链长途运输、区域冷藏仓储和末端冷链配送的全链条全国冷链网络；中通冷链则囊括了远程、仓储配送、同城三个维度的冷链运输半径，有一地发全国、产销地仓干配一体化、销地仓配和前置仓配送这四类运营模式。

第7章 道路客运趋势研判及转型发展思路研究

本章作者：刘振国

摘要：

近年来，随着我国社会经济发展水平的不断提升，高铁、民航及私家车等交通方式快速发展，互联网出行平台也获得了长足发展，道路客运发展面临更加复杂的局面，转型升级迫在眉睫。本章详细梳理了我国道路客运行业发展现状，总结"十三五"期间我国道路客运发展面临的突出问题，分析问题原因，研判道路客运发展的未来趋势，提出了我国道路客运发展的战略定位、转型方向和发展思路，进而从方式融合、旅游客运、城乡客运、定制客运等方面提出了促进我国道路客运转型发展的对策，为政府部门制定道路客运转型发展政策、道路客运企业转型发展提供决策参考。

一、道路客运行业发展现状

近年来，随着我国经济社会进入新发展阶段，受民航平民化、高铁网络化、私家车普及化等因素影响，加之新冠肺炎疫情的冲击，道路客运市场环境发生了深刻变化，行业正面临内生动力不足、外部环境变化、市场份额萎缩等挑战。

（一）发展成效

"十三五"期间，我国道路客运结构深化调整，行业转型步伐逐步加快，安全形势稳中向好，有力支撑了综合交通运输体系建设和经济社会发展。

一是道路客运结构深化调整。2021 年，公路客运量为 50.87 亿人，受疫情影响，相对 2020 年 68.9 亿人次同比下降 26.2%；经过"十三五"时期的调整过渡，道路客运逐渐回归到综合交通运输体系中"神经末梢""连接件"的定位，2021 年，我国道路客运量占比 61.3%，相比 2015 年下降 21 个百分点（表 7 - 1 和图 7 - 1）。

表 7 - 1 2015—2021 年各种运输方式客运量及比例

年份	铁路		公路		水路		民航		客运量/亿人
	客运量/亿人	比例（%）	客运量/亿人	比例（%）	客运量/亿人	比例（%）	客运量/亿人	比例（%）	
2015 年	25.3	13.0	161.9	83.3	2.7	1.4	4.4	2.2	194.3
2016 年	28.1	14.8	154.3	81.2	2.7	1.4	4.9	2.6	190.0
2017 年	30.8	16.7	145.7	78.8	2.8	1.5	5.5	3.0	184.9
2018 年	33.7	18.8	136.7	76.2	2.8	1.6	6.1	3.4	179.4

（续）

年份	铁路		公路		水路		民航		客运量/ /亿人
	客运量/亿人	比例（%）	客运量/亿人	比例（%）	客运量/亿人	比例（%）	客运量/亿人	比例（%）	
2019 年	36.6	20.8	130.1	73.9	2.7	1.5	6.6	3.8	176
2020 年	21.7	22.8	68.9	71.3	1.5	1.6	4.18	4.3	96.6
2021 年	26.12	31.5	50.87	61.3	1.63	1.9	4.41	5.3	83.03

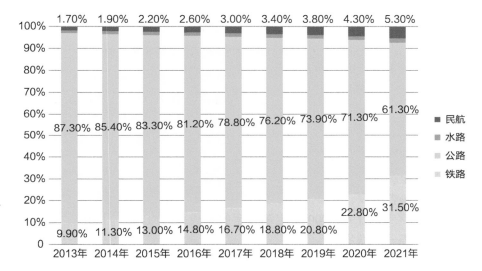

图 7-1　2013—2021 年各种运输方式客运量及占比

二是集约化程度不断提高。道路客运企业规模化程度不断提升，2020 年我国从事道路旅客运输的经营者达 2.90 万户，比 2015 年减少 32.7%；拥有 50 辆及以上车辆的客运企业有 3713 户，占总数的比例为 12.8%，比 2015 年提升 3.0 个百分点（表 7-2 和图 7-2）。

表 7-2　2015—2020 年经营业户规模情况

年份	经营业户数/万	同比增长（%）	50 辆及以上业户数/户	同比增长（%）
2015 年	4.31	-5.3	4219	-0.4
2016 年	4.08	-5.3	4148	-1.7
2017 年	3.68	-9.8	4080	-1.6
2018 年	3.40	-7.6	4400	7.8
2019 年	3.20	-5.9	3884	-11.7
2020 年	2.90	-9.4	3713	-4.4

图 7 - 2　2015—2020 年经营业户规模情况

三是均等化水平显著提升。全面实现具备条件的乡镇和建制村通客车，"十三五"新增超 3.3 万个建制村通客车，建制村通客车率比 2015 年提高 5.2 个百分点。以城乡交通运输一体化示范县为载体推动城乡交通运输一体化发展，城乡交通运输一体化发展水平达 AAAA 级以上的区县比例达 75%，全国涌现出安徽舒城全域公交、黑龙江富裕交邮融合等典型发展模式。

四是运营组织模式不断创新。道路客运与旅游加快融合发展，各地积极推进道路客运与旅游融合发展，"车票＋景区门票＋住宿"等运游融合服务产品层出不穷，25 个省市自治区开通了超 3000 条定制客运服务线路，旅客"门到门、点到点"的出行需求得到进一步满足。

五是信息化水平明显提高。全国所有省份均建成了省域道路客运联网售票系统，二级以上客运站联网售票覆盖率超过 99%；20 个省市自治区开展了道路客运电子客票试点，超 900 个二级以上客运站实现了电子客票应用，累计生成电子客票超 5500 万张。

六是安全形势稳中向好。道路客运行业安全监管继续加强，企业安全生产主体责任进一步落实，安全应急保障体系不断完善。2020 年道路客运较大以上事故起数、死亡人数相比 2015 年减少 86% 和 88.8%，见表 7 - 3。

表 7 - 3　较大等级以上道路客运安全事故情况

年份	3~9 人安全事故		10 人以上安全事故		总死亡人数
	事故起数	死亡人数	事故起数	死亡人数	
2015 年	78	356	8	124	480
2016 年	56	236	4	84	320
2017 年	38	165	5	94	259
2018 年	25	105	2	29	134
2019 年	19	81	1	36	117
2020 年	12	54	0	0	54

（二）　面临的困难和问题

一是市场需求不断萎缩，道路客运量逐年下滑。2001—2007 年，公路客运量年均增速达 6.5%；2008—2012 年，公路客运量年均增速达 7.3%，并于 2012 年达到历史峰值；2013—2019 年，道路客运量呈现下降态势，公路客运量年均降速为5.7%。2020 年开始，受新冠肺炎疫情影响，部分旅客出行习惯发生变化，加之班线停运等客运管控措施，导致出行量需求大幅减少，公路客运量骤降。从总体趋势看，排除统计口径变化和疫情影响，2013 年以来，道路客运量总体呈现稳步下降特征，但局部区域的线路出现了断崖式的客流下跌现象，特别是部分城际线路需求萎缩。

二是汽车客运站经营困难，场站综合利用效率不高。随着公路客运量下滑，客运站经营困难的问题日益严峻，部分等级客运站日发旅客不足百人，以厦门梧村客运站（一级站）为例，2021 年日均旅客发送量仅为 500 人次，不足 2015 年发送量的 5%。同时，站商融合、以商养站的发展模式尚未形成，场站关停、设施闲置日益凸显。近年来，深圳、北京、南通、济南等地先后出现了主要汽车客运站关停情况，广州市现已关停 6 个汽车客运站，占总量的 1/3。如何有效盘活客运站场资源、提高公路客运站利用效率，成为行业管理亟待解决的问题。

三是道路客运信息化水平不高，出行便捷性、舒适性有待提升。目前仅有 23 个省市自治区实现部省联网售票，具备影响力的全国统一的道路客运联网售票平台尚未形成，与铁路、民航相比，电子客票推广应用进程仍需进一步加快，与人民群众日益增长的快速便捷出行需求仍有较大差距。

四是道路客运与其他运输方式衔接不畅，一体化水平亟待提升。综合客运枢纽一体化水平普遍较低，道路客运方式与铁路、民航等运输方式间衔接不畅、换乘效率不高，以南昌汽车客运站为例，汽车站与铁路站换乘距离长达 700m，旅客步行换乘长达 15min。同时，不同运输方式间安检互认普遍尚未实现。旅客换乘需重复安检，通行效率和服务水平有待提升，旅客体验不佳。

五是农村客运长效发展机制尚未有效建立，均等化服务水平亟待提升。虽然实现了具备条件的乡镇和建制村通客车，但部分地区农村空心化现象严重，农村客运需求不足，在仅仅依靠中央油补资金补助的条件下无法实现稳定运行，全国仍有129 个地级行政区、1064 个县级行政区未出台地方农村客运扶持政策。部分地区预约响应式农村客运服务有待进一步规范，农村群众满意度有待提高。

二、道路客运量持续下滑的原因分析

一是外部发展环境的常态化调整。从经济增长看，参考发达国家经验，客运需求增长与经济发展表现出高度相关性。在人均 GDP（国民生产总值）从 1000 美元增长到 4000 美元阶段，客运需求的增速往往高于 GDP 的增速；在人均 GDP 达到 2 万美元以上的高收入阶段，客运出行需求增速将逐渐下降，呈现高位低速增长的特点。从地域发展看，随着改革开放的深入推进，东部沿海地区部分产业向中西部有序转移，中西部地区产业发展和集聚人口的能力日益增强，以春运为代表的跨区域长距离的流动人口迁徙活动将平缓下降，而这部分人群原是道路客运的重要客流群体之一。从人口结构看，人口向城镇和东部地区集聚，就业人口向第三产业高效集聚，第二产业就业人口比重下降，人口变化带来生产性出行的比例下降，通勤、商务、旅游、休闲等出行日益增长，这些群体往往倾向于选择更便捷舒适或私密性较好的私人交通方式。

二是中长距离客运的结构性分流。2013 年以来，我国铁路、民航加速发展。2013—2021 年，铁路营业里程从 10.3 万 km 增加到 15 万 km，增长 47%；高铁营业里程从 1.1 万 km 增加到 4 万 km，增长 285.5%；民航机场从 193 个增加到 248 个，增长 24.4%。大部分长距离和部分中距离公路出行转向速度更快、乘坐舒适度更高的高铁、民航，这种转变是基于运输装备技术发展进步而出现的运输方式结构性调整，是由不同交通运输方式的技术经济特征所决定的，是不可逆的趋势性改变。

三是中短距离客运的同质化替代。近年来，我国私家车的快速普及和新业态的蓬勃发展，对传统道路客运的中短距离出行带来冲击。2013—2021 年，私人小汽车拥有量从 9198.2 万辆增长到 26246 万辆，增长 152.7%；汽车驾驶人 4.81 亿人，全国有 79 个城市的汽车保有量超过百万辆，35 个城市超 200 万辆，20 个城市超 300 万辆，私家车对道路营运性客运的分流作用将持续深入。新冠肺炎疫情期间，高速公路流量持续攀升，随着铁路、公路、民航等营业性交通运输方式呈现日均下降趋势，高速公路流量逆势增长 3.2%。与此同时，网约车、拼车等新业态蓬勃发展，部分中短途道路客运出行开始转向私家车、网约车等出行方式，这种转变是基于服务优势而出现的，是随着服务效率和品质的改变可以此消彼长的。

四是新冠肺炎疫情的颠覆性冲击。受新冠肺炎疫情影响，道路客运服务间断性暂停，道路客运量下降幅度较大。与此同时，公众出行意愿尤其是公共出行意愿降低，更倾向于选择私密化的出行方式，对长期出行习惯造成较大影响。特别是随着小汽车的普及，原乘坐长途客运班车的部分人群转向私人交通方式，这种因出行习惯造成的出行方式改变在短期内是不可逆的。

三、新时代道路客运发展新趋势和新要求

一是满足新时代人民群众美好出行需要，要求进一步提升客运服务质量。随着消费结构加速升级和人民生活水平的不断提高，人们对个性化、多样化、高品质的客运需求将持续增加，要求道路客运加快供给侧结构性改革，以创新驱动、高质量供给引领和创造新需求，为人民群众提供更多个性化、定制化的出行服务，更好地

满足新时代人民群众高品质、多元化的出行需求。

二是推进综合交通运输体系建设，要求进一步发挥道路客运的一体衔接作用。交通强国建设纲要中明确了打造"全国 123 出行交通圈"的目标，要求道路客运充分发挥道路客运灵活、"门到门"的比较优势，当好综合运输体系的"神经末梢""连接件"，加强与铁路、民航、水路等各种运输方式的衔接，持续提升运输服务的能力、效率和品质，更好地发挥好综合交通运输体系的整体效能。

三是加快发展现代产业体系，要求进一步加快道路客运转型升级步伐。新一轮科技革命和产业变革深入发展，人工智能、脑科学、云计算、量子计算、大数据、物联网、5G 等新一代信息技术加快向运输服务领域渗透，为道路客运新业态、新模式、新经济发展创造了客观条件，也为行业转型升级创造了前所未有的重大机遇。这就要求加快推动新兴技术在道路客运领域应用，加快传统客运行业转型升级，重构出行链，利用新技术赋能道路客运行业转型。

四是全面推进新型城镇化和乡村振兴，要求进一步推动道路客运一体化、均等化发展。党的十九届五中全会提出了推动区域协调发展，推进以人为核心的新型城镇化，全面推进乡村振兴的新要求。未来五年，中心城市和城市群带动作用将进一步凸显，以县城为重要载体的城镇化建设加快推进，要求提升城际间旅客出行服务快速化、便捷化、舒适化水平，提升城乡客运均等化服务水平，实现城市群主要城市间、城市与乡村间道路客运公交化运行。

四、新时代道路客运发展定位及转型思路

（一）　发展定位

新时代，道路客运发展将由主体性向基础性转变。从需求端看，道路客运是最易获取、覆盖面最广的交通方式，是低收入群体的兜底性出行选择，是农村群众的普惠性出行保障。从供给端看，民航铁路将作为覆盖区域、城际间的主要运输通道，道路客运仍是综合交通运输体系的主要交通方式，将继续在中短途出行、偏远地区长途出行中发挥主要作用，将与其他交通方式共同形成互为补充、良性竞争的市场格局。

（二）　转型思路

一是综合化发展。进一步加强与铁路、民航、水路等各运输方式的衔接，发展"公铁联运""空巴通"等联程运输模式，当好综合运输的"神经末梢""连接件"。

二是小型化发展。道路客运车辆趋于小型化，二级以上客运站数量减少，便捷车站和招呼站数量增加，道路客运的便捷性显著提升。

三是融合化发展。促进道路客运行业与相关行业融合发展，拓展客运线路及汽车客运站商业、旅游集散、邮政、物流和汽车后服务等服务功能，提升道路客运可

持续发展能力。

四是智能化发展。推进道路客运联网售票及电子客票发展，打造智慧车站，推动票务服务、票证核检、运力调度、联程换乘等运营服务线上化、智能化、一体化，实现"一网购票""一票（码）通行""无感服务""自助服务"。

五是品质化发展。充分发挥移动互联网、大数据等信息技术的作用，精确细分目标客户市场，按需求分层次提供客运服务产品，开展灵活、快速、小批量的道路客运定制服务，更好地满足人民群众差异化、多样化、品质化的出行需求。

五、新时代道路客运转型发展对策

（一） 发挥道路客运"门到门"优势，实现道路客运与其他交通方式协同发展

道路客运运营方面，在综合运输大通道上发挥好高铁、民航的"护航""伴生"作用，逐步退出跨省 800km 以上的客运班线，积极开辟机场至周边区县的机场专线、开行铁路枢纽至周边县乡村的高铁专线，发展"公铁联运""空巴通"等联程运输模式，有效衔接铁路、民航等运输方式，提高人民群众出行效率，提升出行便捷性，实现高品质出行。汽车客运站发展方面，在高铁民航覆盖地区，重点依托综合客运枢纽配建公路客运站、完善服务功能，为旅客提供一体化的客运服务。

（二） 创新道路客运运营模式，满足新时代人民群众便捷舒适出行需求

道路客运运营方面，针对目前道路客运客流个性化、碎片化特点，鼓励和规范发展定制客运，推动道路客运车辆"大转小"发展，完善个性化、多元化、定制化客运服务供给模式，满足人民群众差异化、品质化的出行需求。汽车客运站发展方面，促进"一站多点"发展，鼓励在群众出行需求集中、具备车辆停靠和人员集散条件的公交站、产业园区、学校聚集区等客源密集区设置停靠站点，扩大客运站点的覆盖面，形成分布广泛、换乘方便、层次清晰的汽车客运站体系。

（三） 推动道路客运多元融合发展，提升道路客运可持续发展能力

道路客运运营方面，推动道路客运服务与旅游产业链的优化整合，加强道路客运线网与旅游资源的有机衔接，打造"运游融合"服务产品，实现以游促运；在农村地区推动客货邮融合发展，规范推广农村客运代运邮件快件，统筹满足农村地区群众客货运需求。汽车客运站方面，优化调整等级汽车客运站的空间布局和功能区设置，拓展旅游集散、快递物流、汽车后服务、商业等服务功能，推动以商养站、盘活资源；在农村地区优先发展乡镇运输服务站，打造具备客运、货运物流、邮政快递、供销、电商、旅游、养护管理等综合服务功能的节点设施，全面提升农村客

运站场可持续运营能力。

（四）　推进信息化技术在道路客运领域的广泛应用，提升道路客运服务效率

道路客运线路运营方面，提高道路客运联网售票服务质量，发展全程数字化、智能化服务模式，深入推进电子客票应用，努力实现"一键出行"。汽车客运站发展方面，打造智慧车站，推动票务服务、票证核检、运力调度、联程换乘等运营服务线上化、智能化、一体化，实现"一网购票""一票（码）通行""无感服务""自助服务"，全面提升运营效率和服务品质。

（五）　持续巩固拓展建制村通客车脱贫攻坚成果，提升道路客运均等化服务水平

道路客运运营方面，推动落实地方政府主体责任，完善农村客运保障机制，推动实现农村客运"开得通、留得住"；在城镇化水平较高、经济条件较好的地区加快推进城乡客运一体化，推动城市公交向乡村延伸和农村客运班线公交化改造，推动实现全域公交发展。汽车客运站发展方面，完善农村地区站点设施建设，因地制宜建设完善乡镇综合运输服务站和村级站点站牌，为农村地区群众提供更为舒适的候车环境。

六、重点行动建议

坚持目标导向、分类施策，开展定制客运品质提升、客运站场扩能提效、城乡交通运输一体示范、运输旅游融合发展、基础政策储备研究等重点行动，加快推动道路客运转型升级发展。

（一）　定制客运品质提升行动

围绕道路客运定制服务经营模式、经营行为、服务质量、安全稳定等方面，选择典型企业开展道路客运定制服务品牌建设，鼓励和支持道路客运企业创新发展定制化、差异化的定制客运服务，持续提升道路客运服务质量。

（二）　客运站场扩能提效行动

以二级以上客运站和综合客运枢纽为重点，鼓励客运站加强线上服务能力建设，发展全程数字化、智能化服务模式，推广应用电子客票、二维码、生物识别信息等新媒介乘车，推进人脸票证合一自助核验识别闸机等在客运站的应用。鼓励综合客运枢纽建设面向联程导航、自助行李直挂等服务的数字化、智能化配套设施设备，推动售取票、检票、安检、乘降、换乘、停车等服务"一码（证）通行""无感服务""自助服务"，推动服务水平和运营效率全面提升。

（三） 运输旅游融合发展行动

健全重点旅游景区交通集散体系，加强道路客运线网与旅游资源的有机衔接，完善通达景区景点的道路旅游客运线路，鼓励旅游直通车发展，拓展完善乡村旅游客运线路。鼓励创新发展定制化的运游融合发展产品。鼓励汽车客运站拓展旅游集散功能，依托客运站建设旅游集散中心，拓展信息咨询、集散换乘、旅游交易等功能。鼓励和规范在旅游景区景点内设置道路客运停靠站点，加强重大节日期间景区景点的运力保障。

（四） 城乡交通一体示范行动

综合考虑东中西部地区发展差异，结合城乡交通运输一体化的发展阶段，在不同阶段开展不同主题的城乡交通运输一体化示范工程建设，探索提升城乡客运均等化水平的新模式、新机制、新政策、新方法。开展城乡交通运输一体化示范县动态评估，巩固提升创建成效。

（五） 客运站场资金扶持优化行动

一是向综合类站场建设适度倾斜。加大对与其他对外交通方式衔接的汽车客运站，以及具备旅游集散、货运物流等综合服务功能的汽车客运站等综合类客运站场的补助力度。二是向城乡客运站场适度倾斜。建议改变现有等级越高、补助标准越高的政策，推动补助资金向乡镇综合运输服务站点、村级站点（牌）倾斜。三是统筹补助增量建设和存量改造。支持汽车客运站开展智能化升级改造、配建旅游集散中心等，加快推动汽车客运站转型升级。四是统筹利用好农村客运油价补助资金。建议构建与农村客运发展绩效相挂钩的农村客运油价补贴机制。

（六） 基础政策储备研究行动

针对影响客运形态的相关内容，加强新形势、新技术影响下道路客运储备政策研究，提高政策的前瞻性、指导性，如进一步深入研究互联网平台在道路客运中所发挥的作用、业态边界交叉背景下优化客运经营管理分类等、租赁车辆从事道路客运经营的可行性和存在的风险，持续探索创新道路客运服务模式及管理制度。

第8章 中国商用车整车上市公司竞争力分析

本章作者：方得网编辑部[一]

摘要：

中国商用车行业是汽车行业中具有全球竞争优势的细分产业之一，在这个市场上，哪些是最有代表性的头部企业？这些头部企业的核心竞争力究竟如何？应该从哪些方面来评价和对比企业的竞争力？本章选取了一汽解放、江铃汽车、东风汽车、宇通客车四家有代表性的商用车整车上市公司，参照洛桑国际管理学院提出的国际竞争力评估体系，从经营绩效、盈利能力、管理效率、基础设施四个指标来研究并定性、定量地分析这四家商用车公司的企业竞争力。

一、四家上市公司概述及竞争力模型选择

（一）四家上市公司主营业务概述

从业务板块来看，中国商用车行业包含了中重型货车、轻型货车、大中型客车、轻型客车等多个重要细分市场。一汽解放、江铃汽车、东风汽车、宇通客车四家商用车整车上市公司的主营业务各不相同，各自定位于商用车某一重要细分市场并且是所属细分领域的龙头企业。因此，本章选取这四家企业作为商用车整车上市公司竞争力研究的样本公司。

具体来看，四家商用车整车上市公司的业务构成如下。

一汽解放集团股份有限公司（以下简称一汽解放）的主要业务以中重型货车为主体，同时覆盖轻型货车、客车以及发动机、变速器和车桥等，是中重型货车销量全球"五连冠"。年报显示，2021年，一汽解放的主营业务为商用车的研发、生产和销售，商用车产品收入占营业收入的比例高达92.27%；其中，中重型货车销量37.34万辆，占一汽解放整车销售量的84.93%，市场占有率23.7%，位居中重型货车行业销量第一[二]。

江铃汽车股份有限公司（以下简称江铃汽车）的主要业务是生产和销售商用车、SUV以及相关零部件，主要产品包括轻型货车、皮卡、轻型客车等，是轻型客车、皮卡和轻型货车行业的龙头企业之一。年报显示，2021年，江铃汽车整车收入

[一] 本章主要由方得网编辑部资深编辑舒慕虞撰写。舒慕虞，自2012年起从事商用车行业报道工作，曾参与《中国客车产业发展报告》的编写。

[二] 本章数据均来自上市公司财务年报。

占营业收入的比例为91.75%，全年实现整车销量34.1万辆，其中，轻型客车销量10.15万辆，以30.5%的市场占有率位居轻型客车行业第一；轻型货车销量11.81万辆，以7.7%的市场占有率位居行业第四；皮卡销量6.79万辆，以14.6%的市场占有率位居行业第二。

东风汽车股份有限公司（以下简称东风汽车）的主要业务是生产和销售轻型商用车以及相关零部件，主要产品包括轻型货车、轻型客车、客车底盘和新能源物流车等，是轻型商用车行业的龙头企业之一。年报显示，2021年，东风汽车轻型商用车业务占营业收入的比例为70.7%，公司轻型商用车市场占有率达9.3%，同比提升0.9个百分点，在轻型商用车市场排名第五，其中轻型货车（不含皮卡）产品销量在行业排名第四，同比提升一位。

宇通客车股份有限公司（以下简称宇通客车）的主要业务是生产和销售客车产品，多年稳居客车行业销量第一。年报显示，宇通客车的客车业务收入占营业收入的比例为85.42%，公司2021年大中型客车（7m及以上客车）总销量为3.35万辆，以38.2%的市场占有率位居行业第一，龙头地位稳固。

（二）竞争力模型选择

企业竞争力是指企业在市场竞争中从外部获得资源，并利用资源实现自身价值的综合能力。按照瑞士洛桑国际管理学院（International Institute for Management Development，IMD）提出的评估体系，企业竞争力模型由四个一级指标构成，即经济表现、政府效率、企业效率和基础设施，且各个一级指标再由二级指标组成。本章将参照IMD评估体系方法，从经营绩效、盈利能力、管理效率、基础设施四个一级指标以及各自对应的二级指标进行对比，分析一汽解放、江铃汽车、东风汽车、宇通客车四家商用车整车上市公司的核心竞争力（表8-1）。

表8-1　商用车企业竞争力指标体系

指标分类	具体指标			
一级指标	经营绩效	盈利能力	管理效率	基础设施
二级指标	总资产	净资产收益率	成本管控能力	固定资产
	营业收入	毛利率	风险管控能力	投资类资产
	净利润	销售费用率	研发能力	增长潜力

二、经营绩效指标分析

企业经营绩效（Performance of Enterprise）是指一定经营期间的企业经营效益和经营者业绩，主要表现在资产运营水平等方面。在经营绩效一级指标中，本节将从总资产、营业收入和净利润三个方面对四家商用车上市公司进行对比分析。

（一）总资产

总资产是指某一经济实体拥有或控制的、能够带来经济利益的全部资产。总资产的规模及增速，能反映出一家公司的实力和成长性。一般来说，总资产规模越大的企业，在行业内影响力越大，总资产规模排名第一的公司是行业内的龙头企业；总资产年增速高于10%的企业，具有较好的成长性。

见表8-2，从总资产规模来看，2021年，一汽解放的总资产高达697.66亿元，在四家商用车上市公司中总资产值最高，反映出企业规模最大；另外三家商用车上市公司的总资产规模排名依次为宇通客车、江铃汽车、东风汽车。

从总资产增速来看，2021年，一汽解放总资产增速为8.61%，表现优异；另外三家企业总资产均为负增长，这主要与商用车市场的整体行情有关。2021年，受国六排放标准切换、终端需求低迷、货运车辆饱和等因素影响，我国商用车行业全年总销量为479.3万辆，同比下降6.6%。在商用车整体市场下滑中，多数商用车企业的总资产、经营收入等财务指标都有所下滑。

表8-2　2017—2021年商用车上市公司总资产情况

公司名称	对比项	2017年	2018年	2019年	2020年	2021年
一汽解放	总资产/亿元	185.38	186.28	825.82	642.38	697.66
	总资产增长率（%）	-2.68	0.49	343.32	-22.21	8.61
江铃汽车	总资产/亿元	263.84	233.97	242.99	281.85	263.59
	总资产增长率（%）	7.72	-11.32	3.86	16.00	-6.48
东风汽车	总资产/亿元	177.88	196.30	188.19	201.63	198.82
	总资产增长率（%）	-17.28	10.35	-4.13	7.14	-1.40
宇通客车	总资产/亿元	361.65	367.99	367.06	333.12	321.66
	总资产增长率（%）	2.88	1.75	-0.25	-9.25	-3.44

注：2020年，一汽解放完成重大资产重组，置出乘用车等所有业务，同时置入一汽股份旗下的一汽解放100%资产。根据企业会计准则的规定，一汽解放对2019年相关项目进行了追溯调整和列示，调整后的2019年财务年报数据反映的是一汽解放经营情况。因此，2019年，一汽解放总资产出现了343.32%的超高增长，同年营业收入、净利润等财务指标的高增长原因也与之相同。

（二）营业收入

营业收入（Operating Revenue）指在一定时期内，商业企业销售商品或提供劳务所得的货币收入。营业收入的规模及增长率，可反映一家企业的行业地位及成长性。营业收入的规模越大，说明这家企业的行业地位越高；增长率反映企业的成长性，最好要大于10%，越高越好。2017—2021年商用车上市公司营业收入及增速情况见表8-3。

表 8 - 3   2017—2021 年商用车上市公司营业收入及增速情况

公司名称	对比项	2017 年	2018 年	2019 年	2020 年	2021 年
一汽解放	营业收入/亿元	279.02	255.24	1064.47	1136.81	987.51
	增速（%）	22.86	-8.52	317.04	6.80	-13.13
江铃汽车	营业收入/亿元	313.46	282.49	291.74	330.96	352.21
	增速（%）	17.69	-9.88	3.27	13.44	6.42
东风汽车	营业收入/亿元	183.01	144.21	135.20	137.33	155.50
	增速（%）	14.25	-21.20	-6.24	1.58	13.23
宇通客车	营业收入/亿元	332.22	317.46	304.92	217.05	232.33
	增速（%）	-7.33	-4.44	-3.95	-28.82	7.04

表 8 - 3 显示，2021 年，一汽解放、江铃汽车、东风汽车、宇通客车的营业收入分别为 987.51 亿元、352.21 亿元、155.50 亿元、232.33 亿元，仅前两家企业的营业收入高于 300 亿元；一汽解放营业收入最高，东风汽车营业收入相对较低，这主要与各家对应的主营业务有关（轻型商用车的单车售价相对较低）。

从营业收入增速来看，2021 年，一汽解放、江铃汽车、东风汽车、宇通客车的营业收入增速表现有一些差异，这同样与各家企业所处行业有关：2021 年重型货车行业销量下滑 13.8%，导致一汽解放的营业收入出现下降；2021 年轻型货车（不含皮卡）行业销量下滑 8.91%，轻型客车行业销量增长 19.42%，江铃汽车、东风汽车两家企业主营产品以轻型货车、轻型客车为主，特别是江铃汽车的轻型客车业务量占比较大。因此，在轻型客车行业稳定增长、轻型货车行业小幅下降的大环境中，江铃汽车、东风汽车两家企业的营业收入增速表现好于以重型货车业务为主的一汽解放；客车行业 7m 及以上客车销量同比下降 9.15%，客车行业大环境不理想，但宇通客车 2021 年的营业收入呈现 7.04% 的增长，非常不易。

（三）净利润

归属于母公司所有者的净利润（归母净利润）是衡量一家企业经营效益的主要指标，能反映一家企业的整体盈利能力及持续性。归母净利润主要看两点：规模和增长率。归母净利润高的公司盈利能力更强；归母净利润增长率大于 10%，说明公司的盈利能力不但强而且持续性较好。2017—2021 年商用车上市公司净利润及增长率情况见表 8 - 4。

表 8 - 4 显示，2021 年，一汽解放、江铃汽车、东风汽车、宇通客车的归母净利润分别为 39.00 亿元、5.74 亿元、3.72 亿元、6.14 亿元，各家归母净利润差异较大，主要原因在于业务规模不同。

表 8 – 4　2017—2021 年商用车上市公司净利润及增长率情况

公司名称	对比项	2017 年	2018 年	2019 年	2020 年	2021 年
一汽解放	归属于母公司所有者的净利润/亿元	2.81	2.03	19.87	26.72	39.00
	归属于母公司所有者的净利润增长率（%）	129.47	-27.69	877.12	34.45	45.97
江铃汽车	归属于母公司所有者的净利润/亿元	6.91	0.92	1.48	5.51	5.74
	归属于母公司所有者的净利润增长率（%）	-47.58	-86.71	60.96	272.57	4.26
东风汽车	归属于母公司所有者的净利润/亿元	2.01	5.54	4.42	5.54	3.72
	归属于母公司所有者的净利润增长率（%）	-8.29	175.95	-20.12	25.11	-32.84
宇通客车	归属于母公司所有者的净利润/亿元	31.29	23.01	19.42	5.16	6.14
	归属于母公司所有者的净利润增长率（%）	-22.62	-26.45	-15.61	-73.43	18.95

从归母净利润增长率来看，2021 年，一汽解放、宇通客车的归母净利润增长较大，明显高于另外两家企业。其中，一汽解放的归母净利润增长率高达 45.97%；宇通客车的归母净利润增长率为 18.95%，其年报中对公司净利润的增长做了解释：一是 2021 年随着国外客车市场新能源化的推进和需求恢复，公司国外出口业务有所增长；二是公司职工住房项目交付，给公司业绩带来一定贡献。

五年间，四家企业的归母净利润增长情况都不太稳定，这主要是受到行业大环境的影响。例如，与宇通客车主营业务直接相关的大中型客车市场 2020 年销量同比下降 28.3%，导致宇通客车 2020 年净利润下滑较大；2020—2021 年，一汽解放的归母净利润增长情况较好，反映其盈利能力持续性较好。

（四）　小结

在经营绩效指标的对比中，四家上市公司 2021 年的表现各有不同。以重型货车为主营业务的一汽解放的总资产规模和归母净利润规模较大；东风汽车、宇通客车、江铃汽车的营业收入增速相对较高；一汽解放近两年归母净利润增长率较高，反映其盈利能力持续性较好。

三、盈利能力指标分析

盈利能力是指企业获取利润的能力，也称为企业的资金或资本增值能力，通常表现为一定时期内企业收益数额的多少及其水平的高低。在盈利能力指标中，本节将从净资产收益率、毛利率、销售费用率三个方面对四家公司进行对比分析。

（一）　净资产收益率

净资产收益率（Return on Equity，ROE）指净利润与净资产的百分比，是衡量公司自有资本获利能力最重要的指标。它表示股东投进公司的每一块钱一年下来赚了多少净利润。该指标可以衡量企业运用自有资本的效率，是衡量上市公司盈利能力的一个重要指标。

在正常情况下，ROE 数值越高越好，但负债增加会导致该指标的上升。美国过去几十年来的统计数字表明：大多数企业的平均 ROE 为 10%～12%。巴菲特认为，如果一家企业长期以来 ROE 超过 15%，就可以认定为比较优秀。

2021 年，一汽解放、江铃汽车、东风汽车、宇通客车的净资产收益率分别为 15.37%、5.87%、4.69% 和 4.06%（表 8-5），仅一汽解放一家企业净资产收益率高于 10%，反映其盈利能力较强；东风汽车、宇通客车两家企业的净资产收益率低于 5%，企业盈利能力相对偏弱。

表 8-5　2021 年商用车上市公司净资产收益率及增速情况

对比项	公司名称			
	一汽解放	江铃汽车	东风汽车	宇通客车
2021 年净资产收益率（%）	15.37	5.87	4.69	4.06
增速（%）	42.98	14.42	-35.43	30.55

（二）毛利率

毛利率是毛利润（营业收入减营业成本）与销售收入（或营业收入）的百分比，反映的是公司产品或服务的盈利能力，也是公司生存的基础。毛利率数值越高，说明公司的产品或服务的竞争力越强；毛利率数值一般较为稳定，波动幅度太大的公司存在一定的经营风险或财务造假风险。

2017—2021 年，四家商用车上市公司的毛利率数值处于 8%～26%（表 8-6），各家企业的毛利率水平差异较大，但基本达到商用车整车行业毛利率平均水平（10% 左右）。其中，宇通客车的毛利率表现最佳，常年处于 20% 左右的高位；其次是江铃汽车，毛利率基本处于 15% 左右的水平；另外两家企业的毛利率水平相差不多，基本在 10% 左右浮动。

五年间，宇通客车的毛利率基本保持在 20% 左右，即使在 2018—2021 年客车行业持续下滑的环境中仍保持着 20% 左右的毛利率，高于以重型货车、轻型客车、轻型货车业务为主的另外三家企业。这里有两大原因：一是宇通客车的产品竞争力较强，有一定的品牌溢价，没有主动或被动地依靠低价来促销量；二是宇通客车所处的大中型客车行业，新能源产品占比较高，而新能源车辆较传统车辆的毛利率更高。

表 8 - 6　2017—2021 年商用车上市公司毛利率及波动幅度情况

公司名称	对比项	2017 年	2018 年	2019 年	2020 年	2021 年
一汽解放	毛利率（%）	22.48	20.95	14.38	9.20	10.07
	毛利率波动幅度（%）	13.85	-6.82	-31.36	-36.01	9.41
江铃汽车	毛利率（%）	20.10	13.59	15.91	16.85	14.49
	毛利率波动幅度（%）	-11.09	-32.38	17.08	5.89	-14.01
东风汽车	毛利率（%）	10.70	11.45	11.99	12.44	10.48
	毛利率波动幅度（%）	-23.60	7.00	4.72	3.76	-15.74
宇通客车	毛利率（%）	26.32	25.33	24.43	17.48	18.65
	毛利率波动幅度（%）	-5.40	-3.77	-3.52	-28.48	6.71

五年间，江铃汽车的毛利率保持在 15% 左右，仅次于宇通客车，其毛利率表现高于另外两家企业的原因主要在于业务结构不同。江铃汽车主营的欧系轻型客车、皮卡两大类产品，产品毛利率高于轻型货车、中重型货车且其产品竞争力较强，议价能力相对较强；一汽解放、东风汽车所处的中重型货车、轻型货车市场，近年来竞争愈加激烈，价格战轮番上演，产品议价能力弱，导致市场整体毛利率偏低。

从毛利率波动来看，2017—2021 年，四家商用车上市公司的毛利率波动幅度均不小。例如，2021 年，一汽解放、江铃汽车、东风汽车、宇通客车的毛利率波动幅度分别为 9.41%、-14.01%、-15.74% 和 6.71%，多家企业波动幅度超过 10%，但未超过 20% 的警戒线，反映企业在激烈的市场竞争环境下盈利水平较为不稳定。

（三）销售费用率

销售费用率是指公司的销售费用与营业收入的比率。销售费用包括推销员费用、广告费、促销费、市场调研费、营销管理费等。在销售额一定的情况下，销售费用越低，说明公司产品越畅销，产品本身的竞争力越强，公司面临的销售风险也越小。一般来说，销售费用率小于 15% 的公司，其产品竞争力比较强，销售风险相对较小。

从表 8 - 7 可见，2020—2021 年，四家公司的销售费用率均低于 15%，反映各家企业的产品竞争力均较强，销售风险较小。其中，以重型货车业务为主的一汽解放的销售费用率较低，2021 年销售费用率低于 2%；以轻型商用车业务为主的江铃汽车、东风汽车 2021 年销售费用率处于 4% 左右水平；以大中型客车业务为主的宇通客车，其销售费用率相对较高，2020—2021 年均高于 7%，这主要与其所处的客车行业性质有关（客车行业以直销为主，销售费用相对较高）。

表 8 - 7　2020—2021 年商用车上市公司销售费用率情况

对比项	公司名称			
	一汽解放	江铃汽车	东风汽车	宇通客车
2021 年销售费用率（%）	1.78	4.35	3.13	7.29
2020 年销售费用率（%）	2.33	4.67	3.51	7.16

（四）　小结

从净资产收益率、毛利率、销售费用率三个二级指标来看，2021 年宇通客车、江铃汽车的毛利率高于多数企业，说明其产品盈利能力较强；一汽解放的净资产收益率处于较高水平，反映其自有资本的获利能力较强；一汽解放和东风汽车的销售费用率相对较低，反映这两家企业的产品销路较好。

四、管理效率指标分析

管理效率指标分析是运用投入产出分析工具研究管理状况的一种科学方法。广义的管理效率是指管理活动中投入和产出的比例关系，就是总投入和总产出的关系；狭义的管理效率是指管理活动本身所耗费的成本（主要指管理费用）与所带来的收益的比例关系。

本节选取狭义的管理效率来研究，从成本管控能力、风险管控能力、研发能力三方面对四家商用车上市公司进行对比分析。

（一）　成本管控能力

期间费用率是反映上市公司成本管控能力的指标，是期间费用与营业收入的比率。期间费用包括管理费用、销售费用、财务费用、研发费用四费，期间费用率越低，说明期间费用投入的经济效益越好，公司对费用的管控能力越强，越有利于公司盈利；反之，期间费用率越高，说明公司对费用的管控能力越弱，越不利于公司盈利。

2017—2021 年，一汽解放、江铃汽车、东风汽车、宇通客车的期间费用率基本控制在 7% ~18.5%（表 8 - 8）。除了江铃汽车、宇通客车外，其余两家企业近两年的期间费用率均控制在 10% 以下，反映其成本管控能力相对较强。

不过，要说明的一点是，江铃汽车、宇通客车近五年期间费用率均高于 10%，并不能说明这两家公司的成本管控能力不强。一般来说，一家企业期间费用率不高于 40%，就已经达到了较强的成本管控能力。另外，若将期间费用率进行更细化拆解，江铃汽车、宇通客车的销售费用率并不高，2021 年销售费用率分别为 4.35% 和 7.29%；两家企业相对较高的期间费用率主要是研发费用率较高所致，并不能说明两家企业的成本管控能力差。

表 8 – 8　2017—2021 年商用车上市公司期间费用率情况

公司名称	2017 年	2018 年	2019 年	2020 年	2021 年
一汽解放	16.40%	16.28%	11.76%	7.22%	7.63%
江铃汽车	17.23%	12.97%	14.59%	11.79%	12.47%
东风汽车	11.58%	10.71%	12.23%	9.44%	9.41%
宇通客车	14.74%	17.23%	18.48%	18.49%	17.86%

（二）　风险管控能力

企业的风险管控能力，重点看资产负债率高低。资产负债率是指企业负债总额与资产总额之比，这一指标可衡量企业负债水平及风险程度，也可反映债权人发放贷款的安全程度。从企业经营角度来说，资产负债率的适宜水平是 40%～60%。

2021 年，一汽解放、江铃汽车、东风汽车、宇通客车的资产负债率分别为62.39%、67.54%、58.27% 和 52.30%（表 8 – 9）。从五年变化情况来看，2017—2021 年，四家企业的资产负债率基本稳定在 60% 安全线以内，且前三家企业都是国有控股上市公司，未来基本不存在较大风险隐患。

表 8 – 9　2017—2021 年商用车上市公司资产负债率情况

公司名称	2017 年	2018 年	2019 年	2020 年	2021 年
一汽解放	57.16%	56.34%	65.48%	61.77%	62.39%
江铃汽车	52.35%	55.62%	56.80%	61.02%	67.54%
东风汽车	60.51%	61.99%	59.11%	59.87%	58.27%
宇通客车	56.85%	54.47%	51.79%	53.64%	52.30%

（三）　研发能力

企业研发能力的强弱，决定了企业的发展质量以及企业能否持续健康地发展。国际上普遍认为，研发能力的强弱关键在研发经费投入的高低，当制造企业的研发费用占到营业收入的 2.5% 时，企业才能维持生存；研发投入经费越高，一定程度上可以带来更高的企业创新性，从而提高企业竞争力。

2021 年，一汽解放、江铃汽车、东风汽车、宇通客车的研发费用占营业收入的比例分别为 3.37%、5.36%、2.76% 和 6.72%（表 8 – 10），四家企业的研发费用占营业收入的比例均高于 2.5%，说明他们的研发投入经费都不低，较为关注企业未来发展质量。其中，宇通客车的研发费用占营业收入的比例最高，达到 6.72%。在行业持续低迷、经济下行压力加大的情况下，宇通客车近年来持续加码研发，其研发费用占营业收入的比例在 2020 年、2019 年分别为 7.15% 和 5.82%，在整个商用车行业内一直居于较高水平。

表8-10　2021年商用车上市公司研发费用投入及增速情况

对比项	公司名称			
	一汽解放	江铃汽车	东风汽车	宇通客车
2021年研发投入金额/亿元	33.29	18.86	4.29	15.61
增速（%）	16.24	13.31	10.99	0.56
研发投入占营业收入比例（%）	3.37	5.36	2.76	6.72

（四）　小结

在管理效率的指标评价中，四家上市公司各有千秋：宇通客车在研发能力上的表现明显更出众；一汽解放的成本管控能力较强；四家企业的风险管控能力相差不大，未来都不存在明显的企业经营风险和隐患。

五、基础设施指标分析

在基础设施指标中，本节将从固定资产、投资类资产、增长潜力三方面对四家商用车上市公司进行对比分析。

（一）　固定资产

固定资产是指为生产商品、提供劳务、出租或经营管理，而持有的使用寿命超过一年的单位价值较高的有形资产。这项指标中重点要看"（固定资产＋在建工程）与总资产的比率"的高低，该比率可反映公司维持竞争力的成本。从国际惯例来说，"（固定资产＋在建工程）与总资产的比率"大于40%的是重资产型公司，维持竞争优势的成本较高；该比率小于40%的是轻资产型公司，维持竞争优势的成本较低。

2021年，一汽解放、东风汽车、宇通客车"（固定资产＋在建工程）占总资产的比率"分别为14.62%、9.49%和15.00%（表8-11），三家企业的比率均保持在20%以下，维持竞争优势的成本较低。特别是，东风汽车"（固定资产＋在建工程）占总资产的比率"仅为9.49%，作为传统制造型企业，能做到这么低的比率尤为难得；江铃汽车"（固定资产＋在建工程）占总资产的比率"略高，为24.57%，主要原因是其业务涉及部分乘用车，因而提高了"（固定资产＋在建工程）"的投入规模。

2017—2021年，一汽解放、江铃汽车、东风汽车、宇通客车"（固定资产＋在建工程）占总资产的比率"均较为稳定，没有较大起伏；除江铃汽车以外，其余三家企业的比率基本保持在20%以下（注：一汽解放2017—2018年的财务数据为一汽轿车，与一汽解放无关），反映三家企业保持稳定发展，没有较大扩建风险。

表 8 – 11　2017—2021 年商用车上市公司（固定资产＋在建工程）与总资产的比率情况

公司名称	对比项	2017 年	2018 年	2019 年	2020 年	2021 年
一汽解放	固定资产＋在建工程＋工程物资/亿元	48.12	44.70	133.07	86.82	102.03
	固定资产工程占总资产的比率（％）	26.03	23.99	16.11	13.52	14.62
江铃汽车	固定资产＋在建工程＋工程物资/亿元	67.14	69.41	72.13	67.01	64.78
	固定资产工程占总资产的比率（％）	25.45	29.67	29.68	23.78	24.57
东风汽车	固定资产＋在建工程＋工程物资/亿元	17.96	17.81	19.54	20.10	18.87
	固定资产工程占总资产的比率（％）	10.10	9.07	10.39	9.97	9.49
宇通客车	固定资产＋在建工程＋工程物资/亿元	42.82	44.94	45.56	49.01	48.26
	固定资产工程占总资产的比率（％）	11.84	12.21	12.41	14.71	15.00

（二）投资类资产

通过分析投资类资产，可以了解一家公司的主业专注度，主业专注度高的企业发展更为稳定。投资类资产主要包括：以公允价值计量且其变动计入当期损益的金融资产、债权投资、长期股权投资、其他权益工具投资、其他非流动金融资产、投资性房地产等。

该指标可通过"投资类资产占总资产的比率"来分析。优秀的公司一定是专注于主业的公司，与主业无关的投资类资产占总资产的比率最好在 10％ 以下；与主业无关的投资类资产占总资产比率大于 20％ 的公司不够专注，风险偏高。

2021 年，一汽解放、江铃汽车、东风汽车、宇通客车的投资类资产占总资产的比率分别为 6.95％、0.98％、9.41％ 和 9.93％（表 8 – 12），四家企业的投资类资产占总资产的比率均低于 10％，反映他们的主业专注度都很高，未来风险较低。

表 8 – 12　2017—2021 年商用车上市公司投资类资产占总资产的比率情况

公司名称	对比项	2017 年	2018 年	2019 年	2020 年	2021 年
一汽解放	投资类资产合计/亿元	20.54	31.75	38.74	46.31	48.47
	投资类资产占总资产的比率（％）	11.11	17.04	4.69	7.21	6.95
江铃汽车	投资类资产合计/亿元	0.38	0.40	0.41	0.39	2.57
	投资类资产占总资产的比率（％）	0.14	0.17	0.17	0.14	0.98
东风汽车	投资类资产合计/亿元	15.58	16.83	16.77	18.30	18.70
	投资类资产占总资产的比率（％）	8.76	8.57	8.91	9.08	9.41
宇通客车	投资类资产合计/亿元	19.94	21.63	24.16	30.16	31.95
	投资类资产占总资产的比率（％）	5.51	5.88	6.58	9.05	9.93

从五年变化来看，2017—2021 年，一汽解放、江铃汽车、东风汽车、宇通客车的投资类资产占总资产的比率均稳定在 10% 以内（注：一汽解放 2017—2018 年的财务数据为一汽轿车，与一汽解放无关），四家企业一直保持着较高的主业专注度，未来将持续保持较强竞争力。

（三）增长潜力

通过年报中的"购建固定资产、无形资产和其他长期资产支付的现金与经营活动产生的现金流量净额的比率"（简称"购建支付的现金与经营活动产生的现金流量净额的比率"），可以了解一家公司的增长潜力。"购建支付的现金与经营活动产生的现金流量净额"合理的比率为 3%～60%，这样的公司增长潜力较大且风险相对较小；比率大于 60% 或持续小于 3% 的公司，要么太激进，风险过大，要么成长太慢，投资回报较低。

2021 年，一汽解放、江铃汽车、东风汽车、宇通客车的"购建支付的现金与经营活动产生的现金流量净额的比率"分别为 16.39%、66.44%、18.70% 和 96.59%（表 8-13），除宇通客车和江铃汽车以外，一汽解放和东风汽车的比率均为 3%～60%，这样的公司增长潜力较大且风险相对较小；宇通客车 2021 年度"购建支付的现金与经营活动产生的现金流量净额的比率"较高，主要是由于经营活动产生的现金流量净额大幅减少（宇通客车在年报中对公司 2021 年经营活动产生的现金流量净额变动原因做了说明：主要是产品销售所收取的现金减少、采购原材料支付的现金增加所致）。江铃汽车本年度"购建支付的现金与经营活动产生的现金流量净额的比率"较高，同样是由于经营活动产生的现金流量净额大幅减少（-52.41%）；其年报解释，公司 2021 年经营活动产生的现金流量大幅减少，主要原因是本期支付供应商的货款增加。

表 8-13　2017—2021 年商用车上市公司"购建支付的现金与经营活动产生的现金流量净额的比率"情况

公司名称	对比项	2017 年	2018 年	2019 年	2020 年	2021 年
一汽解放	购建固定资产、无形资产和其他长期资产支付的现金/亿元	3.76	5.01	21.41	19.06	24.92
	经营活动产生的现金流量净额/亿元	22.85	0.85	156.34	-7.30	152.03
	购建支付的现金与经营活动产生的现金流量净额的比率（%）	16.44	588.18	12.87	-244.23	16.39
江铃汽车	购建固定资产、无形资产和其他长期资产支付的现金/亿元	10.20	13.85	16.17	14.11	11.69
	经营活动产生的现金流量净额/亿元	6.75	-1.02	27.37	36.98	17.60
	购建支付的现金与经营活动产生的现金流量净额的比率（%）	151.13	-1363.63	59.08	38.14	66.44

（续）

公司名称	对比项	2017 年	2018 年	2019 年	2020 年	2021 年
东风汽车	购建固定资产、无形资产和其他长期资产支付的现金/亿元	4.17	3.58	3.47	2.97	1.83
	经营活动产生的现金流量净额/亿元	−3.66	−6.32	5.08	14.39	9.80
	购建支付的现金与经营活动产生的现金流量净额的比率（%）	−114.04	−56.62	68.25	20.66	18.70
宇通客车	购建固定资产、无形资产和其他长期资产支付的现金/亿元	7.30	10.58	9.27	9.57	6.92
	经营活动产生的现金流量净额/亿元	−17.49	25.78	53.52	35.58	7.16
	购建支付的现金与经营活动产生的现金流量净额的比率（%）	−41.74	41.04	17.33	26.82	96.59

（四）小结

在基础设施指标评价中，东风汽车"（固定资产＋在建工程）与总资产的比率"较低，维持竞争优势的成本较低；四家企业的主业关注度都比较高，江铃汽车的主业关注度尤其高；一汽解放和东风汽车"购建支付的现金与经营活动产生的现金流量净额的比率"相对较低，增长潜力较大。

第9章 中国柴油发动机上市公司竞争力分析

本章作者：方得网编辑部⊖

摘要：

作为中国商用车产业的"心脏"与核心零部件，中国柴油发动机行业的发展对于中国商用车的全球竞争力提升具有举足轻重的作用。在中国柴油发动机市场，有哪些最具代表性的头部企业？这些企业的竞争力如何？应该从哪些方面来评价和对比企业的竞争力？本章选取了潍柴动力、动力新科、云内动力、全柴动力四家具有代表性的中国柴油发动机上市公司，参照洛桑国际管理学院提出的国际竞争力评估体系，从经营绩效、盈利能力、管理效率、基础设施四个指标来研究并定性、定量地分析这四家柴油发动机上市公司的企业竞争力。

一、企业竞争力模型选择

与第8章相同，本章也参照瑞士洛桑国际管理学院评估体系方法，从经营绩效、盈利能力、管理效率、基础设施四个一级指标及各自二级指标进行对比，分析2021年潍柴动力、上柴股份（股票简称动力新科）、云内动力、全柴动力四家柴油发动机（以下简称柴油机）上市公司的竞争力，见表9–1。本章数据均来自柴油机上市公司财务年报。

表9–1　柴油机企业竞争力指标体系

指标分类	具体指标			
一级指标	经营绩效	盈利能力	管理效率	基础设施
二级指标	总资产	净资产收益率	成本管控能力	固定资产
	营业收入	毛利率	风险管控能力	投资类资产
	净利润	销售费用率	研发能力	增长潜力

二、经营绩效指标分析

（一）总资产

见表9–2，2021年，在四家柴油机上市公司中，潍柴动力的总资产最高，高

⊖　本章主要由方得网编辑部资深编辑舒慕虞撰写。

达 2770.44 亿元，规模是排名第二的动力新科的 10 倍，在柴油机行业中"一家独大"，且潍柴动力以重型柴油机产品为第一主业，产品竞争力更强；动力新科以 242.48 亿元总资产排名第二，总资产规模远高于云内动力、全柴动力，同样具有较高影响力。

表 9-2　2017—2021 年柴油机上市公司总资产情况

公司名称	对比项	2017 年	2018 年	2019 年	2020 年	2021 年
潍柴动力	总资产/亿元	1896.38	2052.76	2368.32	2710.62	2770.44
	总资产增长率（%）	15.96	8.25	15.37	14.45	2.21
动力新科	总资产/亿元	66.58	70.22	74.52	239.52	242.48
	总资产增长率（%）	16.72	5.46	6.12	221.43	1.23
云内动力	总资产/亿元	107.86	123.29	125.25	149.19	145.78
	总资产增长率（%）	24.43	14.31	1.58	19.11	-2.28
全柴动力	总资产/亿元	37.40	36.02	41.52	45.51	60.51
	总资产增长率（%）	9.61	-3.67	15.25	9.62	32.96

值得注意的是，与云内动力、全柴动力两家企业相比，潍柴动力、动力新科的业务范围较广，潍柴动力的业务板块中包含了陕西重汽、法士特变速器这两家控股子公司，动力新科的业务板块中包含了上汽红岩汽车有限公司（以下简称上汽红岩）这家整车企业，因此，这两家企业的总资产规模较大，远超过以发动机单一业务为主的企业。

另外，动力新科情况有些特殊。2021 年度，动力新科完成重大资产重组及配套融资，即购买了上汽红岩 100% 股权、上汽依维柯商用车投资有限公司（以下简称上依投）50.00% 股权、上汽菲亚特红岩动力总成有限公司（以下简称上菲红）10.00% 股权。截至 2021 年 12 月 31 日，动力新科持有上汽红岩 100% 股权、上依投 50% 股权、上菲红 40% 股权，合并报表范围新增上汽红岩。根据企业会计准则的规定，同一控制下企业合并编制合并资产负债表时，应当调整合并资产负债表的期初数，同时应当对比较报表的相关项目进行调整，视同合并后的报告主体自最终控制方开始控制时点起一直存在。因此，动力新科对 2020 年相关项目进行了追溯调整和列示，调整后的 2020 年财务报表数据内包含了新增的上汽红岩。因此，2020 年，动力新科调整财务报表后的总资产大幅增长（同比增长 221.43%），且营业收入和净利润也随之大增。

从总资产增速来看，2021 年，潍柴动力、动力新科、云内动力三家企业总资产增速均不太理想，这主要是受到商用车行业（柴油机主要用于商用车行业，与商用车行业密切相关）不景气的影响；全柴动力是唯一一家总资产增速超 10% 的企业。

其年报显示，2021 年，全柴动力总资产同比增长，主要系本期收到非公开发行股票募集资金及利润增加所致。

（二）营业收入

表 9 - 3 显示，2021 年，潍柴动力、动力新科、云内动力、全柴动力的营业收入分别为 2035.48 亿元、244.02 亿元、80.30 亿元和 55.08 亿元，前两家企业的营业收入均高于百亿元。在四家柴油机上市公司中，潍柴动力营业收入最高，远高于其余三家，具有很高的行业地位；动力新科营业收入位居第二，也是后两家企业的数倍，规模较大，同样具有较高行业地位。

表 9 - 3 2017—2021 年柴油机上市公司营业收入及增速情况

公司名称	对比项	2017 年	2018 年	2019 年	2020 年	2021 年
潍柴动力	营业收入/亿元	1515.69	1592.56	1743.61	1972.88	2035.48
	增速（%）	62.66	5.07	9.48	13.15	3.17
动力新科	营业收入/亿元	36.67	41.21	40.33	219.65	244.02
	增速（%）	44.09	12.36	-2.12	444.59	11.09
云内动力	营业收入/亿元	59.10	65.33	68.11	100.09	80.30
	增速（%）	50.54	10.55	4.25	46.94	-19.77
全柴动力	营业收入/亿元	31.94	34.77	40.44	44.56	55.08
	增速（%）	7.13	8.87	16.32	10.18	23.61

有一点需要说明，2020 年动力新科的营业收入增速高达 444.59%，这与其总资产 2020 年大幅增长的原因一致，在"总资产"指标中已有分析。

从营业收入增速来看，2017—2021 年，潍柴动力、动力新科、云内动力、全柴动力的表现有一些差异。潍柴动力、全柴动力两家企业的营业收入保持了较好增长，五年间营业收入均为正增长。潍柴动力有三年增速低于 10%、两年高于 10%，反映企业成长性不错；全柴动力五年中有三年的营业收入增速超过 10%（其余两年也接近 10%），说明其正处于较快成长期。

（三）净利润

表 9 - 4 显示，2021 年，潍柴动力、动力新科、云内动力、全柴动力的净利润分别为 92.54 亿元、6.93 亿元、0.72 亿元和 1.52 亿元。由于各家企业业务规模不同，净利润差异较大。在四家柴油机上市公司中，潍柴动力净利润最高，远高于其余三家，且近五年间保持稳定增长，经营效益较好。

表 9 - 4　2017—2021 年柴油机上市公司净利润及增长率情况

公司名称	对比项	2017 年	2018 年	2019 年	2020 年	2021 年
潍柴动力	归属于母公司所有者的净利润/亿元	68.08	86.58	91.05	92.28	92.54
	归属于母公司所有者的净利润增长率（%）	178.89	27.16	5.17	1.35	0.28
动力新科	归属于母公司所有者的净利润/亿元	1.22	1.33	1.17	3.70	6.93
	归属于母公司所有者的净利润增长率（%）	24.97	9.14	-12.44	216.28	87.48
云内动力	归属于母公司所有者的净利润/亿元	2.65	2.32	1.87	2.26	0.72
	归属于母公司所有者的净利润增长率（%）	18.27	-12.30	-19.66	21.26	-68.16
全柴动力	归属于母公司所有者的净利润/亿元	0.61	0.40	0.97	1.72	1.52
	归属于母公司所有者的净利润增长率（%）	-35.21	-35.46	143.88	78.16	-11.78

（四）　小结

2021 年，在经营绩效一级指标的对比中，潍柴动力的表现最佳。在总资产、营业收入、净利润三个二级指标对比中，潍柴动力的竞争力排在第一位，品牌影响力大，产品竞争力强，行业地位高；动力新科在总资产、营业收入和净利润方面排名第二，竞争力同样较强；全柴动力的总资产增速及营业收入增速表现较好，反映其成长性不错。

三、盈利能力指标分析

（一）　净资产收益率

2021 年，潍柴动力、动力新科、云内动力、全柴动力的净资产收益率分别为14.81%、10.81%、1.26% 和 6.14%（表 9 - 5），前两家企业的净资产收益率远高于云内动力和全柴动力，行业领先。

另外，2021 年动力新科有着较高的净资产收益率及增速，这与资产重组有关。2021 年，动力新科完成重大资产重组及配套融资后，公司净利润实现 87.48% 的同比增长，带动净资产收益率大幅上升。

表 9 - 5　2021 年柴油机上市公司净资产收益率及增速情况

对比项	公司名称			
	潍柴动力	动力新科	云内动力	全柴动力
2021 年净资产收益率（%）	14.81	10.81	1.26	6.14
增速（%）	-22.82	107.09	-68.50	-24.94

（二） 毛利率

2017—2021 年，四家柴油机上市公司的毛利率为 8% ~23% （表 9 - 6），各家企业的毛利率水平差别较大，但基本达到商用车及发动机行业毛利率平均水平（10%左右）。五年间，潍柴动力的毛利率基本保持在 20% 左右，与同行相比维持在较高水平，反映其产品盈利能力较强。究其原因，一方面在于潍柴重型发动机销量大，市场份额大，而重型机的毛利率较高；另一方面，潍柴动力其他业务的毛利率较高，提升了公司整体毛利率水平。年报显示，2021 年，潍柴动力的智能物流产品（销售占比 38.56%）毛利率为 24.23%，远高于整车及发动机行业的毛利率平均水平。

另外，2020 年动力新科的毛利率下滑幅度高达 36.83%，这主要与上汽红岩的合并报表有关，整车产品的毛利率普遍低于发动机，因此拉低了动力新科的整体毛利率。

表 9 - 6　2017—2021 年柴油机上市公司毛利率及波动幅度情况

公司名称	对比项	2017 年	2018 年	2019 年	2020 年	2021 年
潍柴动力	毛利率（%）	21.84	22.33	21.80	19.42	19.46
	毛利率波动幅度（%）	- 3.48	2.27	- 2.40	- 10.92	0.19
动力新科	毛利率（%）	15.71	15.52	16.71	10.55	10.67
	毛利率波动幅度（%）	2.59	- 1.20	7.62	- 36.83	1.09
云内动力	毛利率（%）	11.94	12.22	12.69	8.88	8.95
	毛利率波动幅度（%）	- 13.19	2.30	3.87	- 30.06	0.81
全柴动力	毛利率（%）	11.40	11.21	11.84	12.40	10.54
	毛利率波动幅度（%）	- 17.02	- 1.65	5.62	4.72	- 15.06

（三） 销售费用率

从表 9 - 7 可见，2020—2021 年，四家公司的销售费用率均低于 15%，反映出各家企业的产品竞争力均较强，销售风险较小。2021 年，潍柴动力、动力新科、云内动力、全柴动力的销售费用率分为 5.36%、2.92%、1.84% 和 1.81%；其中，云内动力、全柴动力的销售费用率较低，反映出两家企业的产品在中轻型商用车领域较为畅销，产品竞争力较强。

表 9 - 7　2020—2021 年柴油机上市公司销售费用率情况

对比项	公司名称			
	潍柴动力	动力新科	云内动力	全柴动力
2021 年销售费用率（%）	5.36	2.92	1.84	1.81
2020 年销售费用率（%）	5.56	4.52	1.79	1.83

（四）　小结

2021年，潍柴动力的盈利能力表现同样较为优秀，其净资产收益率、毛利率两大指标均明显高于另外三家企业，盈利能力较强；动力新科在完成上汽红岩等公司的资产重组后，净资产收益率有了明显改观；云内动力、全柴动力两家企业的销售费用率相对较低，反映其产品较为畅销。

四、管理效率指标分析

（一）　成本管控能力

2017—2021年，潍柴动力、动力新科、云内动力、全柴动力的期间费用率基本控制在7%~17.5%（表9-8）。除了潍柴动力以外，其余三家企业近两年的期间费用率均控制在10%以下，说明其成本管控能力较强。另外，四家上市公司的期间费用率均有逐年下降的趋势，反映他们的成本管控能力在逐年提高。

表9-8　2017—2021年柴油机上市公司期间费用率情况

公司名称	2017年	2018年	2019年	2020年	2021年
潍柴动力	13.55%	13.36%	13.54%	12.60%	12.70%
动力新科	16.52%	16.59%	17.24%	8.91%	7.09%
云内动力	7.81%	8.31%	8.97%	6.38%	8.50%
全柴动力	9.79%	11.02%	9.56%	8.38%	7.57%

（二）　风险管控能力

2021年，潍柴动力、动力新科、云内动力、全柴动力的资产负债率分别为62.84%、59.71%、60.75%和48.71%（表9-9）。其中，全柴动力资产负债率最低，安全性较高；潍柴动力资产负债率相对略高，但最近三年逐年下降，风险管控能力在增强。

表9-9　2017—2021年柴油机上市公司资产负债率情况

公司名称	2017年	2018年	2019年	2020年	2021年
潍柴动力	70.28%	69.67%	70.54%	70.23%	62.84%
动力新科	45.52%	47.00%	49.04%	75.31%	59.71%
云内动力	49.53%	54.88%	55.44%	61.62%	60.75%
全柴动力	47.77%	44.95%	49.63%	50.46%	48.71%

（三） 研发能力

2021 年，潍柴动力、动力新科、云内动力、全柴动力的研发投入占营业收入的比率分别为 4.21%、2.64%、7.73% 和 3.29%（表 9 - 10），均高于 2.5%，反映四家上市公司的研发投入经费均不低，较为关注企业未来发展质量；其中，潍柴动力、云内动力的研发投入占营业收入的比率最高，反映其企业创新力较强，未来竞争力有望保持较高水平。

此外，2021 年动力新科、云内动力的研发投入增速较高，这两家企业在年报中均有相应解释。动力新科方面表示，公司 2021 年研发投入金额较上年同期增加的主要原因是加大了产品研发力度，增加牵引车能力提升、AMT（自动变速器）、智能重卡、新能源等项目投入；云内动力方面表示，公司 2021 年研发投入金额较上年同期增长较大，主要原因是报告期内公司加大了对国六柴油发动机、汽油机项目的研发投入。

表 9 - 10　2021 年柴油机上市公司研发投入及增速情况

对比项	潍柴动力	动力新科	云内动力	全柴动力
2021 年研发投入金额/亿元	85.69	4.83	6.21	1.81
增速（%）	3.31	16.95	50.00	7.31
研发投入占营收比率（%）	4.21	2.64	7.73	3.29

（四） 小结

在管理效率指标评价中，四家企业各有千秋：潍柴动力、云内动力在研发投入规模方面的表现较佳，云内动力和动力新科在研发投入增速上比较抢眼；动力新科、全柴动力和云内动力的成本管控能力较强；四家企业的资产负债率常年均保持在合理值范围内，反映其风险控制能力较强。

五、基础设施指标分析

（一） 固定资产

2021 年，潍柴动力、动力新科、云内动力、全柴动力"（固定资产 + 在建工程）与总资产的比率"分别为 14.16%、9.01%、25.45% 和 17.71%（表 9 - 11），均低于 40%，说明四家企业维持竞争力所需的成本相对较低，风险较小；其中，动力新科的比率仅为 9.01%，作为传统制造型企业，能达到这么低的比率尤为难得。

此外，2017—2021 年，潍柴动力、动力新科、云内动力、全柴动力"（固定资产 + 在建工程）与总资产的比率"均较为稳定，没有很大起伏，反映四家上市公司保持稳健发展，没有较大扩建风险。

表 9-11 2017—2021 年柴油机上市公司（固定资产+在建工程）与总资产的比率情况

公司名称	对比项	2017 年	2018 年	2019 年	2020 年	2021 年
潍柴动力	固定资产+在建工程+工程物资/亿元	282.87	323.02	317.27	367.71	392.22
	固定资产工程占总资产的比率（%）	14.92	15.74	13.40	13.57	14.16
动力新科	固定资产+在建工程+工程物资/亿元	13.12	13.82	13.00	22.09	21.85
	固定资产工程占总资产的比率（%）	19.71	19.69	17.45	9.22	9.01
云内动力	固定资产+在建工程+工程物资/亿元	29.09	30.94	33.14	35.22	37.10
	固定资产工程占总资产的比率（%）	26.97	25.10	26.46	23.61	25.45
全柴动力	固定资产+在建工程+工程物资/亿元	10.48	10.19	10.37	9.74	10.72
	固定资产工程占总资产的比率（%）	28.01	28.28	24.98	21.41	17.71

（二）投资类资产

2021 年，潍柴动力、动力新科、云内动力、全柴动力的投资类资产占总资产的比率分别为 4.08%、11.41%、2.28% 和 0.57%（表 9-12），除了动力新科以外，其余三家企业的投资类资产占总资产的比率均低于 5%。从具体原因来看，2021 年，动力新科的投资类资产占总资产的比率远高于往年水平（2017—2020年均低于 10%），主要原因在于长期股权投资较上年同期增加了 529.61%。年报显示，2021 年，动力新科长期股权投资较上年同期大幅增长，主要是由于公司2021 年度完成了重大资产重组的标的股权交割工作（合并了上汽红岩等），长期股权投资增加。

表 9-12 2017—2021 年柴油机上市公司投资类资产占总资产的比率情况

公司名称	对比项	2017 年	2018 年	2019 年	2020 年	2021 年
潍柴动力	投资类资产合计/亿元	38.03	65.66	79.88	82.91	113.14
	投资类资产占总资产的比率（%）	2.01	3.20	3.37	3.06	4.08
动力新科	投资类资产合计/亿元	3.73	3.76	4.47	5.65	27.67
	投资类资产占总资产的比率（%）	5.60	5.36	5.99	2.36	11.41
云内动力	投资类资产合计/亿元	0.62	0.62	0.91	3.40	3.33
	投资类资产占总资产的比率（%）	0.57	0.50	0.72	2.28	2.28
全柴动力	投资类资产合计/亿元	0.34	0.31	0.29	0.33	0.35
	投资类资产占总资产的比率（%）	0.90	0.87	0.70	0.72	0.57

总体来看，四家柴油机上市公司的投资类资产占总资产的比率常年基本在 10%以内，主业专注度非常高，未来将持续保持较强竞争力。

（三） 增长潜力

2017—2021 年，潍柴动力"购建支付的现金与经营活动产生的现金流量净额的比率"分别为 15.46%、16.55%、22.63%、25.08% 和 41.01%（表 9 – 13），连续五年均低于 100%、高于 3%，处于一个比较合理的范围内，在四家柴油机上市公司中表现最佳。这说明潍柴动力近几年一直处于扩张之中，成长能力较强。

2021 年，动力新科"购建支付的现金与经营活动产生的现金流量净额的比率"为 – 25.48%，处于不正常水平。这主要是由于该年度其经营活动产生的现金流量净额为 – 21.76 亿元，较上年出现较大下降。在年报中，动力新科解释，2021 年公司经营活动产生的现金流量净额较上年同期变动的主要原因是，整车业务销售库存的国五车辆增加了经销商授信，且该年度国六车辆授信销售比例增大，导致应收账款增加、销售回款中现金比例减少，同时应付票据兑付增加，导致现金流出增加。

2021 年，云内动力"购建支付的现金与经营活动产生的现金流量净额的比率"为 – 103.58%，这主要是由于该年度其经营活动产生的现金流量净额为 – 4.41 亿元。在年报中，云内动力解释，2021 年公司经营活动产生的现金流量净额较上年出现大幅下降，主要原因是缺芯（片）保供形势下本期采购付现金额增长较多，且缺芯（片）导致销量下降，回款减少。

表 9 – 13　2017—2021 年柴油机上市公司"购建支付的现金与经营活动产生的现金流量净额的比率"情况

公司名称	对比项	2017 年	2018 年	2019 年	2020 年	2021 年
潍柴动力	购建固定资产、无形资产和其他长期资产支付的现金/亿元	25.42	36.84	53.94	57.66	60.11
	经营活动产生的现金流量净额/亿元	164.43	222.62	238.35	229.92	146.58
	购建支付的现金与经营活动产生的现金流量净额的比率（%）	15.46	16.55	22.63	25.08	41.01
动力新科	购建固定资产、无形资产和其他长期资产支付的现金/亿元	1.12	2.53	1.11	5.12	5.55
	经营活动产生的现金流量净额/亿元	1.72	4.65	6.19	31.89	– 21.76
	购建支付的现金与经营活动产生的现金流量净额的比率（%）	65.32	54.35	17.98	16.06	– 25.48

（续）

公司名称	对比项	2017 年	2018 年	2019 年	2020 年	2021 年
云内动力	购建固定资产、无形资产和其他长期资产支付的现金/亿元	2.25	7.23	5.56	2.88	4.57
	经营活动产生的现金流量净额/亿元	−5.38	8.80	12.76	22.56	−4.41
	购建支付的现金与经营活动产生的现金流量净额的比率（%）	−41.77	82.14	43.54	12.79	−103.58
全柴动力	购建固定资产、无形资产和其他长期资产支付的现金/亿元	1.49	1.06	0.58	0.49	1.46
	经营活动产生的现金流量净额/亿元	−1.42	−0.03	−0.19	4.34	2.60
	购建支付的现金与经营活动产生的现金流量净额的比率（%）	−105.43	−3553.79	−311.54	11.21	56.12

（四）　小结

在基础设施指标评价中，潍柴动力、动力新科"（固定资产＋在建工程）与总资产的比率"较低，维持竞争优势的成本较低；四家企业的主业关注度均较高；潍柴动力"购建支付的现金与经营活动产生的现金流量净额的比率"最近几年均处于合理范围内，企业成长潜力较好。

中国商用车
发展报告

2022

第三部分
细分市场报告

第 10 章 重型货车市场发展现状分析与
"十四五"趋势展望

本章作者：谢光耀

摘要：

作为商用车行业最受关注的细分领域，中国重型货车市场2017—2021年连续五年销量破百万辆，成为全球汽车行业最热门的话题之一。2021年，重型货车市场销量收官139.5万辆，但上半年和下半年行业的景气度差异极大，甚至可以用"冰火两重天"来形容，尤其是下半年以来，终端用户需求快速下滑，多方面利空因素不断涌现；2022年，中国重型货车市场一开局就显得萎靡不振，此后几个月连续深度下滑，全年销量将出现大幅下降。本章系统阐述了近年来我国重型货车行业的整体概况、市场特征、产品结构和新能源趋势，以及重型货车企业的竞争格局演变，并对"十四五"期间重型货车行业的发展趋势进行了分析。

一、2021 年中国重型货车市场分析

（一）重型货车市场发展概况

说中国的重型货车（行业俗称重卡）行业是全球重卡市场上"最靓的那个仔"，恐怕没有人会不同意。表 10 - 1 显示，最近十年间，重型货车市场有一半年份都突破了百万辆销量，市场连续五年高位运行：2017 年销量同比增长 52.38%，销量从 73.3 万辆跃升至 111.7 万辆，一举打破了 2010 年重型货车市场年销首次破百万的最高纪录；2018 年和 2019 年，重型货车销量接连再上一个小台阶，分别同比增长 2.78% 至 114.8 万辆和同比增长 2.30% 至 117.4 万辆；2020 年，在强力淘汰国三老旧柴油货车的政策驱动下，重型货车市场年销量再上一个新台阶，达到史无前例的 161.9 万辆，同比增长 37.87%。2021 年，我国重型货车市场总销量达到 1395290 辆，创造了中国重型货车发展史上乃至全球重型货车发展史上年销量第二高位的成绩，仅次于 2020 年的 1618932 辆。

表 10 - 1 2012—2021 年我国重型货车市场销量及增长情况

年份	重卡总销量/辆	同比增长（%）
2012 年	636001	- 27.78
2013 年	774104	21.71

（续）

年份	重卡总销量/辆	同比增长（%）
2014 年	743991	−3.89
2015 年	550716	−25.98
2016 年	732919	33.08
2017 年	1116851	52.38
2018 年	1147884	2.78
2019 年	1174252	2.30
2020 年	1618932	37.87
2021 年	1395290	−13.81

注：数据来源于中国汽车工业协会。中国汽车工业协会销量反映的是各家企业自愿上报的开票销量。

由于市场总销量连续多年"高温不退"，重型货车在整个商用车行业中的占比较高，销量占比基本在30%左右。表10-2显示，2021年，重型货车市场在商用车行业的占比为29.11%，仅次于轻型货车44.02%的占比，比2020年的31.54%占比减少了2.43个百分点。但需要注意的是，2021年，由于市场需求逐渐"转冷"，包括重型货车在内的整个商用车行业已经不再像2020年那样"高歌猛进"，而是多数细分领域都出现了下滑。其中，重型货车销量同比下降13.81%，轻型货车销量同比下降4.04%，微型货车销量同比下降14.65%；大型客车、中型客车也分别同比下降15.37%和3.10%；只有中型货车和轻型客车细分领域保持了同比增长。

表10-2 2019—2021年我国商用车行业细分领域销量增速及占比情况

细分市场	2021 年			2020 年			2019 年		
	销量/辆	同比增速（%）	销量占比（%）	销量/辆	同比增速（%）	销量占比（%）	销量/辆	同比增速（%）	销量占比（%）
重型货车	1395290	−13.81	29.11	1618932	37.87	31.54	1174252	2.30	27.15
中型货车	178755	12.34	3.73	159113	14.19	3.10	139338	−21.37	3.22
轻型货车	2109846	−4.04	44.02	2198748	16.76	42.83	1883166	−0.62	43.54
微型货车	604548	−14.65	12.61	708354	8.41	13.80	653402	−1.83	15.11
大型客车	48109	−15.37	1.00	56847	−24.24	1.11	75039	−2.49	1.74
中型客车	45658	−3.10	0.95	47119	−29.71	0.92	67039	−8.95	1.55
轻型客车	411077	19.42	8.58	344225	3.49	6.71	332604	−0.59	7.69
商用车总体	4793283	−6.62	100.00	5133338	18.69	100.00	4324840	−1.05	100.00

注：数据来源于中国汽车工业协会。

（二） 2021 年重型货车市场驱动力分析

2021 年对于重型货车市场而言是一个比较特殊的年份，这主要是因为当年的重型货车行业销量尽管达到了历史第二高位，但上半年和下半年的市场景象完全是"天壤之别"。根据中国汽车工业协会发布的销量数据，2021 年上半年，我国重型货车市场总销量达到 104.45 万辆，比上年同期的 81.39 万辆增长 28%，净增量超过 23 万辆之多。要知道，2020 年上半年 81.39 万辆的销量本身就创造了我国重型货车市场上半年销量的历史纪录，时隔一年，这个纪录再度被刷新，上半年销量就达到了百万辆的规模，可谓是"前无古人"。然而，到了 2021 年下半年，形势急转直下（图 10 - 1），整个下半年的累计销量只有 34.89 万辆，比上年同期的 80.27 万辆大幅下滑 57%。2021 年，重型货车市场上半年销量占全年销量的比例是 75%，下半年销量占全年销量的比例只有 25%，这种上下半年销量分布极度不均衡的情况，在我国重型货车产业发展史上只有 2008 年比较相似。在重型货车市场的正常年份里，上半年销量占全年销量的比例一般来说都在 45% ~60%，2008 年由于重型柴油车排放标准从当年 7 月 1 日起升级至国三排放，因此导致了上半年市场的大量提前购买和透支，上半年销量占当年全年销量的比例高达 70%，是 2021 年以前最高的占比。2021 年，上半年销量占比再度上升到一个新的数值——75%。

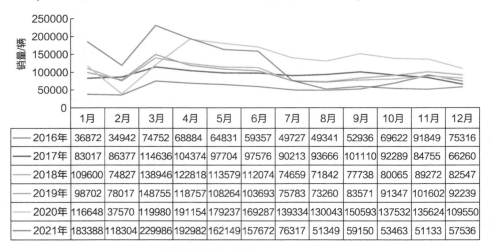

	1月	2月	3月	4月	5月	6月	7月	8月	9月	10月	11月	12月
2016年	36872	34942	74752	68884	64831	59357	49727	49341	52936	69622	91849	75316
2017年	83017	86377	114636	104374	97704	97576	90213	93666	101110	92289	84755	66260
2018年	109600	74827	138946	122818	113579	112074	74659	71842	77738	80065	89272	82547
2019年	98702	78017	148755	118757	108264	103693	75783	73260	83571	91347	101602	92239
2020年	116648	37570	119980	191154	179237	169287	139334	130043	150593	137532	135624	109550
2021年	183388	118304	229986	192982	162149	157672	76317	51349	59150	53463	51133	57536

图 10 - 1　我国重型货车市场 2016—2021 年月销量走势

注：数据来源于中国汽车工业协会。

造成这种"不正常"现象的原因，首先就是排放法规的升级以及由此带来的市场透支。生态环境部 2018 年 6 月 28 日印发了《关于发布国家污染物排放标准〈重型柴油车污染物排放限值及测量方法（中国第六阶段）〉的公告》，根据 GB 17691—2018《重型柴油车污染物排放限值及测量方法（中国第六阶段）》，"自

2019 年 7 月 1 日起，所有生产、进口、销售和注册登记的燃气汽车应符合本标准要求；自 2020 年 7 月 1 日起，所有生产、进口、销售和注册登记的城市车辆应符合本标准要求；自 2021 年 7 月 1 日起，所有生产、进口、销售和注册登记的重型柴油车应符合本标准要求。"2021 年 4 月 25 日，生态环境部、工业和信息化部、海关总署联合发布《关于实施重型柴油车国六排放标准有关事宜的公告》，再次确认了重型柴油车的国六实施时间："自 2021 年 7 月 1 日起，全国范围全面实施重型柴油车国六排放标准，禁止生产、销售不符合国六排放标准的重型柴油车（生产日期以机动车合格证上传日期为准，销售日期以机动车销售发票日期为准），进口重型柴油车应符合国六排放标准（进口日期以货物进口证明书签注运抵日期为准）。"一辆重型货车新车从国五升级至国六，根据不同车型类别，普遍要涨价 1 万 ~ 3 万元不等，并且发动机后处理系统技术更为复杂，维修保养费用同样有一定上涨；对于国六车辆及国六发动机的可靠性，很多用户也持观望态度，认为国六车辆及发动机作为一个新事物，使用过程中相对容易出现故障，因而更倾向于购置国五车型。基于此，重型货车行业内企业在 2020 年下半年就预测认为，大量重型货车用户将会在 2021 年上半年提前购买国五排放的重型货车新车，2021 年全年的市场机遇就在上半年。因此，从 2020 年第四季度开始，各家重型货车企业及其经销商就在为其"心目中"即将到来的旺季做准备。具体表现在：生产厂家从 2020 年第四季度直至 2021 年上半年都开足马力生产国五车型，力争市场份额不丢失甚至有所扩大，各重型货车品牌经销商则充分备货国五车辆以迎接市场需求的提前释放。"事与愿违"，2021 年上半年，确实出现了众多重型货车用户提前购买国五新车的现象，但需求并没有达到重型货车企业和经销商的预期，供给过高、需求不足导致全行业的"过剩"困境，重型货车厂家和经销商的国五车辆库存居高不下，为下半年行业销量走低埋下了"隐患"。

其次，2020 年重型货车市场的"火爆"，在 2021 年初推高了产业链上下游企业对于当年市场需求的乐观预期。2020 年，我国重型货车行业总销量创纪录地达到了 161.89 万辆，并且上半年和下半年的销量都较高。这种景象让多数行业内企业产生了"错觉"，认为在国五升级国六的政策刺激下，2021 年上半年市场还会延续这种井喷态势，厂家必须全力备战生产以保障供给充足。然而，到了 2021 年上半年，终端用户需求并没有想象中那样火爆，最终导致重型货车供给过多而需求不足的行业"过剩"。

上述两点，其实指向的是同一个本质问题——"供""需"严重失衡。"供过于求"源于法规升级带来的过高预期，而"需求不足"则源于以下三方面因素。

一方面，2020 年全国范围内强力淘汰国三及以下排放的老旧柴油货车，推动当年重型货车销量创下 161.89 万辆的历史纪录，透支了 2021 年和 2022 年的重型货车市场正常更新需求；另一方面，2021 年我国固定资产投资和消费走低，对重型货车市场购车需求带来了很大负面影响。如图 10 - 2 ~ 图 10 - 4 所示，三张图中的两条同比增速曲线都具有非常高的同步性，整体呈现出前高后低的态势，并且从第二季

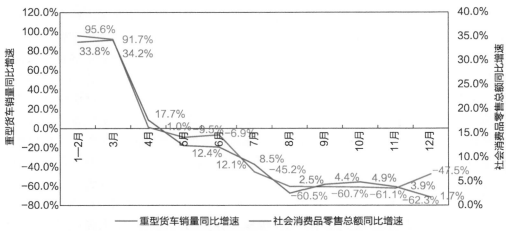

图 10 - 2　2021 年社会消费品零售总额同比增速与重型货车销量同比增速

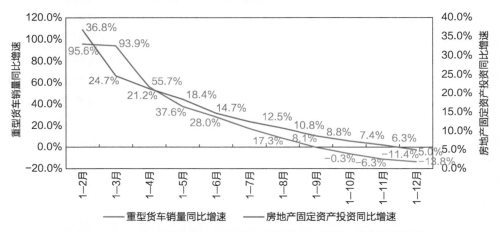

图 10 - 3　2021 年房地产固定资产投资同比增速与重型货车销量同比增速

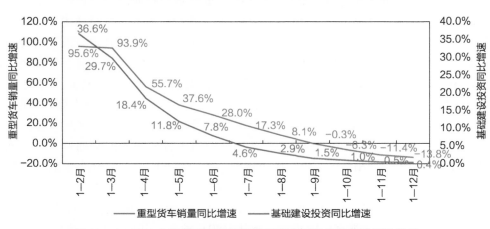

图 10 - 4　2021 年基础建设投资同比增速与重型货车销量同比增速

度开始就出现明显的拐点，下半年更是再度"跳水"。例如，社会消费品零售总额同比增速在 4 月就只有 3 月的一半，5 月、6 月不断减速，到 7 月就变成了个位数；房地产固定资产投资 1—5 月同比增速只有年初的一半，此后持续减速，9 月过后就变成了个位数；基础建设投资 1—4 月同比增速只有年初的一半，6 月过后就变成了个位数，12 月过后只剩下 0.4%。固定资产投资（主要是基础建设投资和房地产固定资产投资）和内需消费是重型货车用户购车需求的核心驱动力，投资和消费在 2021 年逐月减速直至低迷不振，也就意味着投资和消费所产生的物流运输需求和工程建设需求不断减少，作为产业链下游的重型货车市场受到严重影响是必然的。此外，重型货车行业销量从 2016 年第四季度开始井喷，到 2020 年年底已经连续五年高速增长，五年平均增长率高达 26%，这大大推高了全国重型货车保有量规模。据了解，到 2020 年年底我国重型货车保有量已经达到约 841 万辆，比 2016 年的 569 万辆增加了近 300 万辆。重型货车保有量如此快速的增长，导致市场上车辆供给的严重过剩，再加上投资和消费增速走低，物流运输市场上车多货少、运力过剩、价格竞争、运费低迷等"恶果"在 2021 年逐渐凸显，在这种趋于恶劣的环境下，用户想要买新车、换新车的需求很难有较大起色。

（三）2021 年重型货车市场产品结构分析

按照用途划分，重型货车可以分为牵引车、自卸车、载货车和专用车四大类。图 10 - 5 显示，2016—2021 年，牵引车始终都是"一支独大"，在整个重型货车市场上的销量占比超过 4 成，即使是最低时也达到 41.6%（2018 年），最高时一度达到 51.6%（2017 年）。2021 年，牵引车、普通货车（俗称普货）、专用车、自卸车的销量占比分别是 45.7%、18.8%、18.3% 和 17.3%，除牵引车占比有所下滑之外，其他三大类产品的占比均有所上升。尽管如此，重型货车市场仍然可以说是"得牵引车者得天下"，各家重型货车企业研发的产品"黑科技"、迭代升级技术以及大功率（大马力）发动机、自动变速器等，往往都是首先应用在中长途物流牵引车上，牵引车在销售总量、市场占比、大功率、新

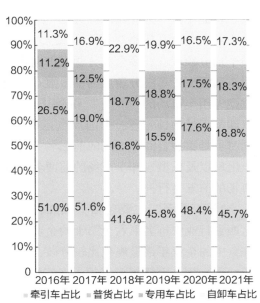

图 10 - 5　2016—2021 年重型货车行业按用途分类销售占比

注：数据来源于机动车交通事故责任强制保险（以下简称交强险）终端实销统计。交强险数据反映的是终端上牌销量。

技术应用等方面所具有的标杆效应和引领作用，是其他产品所难以比拟的。

（四） 重型货车行业竞争格局演变

2021 年，重型货车市场的竞争格局演变可以用"变"与"不变"来形容。"不变"指的是重型货车行业最近十年来形成的"三大阵营"格局基本保持稳定，没有发生大的变化。"第一阵营"包括一汽解放、中国重汽和东风汽车，这三强属于重型货车行业的"全能选手"，无论品牌影响力、技术研发实力、产品竞争力、销量以及市场份额都跟其他企业拉开了较大差距。见表 10－3 所列，2021 年，一汽解放、中国重汽和东风汽车分别销售各类重型货车 346531 辆、286367 辆和 264411 辆，属于"20 万辆以上级别"的选手，年销量跟第四名拉开了 7 万辆以上的差距；市场份额分别为 24.84%、20.52% 和 18.95%，与行业中的第四名拉开了超过 5 个百分点的距离。

"第二阵营"包括陕汽集团和福田汽车，这两家企业年销量规模超过 10 万辆，属于"10 万辆级别"的选手，2021 年分别销售重型货车 193144 辆和 105387 辆，销量跟行业中的第六名拉开了 4 万辆以上的差距；市场份额分别为 13.84% 和 7.55%，与第六名拉开了 3 个百分点以上的差距。重型货车第一阵营和第二阵营总体稳定，说明行业中的五家头部企业已经充分构建起自己在品牌、产品、营销服务、技术研发、智能制造、人才团队等方面的"护城河"，其他企业想撼动已经十分困难（除非头部企业自身战略决策出现较大失误）。从数据上看，这几家头部企业往往都在某个细分领域或者多个细分领域占据很大的领先优势，例如，一汽解放常年稳居牵引车和重型货车细分领域的销量冠军，同时也是重型专用车市场的领先者；东风是重型专用车市场的"一哥"和牵引车市场的前四名，同时也是重型货车市场和重型自卸车市场的领先者；中国重汽是牵引车市场第二名、中国重型货车出口第一名，同时也是重型自卸车市场的前三名；陕汽集团是牵引车市场的前三名、中国重型货车出口以及重型自卸车市场的前两名；福田汽车常年稳居牵引车市场和重型自卸车市场的前五名行列。

"第三阵营"主要包括上汽红岩、江淮汽车、大运汽车、徐工汽车、汉马科技这四家行业中排名第六至第十的企业，以及前十名以外的小型重型货车企业。第三阵营中的企业年销量规模比较分散，2021 年销量覆盖从最高的 6.3 万辆（第六名上汽红岩）到 3 万辆规模（第七名江淮汽车和第八名大运汽车）再到 1 万辆规模（徐工汽车和汉马科技），直至千辆规模（十名以外的企业）多个区间。

"变"指的是各大阵营内部排名有所变化。2019—2021 年，重型货车市场上最大的变化就是中国重汽不断"进阶"，通过市场份额的逐年上升，最终在 2021 年实现了行业排名的晋升。2020 年，中国重汽的市场份额达到 18.14%，比 2019 年的 16.26% 上涨了 1.88 个百分点；到 2021 年，中国重汽市场份额突破 20%，达到

20.52%，比 2020 年上涨了 2.38 个百分点，中国重汽也借此跃升至行业第二名，这是其最近 11 年来首次跻身行业前二，从而将第一阵营内的排名"调整"为一汽解放、中国重汽和东风汽车。2019—2021 年，重型货车阵营发生的另外一个变化就是徐工汽车跻身行业第九：2019 年，徐工汽车销量首次超过汉马科技，从行业第十跃升至第九，排名上升一位；此后，在 2020 年和 2021 年，徐工汽车稳住了行业第九的位次，并逐渐拉开与"第三阵营"中其他小伙伴的销量差距。

表 10 - 3　2019—2021 年重型货车市场销量及份额排名

2021 年排名	企业名称	2021 年销量/辆	2020 年销量/辆	2019 年销量/辆	2021 年同比增长（%）	2021 年份额（%）	2020 年份额（%）	2019 年份额（%）
1	一汽解放	346531	376389	275239	-7.93	24.84	23.25	23.44
2	中国重汽	286367	293716	190915	-2.50	20.52	18.14	16.26
3	东风汽车	264411	310916	240618	-14.96	18.95	19.21	20.49
4	陕汽集团	193144	231203	177321	-16.46	13.84	14.28	15.10
5	福田汽车	105387	147434	85978	-28.52	7.55	9.11	7.32
6	上汽红岩	63007	80077	58077	-21.32	4.52	4.95	4.95
7	江淮汽车	34156	54090	38124	-36.85	2.45	3.34	3.25
8	大运汽车	30348	35754	32341	-15.12	2.18	2.21	2.75
9	徐工汽车	19263	27681	20545	-30.41	1.38	1.71	1.75
10	汉马科技	14574	21202	20184	-31.26	1.04	1.31	1.72
	其他	38102	40470	34910	-5.85	2.73	2.50	2.97
	市场总计	1395290	1618932	1174252	-13.81	100.00	100.00	100.00

注：数据来源于中国汽车工业协会。

2020—2021 年，重型货车市场头部企业（这里指行业前五强企业）的份额一直在稳步提升，市场竞争中强者愈强的"马太效应"十分明显。2020 年，这五家企业的合计份额升至 83.99%，比 2019 年提高了 1.38 个百分点；2021 年，前五强的合计份额再度升至 85.70%，再度提升 1.71 个百分点。可以预见，随着用户消费的日益理性以及重型货车行业进入残酷的存量竞争时代，重型货车头部企业的市场集中度将会继续提高，"马太效应"不断凸显，五名以外的中小型重型货车企业面临来自头部企业的"挤压"会越来越大。

另外，值得一提的是，重型货车行业中的前五强企业，同时也是牵引车细分领域的前五强，唯一不同的是五强内部的陕汽和东风换了一下位置。"得牵引车者得天下"，作为重型货车市场占比超过 45% 的细分领域，牵引车产品的销量直接关系到各家主流企业在整个重型货车市场的销量排名。表 10 - 4 显示，2020 年，牵引车前五强的合计份额达到 88.26%，比 2019 年的 87.47% 提高了 0.79 个百分点；2021

年，牵引车前五强的合计份额达到 88.88%，再度提高 0.62 个百分点。可以看到，牵引车的市场集中度比重型货车行业的集中度还要更高，这个细分市场的"易守难攻"特征比重型货车行业还要明显。尤其是一汽解放，在牵引车细分市场的占有率常年达到27%以上，最高时一度超过30%（30.56%），是牵引车市场上唯——家份额超过 20% 的企业。解放也凭借在牵引车市场的绝对领先优势，牢牢确立了在整个重型货车市场的"老大哥"地位，截至 2021 年年底，解放已经在重型货车领域连续六年摘得销量冠军。

表 10-4　2019—2021 年牵引车细分市场销量及份额排名

2021 年排名	牵引车企业	2021 年销量/辆	2020 年销量/辆	2019 年销量/辆	2021 年同比增长（%）	2021 年份额（%）	2020 年份额（%）	2019 年份额（%）
1	一汽解放	198355	232662	172632	-14.75	29.31	27.87	30.56
2	中国重汽	122870	156419	81160	-21.45	18.15	18.73	14.37
3	陕汽集团	104588	141312	98184	-25.99	15.45	16.93	17.38
4	东风汽车	99130	114026	90893	-13.06	14.65	13.66	16.09
5	福田汽车	76633	92392	51243	-17.06	11.32	11.07	9.07
6	大运汽车	27467	32154	29334	-14.58	4.06	3.85	5.19
7	上汽红岩	21234	25364	11659	-16.28	3.14	3.04	2.06
8	北奔重汽	6866	6929	4616	-0.91	1.01	0.83	0.82
9	江淮汽车	6215	13901	8776	-55.29	0.92	1.66	1.55
10	徐工汽车	5742	8984	7049	-36.09	0.85	1.08	1.25
	其他	7719	10774	9374	-28.36	1.14	1.29	1.66
	市场总计	676819	834917	564920	-18.94	100.00	100.00	100.00

注：数据来源于中国汽车工业协会。

二、新能源重型货车细分市场趋势

（一）开启新能源重型货车"元年"

对新能源重型货车细分市场单独做一章节分析，是因为其成长的高速性及其对于交通运输行业"双碳"目标的重要性。2020 年 9 月，我国提出"3060""双碳"目标，汽车产业和交通运输产业加快绿色转型势在必行。2020 年 11 月，国务院办公厅印发《新能源汽车产业发展规划（2021—2035 年）》，明确了新能源汽车产业中长期发展目标，并提出要构建智能绿色物流运输体系，推动新能源汽车在城市配送、港口作业等领域应用，为新能源货车通行提供便利。2021 年，国家层面发布的《关于完整准确全面贯彻新发展理念做好碳达峰碳中和工作的意见》《2030 年前碳达峰行动方案》等顶层文件中，明确了发展绿色低碳交通的相关内容，为交通运输领域低碳化发展指明了工作方向。

在"双碳"目标的指引下，2021年，新能源重型货车产业获得了高速增长，年销量首次突破万辆，2021年也被称为新能源重型货车爆发"元年"。根据国内交强险终端实销统计（该统计口径体现的是终端上牌销量），2021年国内新能源重型货车实现10448辆的销量，同比大幅增长299%（表10-5）。图10-6显示，2021年，新能源重型货车终端销量实现了11连涨，并且从9月开始就迈过了"月销千辆"的门槛，连续四个月销量超过1000辆，12月甚至达到了3006辆的历史最好成绩。可以看出，乘着国家政策的"东风"，新能源重型货车已经成为我国重型货车市场上最炙手可热的细分领域和产业投资的"风口"。

表10-5 2019—2021年新能源重型货车按燃料种类划分销量（辆）及增长情况

种 类	2021年	2020年	2019年	2021年同比增长（%）
纯电动	9650	2585	5036	273
燃料电池	779	18	0	4228
柴油混合动力	19	16	0	19
新能源重型货车市场销量总计	10448	2619	5036	299

注：数据来源于交强险终端实销统计。另，2019年新能源重型货车销量突破5000辆，主要是因为深圳当年要求当地渣土车电动化，因此，当年6月纯电动渣土车在深圳大量集中上牌，导致全年销量大爆发。

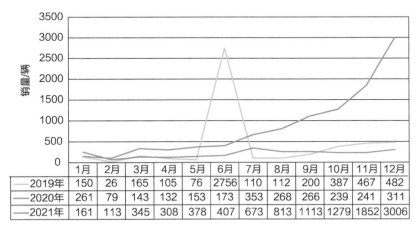

	1月	2月	3月	4月	5月	6月	7月	8月	9月	10月	11月	12月
2019年	150	26	165	105	76	2756	110	112	200	387	467	482
2020年	261	79	143	132	153	173	353	268	266	239	241	311
2021年	161	113	345	308	378	407	673	813	1113	1279	1852	3006

图10-6 2019—2021年我国新能源重型货车月度销量走势

注：数据来源于交强险终端实销统计。

根据笔者的观察，新能源重型货车发展的核心驱动力，主要是基于"双碳"目标的五大应用场景需求涌现。这五大应用场景包括：钢厂场景，钢厂内部原材料和制成品的封闭式转运以及厂区外的短途接驳运输；电厂场景，围绕热电厂周边

100km 运距范围内的电煤、粉煤灰、煤渣和石膏运输；矿山场景，各类大型露天矿区内以及矿产品对外运输的短途接驳运输；港口场景，港口内部短倒转运以及港口到堆场的港口外短途接驳运输；城市场景，建筑砂石及渣土运输、混凝土搅拌运输、城市环卫运输等城市内短倒运输。上述应用场景具有几个共同特征：运输的货物多数跟高污染的重化工业及原材料开采业有关，是"双碳"战略重点关注的领域，也是亟待节能减排、推广新能源重型货车以大量减少碳排放的重点市场，这一点，从钢厂集中的河北省 2021 年新能源重型货车销售量占比高达 38.7% 就可以看出来（图 10 - 7）；运输半径比较短，高频短倒典型工况下的单趟里程一般不超过 180km，动力电池的续驶里程能够达到要求，新能源汽车行业普遍存在的"里程焦虑"问题较少；线路比较固定，方便在点到点的运输线路两端布置充电桩或者换电站，车辆到站后可以马上进行快速补电或者换电。同时，这五大应用场景对应的传统燃油和燃气重型货车保有量高达百万辆，是新能源重型货车的潜力市场所在，也是市场上各家企业和投资者最看重的地方。

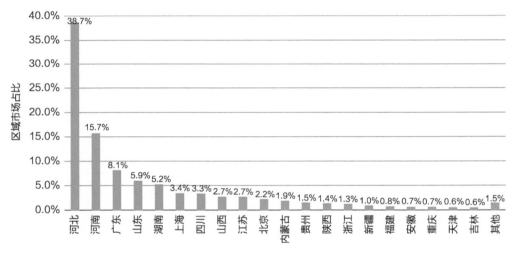

图 10 - 7　2021 年新能源重型货车终端销量区域市场占比
注：数据来源于交强险终端实销统计。

　　按燃料种类划分，零排放且基本具备商业化运行条件的纯电动重型货车销量占据绝对主导地位，其 2021 年销量为 9650 辆，占比 92.36%；氢燃料电池重型货车 2021 年的销量占比有较大提升，达到 7.46%，比上年同期提高了 6.77 个百分点。按产品用途划分，新能源牵引车迅速崛起，从 2020 年的 692 辆，爆发式增长 699% 至 2021 年的 5528 辆；市场销量占比从 2019 年的个位数（1.37%）增长到 2020 年的 26.49%，2021 年再度强势上升到 52.91%，上涨了 26.49 个百分点，成为新能源重型货车市场上最亮眼的那颗星和各家企业追捧的热门产品。与新能源牵引车占比变化刚好相反的是新能源专用车，该细分领域 2020 年的市场销量占比是 55.10%，

2021 年缩减到 26.60%，减少了 28.50 个百分点（表 10-6 和表 10-7）。

表 10-6　2019—2021 年新能源重型货车按用途划分销量（辆）及增长情况

类　型	2021 年	2020 年	2019 年	2021 年同比增长（%）
新能源牵引车	5528	692	69	699
新能源专用车	2779	1443	1112	93
新能源自卸车	2125	480	3854	343
新能源普货	16	4	1	300
市场总计	10448	2619	5036	299

注：数据来源于交强险终端实销统计。

2021 年新能源牵引车"大热"且成为新能源重型货车市场主体的主要原因，还是"双碳"战略的推动。2021 年，在交通运输行业积极践行"双碳"目标的背景下，上述提到的五大应用场景中的四个（钢厂、电厂、矿区、港口）对新能源牵引车的需求量高速增长，进而拉动了牵引车销量的迅猛上涨。相比之下，其他三类用途车型虽然也有很多应用，但不及新能源牵引车如此旺盛的需求。

表 10-7　2019—2021 年新能源重型货车按用途划分销量占比情况

类　型	2021 年	2020 年	2019 年	2021 年占比变化
新能源牵引车	52.91%	26.42%	1.37%	26.49%
新能源专用车	26.60%	55.10%	22.08%	-28.50%
新能源自卸车	20.34%	18.33%	76.53%	2.01%
新能源普货	0.15%	0.15%	0.02%	0.00%

注：数据来源于交强险终端实销统计。

（二）　市场竞争处于"春秋战国时代"

与传统燃料重型货车行业已经趋于"寡头竞争"所不同的是，新能源重型货车细分市场的竞争格局非常不稳定，2021 年呈现出几个特征。

首先是企业众多，既有扎根多年的车企，也有"慕名而来"、跨界进入该领域欲分"一杯羹"的新势力。据统计，2021 年，这个市场上销量超过 10 辆的企业超过 20 家（2020 年、2019 年销量超过 10 辆的企业分别是 15 家和 7 家），其中包括解放、东风、福田、陕汽、重汽这样的头部重型货车企业；汉马科技、北奔重汽、上汽红岩等耕耘重型货车行业很多年，希望在智能电动新赛道上"换道超车"，取得新市场突破的老牌企业；徐工、三一这样从工程机械领域进入重型货车，对传统燃油重型货车业务和新能源重型货车业务"两手抓"的跨界企业；南京金龙、比亚迪、佛山飞驰、宇通、厦门金龙、苏州金龙这样从客车领域进入新能源重型货车的新企业（比亚迪从乘用车进军商用车行业的路径是先进入新能源客车，进而从客车领域进入新能源货车）。

其次是头部企业在这个细分领域并不"头部"。如上所述，重型货车行业的前五强分别是一汽解放、中国重汽、东风汽车、陕汽集团和福田汽车；然而，2021 年新能源重型货车这一细分领域销量前五的企业分别是三一集团、宇通集团、吉利商用车集团旗下的汉马科技，以及东风汽车和上汽红岩（表 10 - 8）。很明显，重型货车行业销量前五强企业中只有一家（东风汽车）排在新能源重型货车销量前五强行列，其余四家（一汽解放、中国重汽、陕汽集团和福田汽车）均不在其中。表 10 - 8 显示，一汽解放排在 2021 年新能源重型货车销量第 10 名，福田汽车旗下的智蓝汽车品牌排在新能源重型货车销量第 7 名，陕汽集团排在新能源重型货车销量第 12 名，中国重汽则排在 12 名以外。

重型货车头部企业在新能源重型货车市场的排名普遍靠后，主要原因有两方面。一方面，最近几年重型货车市场销量高企，传统柴油和燃气重型货车每个月销量动辄十几万辆，远远高于新能源重型货车月销数千辆的水平，是主流重型货车企业争夺市场占有率和提升行业排名的关键市场。因此，重型货车行业中的头部企业最近几年都忙于把各种资源投入到柴油和燃气重型货车市场的竞争中，对新能源重型货车细分领域有所忽视，资源投入也不足（即便是东风汽车，也是因为其多年来稳居重型专用车底盘销量第一，因此，外部的专用车改装企业批量采购东风汽车新能源专用车底盘而使得其新能源重型货车销量保持行业排名靠前）。直到 2021 年下半年，传统燃料重型货车市场销量快速下降甚至"高台跳水"，与"热火朝天"、销量快速攀升的新能源重型货车市场形成了鲜明对比，这种情况下，主流重型货车企业才真正开始重视这个细分领域并进行了重新布局。另一方面，重型货车行业中的中小企业，在头部企业越来越残酷的竞争"挤压"下以及对其份额的不断"侵蚀"下，相对较早地主动向新能源方向转型，希望在该细分领域取得先发优势，培育企业的规模经济和新能源核心竞争力。

表 10 - 8　2020—2021 年新能源重型货车销量、增长及份额情况

公司名称	2021 年销量/辆	2020 年销量/辆	同比增长（%）	2021 年份额（%）	2020 年份额（%）
三一集团	1497	87	1621	14.33	3.32
宇通集团	1477	336	340	14.14	12.83
汉马科技	1168	329	255	11.18	12.56
东风汽车	967	586	65	9.26	22.37
上汽红岩	846	0	净增	8.10	0.00
北奔重汽	775	249	211	7.42	9.51
福田智蓝	772	28	2657	7.39	1.07

（续）

公司名称	2021 年销量/辆	2020 年销量/辆	同比增长（%）	2021 年份额（%）	2020 年份额（%）
徐工汽车	659	258	155	6.31	9.85
南京金龙	655	51	1184	6.27	1.95
一汽解放	559	37	1411	5.35	1.41
比亚迪	309	383	-19	2.96	14.62
陕汽集团	175	99	77	1.67	3.78
其他	589	176	235	5.64	6.72
总计	10448	2619	299	100	100

注：数据来源于交强险终端实销统计。

市场份额差距不大，排名不稳定，是新能源重型货车市场的第三个特征。作为汽车产业中的"新事物"，新能源重型货车近年来才刚刚成长起来，销量总规模和各家企业的销量规模都不算大，往往一两个大订单就能决定企业在行业中的排名。2021 年，新能源重型货车市场销量前十分别是三一集团、宇通集团、汉马科技、东风汽车、上汽红岩、北奔重汽、福田智蓝、徐工汽车、南京金龙和一汽解放；2020 年的市场前十是东风汽车、比亚迪、宇通集团、汉马科技、徐工汽车、北奔重汽、陕汽集团、三一集团、庆铃汽车和南京金龙；2019 年的行业前十则是比亚迪、徐工汽车、东风汽车、宇通集团、汉马科技、庆铃汽车、北奔重汽、大运汽车、中国重汽和陕汽集团。可以看到，三年间，新能源重型货车市场销量前五名甚至前十名都几度易手。另外，2021 年，即使是新能源重型货车销量第一名的三一集团市场份额也只有 14.33%，销量近 1500 辆，几笔大订单往往就能决定企业在行业中的排名是前五还是前三。

三、"十四五"重型货车行业趋势展望

（一）2022 年市场走势分析

进入 2022 年，重型货车市场形势变得越来越严峻。根据中国汽车工业协会发布的销售数据，2022 年 1 月，我国重型货车市场销量同比大幅下滑 48.0% 至 95396 辆，年初的"开门红"开得非常勉强；2 月，市场销量比上年同期下滑 49.8%；到了 3 月，"传统销售旺季"变成了淡季，市场销量只有 76760 辆，同比下降 66.6%；4 月，"传统旺季"再度落空，重型货车市场迎来"至暗时刻"，当月销量跌至 43835 辆，环比下降 42.9%，同比下降 77.3%；5 月，重型货车市场销量仍然不足 5 万辆，同比下降 69.6%；进入 6 月，市场缓慢复苏，但月销量继续同比下降 65.0% 至 55127 辆（图 10 - 8）。

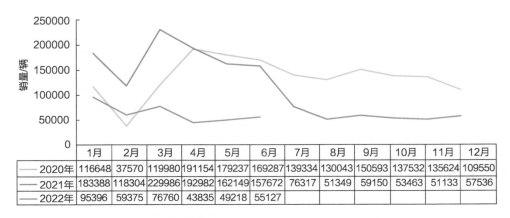

	1月	2月	3月	4月	5月	6月	7月	8月	9月	10月	11月	12月
2020年	116648	37570	119980	191154	179237	169287	139334	130043	150593	137532	135624	109550
2021年	183388	118304	229986	192982	162149	157672	76317	51349	59150	53463	51133	57536
2022年	95396	59375	76760	43835	49218	55127						

图 10 - 8 我国重型货车市场 2020—2022 年月销量走势

注：数据来源于中国汽车工业协会。

2022 年对于重型货车行业是"压力山大"的一年。

一方面，2021 年下半年的不利因素"叠加"，到 2022 年仍然存在：投资和消费持续减速，造成需要运输的货物减少，货运量减少又导致物流市场和工程市场对重型货车的需求降低。根据国家统计局发布的数据，2021—2022 年第二季度的 GDP 季度同比增速分别为 18.3%、7.9%、4.9%、4.0%、4.8% 和 0.4%（图 10 - 9），连续多个季度的经济增速放缓已经实质性地传导到运输行业和重型货车市场；重型货车国五升级国六对市场需求有大量提前消费和透支现象；行业库存较高，给厂家和经销商带来更多资金压力；油价高企，车辆使用成本不断增加，运输公司和车主油耗成本负担越来越重；货运量大幅下降、重型货车保有量过高加剧运输市场上车多货少、运力严重过剩和运费低迷的状况，产业环境恶化，购车需求萎靡不振。

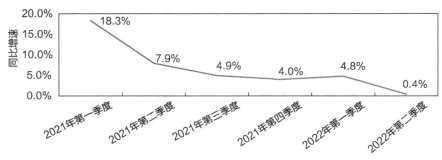

图 10 - 9 2021—2022 年第二季度我国各季度 GDP 同比增速

注：数据来源于国家统计局。

另一方面，2022 年新冠肺炎疫情对运输行业和重型货车行业造成了难以想象的负面影响。新冠肺炎疫情对重型货车市场带来的主要影响包括："人流""物流""商流"放缓，投资和消费走低（3—5 月社会消费品零售总额同比增速分别是 - 3.5%、- 11.1% 和 - 6.7%），经济下行压力进一步加大；多地制造业停产或限产，复工复产较为缓慢，固定资产投资项目开工停滞，服务业则"暂缓营业"，由此导致公路货运量大跌，物流车辆车多货少甚至无货可拉，工程建设车辆开工也不理想，物流业陷入萧条，出现了大量货车用户还贷困难的情况。物流是国民经济的大动脉，物流"流动"不起来，对经济正常运行甚至民生保障的影响巨大，以至于国务院和交通运输部连续下文要求整改。这种环境下，货车用户对于运输经营和还车贷的预期十分悲观，观望情绪浓厚，有意向购车、换车的用户数量大幅减少。另外，长三角地区3月以来疫情比较严重，上海疫情直到7月仍然零星不断。长三角地区是中国经济发展的龙头，国内大量的物流供应链都是直接或者间接为长三角服务的，长三角经济不复苏，国内的物流运输就很难得到全面复苏，作为下游的重型货车市场需求也难有好转。

进入下半年，形势正在发生变化。一方面，国务院及各大部委稳经济一揽子措施逐渐落地，经济基本面转好；另一方面，通信行程卡"摘星"、疫情隔离管控时间缩短，有助于推动人员和物资加速流动。但总体来看，由于上半年疫情影响较大，2022年重型货车市场销量同比大幅下降已成定局。

（二）"十四五"趋势展望

尽管2022年市场面临同比大幅下滑的压力，但"十四五"期间，作为全球最大的重型货车市场，我国重型货车行业仍然拥有结构性的增长机遇和巨大的发展潜力。

第一，重型货车市场孕育着"触底反弹"的机会。从重型货车产业近20年来的发展历史来看，由于政策变化频繁，产销量大幅波动是这个行业的常态。重型货车行业是典型的"政策市"和"经济市"，市场走势跟产业政策、交通政策、宏观经济和固定资产投资高度强相关，一个重要政策的出台或者调整，例如"治超治限"政策、基建投资政策、柴油货车提前淘汰更新政策等，往往就能刺激市场销量以意想不到的速度快速攀升。"十四五"期间，2022年的重型货车行业很可能是"谷底"，之后触底反弹走出低谷，这个过程不会是稳健上升的发展态势，而是会大幅波动甚至剧烈动荡。中国的重型货车市场，孕育着无限可能。

第二，智能电动"新赛道"的竞争刚刚开始。在重型货车市场上，各家企业主要围绕两条赛道竞争，一条是燃油和燃气重型货车的传统赛道，另一条是智能电动重型货车的"新赛道"。在传统赛道上，重型货车头部企业的市场集中度越来越高，新进入者的"门槛"也越来越高；在智能电动"新赛道"上，各家企业基本站在同一条起跑线上。一方面，在电动化方向上，"双碳"战略助推钢材、煤炭、铁矿石、港口集装箱等大宗物资运输向清洁运输和零排放运输转型是大势所趋，中小企业率先发力，头部企业后发制人，重型货车行业内的企业都有迎头赶上或者换道超车的机会。另一方面，在智能驾驶方向上，重型商用车已经被公认为汽车行业最有希望率先实现自动驾驶的细分领域，各家重型货车企业根据自身资源禀赋，进行了不同的战略布局：有的企业以自研自动驾驶技术为主，外部协同为辅；有的企业主要为外部的自动驾驶科技公司提供整车及技术匹配支持；也有企业自研 L2 + 级智能驾驶技术，而 L3 级及以上自动驾驶技术则联合外部企业共同研发。除此之外，面对商用车自动驾驶的巨大商机和投资"风口"，近年来涌现出多家智能驾驶科技企业，这些科技企业"新势力"本身并不生产重型货车整车，而是主要与国内现有的重型货车厂家合作，将自己开发的自动驾驶算法和技术应用到重型货车整车上，达到"L2 + 智能驾驶货车"或"L3 级自动驾驶货车"的最终状态并进行对外销售和运营。无论是上述哪种方式，抢占未来智能驾驶和自动驾驶的制高点，是几乎所有主流重型货车企业和科技"新势力"的共识。

第三，我国重型货车出口将取得更多突破。我国商用车出口是机电产品出口中的重要组成部分，并且商用车是单车产值很高的商品。从全球产业竞争力角度来看，我国商用车产业是低成本、高性价比的产业，在全球拥有很强的比较优势和竞争力。"MADE IN CHINA"盛名在外，不仅是指小的机电产品，同样也包括商用车及其零部件产品。2021 年，我国重型货车的出口总量超过 10 万辆（包含中国工程企业自带设备去海外的销量），再创新高。可以预见，"十四五"的未来几年里，我国重型货车企业走出国门、走向海外的速度将会进一步加快，整车出口、技术出口、资本输出等不同形态的海外出口模式都将拥有自己的一席之地。

第四，自动档重型货车的发展空间仍然很大。自动档重型货车尤其装配机械自动变速器（AMT）的重型货车，是最近几年来中国重型货车市场的"明星产品"。相比手动档（MT）重型货车，AMT 重型货车的优势非常明显：不需要踩离合换档，舒适性和便利性极大提高，充分满足了年轻一代货车驾驶员对于运输车辆驾乘舒适性的要求；燃油经济性好，更节油，根据多个厂家的实地运营统计，AMT 重型货车普遍比手动档车型节能 3% ~5% ，全生命周期内的使用成本更低。客户的需求就是生产商的使命，在市场需求的驱动下，2019 年，我国 AMT 重型货车销量首次超过8000 辆；2020 年，我国 AMT 重型货车销量超过 6 万辆，这一年也被称为 AMT 重型货车爆发元年；2021 年，在重型货车市场整体销量下滑 13.81% 的环境下，AMT 重型货车逆势上涨，销量超过 9 万辆，占比接近 7% 。预计，到"十四五"末，AMT 重型货车销量在整个重型货车市场的占比将超过 40% 。自动档重型货车，正迎来自己的黄金发展期。

第五，国内竞争国际化。"十四五"期间，我国重型货车市场将迎来多位重量级的国际"选手"，根据公开信息资料，戴姆勒奔驰、沃尔沃和斯堪尼亚三大欧洲重型货车巨头都将在"十四五"陆续实现中国本土化生产，生产地点分别位于北京、山西和江苏。多家跨国公司扎堆进入中国生产，这种情况在以前是没有出现过的。这也就意味着，中国国内的重型货车市场竞争即将国际化，中国的重型货车企业将在本土与国际巨头们展开正面竞争。

第 11 章 大中型客车行业发展现状分析与未来趋势展望

本章作者：谢光耀

摘要：

"十四五"开局年和第二年的大中型客车市场，也许只能用"战况惨烈"来形容。2021 年，我国 7m 以上大中型客车市场共计销售各类车型 8.75 万辆，比上年同期下降 9.14%，全行业在 2020 年同比深度下滑 28.29% 的基础上再度下跌。2022年，大中型客车市场开局还算良好，第一季度销量同比基本持平，然而，随着新冠肺炎疫情在各地的散发，客车市场连续多个月出现同比大幅下降，全年形势堪忧。本章系统阐述了近年来大中型客车市场下滑的主要原因、各个细分领域的销量表现以及主要厂家竞争格局的变化，并深入分析了 2022 年的市场趋势。

一、2021 年我国大中型客车市场分析

（一） 市场总体特征

2021 年，我国车长 7m 以上的大型、中型客车市场合计销量为 87525 辆（含出口），同比下降 9.14%。这是大中型客车市场年销量首次跌破 9 万辆。而就在 2020年，我国大中型客车市场的年销量首次跌落至 10 万辆以下。市场连续两年跌破人们预期且创下新的低谷销量，多数企业利润微薄甚至亏损，全行业的日子都非常难过。

2021 年，大中型客车市场有几个特点值得关注。

第一，整体市场继续下行，公交客车受挫严重，行业面临的生存发展压力非常大。2021 年，大型客车（车长 >10m）市场年销量为 48610 辆，首次跌破 5 万辆水平，比上年同期下滑 12.20%（表 11 - 1）；中型客车（7m < 车长 ≤10m）年销量为38915 辆，首次跌破 4 万辆水平，同比下滑 5.02%。从客车品种来看，占市场主体部分的公交客车销量大幅下滑了 25.93%，这是造成 2021 年大中型客车市场再度下滑的直接原因。

表 11 - 1　2012—2021 年我国大中型客车市场销量情况

年份	大型客车销量/辆	同比增长（%）	中型客车销量/辆	同比增长（%）	大中型客车总销量/辆	同比增长（%）
2012 年	85298	6.48	84273	4.77	169571	5.62
2013 年	85906	0.71	79621	- 5.52	165527	- 2.38

（续）

年份	大型客车销量/辆	同比增长（%）	中型客车销量/辆	同比增长（%）	大中型客车总销量/辆	同比增长（%）
2014 年	85506	-0.47	75620	-5.03	161126	-2.66
2015 年	90807	6.20	71296	-5.72	162103	0.61
2016 年	97971	7.89	96631	35.53	194602	20.05
2017 年	95456	-2.57	72432	-25.04	167888	-13.73
2018 年	84532	-11.44	66937	-7.59	151469	-9.78
2019 年	73178	-13.43	61153	-8.64	134331	-11.31
2020 年	55362	-24.35	40971	-33.00	96333	-28.29
2021 年	48610	-12.20	38915	-5.02	87525	-9.14

注：数据来源于中国客车统计信息网。

表 11-2 显示，从 2016 年开始，公交客车就代替座位客车成为大中型客车市场的主体部分，占比始终超过 50%，2020 年占比和 2021 年占比达到 62.43% 和 50.90%。2021 年，由于新冠肺炎疫情不时反弹，各地政府投入了很多财政公共资金用于防疫用途和民生用途，用于城市公交采购的财政资金非常紧张，而公交客车市场本身又是一个非常依赖于财政资金采购的行业，这就造成大中型公交客车市场的持续下滑。如表 11-3 所列，2021 年，大中型公交客车销量只有 44546 辆，在 2020 年销量同比下降 21.99% 的基础上再度大幅下滑 25.93%，净减少 15598 辆；其中，10m 以上大型公交客车销量为 26051 辆，同比下降 28.17%；7~10m 中型公交客车销量仅为 18495 辆，同比下降 22.54%。

表 11-2　2016—2021 年我国大中型客车市场不同种类占比

种　类	2016 年	2017 年	2018 年	2019 年	2020 年	2021 年
公交客车占比（%）	56.67	56.20	61.27	57.40	62.43	50.90
座位客车占比（%）	38.50	38.58	33.14	36.38	30.97	40.42
校车占比（%）	4.17	4.44	4.59	4.41	5.05	6.80
其他专用类客车占比（%）	0.66	0.78	1.00	1.81	1.55	1.88

注：数据来源于中国客车统计信息网。

表 11-3　2012—2021 年我国大中型公交客车市场销量情况

年份	大型公交客车销量/辆	同比增长（%）	中型公交客车销量/辆	同比增长（%）	大中型公交客车总销量/辆	同比增长（%）
2012 年	40378	17.93	25895	-11.65	66273	4.29
2013 年	47396	17.38	27244	5.21	74640	12.63

（续）

年份	大型公交客车销量/辆	同比增长（%）	中型公交客车销量/辆	同比增长（%）	大中型公交客车总销量/辆	同比增长（%）
2014 年	48598	2.54	28510	4.65	77108	3.31
2015 年	47864	− 1.51	27631	− 3.08	75495	− 2.09
2016 年	56069	17.14	54214	96.21	110283	46.08
2017 年	54805	− 2.25	39544	− 27.06	94349	− 14.45
2018 年	53938	− 1.58	38870	− 1.70	92808	− 1.63
2019 年	43637	− 19.10	33463	− 13.91	77100	− 16.93
2020 年	36266	− 16.89	23878	− 28.64	60144	− 21.99
2021 年	26051	− 28.17	18495	− 22.54	44546	− 25.93

注：数据来源于中国客车统计信息网。

　　第二，尽管大中型客车市场整体情况不乐观，公交客车销量也继续下滑，但细分市场中仍有一些令人振奋的好消息：2021 年，大中型座位客车市场、校车市场比上年同期都上升了两位数。表 11 − 4 显示，2021 年，大中型座位客车细分市场总销量为 35381 辆，比 2020 年"历史最低点"的 29830 辆增长了 18.61%，在整个大中型客车市场的占比也上升至 40.42%，增加了 9.45 个百分点；其中，大型座位客车销售 20710 辆，同比增长 18.89%；中型座位客车销售 14671 辆，同比增长 18.22%。笔者分析认为，2021 年用于班线客运、旅游客运、团体包车等用途的座位客车市场同比呈现两位数增长，原因主要有以下三方面。

表 11 − 4　2012—2021 年我国大中型座位客车市场销量情况

年份	大型座位客车销量/辆	同比增长（%）	中型座位客车销量/辆	同比增长（%）	大中型座位客车总销量/辆	同比增长（%）
2012 年	41877	− 0.84	45055	− 11.37	86932	− 6.59
2013 年	36883	− 11.93	41817	− 7.19	78700	− 9.47
2014 年	35411	− 3.99	38768	− 7.29	74179	− 5.74
2015 年	41380	16.86	35423	− 8.63	76803	3.54
2016 年	41098	− 0.68	33821	− 4.52	74919	− 2.45
2017 年	39777	− 3.21	24990	− 26.11	64767	− 13.55
2018 年	28954	− 27.21	21239	− 15.01	50193	− 22.50
2019 年	27498	− 5.03	21374	0.64	48872	− 2.63
2020 年	17420	− 36.65	12410	− 41.94	29830	− 38.96
2021 年	20710	18.89	14671	18.22	35381	18.61

注：数据来源于中国客车统计信息网。

一方面是客运市场的"触底反弹"和复苏。2020 年，国内道路客运市场受新冠肺炎疫情影响遭受重挫，公路客运量、旅游客运车辆及班线客运车辆等需求下滑严重。根据交通运输部 2021 年发布的《2020 年交通运输行业发展统计公报》，2020 年全年完成营业性客运量 68.94 亿人，比上年下降 47.0%；完成旅客周转量 4641.01 亿人·km，下降 47.6%。仅看这几个数据，就已能充分反映客运及客车行业受到的"严重打击"。客车市场的上游需求一片低迷甚至大幅下滑，对新车的购买需求自然也是"无力回天"，同比大幅下降可以说在意料之中。2021 年，尽管新冠肺炎疫情仍不时地在各地出现反弹，但相比 2020 年"全面抗疫"的严峻形势，2021 年疫情已经有了很大缓解，各省市的旅游需求逐渐释放出来（尽管时不时会因为疫情而出现短暂中断），进而带动了旅游客运和旅游客车市场在一定程度上的同比复苏。

另一方面是排放法规切换带来的提前购买。根据法规要求，我国从 2021 年 7 月 1 日起强制在全国范围内实施柴油车国六排放法规，这也就意味着，柴油燃料的新车从 2021 年 7 月 1 日起就必须满足国六排放标准才能在各地车管所上牌。在柴油客车市场上，一辆国六柴油客车的新车售价要比国五柴油新车贵 1 万元以上甚至数万元不等（根据车辆配置），因此，不少客运车辆用户都赶在 2021 年 7 月 1 日之前提前采购国五排放标准的新车。但要注意的是，这种购买行为实质上是对未来市场的提前透支，它不但是对 2021 年下半年市场的透支，也是对 2022 年柴油客车市场的一定透支。不过，无论如何，2021 年的座位客车市场因此而受益，当年销量也获得了两位数的增长。

除此之外，出口复苏也为 2021 年的座位客车市场带来了 1011 辆的净增量（表 11 - 7）。

再看校车市场，2021 年，我国大中型校车市场共计销售 5950 辆，同比增长 22.30%，在大中型客车市场中的占比也上升到 6.80%，增加了 1.75 个百分点。实际上，尽管实现了同比增长，但校车市场仍急需政府扶持尤其是财政资金扶持。表 11 - 5 显示，校车市场在 2012 年达到了 15255 辆的高峰销量，此后便一路走下坡路，销量几乎连年萎缩，2020 年受疫情影响更是达到了近十年来的最低点——4865 辆，同比下降 17.85%。2021 年，由于疫情缓解，各地校车运营单位的购车需求"触底反弹"，我国校车市场温和复苏至 5950 辆，同比增长 22.30%；但 2021 年校车当年总销量还不到 6000 辆，其规模刚刚恢复到疫情前一年——2019 年的水平，还远远谈不上令人振奋的程度。校车是一种带有很强公益性质的商用车产品，事关学童安全出行，它的销量连续多年徘徊不前，甚至前几年一直在下跌，对这个产业的健康可持续发展非常不利。其销量历史轨迹也说明，这个细分市场在缺乏国家明确扶持政策和整体规划的环境下，还没有进入良性发展阶段，产品和技术升级难、校车运营公司资金紧张、校车运营模式不成熟等诸多行业困境亟待解决。

表 11 – 5　2012—2021 年我国大中型校车市场销量情况

年份	大型校车销量/辆	同比增长（%）	中型校车销量/辆	同比增长（%）	大中型校车总销量/辆	同比增长（%）
2012 年	2400	– 32. 11	12855	28466. 67	15255	326. 12
2013 年	1455	– 39. 38	9736	– 24. 26	11191	– 26. 64
2014 年	1270	– 12. 71	7563	– 22. 32	8833	– 21. 07
2015 年	1406	10. 71	7354	– 2. 76	8760	– 0. 83
2016 年	561	– 60. 10	7553	2. 71	8114	– 7. 37
2017 年	586	4. 46	6872	– 9. 02	7458	– 8. 08
2018 年	1224	108. 87	5725	– 16. 69	6949	– 6. 82
2019 年	1560	27. 45	4362	– 23. 81	5922	– 14. 78
2020 年	1129	– 27. 63	3736	– 14. 35	4865	– 17. 85
2021 年	1453	28. 70	4497	20. 37	5950	22. 30

注：数据来源于中国客车统计信息网。

第三，新能源客车市场销量再度下降，使整个客车市场都"压力山大"。表 11 – 6显示，2019—2021 年这三年间，车长 7m 以上大中型新能源客车的市场销量都在连续下滑，而且同比下降幅度都是两位数：2019 年，大中型新能源客车市场总销量跌至 7 万辆规模，同比下降 19.00%；2020 年，跌至 5 万辆规模，同比下降 21.31%；2021 年，跌至 4 万辆规模，同比下降 19.45%。关于新能源客车的详细发展情况将在后文专门阐述。

表 11 – 6　2016—2021 年我国大中型新能源客车市场销量情况

年份	大中型新能源公交客车销量/辆	同比增长（%）	大中型新能源座位客车销量/辆	同比增长（%）	大中型新能源客车总销量/辆	同比增长（%）
2016 年	92355	—	13878	—	106233	—
2017 年	74737	– 19. 08	10513	– 24. 25	85484	– 19. 53
2018 年	82091	9. 84	5387	– 48. 76	87552	2. 42
2019 年	66468	– 19. 03	3709	– 31. 15	70919	– 19. 00
2020 年	52793	– 20. 57	2963	– 20. 11	55808	– 21. 31
2021 年	40777	– 22. 76	4086	37. 90	44953	– 19. 45

注：数据来源于中国客车统计信息网。中国客车统计信息网从 2016 年开始统计新能源客车市场及企业销量，因此，2016 年新能源客车销量同比增长数据缺失。

第四，客车出口恢复增长，与低迷的国内市场形成鲜明对比。表 11 – 7 显示，2021 年，我国 7m 以上大中型客车出口量达到 17450 辆，比上年同期的 15238 辆增长 14.52%，净增加 2212 辆；出口总金额达到 114.60 亿元，比上年同期的 87.58 亿元增长 30.85%，净增加金额达 27.02 亿元。值得一提的是，2021 年，大中型客车出口金额增速要远高于出口数量的增速，这说明我国大中型客车的出口呈现出量价齐升的良好态势，具备较大可持续发展的潜力。不过，客车出口与我国其他机电产品出口相似，都受到当年国际政治经济形势以及各国出口关税壁垒和非关税壁垒的制约，不确定性较大。

表 11 – 7　2020—2021 年我国大中型客车出口销量及出口额情况

客车分类		2021 年		2020 年		出口量增量/辆	出口额增量/万元	出口量增长（%）	出口额增长（%）
		出口量/辆	出口金额/万元	出口量/辆	出口金额/万元				
	大型客车（车长 >10m）	11289	894684.69	12103	767515.05	–814	127169.64	–6.73	16.57
其中	座位客车	5519	384382.82	5755	394142.53	–236	–9759.71	–4.10	–2.48
	公交客车	5700	508264.87	6080	339172.32	–380	169092.55	–6.25	49.85
	校车	70	2037	9	517.14	61	1519.86	677.78	293.90
	其他	0	0	259	33683.06	–259	–33683.06	–100.00	–100.00
	中型客车（10m≥车长 >7m）	6161	251359.06	3135	108308.87	3026	143050.19	96.52	132.08
其中	座位客车	3236	165273.66	1989	65688.765	1247	99584.89	62.69	151.60
	公交客车	2384	67958.39	995	35281.51	1389	32676.88	139.60	92.62
	校车	299	11657.93	7	283.63	292	11374.30	4171.43	4010.26
	其他	242	6469.08	144	7054.966	98	–585.89	68.06	–8.30
	大中型客车合计	17450	1146043.75	15238	875823.92	2212	270219.83	14.52	30.85
其中	座位客车	8755	549656.48	7744	459831.30	1011	89825.18	13.06	19.53
	公交客车	8084	576223.26	7075	374453.83	1009	201769.43	14.26	53.88
	校车	369	13694.93	16	800.77	353	12894.16	2206.25	1610.22
	其他	242	6469.08	403	40738.03	–161	–34268.95	–39.95	–84.12

注：数据来源于中国客车统计信息网。

总体而言，尽管出口销量最近几年有涨有降（表 11 – 8），但由于大中型客车行业是劳动密集型和资金密集型产业，中国在这个市场上拥有独一无二的强大产业竞争力和成本优势，出口空间非常大。尤其是，随着我国新能源客车企业陆续走出国门，中国的新能源客车将在全球乃至欧美发达地区市场陆续投入批量运营，真正让全球汽车行业见证客车的"中国智造"实力。在这方面，中国的宇通客车和比亚迪等已经走在了行业前列，加速引领中国客车业走向海外。

表 11 – 8　2016—2021 年我国大中型客车出口销量情况

年份	大型客车 出口量/辆	同比增长 （%）	中型客车 出口量/辆	同比增长 （%）	大中型客车 合计出口量/辆	同比增长 （%）
2016 年	12950	– 1. 50	5626	– 23. 95	18576	– 9. 58
2017 年	15258	17. 82	5708	1. 46	20966	12. 87
2018 年	13952	– 8. 56	5912	3. 57	19864	– 5. 26
2019 年	17044	22. 16	5667	– 4. 14	22711	14. 33
2020 年	12103	– 28. 99	3135	– 44. 68	15238	– 32. 90
2021 年	11289	– 6. 73	6161	96. 52	17450	14. 52

注：数据来源于中国客车统计信息网。

（二）　大中型新能源客车市场发展态势

谈到客车市场，就必然绕不开新能源客车。经过十余年的推广，新能源客车已经成为整个客车行业的重要"代名词"和"热搜词"。说新能源客车是客车市场的"代名词"和主力担当，一点也不夸张。表 11 – 9 显示，2016—2021 年，新能源车型在整个大中型客车市场中的销量占比都超过 50%，最高时一度达到 57.93%（2020 年）；即使在座位客车和校车细分市场复苏、占比进一步提高的 2021 年，大中型客车行业的新能源渗透率也有 51.36%。

表 11 – 9　2016—2021 年大中型客车市场新能源渗透率

年份	新能源客车销量/辆	大中型客车总销量/辆	新能源渗透率（%）
2016 年	106233	194602	54. 59
2017 年	85484	167888	50. 92
2018 年	87552	151469	57. 80
2019 年	70919	134331	52. 79
2020 年	55808	96333	57. 93
2021 年	44953	87525	51. 36

注：数据来源于中国客车统计信息网。

1. 大中型新能源客车销量跌至 4 万辆规模

大中型客车市场的新能源渗透率如此之高，主要原因是公交客车的新能源化率居高不下。前文也曾提到，公交客车占据客车市场"半壁江山"，最高时的占比一度高达 62.43%。在公交客车细分市场，新能源的渗透率已经达到了 80% ~ 90% 甚至 90% 以上。如表 11 – 10 所列，2016—2021 年的六年时间里，新能源公交客车在大中型公交客车市场上的占比有五年都超过 80%，只有一年（2017 年）低于 80%

（79.21%），但也十分接近 80%。2021 年，新能源公交客车的渗透率达到了 91.54%，是最近六年来的历史最高，也就是说，全国各地公交系统每购置 100 辆公交车，就有 91 辆是新能源车。由此可见，得新能源者得公交车市场，得公交车者得客车市场。

表 11 - 10　2016—2021 年大中型公交客车新能源渗透率

年份	新能源公交客车销量/辆	大中型公交客车总销量/辆	新能源渗透率（%）
2016 年	92355	110283	83.74
2017 年	74737	94349	79.21
2018 年	82091	92808	88.45
2019 年	66468	77100	86.21
2020 年	52793	60144	87.78
2021 年	40777	44546	91.54

注：数据来源于中国客车统计信息网。

但即使是这样一个被视为代表公共交通出行未来趋势的新能源客车市场，最近几年却一路下滑。2021 年，我国大中型新能源客车市场跌至 4 万辆级规模，全年只实现了 44953 辆销量，在上一年度同比下降 21.31% 的基础上再度下滑 19.45%，这也是大中型新能源客车市场的年销量首次跌至 5 万辆以下水平。具体从产品种类来看，表 11 - 10 和表 11 - 11 显示，为新能源客车市场贡献最大的是公交客车，其次是座位客车，专用类客车和校车的占比很小，几乎可以忽略不计。2021 年，大中型新能源公交客车市场实现了 40777 辆的销量，占到了全年大中型新能源客车销量的 90.71%，但销量在上一年度（2020 年）下滑 20.57% 的基础上再度下降 22.76%，且首次降到了 4 万辆的水平，形势不容乐观。

再看大中型新能源座位客车，其 2021 年实现了逆势增长，全年销售 4086 辆，比上年同期增长 37.90%，这主要是受益于座位客车市场的整体复苏。但要注意的是，新能源座位客车占比太小——只占到大中型新能源客车市场的 9.09%，因此，尽管这一细分领域实现了同比增长，但完全无法"帮助"整个新能源客车市场扭转颓势。

表 11 - 11　2016—2021 年大中型座位客车新能源渗透率

年份	新能源座位客车销量/辆	大中型座位客车总销量/辆	新能源渗透率（%）
2016 年	13878	74919	18.52
2017 年	10513	64767	16.23
2018 年	5387	50193	10.73
2019 年	3709	48872	7.59
2020 年	2963	29830	9.93
2021 年	4086	35381	11.55

注：数据来源于中国客车统计信息网。

2. 新能源客车补贴政策持续退坡

2021 年我国大中型新能源客车市场进一步走低的主要原因有三方面。

首先是各地公交车辆采购资金紧张。截至目前，我国各地公交运营公司大部分都已经是国有企业或者国有控股企业，这些公交公司每年采购新车的资金基本都来自当地财政专项资金。而由于各种原因造成的资金投入不足，是公交客车尤其新能源公交客车 2021 年大幅下滑的重要原因。

其次是新能源客车财政补贴政策持续"退坡"。新能源客车购置补贴资金是财政部用于新能源客车采购的专项补助资金，对于鼓励各地客车用户、公交公司等客车市场终端用户采购新能源车型至关重要。从最近几年新能源客车补贴政策的趋势来看，"持续大幅退坡"是主线和主旋律。2021 年，我国新能源客车补贴标准又退坡了多少呢？ 表 11 – 12 ~ 表 11 – 14 显示，2021 年，公共领域的新能源客车相比2020 年下降了 10%，单车最高可享受 8.1 万元的财政购置补贴；非公共领域的新能源客车相比 2020 年下降了 20%，单车最高可享受 7.2 万元的财政购置补贴。无论是8.1 万元还是 7.2 万元，相比前几年相差很大。

表 11 – 12　2021 年新能源客车补贴方案 （公共领域）

车辆类型	中央财政补贴标准/（元/kW·h）	中央财政补贴调整系数			中央财政单车补贴上限/万元		
					6m < L ≤8m	8m < L ≤10m	L >10m
		单位载质量能量消耗量/（W·h/km·kg）					
非快充类纯电动客车	450	0.18（含）~ 0.17	0.17（含）~ 0.15	0.15 及以下	2.25	4.95	8.1
		0.8	0.9	1			
		快充倍率					
快充类纯电动客车	810	3C~5C（含）	5C~15C（含）	15C 以上	1.8	3.6	5.85
		0.8	0.9	1			
		节油率水平					
插电式混合动力（含增程式）客车	540	60%~65%（含）	65%~70%（含）	70% 以上	0.9	1.8	3.42
		0.8	0.9	1			

单车补贴金额 = min ｛车辆带电量×单位电量补贴标准；单车补贴上限｝×调整系数 （包括：单位载质量能量消耗量系数、快充倍率系数、节油率系数）

注：表 11 – 12 ~ 表 11 – 14 中 L 指车长。

143

表 11 – 13　2021 年新能源客车补贴方案（非公共领域）

车辆类型	中央财政补贴标准/（元/kW·h）	中央财政补贴调整系数			中央财政单车补贴上限/万元		
					6m<L≤8m	8m<L≤10m	L>10m
非快充类纯电动客车	400	单位载质量能量消耗量/（W·h/km·kg）			2	4.4	7.2
		0.18（含）~0.17	0.17（含）~0.15	0.15 及以下			
		0.8	0.9	1			
快充类纯电动客车	720	快充倍率			1.6	3.2	5.2
		3C~5C（含）	5C~15C（含）	15C 以上			
		0.8	0.9	1			
插电式混合动力（含增程式）客车	480	节油率水平			0.8	1.6	3.04
		60%~65%（含）	65%~70%（含）	70% 以上			
		0.8	0.9	1			

单车补贴金额 = min {车辆带电量×单位电量补贴标准；单车补贴上限} ×调整系数（包括：单位载质量能量消耗量系数、快充倍率系数、节油率系数）

表 11 – 14　2019—2021 年我国新能源客车单车最高补贴标准对比

车辆类型	2019 年	2020 年	2021 年（公共领域）	2021 年（公共领域）同比增长	2021 年（非公共领域）	2021 年（非公共领域）同比增长
非快充类纯电动客车	2.5 万元（6m<L≤8m）、5.5 万元（8m<L≤10m）、9 万元（L>10m）	2.5 万元（6m<L≤8m）、5.5 万元（8m<L≤10m）、9 万元（L>10m）	2.25 万元（6m<L≤8m）、4.95 万元（8m<L≤10m）、8.1 万元（L>10m）	-10%	2 万元（6m<L≤8m）、4.4 万元（8m<L≤10m）、7.2 万元（L>10m）	-20%
快充类纯电动客车	2 万元（6m<L≤8m）、4 万元（8m<L≤10m）、6.5 万元（L>10m）	2 万元（6m<L≤8m）、4 万元（8m<L≤10m）、6.5 万元（L>10m）	1.8 万元（6m<L≤8m）、3.6 万元（8m<L≤10m）、5.85 万元（L>10m）	-10%	1.6 万元（6m<L≤8m）、3.2 万元（8m<L≤10m）、5.2 万元（L>10m）	-20%
插电式混合动力（含增程式）客车	1 万元（6m<L≤8m）、2 万元（8m<L≤10m）、3.8 万元（L>10m）	1 万元（6m<L≤8m）、2 万元（8m<L≤10m）、3.8 万元（L>10m）	0.9 万元（6m<L≤8m）、1.8 万元（8m<L≤10m）、3.42 万元（L>10m）	-10%	0.8 万元（6m<L≤8m）、1.6 万元（8m<L≤10m）、3.04 万元（L>10m）	-20%

注：从 2021 年开始，新能源客车补贴分为公共领域客车和非公共领域客车；2020 年及以前没有做此分类。

　　我们回顾新能源客车市场的补贴发展史，2015 年是补贴的最高峰时期，一辆 6~8m 的新能源客车可享受 30 万元的中央财政购置补贴，一辆 10~12m 的新能源客车可享受到的中央财政购置补贴高达 50 万元之多，并且对新能源客车产品没有提出许多技术性能要求，可以说是"普惠制"，换言之，只要能将生产的新能源客车销售出去，就能享受到最高 50 万元/辆的财政购置补贴。从 2017 年开始，购置补贴逐年下降，当年一辆大客车的最高补贴下降到 30 万元，而且首次对新能源客车的一系列技术指标和性能提出了明确要求，包括"系统能量密度（W·h/kg）""单位载质量能量消耗量（E_{kg}）""快充倍率""节油率水平"等方面的产品技术要求，相关部委希望通过对产品技术性能的强制性要求，推动"良币驱逐劣币"，鼓励市场份额和客户订单向拥有技术优势的头部客车企业集中；到了 2018 年，单车补贴再度下降 27.4%~40%，一辆 10~12m 的新能源客车最高可享受补贴为 18 万~21.78 万元；2019 年，补贴直接"跳水"50%，一辆 10~12m 的新能源客车最高可享受补贴只有 9 万元，单车补贴首次降到了 10 万元以下；到了 2021 年，最高补贴金额下降至 7.2 万~8.1 万元，而且对于"单位载质量能量消耗量"等产品技术要求越来越高。

　　新能源客车财政补贴的持续退坡，一方面是新能源汽车财政补贴体系日益完善的表现，是补贴标准越来越科学与合理的表现，但另一方面也导致市场和用户的有效购买力越来越弱。换个角度来说，一辆 40 万元的新能源大客车，2021 年的财政购置补贴相比 2020 年减少了 0.9 万元，那公交公司就要多付 0.9 万元，10 辆车就要多出 9 万元的预算资金，这对于采购资金本就捉襟见肘的公交公司而言更是"雪上加霜"。而所有这些不利因素，最终都会体现在新车销量上。

　　导致 2021 年大中型新能源客车市场进一步走低的第三个原因，是市场的逐渐饱和。根据交通运输部发布的《2020 年交通运输行业发展统计公报》，到 2020 年年末，全国拥有城市公共汽电车 70.44 万辆，比上年末增长 1.6%。这其中，纯电动客车占比 53.8%，混合动力客车占比 12.4%，其他燃料类型车辆合计占比 33.8%（图 11-1），也就是 23.81 万辆，这部分燃料类型车辆其

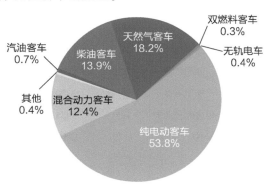

图 11-1　公共汽电车分燃料类型构成

实就是新能源客车要重点替换的未来市场。但要注意的是，这"23.81 万辆"中的大多数都集中在三四线城市乃至县级城市，购买力最强的一线、准一线和二线城市的公交车辆新能源化率已经很高甚至趋于饱和，而三四线城市和县级城市的购买力相对较弱，这也就给新能源客车市场出了一个大难题：如何把单车售价仍然较高的大中型新能源客车批量推广到三四线城市和县级城市，实现对这些区域传统燃料公

交客车的大规模替代。这个问题目前还没有找到很好的答案。

（三） 大中型客车市场竞争格局分析

2021 年，我国大中型客车市场"存量竞争"趋势明显，生态圈进一步恶化，企业之间的竞争态势呈现出三个鲜明特征。

首先是行业格局"一超多强"，头部企业优势明显。"一超"，当然是国内客车行业的老大哥和翘楚——宇通客车，这家企业已经连续多年位列大中型客车行业销量冠军的位置，并且与其后的追随者拉开了很大差距。表 11 - 15 显示，2021 年，宇通客车销售大中型客车达 33467 辆，虽然同比小降 1.67%，但降幅低于行业平均水平，市场份额比上年同期上升了近 3 个百分点，达到 38.24%。同时，宇通客车也是大中型客车市场上唯一一个市场占有率超过 10% 的企业，用"一超"来形容，一点也不为过。

表 11 -15 大中型客车企业销量及份额情况

2021 年排名	企业名称	2021 年总销量/辆	2020 年总销量/辆	2019 年总销量/辆	2021 年同比增长（%）	2021 年份额（%）	2020 年份额（%）	2019 年份额（%）
1	宇通客车	33467	34035	49826	- 1.67	38.24	35.33	37.09
2	苏州金龙海格	7964	5852	9340	36.09	9.10	6.07	6.95
3	中通客车	7048	8382	12617	- 15.92	8.05	8.70	9.39
4	厦门金龙	6418	6656	8226	- 3.58	7.33	6.91	6.12
5	厦门金旅	5470	4559	7019	19.98	6.25	4.73	5.23
6	比亚迪	4487	8593	6317	- 47.78	5.13	8.92	4.70
7	中车电动	4147	5526	6850	- 24.95	4.74	5.74	5.10
8	福田欧辉	2658	4009	5264	- 33.70	3.04	4.16	3.92
9	安凯客车	2311	3730	3836	- 38.04	2.64	3.87	2.86
10	格力钛新能源	1854	1475	2507	25.69	2.12	1.53	1.87
	其他	11701	13516	22529	- 13.43	13.37	14.03	16.77
	市场总计	87525	96333	134331	- 9.14	100.00	100.00	100.00

注：数据来源于中国客车统计信息网。

"多强"，则主要包括苏州金龙海格、中通客车、厦门金龙、厦门金旅、比亚迪和中车电动，这几家企业 2021 年销量在 4000 辆以上，并且近年来排名"互有胜负"，例如，2021 年苏州金龙海格以 7964 辆和 9.10% 的份额，从 2020 年的行业第五升至行业第二，仅次于宇通客车，且实现了逆势增长（销量同比上涨 36.09%）；2019 年，苏州金龙海格的排名是第三。中通客车在 2021 年排名大中型客车市场第三，销量达到 7048 辆，同比下降 15.92%，市场份额为 8.05%；其在 2020 年同样排名行业第三，2019 年则排名行业第二。厦门金龙客车 2019—2021 年均排名行业第四，且市场占有率连续三年呈上升趋势；其在 2021 年大中型客车销量为 6418 辆，同比下降 3.58%，市场份额从 2020 年的 6.91% 升至 7.33%。厦门金旅 2021 年销售大中型客车 5470 辆，同比逆势上涨 19.98%，销量跻身行业第五，比上一年度的行业第七上升两位，市场份额也从 2020 年的 4.73% 上升至 6.25%；2019 年，厦门金旅排名行业第五。比亚迪 2021 年销售大中型客车 4487 辆，同比下降 47.78%，市场份额为 5.13%，排名行业第六；2020 年，比亚迪商用车在大中型客车行业销量排名第二；2019 年，比亚迪则排名行业第七。中车电动 2021 年销售大中型客车 4147 辆，同比下降 24.95%，市场份额为 4.74%，排名行业第七；2019 年和 2020 年，中车电动的行业排名均为第六。

2021 年我国大中型客车竞争格局的第二个特征，是市场排名基本趋于稳定，小企业不断边缘化。实际上，我们看 2019 年、2022 年和 2021 年连续三年的行业排名，销量前十强中有九家企业是"固定的"，也就是在上述三年里这九家企业均排名行业前十。这九家企业分别是宇通客车、苏州金龙海格、比亚迪、中通客车、厦门金龙、中车电动、厦门金旅、福田欧辉、安凯客车。2021 年，只有一家企业跻身前十，也就是格力钛新能源（此前的"银隆新能源"），该企业当年销售大中型客车 1854 辆，同比逆势增长 25.69%，市场份额也升至 2.12%。2019 年和 2020 年，格力钛新能源的大中型客车销量连续两年都排名行业第 13。

主流企业的市场格局趋于稳定，也意味着小企业日益边缘化，这种市场地位的"边缘化"有两个原因。其一，大中型客车市场规模持续萎缩，2021 年销量已经不足 9 万辆，这种局面造成了千辆级销量的企业不断减少，多数企业都处于亏损状态，全行业的日子非常难过。我们来看一组数据：2021 年，年销量超过 1000 辆的企业只剩下 12 家，比 2020 年又减少了 2 家；2019 年，这一数字是 19 家。市场规模不断"缩水"，企业之间的竞争转向存量竞争，势必会导致竞争白热化、大品牌也打"价格战"以及小品牌最终出局。最近几年，客车头部企业凭借其强大的品牌影响力、技术研发实力以及丰富的产品品种，不断切分市场份额的"蛋糕"：2021 年，行业前八强，即宇通、苏州金龙海格、中通客车、厦门金龙、厦门金旅、比亚迪、中车电动和福田欧辉这八家企业的合计份额达到 81.88%，比 2020 年提高了 1.32 个百分点，比 2019 年提高了 3.38 个百分点（这八家企业 2019—2021 年都是行业前八）。其二，由于客车市场尤其是新能源客车的细分市场容量越来越小，新能源客车购置补贴也快速大幅退坡，因此，新能源客车不再是汽车行业的"风口"和资本逐利的热门市场，不少资本驱动型的客车企业都在转型或者已经转型，把更多资源投入到新能源物流车甚至新能源乘用车等其他领域。

2021 年我国大中型客车竞争格局的第三个特征，就是新能源细分市场前十强与行业前十强的"重合率"高达 90%。如表 11 - 16 所列，2021 年，大中型新能源客车细分市场前十强中，有九家企业位居表 11 – 15 中的大中型客车市场前十强之列，它们分别是宇通客车、比亚迪、中通客车、中车电动、苏州金龙海格、厦门金龙、格力钛新能源、厦门金旅、安凯客车。在当前大中型客车市场新能源化率高达 50% 以上、公交客车新能源化率高达 90% 以上的行业环境下，"大中型新能源客车市场前十强"与"大中型客车整体市场前十强"出现 90% 的重合，既是意料之内，也在情理之中。这里尤其值得一提的是宇通、中通、金龙和格力钛：宇通客车是最近三年来唯一一家新能源客车年销量破万辆的企业，其 2021 年销售大中型新能源客车 11420 辆，继续保持着销售冠军的地位；中通客车、厦门金龙和格力钛则是在 2021 年行业销量同比下滑 19.45% 的情况下实现了逆势增长，分别逆势上涨 11.30%、3.54% 和 25.69%，十分不易。

表 11 – 16　大中型新能源客车企业销量及份额情况

2021 年排名	企业名称	2021 年销量/辆	2020 年销量/辆	2019 年销量/辆	2021 年同比增长（%）	2021 年份额（%）	2020 年份额（%）	2019 年份额（%）
1	宇通客车	11420	15151	20634	– 24.63	25.40	27.15	29.10
2	比亚迪	4487	8593	6317	– 47.78	9.98	15.40	8.91
3	中通客车	4453	4001	7287	11.30	9.91	7.17	10.28
4	中车电动	4067	5379	6507	– 24.39	9.05	9.64	9.18
5	苏州金龙海格	3078	3179	3027	– 3.18	6.85	5.70	4.27
6	厦门金龙	2720	2627	3094	3.54	6.05	4.71	4.36
7	格力钛新能源	1854	1475	2507	25.69	4.12	2.64	3.54
8	厦门金旅	1546	1579	2662	– 2.09	3.44	2.83	3.75
9	南京金龙开沃	1432	1653	2745	– 13.37	3.19	2.96	3.87
10	安凯客车	1412	2368	1808	– 40.37	3.14	4.24	2.55
	其他	8484	9803	14331	– 13.46	18.87	17.57	20.21
	市场总计	44953	55808	70919	– 19.45	100.00	100.00	100.00

注：数据来源于中国客车统计信息网。

二、大中型客车行业趋势展望

2022 年是我国大中型客车行业发展过程中比较关键和特殊的一年。之所以这样说，是因为 2022 年是我国新能源汽车财政补贴政策的最后一年。财政部、工业和信息化部、科技部与国家发展和改革委员会四部委于 2020 年 4 月就发布了《关于完善新能源汽车推广应用财政补贴政策的通知》（财建〔2020〕86 号），将新能源汽车推广应用财政补贴政策实施期限延长至 2022 年年底，这对于 2020—2022 年新能源汽车市场的稳健发展显然是一大利好，但也意味着 2022 年将会是财政补贴的最后一年。

为了进一步明确2022年的补贴标准并做好收尾工作，四部委于2021年12月31日发布了《关于2022年新能源汽车推广应用财政补贴政策的通知》（财建〔2021〕466号）。根据该通知，2022年，新能源汽车补贴标准在2021年基础上退坡30%；城市公交、道路客运、出租（含网约车）、环卫、城市物流配送、邮政快递、民航机场以及党政机关公务领域符合要求的车辆，补贴标准在2021年基础上退坡20%。表11-17～表11-19显示，从2022年1月1日起，新能源客车（公共领域）可享受的单车购置补贴从2021年的最高8.1万元下降至6.48万元；新能源客车（非公共领域）可享受的单车购置补贴从2021年的最高7.2万元下降至5.04万元。另外，从2023年1月1日起，新能源客车的购置补贴正式终止，新能源客车的购车行为将全面转为市场化驱动，不再享受中央财政政策的支持。

表11-17　2022年新能源客车补贴方案（公共领域）

车辆类型	中央财政补贴标准/（元/kW·h）	中央财政补贴调整系数			中央财政单车补贴上限/万元		
					6m<L≤8m	8m<L≤10m	L>10m
非快充类纯电动客车	360	单位载质量能量消耗量/（W·h/km·kg）			1.8	3.96	6.48
		0.18（含）~0.17	0.17（含）~0.15	0.15及以下			
		0.8	0.9	1			
快充类纯电动客车	648	快充倍率			1.44	2.88	4.68
		3C~5C（含）	5C~15C（含）	15C以上			
		0.8	0.9	1			
插电式混合动力（含增程式）客车	432	节油率水平			0.72	1.44	2.74
		60%~65%（含）	65%~70%（含）	70%以上			
		0.8	0.9	1			

单车补贴金额=min{车辆带电量×单位电量补贴标准；单车补贴上限}×调整系数（包括：单位载质量能量消耗量系数、快充倍率系数、节油率系数）

注：表11-17～表11-19中的L指车长。

表11-18　2022年新能源客车补贴方案（非公共领域）

车辆类型	中央财政补贴标准/（元/kW·h）	中央财政补贴调整系数			中央财政单车补贴上限/万元		
					6m<L≤8m	8m<L≤10m	L>10m
非快充类纯电动客车	280	单位载质量能量消耗量/（W·h/km·kg）			1.4	3.08	5.04
		0.18（含）~0.17	0.17（含）~0.15	0.15及以下			
		0.8	0.9	1			

（续）

车辆类型	中央财政补贴标准/（元/kW·h)	中央财政补贴调整系数			中央财政单车补贴上限/万元		
					6m<L ≤8m	8m<L ≤10m	L>10m
快充类纯电动客车	504	快充倍率			1.12	2.24	3.64
		3C~5C（含）	5C~15C（含）	15C以上			
		0.8	0.9	1			
插电式混合动力（含增程式）客车	336	节油率水平			0.56	1.12	2.13
		60%~65%（含）	65%~70%（含）	70%以上			
		0.8	0.9	1			

单车补贴金额 = min ｛车辆带电量×单位电量补贴标准；单车补贴上限｝×调整系数（包括：单位载质量能量消耗量系数、快充倍率系数、节油率系数）

表 11-19 2021—2022 年我国新能源客车补贴标准对比

车辆类型	2021年（公共领域）	2022年（公共领域）	2022年（公共领域）同比增长	2021年（非公共领域）	2022年（非公共领域）	2022年（非公共领域）同比增长
非快充类纯电动客车	2.25万元（6m<L≤8m）、4.95万元（8m<L≤10m）、8.1万元（L>10m）	1.8万元（6m<L≤8m）、3.96万元（8m<L≤10m）、6.48万元（L>10m）	-20%	2万元（6m<L≤8m）、4.4万元（8m<L≤10m）、7.2万元（L>10m）	1.4万元（6m<L≤8m）、3.08万元（8m<L≤10m）、5.04万元（L>10m）	-30%
快充类纯电动客车	1.8万元（6m<L≤8m）、3.6万元（8m<L≤10m）、5.85万元（L>10m）	1.44万元（6m<L≤8m）、2.88万元（8m<L≤10m）、4.68万元（L>10m）	-20%	1.6万元（6m<L≤8m）、3.2万元（8m<L≤10m）、5.2万元（L>10m）	1.12万元（6m<L≤8m）、2.24万元（8m<L≤10m）、3.64万元（L>10m）	-30%
插电式混合动力（含增程式）客车	0.9万元（6m<L≤8m）、1.8万元（8m<L≤10m）、3.42万元（L>10m）	0.72万元（6m<L≤8m）、1.44万元（8m<L≤10m）、2.74万元（L>10m）	-20%	0.8万元（6m<L≤8m）、1.6万元（8m<L≤10m）、3.04万元（L>10m）	0.56万元（6m<L≤8m）、1.12万元（8m<L≤10m）、2.13万元（L>10m）	-30%

由于中央财政购车补贴将从 2023 年 1 月 1 日起终止，因此，可以预计，国内大中型新能源客车市场将会在 2022 年 9 月及第四季度迎来一个提前购买的小高潮（在政策因素没有明显变化的前提下）。实际上，从图 11 – 2 可知，大中型客车销量最近几年来每年年底都会出现明显的月度环比大涨，其中一个重要原因和驱动力，便是新能源客车财政补贴在第二年的大幅退坡。但与此同时要注意的是，由于 2022 年上半年奥密克戎病毒在全国各地"肆虐"，宏观经济、投资与消费都受到了较大影响，客运行业更是遭受到巨大冲击，因此，国内道路客运市场和与之相对应的座位客车市场全年将出现较大下滑。从图 11 – 2 已经可以看到，2022 年开年的客车行业形势就已经非常不利，前六个月中有五个月销量出现同比下降，4 月销量更是深度下降 41.68%，5 月和 6 月销量也分别下滑了 39.24% 和 37.82%。如此一来，"利好"难抵"利空"，预计大中型客车行业 2022 年总销量仍将呈现下降态势。

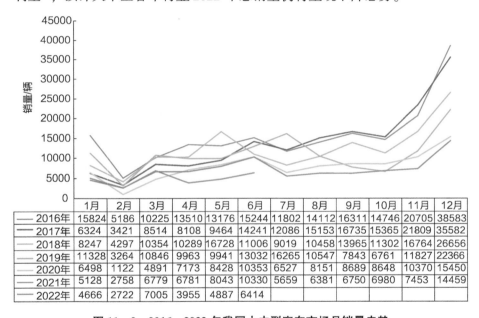

	1月	2月	3月	4月	5月	6月	7月	8月	9月	10月	11月	12月
2016年	15824	5186	10225	13510	13176	15244	11802	14112	16311	14746	20705	38583
2017年	6324	3421	8514	8108	9464	14241	12086	15153	16735	15365	21809	35582
2018年	8247	4297	10354	10289	16728	11006	9019	10458	13965	11302	16764	26656
2019年	11328	3264	10846	9963	9941	13032	16265	10547	7843	6761	11827	22366
2020年	6498	1122	4891	7173	8428	10353	6527	8151	8689	8648	10370	15450
2021年	5128	2758	6779	6781	8043	10330	5659	6381	6750	6980	7453	14459
2022年	4666	2722	7005	3955	4887	6414						

图 11 – 2　2016—2022 年我国大中型客车市场月销量走势
注：数据来源于中国客车统计信息网。

第 12 章　轻微型货车市场发展现状与未来趋势

摘要：

由于 2020 年商用车市场表现实在太过优秀，与重型货车等商用车市场其他细分领域相同，中国轻型货车及微型货车市场的 2021 年均是"回落"的一年，但"回落"是相对的。轻微型货车在 2021 年的"成绩"分别是史上第二高和近十年里的中上水平。2022 年，受新冠肺炎疫情散发、经济增长减速、油价高企、运价低迷等多重不利因素影响，轻微型货车均面临较大的下行压力。本章重点阐述了近十年轻微型货车行业发展走势及 2021 年市场趋势和竞争格局，并对 2022 年轻微型货车市场进行了分析和判断。

一、轻型货车市场分析及趋势预判

（一）2021 年市场概况

作为货车（含底盘及牵引车）市场以及整个商用车市场中份额最大的细分领域，轻型货车（根据中国汽车工业协会统计口径，包含轻型货车和皮卡，轻型货车行业俗称轻卡）的表现很大程度上就是货车市场乃至商用车市场的缩影。

根据中国汽车工业协会发布的数据，2021 年，我国货车市场累计销售 428.84万辆，同比下降 8%。其中，轻型货车市场全年累计销售 210.98 万辆，同比下降 4%。2021 年，轻型货车在整个货车市场的占比达到 49.20%，较上年（46.93%）扩大 2.27 个百分点，见表 12 – 1。

表 12 – 1　2021 年货车各细分市场销量及占比情况

对比项	货车整体销量	重型货车销量	中型货车销量	轻型货车销量	微型货车销量
2021 年	428.84 万辆	139.53 万辆	17.88 万辆	210.98 万辆	60.45 万辆
2020 年	468.51 万辆	161.89 万辆	15.91 万辆	219.87 万辆	70.84 万辆
同比增长	– 8%	– 14%	12%	– 4%	– 15%
对比项	货车整体占比	重型货车占比	中型货车占比	轻型货车占比	微型货车占比
2021 年	100%	32.54%	4.17%	49.20%	14.10%
2020 年	100%	34.55%	3.40%	46.93%	15.12%
同比增长	0%	– 2.02%	0.77%	2.27%	– 1.02%

注：数据来源于中国汽车工业协会。

如表 12-1 所列，轻型货车市场 2021 年 4% 的累计降幅比货车市场整体 8% 的累计降幅低 4 个百分点，跑赢货车市场"大盘"。考虑到 2021 年轻型货车在货车市场的份额占比高达 49.20%，而 2021 年货车市场唯一实现增长的中型货车的占比还不足 5%，那么 2021 年货车市场同比降幅最终能控制在个位数，轻型货车市场的"贡献"最大。

而实际上，2021 年轻型货车市场虽在 5—12 月遭遇"8 连降"，但全年近 211 万辆的销量放在历年来看仍处于高位水平，如图 12-1 所示。

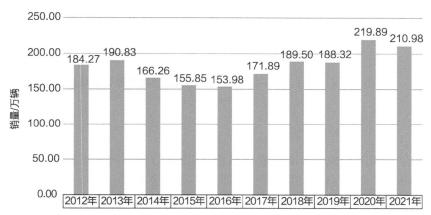

图 12-1　2012—2021 年轻型货车市场销量情况

注：数据来源于中国汽车工业协会。

轻型货车市场自 2010 年达到行业顶峰（196 万辆）后，销量持续下滑，2013 年小幅回升后又连续三年下跌，并在 2016 年跌入谷底。自 2017 年开始，在国家治理超载超限，电商快递物流、冷链运输等细分市场兴起，皮卡解禁范围扩大等多重"利好"的共同作用下，轻型货车市场连续两年实现稳步增长。2019 年，轻型货车市场未能延续增长势头，最终下降 0.6%。2020 年，轻型货车市场以 219.89 万辆的表现站上历史之巅，这也是我国轻型货车市场年销量首次突破 200 万辆。2021 年，轻型货车市场在遭遇"8 连降"的情况下仍交出累计销售 210.98 万辆的历史第二好成绩，单从年销量角度看，2021 年轻型货车市场表现不错。如果换一个角度，从单月销量看，2021 年轻型货车市场仍是可圈可点的，如图 12-2 所示。

图 12-2 显示，2021 年轻型货车市场以十年最佳表现开局，2 月表现中规中矩，3 月则交出超 27 万辆的"巅峰"表现，接下来又继续创造史上最好 4 月；5、6 两月，轻型货车市场虽遭遇"连降"，但仍有接近 20 万辆的销量；进入下半年，轻型货车市场画风突变，7、8 两个月销量均不足 15 万辆，9 月轻型货车市场环比增长重回 15 万辆水平，但 10 月销量再次不足 15 万辆，最后两月销量环比均有所增长。从单月销量角度看，2021 年轻型货车市场平均月销量为 17.5 万辆，有 2 个月销量突破 20 万辆，其中 3 月 27.12 万辆是我国轻型货车市场历史最高单月销量，这些数字都是 2021 年轻型货车市场"不错"的佐证。

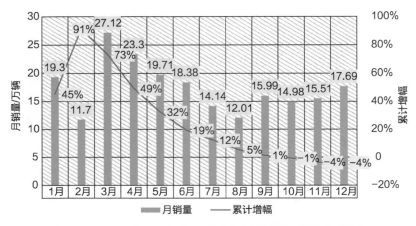

图 12-2　2021 年 1—12 月轻型货车市场销量及累计增幅走势

注：数据来源于中国汽车工业协会。

（二）行业竞争格局分析

2021 年，我国轻型货车市场累计销售 210.98 万辆，同比下降 4%，较 2020 年全年销量约减少 8.9 万辆。具体到轻型货车生产企业来看，2021 年，轻型货车市场共有 7 家企业累计销量突破 10 万辆，累计销量排名前 4 位的企业均超过 20 万辆，见表 12-2。

表 12-2　2021 年轻型货车（含皮卡）主流企业销量情况

企业名称	2021 年销量/万辆	2021 年份额（%）	销量同比增长（%）	2020 年销量/万辆	2020 年份额（%）	份额同比增长（%）
福田汽车	41.40	19.62	-4	43.21	19.65	-0.03
东风汽车	23.43	11.11	2	22.93	10.43	0.68
长城汽车	23.30	11.04	4	22.50	10.23	0.81
江淮汽车	20.84	9.88	-2	21.32	9.70	0.18
江铃汽车	18.60	8.82	-3	19.24	8.75	0.06
长安汽车	17.83	8.45	-2	18.21	8.28	0.17
中国重汽	10.94	5.18	-36	17.03	7.74	-2.56
上汽大通	9.63	4.56	14	8.48	3.85	0.71
一汽解放	7.74	3.67	-18	9.44	4.29	-0.62
金杯汽车	6.38	3.02	-11	7.18	3.26	-0.24
江西五十铃	5.17	2.45	23	4.19	1.90	0.55
庆铃汽车	4.44	2.11	-10	4.94	2.25	-0.14
总计	210.98	100	-4	219.87	100	0

注：数据来源于中国汽车工业协会。

　　由表 12-2 可见，12 家年销量超 4 万辆的企业构成了 2021 年轻型货车市场的"主体"，这 12 家企业合计份额接近 9 成（89.92%），其中有 3 家企业年度份额超过 10%：福田汽车、东风汽车和长城汽车分食了 2021 年轻型货车市场 19.62%、11.11% 和 11.04% 的份额。

　　由表 12-2 还可见，2021 年轻型货车市场整体出现 4% 的下滑，但仍有多家企业实现了"逆市"增长，东风汽车、长城汽车、上汽大通和江西五十铃 2021 年销量分别增长了 2%、4%、14% 和 23%；另一方面，2021 年轻型货车市场中下降的企业多为个位数小降，尤其是累计销量排名靠前的江淮汽车、江铃汽车、长安汽车等企业降幅均低于 4%，跑赢 2021 年轻型货车市场"大盘"。但也有不止一家企业降幅达到两位数，其中下滑最严重的中国重汽 2021 年销量同比下降 36%，比 2020 年累计销量净减少超 6 万辆。

　　从年度份额同比增长角度来看，2021 年，销量实现增长的东风汽车、长城汽车、上汽大通和江西五十铃，以及销量下滑但跑赢 2021 年轻型货车市场"大盘"的江淮汽车、江铃汽车、长安汽车 6 家企业，2021 年市场份额较 2020 年均有不同程度的增长，其中长城汽车和上汽大通增长最为明显，分别增长了 0.81 和 0.71 个百分点，上汽大通也从 2020 年的年终第 9 升至 2021 年的第 8。

　　由表 12-3 可见，与 2020 年相比，2021 年轻型货车市场行业格局变化并不大，排名 1~7 位的企业、位次与 2020 年完全一致。变化主要在第 8 位之后，上汽大通跃居行业第 8 位，江西五十铃从 2020 年的第 13 位升至第 11 位，距行业前十仅一步之遥；一汽解放、庆铃汽车两家企业则均较上年排名下降一位。

表 12-3　2021 年轻型货车（含皮卡）主流企业排名变化情况

2021 年排名	企业名称	2021 年销量/万辆	2020 年销量/万辆	同比增长（%）	销量增量/万辆	2020 年排名
1	福田汽车	41.40	43.21	-4	-1.8	1
2	东风汽车	23.43	22.93	2	0.5045	2
3	长城汽车	23.30	22.50	4	0.8004	3
4	江淮汽车	20.84	21.32	-2	-0.4808	4
5	江铃汽车	18.60	19.24	-3	-0.6414	5
6	长安汽车	17.83	18.21	-2	-0.3725	6
7	中国重汽	10.94	17.03	-36	-6.09	7
8	上汽大通	9.63	8.48	14	1.15	9
9	一汽解放	7.74	9.44	-18	-1.7	8
10	金杯汽车	6.38	7.18	-11	-0.7969	10
11	江西五十铃	5.17	4.19	23	0.9823	13
12	庆铃汽车	4.44	4.94	-10	-0.4974	11
	总计	210.98	219.87	-4	-8.89	—

注：数据来源于中国汽车工业协会。

（三）2022 年轻型货车市场走势分析

从历年销量走势看，商用车市场受政策影响极大，重要政策和法规的出台对相应细分市场走势的影响"立竿见影"。2022 年，我国轻型货车市场主要受到"蓝牌新政""促冷链物流发展""放宽皮卡进城限制"等政策及法规的影响；与此同时，2022 年以来多地散发的新冠肺炎疫情以及由此带来的经济增长减速对轻型货车市场也有很大负面影响。

2021 年，轻型货车市场全年销量达到 210.98 万辆，为史上第二高。有如此高的同期销量，加上疫情等因素影响，轻型货车市场在 2022 年出现较大下滑已是业内共识。

2022 年前 6 个月，轻型货车市场在 1 月、3 月、4 月、5 月和 6 月均出现两位数下滑，但降幅均低于货车市场整体降幅，而且 5 月和 6 月降幅还呈逐月缩窄态势（表 12 - 4）。表 12 - 4 及图 12 - 3 显示，2022 年上半年，我国轻型货车市场累计销售 84.93 万辆，同比降幅近 3 成（ - 29%），比 2021 年同期净减少约 35.5 万辆。

表 12 - 4　2022 年 1—6 月轻型货车销量增幅与货车整体销量增幅对比

对比项	1 月	2 月	3 月	4 月	5 月	6 月	1—6 月
轻型货车销量/万辆	16.18	12.3	18.24	10.75	12.43	14.8	84.93
轻型货车销量增幅（%）	- 17	5	- 33	- 54	- 38	- 20	- 29
货车销量整体增幅（%）	- 26	- 18	- 45	- 62	- 52	- 38	- 42

注：数据来源于中国汽车工业协会。

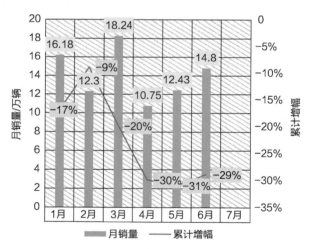

图 12 - 3　2022 年 1—6 月轻型货车市场销量（万辆）及累计增幅走势

注：数据来源于中国汽车工业协会。

当然，市场整体低迷中仍有一些细分领域"苗壮成长"。一方面，按照轻型货车市场近年来不断朝高端化、智能化、定制化及电动化发展的趋势，新能源轻型货车、冷链物流车、AMT 自动档轻型货车都是 2022 年下滑的轻型货车市场中的"亮点"所在；另一方面，"蓝牌新政"下，"小卡"（小轻型货车）品种同样大有可为，销量占比将进一步提升。此外，2022 年 5 月 31 日，国务院《扎实稳住经济的一揽子政策措施》印发，其中稳投资促消费措施中提出稳定增加汽车、家电等大宗消费，明确提到对皮卡车进城实施精细化管理，研究进一步放宽皮卡车进城限制。据不完全统计，2022 年 6 月以来，全国已有 10 余个省市自治区及多个地级市放开皮卡通行限制，这对皮卡车型增长提供了强有力的政策支撑，皮卡车型有望为未来几年贡献新的市场增量。

二、微型货车市场分析及趋势预判

（一）2021 年市场概况

相比重型货车的大"体积"与轻型货车的大"体量"，微型货车（行业俗称微卡）在货车市场的"存在感"相对弱了许多。但在国家"乡村振兴"战略以及新一轮汽车下乡的助力下，微型货车市场的发展前景被一致看好。

2021 年，我国微型货车市场全年累计销售 60.45 万辆，同比下降 15%。2021 年，微型货车在整个货车市场的占比为 14.10%，较上年（15.12%）减少 1.02 个百分点。

2021 年，微型货车市场销量降幅达 15%，为货车市场四个细分领域降幅之最；而微型货车在 2021 年 14.10% 的占比更是近十年来在货车市场里"存在感"最弱的一年。

微型货车市场 2010 年在"汽车下乡"政策刺激下曾短暂突破 60 万辆（61.2 万辆），随后回归理性进入平稳发展期，2012—2015 年销量均处于 50 万~55 万辆区间，如图 12－4 所示。2014—2016 年微型货车市场连续 3 年实现增长，在 2016 年销量再次突破 60 万辆，但连续增长势头未能在 2017 年延续，年销量再次跌至 60 万辆以下。2018 年，微型货车市场销量较上年同比增长 17%，年销量再次突破 60 万辆，并一举超过 65 万辆。2018—2021 年，微型货车市场年销量均保持在 60 万辆以上，其中 2020 年销量突破 70 万辆。单从年销量看，2021 年微型货车市场 60.45 万辆的水平在近 10 年算是中上水平；如果只看近 5 年，则处于低位水平。

如图 12－5 所示，微型货车市场在 2021 年首月即遭遇下降，仅销售 2.87 万辆；2 月销量虽也不足 3 万辆，但由于同期销量更低（2020 年受新冠肺炎疫情影响销量不足 1 万辆）实现大增，累计增幅实现转正；3 月微型货车市场继续实现增长，累计销量增幅扩大至 40%；4—9 月，微型货车市场遭遇"6 连降"；9 月过后，微型货车市场累计销量降幅已达到 20%；2021 年第 4 季度，微型货车市场在 10 月和 11 月两月实现"2 连增"，使累计降幅有所缩窄；2021 年 12 月，微型货车市场再次出现下滑，最终以年销量同比下降 15% 收官。

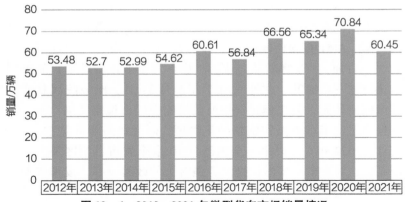

图 12 – 4 2012—2021 年微型货车市场销量情况

注：数据来源于中国汽车工业协会。

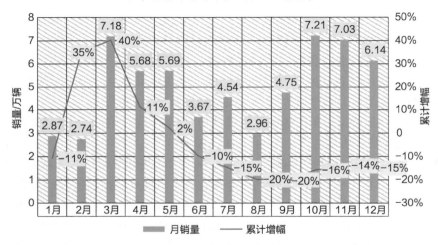

图 12 – 5 2021 年 1—12 月微型货车市场销量及累计增幅走势

注：数据来源于中国汽车工业协会。

从单月销量角度看，2021 年微型货车市场平均月销量约逾 5 万辆，其中 3 月、10 月和 11 月销量超过 7 万辆，1 月、2 月、6 月、7 月、8 月和 9 月销量均低于 5 万辆。

（二）行业竞争格局分析

2021 年，我国微型货车市场累计销售 60.45 万辆，同比下降 15%，较 2020 年全年销量约减少 10.39 万辆。2021 年全年，微型货车市场仅有 10 家企业实现销售。

由表 12 – 5 可见，2021 年微型货车市场 10 家实现销售的企业中有 6 家实现增长。累计增幅最高的是唐骏欧铃，2021 年销量同比增长 635%，是上年同期销量的 7 倍多；此外，长安汽车、山东凯马、奇瑞汽车、晶马汽车和北汽瑞翔（净增长）等企业的累计增幅也处于上升区间。

由表 12 – 5 还可见，2021 年微型货车市场在有 6 家企业实现增长的情况下整体仍出现下滑，主要是因为份额巨大的"头部"企业出现了下滑。2021 年，微型货车市场有两家企业年度市场占比超过 10%，排名前 2 位的上汽通用五菱和东风汽车分别占到 61.26% 和 14.45% 的市场份额（图 12 – 6）。排名首位的上汽通用五菱 2021年销量较 2020 年下滑 26%，净减少超过 13 万辆，甚至比 2021 年微型货车市场整体减少量（10.39 万辆）还大。

表 12 – 5 2021 年微型货车生产企业销量情况

2021 年排名	企业名称	2021 年销量/万辆	2020 年销量/万辆	销量同比增长（%）	2021 年份额（%）	2020 年份额（%）	份额同比增长
1	上汽通用五菱	37.03	50.21	− 26	61.26	70.88	− 9.62
2	东风汽车	8.74	9.03	− 3	14.45	12.74	1.71
3	长安汽车	5.57	5.42	3	9.21	7.66	1.55
4	山东凯马	4.18	2.75	52	6.91	3.89	3.02
5	奇瑞汽车	3.20	2.27	41	5.30	3.21	2.09
6	唐骏欧铃	1.40	0.1904	635	2.31	0.27	2.04
7	福田汽车	0.1631	0.2647	− 38	0.27	0.37	− 0.10
8	昌河汽车	0.1151	0.2388	− 52	0.19	0.34	− 0.15
9	北汽瑞翔	0.0500	0	—	0.08	0.00	0.08
10	晶马汽车	0.0091	0.0014	550	0.02	0.00	0.01
	总计	60.45	70.84	− 15	100	100	0.00

注：数据来源于中国汽车工业协会。

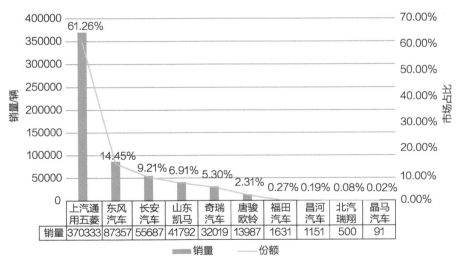

图 12 – 6 2021 年微型货车市场企业销量及市场占比情况

注：数据来源于中国汽车工业协会。

从份额同比增长的角度看，2021 年，微型货车销量实现增长的长安汽车、山东凯马、奇瑞汽车、唐骏欧铃、晶马汽车、北汽瑞翔，以及销量下滑但跑赢市场"大盘"的东风汽车 7 家企业，2021 年市场份额较 2020 年均有不同程度的增长，其中山东凯马、奇瑞汽车和唐骏欧铃 3 家企业的份额增长均超 2 个百分点。

（三）2022 年微型货车市场走势分析

与轻型货车市场相同，微型货车市场受政策影响极大，上一轮的"汽车下乡"就曾刺激微型货车市场有过一次爆发。2022 年，我国微型货车市场主要受到"蓝牌新政""乡村振兴战略""汽车下乡"等政策及法规的影响；与此同时，2022 年以来多地散发的新冠肺炎疫情以及连续上涨的油价对微型货车市场也有很大影响。

2021 年，微型货车市场全年销量为 60.45 万辆，同比下降 15%，较 2021 年销量净减少约 10.39 万辆，跌至近 5 年来第二低位。2022 年，形势同样不容乐观：1 月和 2 月，微型货车市场收获了货车市场上半年唯一的"2 连增"，2 月过后累计销量增幅一度达到 44%；3—6 月，微型货车市场遭遇连降，且 3—5 月 3 个月降幅呈逐月扩大趋势，4 月过后累计销量增幅开始转负，5 月过后累计降幅已超两位数，累计销量增幅从 44% 到 −16% 仅用了 3 个月。所幸微型货车市场 6 月销量同比降幅大幅缩窄，累计降幅得以缩窄 1 个百分点至下滑 15%（图 12 −7），截至 6 月，微型货车市场仍保持连续跑赢货车市场"大盘"的纪录（表 12 −6）。

表 12 −6　2022 年 1—6 月微型货车销量增幅与货车整体销量增幅对比

对比项	1 月	2 月	3 月	4 月	5 月	6 月	1—6 月
微型货车销量/万辆	4.73	3.34	6.05	3.19	2.86	3.41	23.59
微型货车销量同比增幅（%）	65	22	−16	−44	−50	−7	−15
货车销量同比增幅（%）	−26	−18	−45	−62	−53	−38	−42

注：数据来源于中国汽车工业协会。

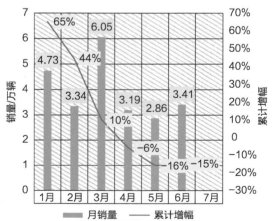

图 12 −7　2022 年微型货车市场销量及累计增幅走势

注：数据来源于中国汽车工业协会。

　　如表 12 - 6 和图 12 - 7 所示，2022 年 1—6 月，我国微型货车市场累计销售 23.59 万辆，同比下降 15%，比 2021 年同期净减少 4.23 万辆。2022 年 1—6 月，微型货车市场平均月销量不足 4 万辆。2021 年微型货车市场平均月销量为 5.04 万辆，2022 年 1—6 月仅有 3 月达到这一水准。

　　2021 年，微型货车市场并未与重型货车、轻型货车等市场一样呈现出"前高后低"走势，而是下半年表现好于上半年，且第四季度平均月销量最高（最近几年微型货车市场均是第四季度平均月销量最高）。按照前几年的走势，再加上国家经济刺激政策的逐渐见效，微型货车市场 2022 年下半年的表现会好于上半年，但全年销量与 2021 年相比将出现一定下滑。

　　具体到细分车型来看，汽油微型货车相比柴油轻型货车在城市里行驶更加灵活，价格更实惠，但"拉得少"是微型货车的劣势。这种情况下，大功率（大马力）、大排量、大装载空间的微型货车产品受到市场推崇，目前，微型货车市场主要生产企业正在大力推广此类产品；与此同时，《新能源汽车产业发展规划（2021—2035年)》提出特定区域物流配送车辆中新能源汽车不低于 80%，纯电动微型货车成为城市配送市场的"新宠"，在国家"双碳"战略持续推进的大环境下，电动微型货车增长的步伐也不会停止。综上所述，大功率（大马力）、大排量、大装载空间的"大"微型货车以及电动微型货车将会是"十四五"期间微型货车市场的主要增长点。

第 13 章　轻型客车市场发展现状分析与 "十四五" 趋势展望

本章作者：谢光耀

摘要：

作为客车行业的重要分支以及占比最大的细分领域，中国轻型客车市场销量在 2021 年交出了一份相对满意的成绩单：同比增长超过 19%，是最近 10 年来的最高增速；年销量在时隔 5 年之后，重新回到 40 万辆规模水平；代表未来发展方向的欧系宽体轻型客车销量首次突破 25 万辆。但进入 2022 年以来，市场形势急转直下，全年销量将重回下降通道。本章重点分析了轻型客车近年来的市场现状、发展特征和竞争格局，并阐述了各个主要企业的竞争力状况以及轻型客车行业 "十四五" 的未来趋势。

一、2021 年轻型客车市场分析

（一）市场整体现状分析

我国的轻型客车市场（行业俗称轻客，指 4.5m < 车长≤7m 的客车产品），是整个客车行业中占比最大的细分领域。根据中国汽车工业协会统计，2021 年，我国轻型客车市场总销量达到 41.11 万辆，比上年同期的 34.42 万辆增长 19.42%，净增长约 6.7 万辆。表 13 – 1 显示，轻型客车市场在最近 10 年走出了一个 "V" 形曲线，2012—2014 年连续 3 年同比增长，年均增速达到 11.27%。2015 年销量小幅下降，但保持了 40 万辆的规模；2016—2019 年，轻型客车市场连续下滑，年销量一直降到 33 万辆的规模。2020 年和 2021 年，轻型客车市场走出低谷，连续两年增长，2021 年的同比增速更是达到了 19.42%，是最近 10 年的最大涨幅。此涨幅也成功助力轻型客车行业重新回到了年销 40 万辆的水平。

表 13 –1　2012—2021 年我国轻型客车市场销量情况

年　　份	轻型客车销量/辆	同比增长（%）
2012 年	337654	4.71
2013 年	388302	15.00
2014 年	443054	14.10
2015 年	431997	– 2.50

（续）

年　　份	轻型客车销量/辆	同比增长（％）
2016 年	353632	−18.14
2017 年	348253	−1.52
2018 年	334593	−3.92
2019 年	332604	−0.59
2020 年	344225	3.49
2021 年	411077	19.42

注：数据来源于中国汽车工业协会。

由于涨幅"跑赢了"商用车大盘，轻型客车在商用车销量中的占比在 2021 年也得到了提升。表 13 - 2 显示，由于终端市场需求减弱，2021 年，我国商用车行业总销量为 479.3 万辆，比上年同期的 513.3 万辆下降 6.62%，其中，轻型客车品种由于实现了逆势增长（轻型客车是商用车七大细分领域中唯二实现逆势增长的领域之一，另外一个是中型货车），其销量占比从 2020 年的 6.71% 提升到 2021 年的 8.58%，这个 8.58% 的占比，也是 2019—2021 年的最高值。

表 13 - 2　2019—2021 年我国商用车行业销量情况

细分市场	2021 年			2020 年			2019 年		
	销量/辆	同比增长（％）	销量占比（％）	销量/辆	同比增长（％）	销量占比（％）	销量/辆	同比增长（％）	销量占比（％）
大型客车	48109	−15.37	1.00	56847	−24.24	1.11	75039	−2.49	1.74
中型客车	45658	−3.10	0.95	47119	−29.71	0.92	67039	−8.95	1.55
轻型客车	411077	19.42	8.58	344225	3.49	6.71	332604	−0.59	7.69
重型货车	1395290	−13.81	29.11	1618932	37.87	31.54	1174252	2.30	27.15
中型货车	178755	12.34	3.73	159113	14.19	3.10	139338	−21.37	3.22
轻型货车	2109846	−4.04	44.02	2198748	16.76	42.83	1883166	−0.62	43.54
微型货车	604548	−14.65	12.61	708354	8.41	13.80	653402	−1.83	15.11
商用车总体	4793283	−6.62	100.00	5133338	18.69	100.00	4324840	−1.05	100.00

注：数据来源于中国汽车工业协会。

（二）行业增长驱动力分析

2021 年，我国轻型客车市场是在商用车行业整体下滑的环境下实现了逆势增长，这一点尤为难得。轻型客车虽然在产品分类时属于"客车"大类，但其用途并不像大型客车、中型客车那样主要用于载人（道路客运、城市公交等），它不但可以载人，更可以用于城市物流、专用改装等。如果按照产品类别来划分，轻型客车主要包括 VAN 车、轻型巴士两类。其中，VAN 车又分为大 VAN 和中 VAN。大 VAN 车型源自欧洲，20 世纪 80 年代引入我国，原意为"封闭式厢式车"，引入我国后被称为欧系轻型客车或宽体轻型客车，以依维柯、江铃福特全顺等国人熟知的车型为代表；中 VAN 于 20 世纪 80 年代从日本丰田汽车引入沈阳华晨金杯生产，引入我国后被称为日系轻型客车或窄体轻型客车，以金杯海狮、风景海狮、金龙海狮等车型为代表。无论是"体型"较大的大 VAN，还是"身材"相对较小的中 VAN，都具有非常广泛的多功能用途，可载人，可载货，亦可客货两用和专业改装，因此又被称为"轻型多功能商用车"。还有一类轻型巴士，采用传统的骨架式客车车身结构，是大中型客车平台向下延伸开发的产品，主要用于短途客运、公交、校车等领域的运营。

按照用途角度来划分，轻型客车则主要分为城市物流、载人、专用三大类，其中城市物流车型根据应用场景的不同，又可以细分为专业物流车型和客货两用车型，其销量占到了轻型客车市场的 70% 以上。专业物流车型主要是盲窗厢式货车，用于快递等专业物流运输场景；客货两用车型的主要运营场景是城市内的客货混装和客货兼容，也即上的是客车公告，但主要用于载货或者以载货为主，可以规避货车进城受限的问题，其用户类型以个体工商户、中小微企业和个体运输户为主；载人的车型主要应用于短途客运、城乡客运、商务接待、通勤班车、支线公交车、校车等场景；还有一类车型是专用车，是基于轻型客车底盘进行专业改装后的车辆，包括救护车、警车、通信车、房车、邮政车等，应用场景非常广泛。

2021 年轻型客车市场实现快速增长的驱动力主要有五方面。

第一是国家排放法规升级所带来的市场提前购车。根据国家法规，从 2021 年 7 月 1 日起，柴油车国六排放标准正式实施，亦即自 2021 年 7 月 1 日起国五柴油新车将无法上牌。对于国家和社会而言，国五向国六升级，意味着汽车尾气排放更为清洁和干净，有利于节能减排和环保；对于用户而言，国五向国六升级，意味着新车价格的上涨——部分产品根据配置和具体车型上涨了数千元不等，同时意味着用车成本的上升——国六车型后处理系统相比国五更加"娇贵"，维护修理费用有较大上涨。因此，提前购买国五车型，就成为 2021 年上半年市场和用户的迫切需求。图 13 -1 显示，2021 年上半年，轻型客车市场每个月的月度销量都是高位，同比也是大幅增长：1 月销量同比增长 47.00%，2 月同比增长 215.88%，3 月同比增长 72.93%，4 月同比增长 30.08%，5 月同比增长 30.92%，6 月同比增长 29.02%；2021 年上半年月均销量达到 3.59 万辆，比上年同期月均销量大幅上涨 48.70%。此外，2021 年上半年累计销量达到 21.54 万辆，同比净增加 70546 辆，贡献了 2021 年轻型客车市场的全部增量（2021 年下半年累计销量同比减少了 3219 辆）。但要注意的是，由于受上半年市场提前透支、下半年终端需求减弱、油价高企等不利因素的影响，轻型客车行业从 2021 年 9 月便开始"掉头向下"，到年底时已经连续下滑了 4 个月，为 2022 年开局不利埋下了伏笔。

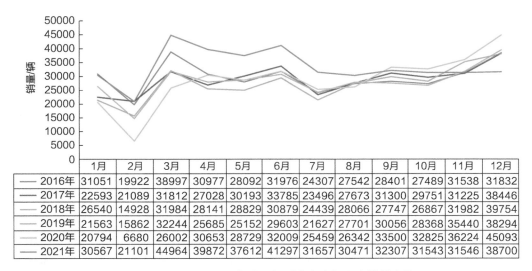

	1月	2月	3月	4月	5月	6月	7月	8月	9月	10月	11月	12月
2016年	31051	19922	38997	30977	28092	31976	24307	27542	28401	27489	31538	31832
2017年	22593	21089	31812	27028	30193	33785	23496	27673	31300	29751	31225	38446
2018年	26540	14928	31984	28141	28829	30879	24439	28066	27747	26867	31982	39754
2019年	21563	15862	32244	25685	25152	29603	21627	27701	30056	28368	35440	38294
2020年	20794	6680	26002	30653	28729	32009	25459	26342	33500	32825	36224	45093
2021年	30567	21101	44964	39872	37612	41297	31657	30471	32307	31543	31546	38700

图 13 – 1　2016—2021 年我国轻型客车市场月度销量走势

注：数据来源于中国汽车工业协会。

第二，宏观经济的利好推动。轻型客车属于商用车的一个品种，其本质属性仍然是生产工具和赚钱机器，是一个跟宏观经济、消费与投资高度强相关的细分市场。换言之，宏观经济和 GDP 快速增长，居民消费需求"水涨船高"，就会带来更高的城市物流运输货运量以及更多的城市货运车辆购置需求。根据国家统计局发布的数据，2021 年全年社会消费品零售总额 440823 亿元，比上年增长 12.5%，这是轻型客车行业健康发展的重要宏观利好因素。如果细分到月度增速来看，2021 年社会消费品零售总额同比增速超过 10% 的月份全部集中在当年上半年，最高时一度达到 34.2%，如图 13 – 2 所示。社会消费品零售总额上半年月度增速高涨，必然推动对轻型客车这样的城市物流车辆的需求增长，再加上前文提到的国五升级国六因素叠加，使得 2021 年上半年成为轻型客车行业的"高光时刻"。

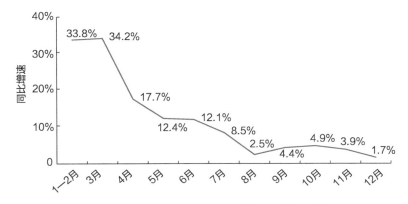

图 13 – 2　2021 年社会消费品零售总额同比增速

　　第三，供给侧的变化。近年来，由于市场竞争趋于白热化，降价、促销、优惠成为行业中屡见不鲜的营销手段和推广策略。"攻擂者"要夺取更多的销量、不断提高自己的市场份额，就屡屡祭出降价这一短期内很快能奏效的手段；"守擂者"要保住自己的市场份额，也不得不降价迎战甚至主动降价以打击竞争对手。2021年，柴油车从国五排放升级到国六排放，轻型客车发动机后处理系统的升级将带来数千元的成本上涨，因此，国六新车涨价是必然。但行业内企业持续降价，最终导致各厂家国六主销车型的售价相比国五的上涨幅度很小，远低于成本上涨的幅度，尤其是欧系的短轴物流类产品，市场上的主流车型终端零售价继续保持在10万元以下，几乎没有上涨。这种情况一方面造成企业只能通过内部消化成本来抵消国六升级所带来的成本上涨，削弱了行业的盈利能力，市场整体竞争环境对后进入者和小企业越来越不"友好"；另一方面，作为产业链上供给侧的主体，轻型客车企业出于竞争需要而将国五、国六的主流产品价格维持在低位，能够吸引更多原来使用客货两用MPV、大微型客车的用户消费需求升级，"向上"购买轻型客车，进而扩大了轻型客车市场的用户基盘数量和年销量规模。

　　第四，政策预期导致轻型客车对轻型货车的部分替代。从2021年第一季度开始，行业内就出现"蓝牌轻型货车技术新规"即将发布实施的传言（实际上该法规直到2022年1月12日才正式发布）。根据该法规，为了从产品源头进一步遏止"大吨小标"，车长小于6m且总质量小于4.5t的蓝牌轻型货车发动机（柴油）排量不大于2.5L，货厢内部宽度不大于2.1m，轮胎名义断面宽度不超过7.00in（1in＝25.4mm）。商用车行业内蓝牌新规即将发布实施的传言四起，各地车管所明显加大了对蓝牌轻型货车新车上牌的检测力度，自重超重、参数超标的蓝牌轻型货车上牌困难，一些地区甚至暂停了当地蓝牌轻型货车的上牌。在这种环境下，部分蓝牌轻型货车用户转而购买轻型客车尤其欧系轻型客车，以避开蓝牌轻型货车上牌难的问题。

　　第五，轻型客车出口取得新突破。根据第一商用车网的统计，2021年，我国轻型客车出口总量大约为2.96万辆，比上年同期的2.07万辆增长了43%，净增量约9000辆。其中，日系轻型客车和轻型巴士的出口量约为1.41万辆，比上年同期小降3%；欧系轻型客车的出口量有较大增长，主要贡献者是上汽大通，其一家企业2021年就出口欧系轻型客车达13442辆，同比增长215%，出口量占到轻型客车出口总量的45%，比上年同期的21%占比提高了24个百分点。

（三）　轻型客车企业竞争格局分析

　　2021年轻型客车市场同比大幅增长，各家主流企业的"成绩单"也是一片飘红。表13-3显示，2021年，排名轻型客车行业销量前十的企业都取得了不同程度的增长。

　　总体来看，轻型客车行业竞争格局有三个特点值得关注。

　　第一，得欧系者得轻客天下。2021年，轻型客车行业总销量中，欧系车型占比超过 60%，且占比仍在继续扩大；轻型客车行业前五名中，有四家企业（江铃汽车、上汽大通、福田汽车、南京依维柯）生产销售的轻型客车产品都以欧系为主或者全部是欧系车型。行业第一名江铃汽车，2021 年销售轻型客车近 10 万辆，市场份额连续三年稳定地保持在 24% 以上，江铃是国内轻型客车行业中的老牌豪强，技术源自福特全顺（Transit）商用车，目前的商品战略是"双品牌"，生产并销售"福特"商标的福特全顺和"江铃"商标的江铃特顺。上汽大通是最近十年迅速成长起来的一匹"黑马"，其轻型客车产品全部是欧系宽体车型。凭借上汽集团的品牌背书和支持、自身产品与技术的快速迭代以及对市场需求的快速反应，上汽大通轻型客车销量在 2019 年首次跻身行业第三，2020 年升至行业第二，2021 年继续保持前二地位，且市场占有率持续提升，2021 年份额已经接近 20%，比 2019 年提升了近 10 个百分点之多。行业第三名长安汽车与江铃汽车和上汽大通不太一样，长安汽车目前生产的是日系窄体轻型客车，暂未涉足欧系宽体轻型客车领域，其产品性价比较高，近三年来较为稳定地居于行业前三。

表 13-3　2019—2021 年轻型客车企业销量及份额情况

2021 年排名	企业名称	2021 年总销量/辆	2020 年总销量/辆	2019 年总销量/辆	2021 年同比增长（%）	2021 年份额（%）	2020 年份额（%）	2019 年份额（%）
1	江铃汽车	99791	91098	80069	9.54	24.28	26.46	24.07
2	上汽大通	80701	59705	32484	35.17	19.63	17.34	9.77
3	长安汽车	55850	38703	48900	44.30	13.59	11.24	14.70
4	福田汽车	43263	38653	31572	11.93	10.52	11.23	9.49
5	南京依维柯	33387	28385	25500	17.62	8.12	8.25	7.67
6	东风汽车	23836	18965	24848	25.68	5.80	5.51	7.47
7	厦门金龙	15139	13673	18223	10.72	3.68	3.97	5.48
8	厦门金旅	14679	11727	12373	25.17	3.57	3.41	3.72
9	金杯汽车	11691	10403	16242	12.38	2.84	3.02	4.88
10	江淮汽车	10245	9921	9793	3.27	2.49	2.88	2.94
	其他	22495	22992	32600	-2.16	5.47	6.68	9.80
	市场总计	411077	344225	332604	19.42	100.00	100.00	100.00

注：数据来源于中国汽车工业协会。

作为中国商用车行业的销量冠军，福田汽车目前在轻型客车这个细分领域中的排名是第四，其 2021 年销售各类轻型客车 43263 辆，同比增长 11.93%，市场份额 10.52%。福田汽车既生产欧系轻型客车，也生产日系轻型客车，同时还有一小部分传统客车车身结构的轻型巴士，产品类型相对比较广泛。不过，在福田汽车 2021 年的轻型客车销量中，欧系宽体车型占比超过 50%。行业第五名南京依维柯，是上汽集团旗下控股子公司，生产的是"依维柯"商标的欧系轻型客车，2021 年销量 33387 辆，同比上涨 17.62%，市场份额为 8.12%。另外，轻型客车行业前十强中还有一家企业——江淮汽车，也是以欧系轻型客车为主，其 2021 年销售各类轻型客车 10245 辆，其中欧系轻型客车车型 8246 辆，占比达 80.5%。

由上述分析可以看出，得欧系者得天下，要进入轻型客车行业主流甚至行业前五，就必须得有能拿出手、有竞争力的欧系轻型客车产品才行。

第二，竞争格局趋于稳定。2020—2021 年，轻型客车行业前十强企业一直没有变化，格局趋于稳定，甚至前十强之间的排位顺序也没有发生变动。即使是 2019 年，轻型客车市场前十名也仍然是这十家企业，只不过第 2、第 3 名发生了换位，第 8、第 9 名发生了换位。

第三，市场份额不断向主流企业集中，头部企业竞争优势较为明显。2020 年，轻型客车行业前五名的企业市场份额合计为 74.52%，比 2019 年的 65.70% 增加了 8.82 个百分点；2021 年，行业前五名的企业市场份额合计为 76.14%，比 2020 年又增加了 1.62 个百分点。2020 年，轻型客车行业前十名的企业市场份额合计达到 93.32%，比 2019 年增加了 3.12 个百分点；2021 年，前十名的企业市场份额合计达到 94.53%，比 2020 年又增加了 1.21 个百分点。可以看出，江铃汽车、上汽大通、长安汽车、福田汽车、南京依维柯等头部企业正凭借规模化的成本优势、持续的高研发投入和技术壁垒、广泛的营销服务网络等体系能力，建立起各自的"护城河"，牢牢地掌握着行业的领先地位。

二、欧系轻型客车细分市场分析

（一）市场概述

欧系轻型客车市场，又被称为"大 VAN"市场，是轻型客车行业中的明星产品和"皇冠上的明珠"。相比轻型客车市场上的其他类别产品，欧系轻型客车具有几大优势难以复制。首先，相比传统轻型巴士只能载人的特点，欧系轻型客车的多功能性更强，既能载人也能载货，还可客货两用。在载客人数方面，一辆车长接近 6m 的欧系轻型客车最大座位数可以达到 18 座，接近一辆传统轻型巴士；其次，相比金杯海狮等日系窄体轻型客车，欧系宽体轻型客车的车身更长更宽，内部空间也更宽更大，动力更强劲，单趟运输效率更高，是城市配送、城市物流、客货兼容等用途的首选车型之一。尤其是，近年来随着欧系轻型客车主流产品的单车价格下沉到 10 万元以下，吸引了大量使用客货两用型 MPV、日系轻型客车、微型客车等车型的中小业主和个体工商户用车需求升级，转而在换车时购买欧系轻型客车。

这些优点也就决定了在轻型客车行业中，欧系车型代表了未来的发展方向和趋势，也是各家车企的"兵家必争之地"。

表 13 - 4 显示，2020—2021 年，我国欧系轻型客车市场可以说取得了重大突

破，年销量规模首次在 2020 年超过了 20 万辆大关，并且在 2021 年保持了这一势头，取得了 25.2 万辆销量、同比增长 20% 的可喜成绩。轻型客车行业花了十年时间，让其市场总销量翻了一番（2011 年的销量是 10.32 万辆）。

表 13 - 4　2013—2021 年我国欧系轻型客车市场销量情况

年份	欧系轻型客车销量/辆	同比增长（%）
2013 年	130924	19.3
2014 年	143715	9.8
2015 年	143542	-0.1
2016 年	138704	-3.4
2017 年	153891	10.9
2018 年	158036	2.7
2019 年	155362	-1.7
2020 年	210055	35.2
2021 年	252018	20.0

注：数据来源于第一商用车网。

（二）　行业竞争态势：六强争霸和三大阵营

欧系轻型客车的市场格局经过十年演变，目前形成了"六强争霸"的竞争格局（表 13 - 5），此前在该市场主打高端、技术源自戴姆勒 - 奔驰的福建奔驰凌特（Sprinter），在 2019 年彻底退出市场。与轻型客车行业整体相比，欧系轻型客车细分市场中的企业相对较少，年销量过百辆的企业只有六家（轻型客车行业中年销量过千辆的企业 2021 年就有 18 家），但竞争同样十分激烈。

表 13 - 5　2019—2021 年欧系轻型客车品牌销量及份额情况

2021 年排名	品牌名称	2021 年总销量/辆	2020 年总销量/辆	2019 年总销量/辆	2021 年同比增长（%）	2021 年份额（%）	2020 年份额（%）	2019 年份额（%）
1	江铃汽车	99011	90242	74997	9.72	39.29	42.96	48.27
2	上汽大通	80701	59705	32484	35.17	32.02	28.42	20.91
3	南京依维柯	33387	28385	25500	17.62	13.25	13.51	16.41
4	福田图雅诺	22656	18586	12250	21.90	8.99	8.85	7.88
5	江淮星锐	8246	6905	6098	19.42	3.27	3.29	3.93
6	东风御风	8017	6232	4033	28.64	3.18	2.97	2.60
	市场总计	252018	210055	155362	19.98	100.00	100.00	100.00

注：数据来源于第一商用车网。

欧系轻型客车的行业竞争格局最近几年呈现出几个鲜明特征。

首先是自主品牌崛起，与合资的"碰撞"日益激烈。在市场前六强中，有两家企业是传统豪强，即江铃汽车和南京依维柯，这两家企业都有合资背景，产品平台源自引进技术。江铃汽车旗下的福特全顺是"福特"商标，引进的是福特轻型商用车技术；即使是江铃汽车从2017年开始生产的"江铃"自主商标的江铃特顺，其前身也是上一代福特全顺产品。南京依维柯生产的完全是"依维柯"商标的欧系车型，技术来源是外方股东意大利依维柯。除了南京依维柯和江铃汽车，表13-5中的其余四个品牌都是自主品牌，没有合资背景，但背后都有汽车集团的支持，入市多年来频频对合资品牌发起挑战，产品也不断推陈出新：上汽大通的母公司是国内汽车产销量最大的上汽集团；福田图雅诺品牌隶属于北汽福田汽车股份有限公司（简称福田汽车）这家全国商用车销量领先的车企；江淮星锐品牌由安徽江淮汽车集团股份有限公司（简称江淮汽车）一手打造，江淮汽车同样是国内老牌的商用车企业，轻型货车销量一直保持领先；东风御风则是东风汽车股份有限公司（简称东风汽车）旗下的欧系大VAN品牌。从上述情况来看，欧系轻型客车这一细分行业虽然产销规模不算大，但易守难攻，新进入品牌身后如果没有实力强大的母公司和股东做支持，很难在该市场站稳脚跟。

其次，上汽大通和福田图雅诺"两匹黑马"迅速崛起，推动市场格局形成三大阵营。上述四个自主品牌中，除了福田图雅诺，其余三个品牌都诞生于2011—2012年，但截至目前，年销量破万辆的只有2011年入市的上汽大通和2015年入市的福田图雅诺。

从历史的时间线来看，欧系轻型客车市场曾经有不同类型的车企对其发起过冲击，有的取得了阶段性成功，有的则以失败而告终。比较典型的包括三类车企。

一类是乘用车制造企业，以上汽集团和戴姆勒在华合资企业福建奔驰为代表，前者通过收购英国LDV轻型商用车公司，在国内打造了上汽大通MAXUS品牌，于2011年进入欧系轻型客车市场。十年间，凭借上汽集团的全力支持和大通人敢打敢拼的精神，上汽大通成为欧系轻型客车市场上最强有力的竞争者和崛起速度最快的"黑马"，它在进入市场后第三年（2013年）就销量破万，2015年销量突破2万辆，2018年销量破3万辆，2019年销量超过南京依维柯，跃升行业第二，2021年销量突破8万辆，目前已经稳稳地位居行业前两名。后者福建奔驰从戴姆勒引进的奔驰凌特（Sprinter）欧系轻型客车主打高端市场，主要满足商务、房车等客户需求，但最终铩羽而归，于2019年彻底退出该市场，不再生产该类车型。

第二类是大中型客车制造企业，以苏州金龙海格客车和厦门金龙客车为代表，这两家企业主营业务是大中型客车，业务线逐渐拓展到欧系轻型客车领域，但由于投入不大，营销方式以直销模式为主，业务理念仍是大中型客车的产品运营理念，因此销量很小，业务不具备可持续性，难有较大作为。

第三类是以商用车为主业的车企，为了补充产品线短板而进入该市场，以江淮汽车、福田汽车和东风汽车为代表。其中，江淮汽车于 2011 年正式进入欧系轻型客车市场，产品品牌为江淮星锐，截至目前，最高销量是 2021 年的 8246 辆，未来冲击万辆将是江淮星锐的主要任务之一；东风汽车于 2012 年进入欧系轻型客车市场，产品品牌为东风御风，2021 年销量首次突破 8000 辆，"破万"同样是其重要使命；福田汽车则是在 2015 年进入欧系轻型客车领域，产品品牌为福田图雅诺，其欧系轻型客车销量在 2018 年就突破了 8000 辆，2019 年突破万辆，2021 年突破 2 万辆，达到 22656 辆，已经稳定居于前四并成为行业前三甲的有力竞争者。

如此一来，欧系轻型客车就形成了三大阵营的竞争格局和态势，三大阵营"泾渭分明"。第一阵营由江铃汽车和上汽大通组成，年销量超过 8 万辆；第二阵营由南京依维柯和福田图雅诺构成，年销量超过 2 万辆；第三阵营是江淮星锐和东风御风，年销量在 1 万辆以下。

三、轻型客车行业"十四五"趋势展望

（一）2022 年形势分析

2022 年，轻型客车市场一开局，就已经显得有些萎靡不振，行业形势不容乐观。根据中国汽车工业协会发布的销售数据（图 13 - 3），2022 年 1—6 月，我国轻型客车市场累计销售各类车型 148238 辆，同比下滑 31.18%。其中，1 月销售 25117 辆，同比下降 17.83%；2 月销售 19759 辆，同比下降 6.36%；3 月销量同比再度下降 31.66% 至 30727 辆，传统的 3 月"销售旺季"也变成了淡季；到了 4 月，轻型客车市场销量只有 20747 辆，同比大幅下降 47.97%，全行业迎来"至暗时刻"；5 月、6 月，市场虽然在缓慢复苏，但仍然没有达到预期，分别销售 23786 辆和 28122 辆，同比下滑 36.76% 和 31.90%。

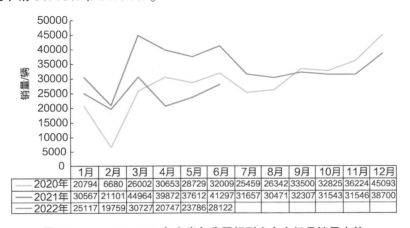

	1月	2月	3月	4月	5月	6月	7月	8月	9月	10月	11月	12月
2020年	20794	6680	26002	30653	28729	32009	25459	26342	33500	32825	36224	45093
2021年	30567	21101	44964	39872	37612	41297	31657	30471	32307	31543	31546	38700
2022年	25117	19759	30727	20747	23786	28122						

图 13 - 3　2020—2022 年上半年我国轻型客车市场月销量走势

注：数据来源于中国汽车工业协会。

与重型货车相同，2022 年，对于轻型客车行业而言是"压力山大"的一年。

一方面，2021 年下半年的不利因素叠加，到 2022 年仍然存在：柴油车国五升级国六对市场需求提前消费和透支；经济增长减速，许多中小微企业和个体工商户的业务经营遭遇困境，整体产业环境恶化，购车需求萎靡不振；油价高企，车辆使用成本不断增加，车主油耗成本负担越来越重；内需消费减少，需要运输的货物减少，货运量减少又导致城市物流车型需求降低。根据国家统计局发布的数据，2021—2022 年第二季度的 GDP 季度同比增速渐次走低，连续多个季度的经济增长减速已经实质性地传导到轻型客车市场上。

另一方面，与重型货车一样，2022 年新冠肺炎疫情对轻型客车行业造成了巨大的负面影响。由于疫情，经济下行压力加大，大量民营企业、中小微企业和个体工商户经营困难；多地制造业停产或限产，复工复产较为缓慢，服务业则"暂缓营业"，人员流动不畅、物资运输不畅乃至货运量大跌，城市配送车辆业务大幅减少甚至无货可拉；疫情管控下，全国各地公路客运和旅游客运都受到了较大影响，部分地区道路客运按下了"暂停键"，载人轻型客车市场需求也随之大幅下降。在这种环境下，很多轻型客车用户对于自己经营的主业预期较为悲观，观望情绪浓厚，有意向购车、换车的用户数量大幅减少。另外，长三角地区 3 月以来疫情比较严重，而长三角是欧系轻型客车最大的主销区域，欧系轻型客车细分市场因此受影响较大。

进入 2022 年下半年，经济基本面转好，疫情防控政策的调整有助于推动人员和物资的加速流动。但总体来看，由于上半年疫情影响较大，预计 2022 年轻型客车行业销量将出现两位数的同比下滑。

（二）"十四五"趋势展望

尽管 2022 年轻型客车市场面临较大的下行压力，但"十四五"期间，我国轻型客车行业仍有很大发展空间和增长机遇。

第一是城镇化率不断提升带来的宏观机遇。我国仍在大力推进新型城镇化建设，预计到 2030 年，32 个城市群将建设成熟。城市群的不断建成，将会带来更多的城市常住人口、更多的消费、更多的就业和更多的投资，由此所产生的"人流""商流""物流"将催生更多对于城市物流车型的需求。在新型城镇化建设过程中，大量创业青年、中小微企业、个体工商业主和运输户是不可或缺的主力，他们在从事自身业务时需要投入运输车辆，而货车进城在多数城市都受限，因此，可"乘"可"商"，可载人可拉货，多功能属性强，进城基本不受限制的轻型客车就是其首选车辆之一。尽管从政策管理的角度而言，客货混装是不被允许的，但货车进城受限客观上为客货两用的轻型客车车型创造了生存空间，并且这种情况还将长期持续下去。

第二，专业化分工推动专用改装车辆的增长。随着城市作业专业化协作与分工的细化，各种专用车辆不断涌现，尤其是冷链车、疫苗运输车、救护车、房车等关系到民生和人民美好生活需求的专用车辆，增长空间巨大。VAN 类轻型客车作为用途广泛、改装便捷的轻型多功能商用车平台，是城市专用车市场的"好帮手"和"能手"，"十四五"将获得更大的发展机遇。

第三，灵活就业带来市场新机遇。根据国家统计局发布的数据，截至 2021 年年底，我国灵活就业人员已经达到 2 亿人。未来，灵活就业人员的数量很可能还将继续增加，这些人员中有很大一部分是自主创业，而自主创业人员中又有一部分人的业务需要运输车辆的助力才能完成，他们或者通过购车来支持自己的业务发展，或者通过租赁运输车辆来推动自己的业务发展，无论是哪种形式，都会带来轻型客车等城市物流车辆的增长机遇。

第四，电动化趋势势不可挡。"十四五"期间，随着各行各业对"双碳"目标的积极践行，汽车产业电动化将会进一步加速。作为城市物流和专用改装的重要主力军，轻型客车行业的电动化同样是大势所趋。尤其是，由于主要作业环境和应用场景都在城区内甚至核心主城区，因此，轻型客车车型中的厢式物流车、城市专用车、城区客车等将会以更快速度"驶向"绿色零排放的未来。

第五，客运车辆"大转小"趋势将持续。"十三五"时期，受高铁、私家车等替代出行方式的影响，道路客运市场持续萎缩，超过 200km 的中长途跨省、跨市客运更是受冲击的"重灾区"。在这一过程中，大中型座位客车向轻型客车转型的趋势日益明显。相比大中型客车，轻型客车具有很强的差异化优势：购置成本、使用成本都较低；载客人数较少，坐满即走，无须等待过长时间，适合短途客运、城乡客运，承接旅客乘坐高铁后的短途接驳客运，以及家庭亲友小规模组团出行等场景，用途灵活。"十四五"期间，客运车辆"大转小"的趋势难以逆转，轻型客车企业正迎来道路客运转型的历史性机遇。

第六，轻型客车出口"十四五"仍将保持增长。我国商用车是低成本、高性价比的产业，在全球拥有很强的比较优势与竞争力，轻型客车行业同样如此。尤其是 VAN 类轻客，进入发达国家和地区的机会非常大。以欧洲为例，该地区经济发达，城市物流大量使用 VAN 车，轻型货车需求相对较少，上汽大通 MAXUS 生产的欧系轻型客车产品凭借高品质和低成本，已经大批量进入欧洲市场并且站稳了脚跟。可以预见，"十四五"期间，中国的轻型客车企业只要战略清晰正确、产品质量过硬、技术迭代迅速，在国际市场商机无限。

第14章 皮卡行业分析及未来展望

本章作者：崔东树

摘要：

作为轻型货车行业的重要分支，我国皮卡市场有其独立发展的特征。近几年皮卡市场呈现出快速增长的良好态势，尤其是随着基建和房地产的快速增长，皮卡市场在工程建设、农业现代化的新农村建设以及城市化消费等各方面都取得了新的突破。在皮卡厂家的共同努力下，皮卡文化不断发扬光大，皮卡作为一种新消费文化的特征得以持续增强，皮卡乘用化也呈现出良好的发展态势，是未来汽车消费的主要发展方向之一。未来，随着皮卡改装以及皮卡文化的快速普及，皮卡市场仍具有巨大的发展潜力。

一、皮卡市场总体分析

1. 全国皮卡市场销量持续高增长

表 14-1 显示，我国皮卡行业销量从 2016 年的 34.4 万辆上升到 2021 年的 54.6 万辆，年平均增速超过 10%。2021 年，皮卡在轻型货车整体市场上的销量占比达到 26%，呈现出独立发展的良好增长态势。

表 14-1 2016—2021 年我国皮卡市场销量及占比情况

对比项	2016 年	2017 年	2018 年	2019 年	2020 年	2021 年
皮卡销量/万辆	34.4	41.1	45.1	43.9	47.8	54.6
皮卡同比增速（%）	10	19	10	-3	9	14
轻型货车销量/万辆	154.0	174.0	189.1	188.3	219.9	209.8
皮卡占比（%）	22	24	24	23	22	26

注：数据来源于乘用车市场信息联席会（以下简称乘联会）全国皮卡市场信息联席会。

2. 全国皮卡用户及产品需求分析

我国皮卡产品系舶来品，是美国皮卡产品在中国的导入，满足了"平衡"乘用与载货功能的市场需求。由表 14-2 可以看出，皮卡最主要的用途是满足工具运输类和工程类需求，其次是满足乘商两用类需求，满足这两类需求的皮卡是目前我国主要的皮卡类型。由于行业用户和政府部门经费充裕，电力等公共单位的需求可以突破审批限购的行政约束，因此，政府及事业单位对办公、水、电、气等的应急抢修，城管或载货等方面的高端需求也成为合资皮卡企业的重要市场。随着这两年皮卡卡向家庭延伸，皮卡文化在部分富裕家庭不断发展，形成家庭皮卡新亮点。

表 14 – 2　皮卡用户及产品需求分析

用途分类	工具运输	商乘两用	政府及事业单位	家庭多用车
使用客户	工程、矿山等行业基层员工	个体户、中小企业主或管理层	城管、交警、市政；水、电、气、通信	自驾游或越野，部分会改装（北京、成都改装用户较多）
销量占比	45%	40%	10%	5%
价格区间	6 万 ~ 10 万元	8 万 ~ 20 万元	10 万 ~ 18 万元（燃油），18 万 ~ 25 万元（电动）	12 万 ~ 50 万元
主要用途	设备和材料运输；后勤补给（菜、米、油）；工地通勤	工地通勤、设备保养、汽修勘察抢修；农资产品运输；商贸、餐饮业运货；日常出行及自驾游	城管、交警巡逻执法；水、电、气应急抢修	日常出行；周末自驾游、户外烧烤
主要痛点	换档不顺；制动发抖；重载"翘头"；车门和尾厢铰链易损	内饰粗糙；后排空间小、座椅靠背角度较直；空载防振较差；配置和隔声不佳	后排空间、后排座椅靠背角度较直；车门和尾箱铰链不耐用；换档异响	外观不够大气；内饰非软包、做工粗糙；配置和隔声不佳；后排空间不足、后排座椅靠背角度太直
关注因素	价格、质量、油耗、二手车残值	外观内饰、动力、油耗、配置	品牌、质量、空间、排放	品牌、外观内饰、动力、配置
功率需求	功率≤90kW	功率>90kW	功率>90kW	功率>100kW
燃料种类和传动形式	柴油为主；两驱和四驱、MT	柴油为主；两驱和四驱、MT 向 AT 过渡	汽油为主；四驱、MT 为主	汽油偏多；四驱、AT 为主

注：资料来源于乘联会全国皮卡市场信息联席会。

目前我国主流皮卡产品的价格覆盖 6 万 ~ 20 万元，产品系列很丰富。合资品牌皮卡产品价格区间以 15 万 ~ 20 万元为主，自主品牌皮卡在 10 万元左右的产品相对比较丰富，总体形成了皮卡价格相对轻型货车较高、需求较多元化的特征。

二、皮卡市场环境与政策分析

1. 皮卡产品管理政策"去货车化"

（1）新国家标准实施

GB/T 40712—2021《多用途货车通用技术条件》国家标准从 2022 年 5 月 1 日起正式实施。该标准适用于双排座椅多用途货车，单排皮卡不在多用途货车的范围内。

该标准对皮卡车做了明确定义，并对尺寸、爬坡能力、燃油经济性、货箱、轮胎等方面做出要求，提出了"货箱顶部长（货箱内部）应不超过整车长度的35%且不大于1850mm，座椅间距不小于650mm""货箱应只有货箱后栏板为可开闭状态""至少有一个后排座椅配置符合 GB 14167 规定的 ISOFIX 儿童约束系统固定装置"等详细条款，以保证皮卡的客货两用属性及行驶安全。同时，标准对皮卡车的碰撞性能、安全带、儿童约束系统及固定点，座椅及头枕，制动，视野，轮胎等提出了更高要求，明确这些方面的技术要求应与乘用车有关指标保持一致；而由于皮卡对动力性有更高需求，所以在节能和环保方面，污染物排放限值、燃料经济性、车内空气质量以及电磁兼容性的技术要求与现有标准保持一致即可。

相比 2020 年 12 月发布的征求意见稿，正式文件删除了"额定装载质量应不大于 500 kg"以及有关外部照明和光信号、三角警告牌、反光背心的要求，而一直以来备受关注的"货箱不能设计为三面全开"这一条款仍然被保留。

（2）C – NCAP 测试新增皮卡

NCAP（New Car Assessment Program）即新车评价规范，也就是常说的新车碰撞测试。2006 年，中国汽车技术研究中心正式建立了 C – NCAP（中国新车评价规程），2022 年 1 月实施的补充修订版本中增加了皮卡这一类车型，对将来推出的皮卡产品的安全性有了更高的要求。

（3）取消皮卡反光条

在国内，皮卡要按照货车进行管理，实行贴反光条、车身喷字等规定。目前是"颜值即正义"的时代，皮卡喷上大字、贴上反光条，怎么看也像城乡小货车。在2017 年发布的新 GB 7258—2017《机动车运行安全技术条件》中，皮卡车被定义为"多用途货车"，不再被强制要求粘贴反光条标志，和货运车辆区别开，这也是一大利好政策。

2. 皮卡进城政策放宽

（1）部分省市自治区解禁试点，相关部委就皮卡解禁政策发声

2019 年以来，商务部关于统筹推进商务系统消费促进重点工作发布了多次指导意见，明确建议各地积极取消皮卡进城限制。国家发展和改革委员会等十部委 2019 年发布的《进一步优化供给推动消费平稳增长 促进形成强大国内市场的实施方案（2019 年）》中提出，在评估河北、辽宁、河南、云南、湖北、新疆 6 省及自治区放开皮卡进城限制试点政策效果的基础上，稳妥有序扩大皮卡进城限制范围。一系列政策方案的推出，让皮卡进城成为可能，同时也带动了皮卡销量的快速提升。

（2）北京限购严格，严控皮卡指标

随着 2019 年北京皮卡市场的爆发增长，北京限购限行皮卡措施升级。北京部分地区制定安装禁限轻型普通货车（皮卡）的交通设施设备项目实施方案，明确规定

皮卡的禁限行驶范围。项目的实施是落实轻型普通货车（皮卡）禁限方案的需要，具体内容包括在进入禁限区域和禁限道路入口处设置标识标牌，在缺少监控设施的进入禁限区域和禁限道路入口位置设置监控。

在商务部多次提出"取消皮卡进城"的背景下，已有多地发布放宽皮卡进城限制的文件，北京部分地区的做法应该是个案。其中主要原因是限购导致北京市民无法拥有小客车，被迫购买占路资源更大的皮卡代步，由此引发区县道路管理部门采取对应措施，形成被动的抑制消费问题。

3. 皮卡使用政策

（1）皮卡拖挂新增 C6 资质

2021 年 12 月底，公安部公布了《机动车驾驶证申领和使用规定》（公安部令第162 号），规定中明确定义了轻型牵引挂车这一类车型定义以及所需的 C6 驾驶资质，为轻型车拖挂这一新兴现象确立了法律依据，让皮卡 + 拖挂的汽车列车驾驶方式合法化，让拖挂驾驶员操控经验更丰富。该规定于 2022 年 4 月 1 日起施行。

（2）皮卡市场取消营运证带来利好

皮卡市场的外部政策环境随着轻型货车的改善而大幅提升，很好地促进了消费需求。2018 年 12 月 24 日，交通运输部发文宣布自 2019 年 1 月 1 日起，4.5t 以下的普通货运车辆取消营运证和驾驶员从业资格证。通知中明确规定：自 2019 年 1 月 1 日起，对于总质量 4.5t 及以下普通货运车辆从事普通货物运输活动的，各地交通运输管理部门不得对该类车辆、驾驶员以"无证经营"和"未取得相应从业资格证件，驾驶道路客货运输车辆"为由实施行政处罚。具体如下：取消总质量 4.5t 及以下普通货运车辆《道路运输证》；取消总质量 4.5t 及以下普通货运车辆驾驶人员《从业资格证》。也就是说，2019 年 1 月 1 日以后，皮卡用户只需要携带驾照即可上路。

4. 皮卡维修保养政策

皮卡纳入汽车新三包政策，皮卡与乘用车一视同仁。国家市场监督管理总局公布了新的《家用汽车产品修理更换退货责任规定》（2021 年 7 月 22 日国家市场监督管理总局令第 43 号），该规定从 2022 年 1 月 1 日起施行。新三包规定不仅在细则方面有所变化，还将皮卡这一车型纳入了三包规定之中。也就是说，在汽车管理层面，已经将皮卡的作用约等于乘用车，这对皮卡将来的定位无疑是一大利好。

三、皮卡产品特征分析

1. 皮卡向"长货箱"发展

当前皮卡产品向长货箱方向发展的趋势比较突出，尤其是 1.8m 长货箱产品表现相对较强，从 2017 年 22% 的份额上升到 2021 年 36% 的份额，有了明显提升，见表 14 - 3；而 1.4m 和 1.5m 货箱产品占比从 2017 年的高位逐年萎缩，2020 年以来的皮卡长货箱产品是销量增量的主要来源。

表14 –3　皮卡货箱长度变化特征

皮卡货箱长	2017 年	2018 年	2019 年	2020 年	2021 年
1.4m	8%	5%	3%	2%	2%
1.5m	39%	36%	33%	30%	34%
1.6m	3%	2%	2%	1%	1%
1.7m	23%	27%	32%	27%	20%
1.8m	22%	24%	25%	37%	36%
1.9m	2%	2%	2%	2%	1%
2.0m	2%	3%	2%	1%	6%
总计	100%	100%	100%	100%	100%

注：资料来源于乘联会全国皮卡市场信息联席会。

2. 皮卡的大宽体趋势

目前皮卡产品在货箱宽度方面倾向于更大更宽的设计（表14 –4），这是因为很多用户认为1.4m 宽度的货箱较窄，因此1.5m 甚至1.6m 的宽货箱成为主要的发展趋势，这样也使装载货物以及空间利用更加灵活，有效增加了车辆的使用效率，带来更大的便利性。

表14 –4　皮卡货箱宽度变化特征

皮卡货箱宽	2017 年	2018 年	2019 年	2020 年	2021 年
1.4m	7.9%	7.0%	5.3%	2.2%	2.4%
1.5m	82%	80%	79%	84%	83%
1.6m	10%	13%	15%	13%	14%
1.7m	0.0%	0.1%	0.2%	0.1%	0.1%
1.8m	0.0%	0.0%	0.0%	0.0%	0.1%
总计	100%	100%	100%	100%	100%

注：资料来源于乘联会全国皮卡市场信息联席会。

3. 皮卡发动机以强动力为趋势

皮卡发动机以强动力为趋势。表14 –5 显示，功率为120 ~160 马力的产品在2021 年占比为44.8%；160 ~200 马力的产品最近两年也出现了大幅增长且成为主流趋势，占比高达45%，这是发动机技术提升的结果。随着皮卡的长货箱、大宽体趋势愈演愈烈，对应的大马力需求更强烈，皮卡客货两用的特性得到更突出的体现。

表 14 - 5　皮卡动力发展趋势

皮卡马力区段/hp	2017 年	2018 年	2019 年	2020 年	2021 年
[40，80)	0.0%	0.0%	0.0%	0.0%	0.0%
[80，120)	44.9%	25.2%	24.2%	10.4%	6.2%
[120，160)	51.0%	65.4%	59.6%	45.4%	44.8%
[160，200)	3%	7%	13%	41%	45%
[200，240)	1%	2%	3%	3%	4%
总计	100%	100%	100%	100%	100%

注：资料来源于乘联会全国皮卡市场信息联席会。

4. 皮卡动力柴油化特征明显

当前皮卡发动机以柴油动力为主，见表 14 - 6。也就是说，皮卡还是以柴油车载货以及工具车为主。汽油皮卡产品在 2019 年获得较大的增长，这主要是当年北京市场的皮卡需求爆发式增长拉动了北京的汽油皮卡销量大幅增长。北京严控皮卡进城之后，汽油皮卡又回归到正常状态。此外，纯电动皮卡进入蓄势增长的新阶段，2021 年销量占比从上一年度的 0.2% 上升到 0.4%。

表 14 - 6　皮卡动力各燃料类型占比情况

皮卡燃料类型	2017 年	2018 年	2019 年	2020 年	2021 年
柴油	74.7%	71.2%	68.6%	73.1%	74.0%
汽油	25%	29%	31%	27%	26%
纯电动	0.0%	0.1%	0.2%	0.2%	0.4%
汽油/天然气	0%	0%	0%	0%	0%
总计	100%	100%	100%	100%	100%

注：资料来源于乘联会全国皮卡市场信息联席会。

四、皮卡市场销售区域特征

1. 全国皮卡区域市场结构分析

皮卡销售区域以中西部为主，这是因为中西部丘陵地带对道路的通行条件要求较高，皮卡的通过能力较强，成为中西部地区消费者较好的选择（表 14 - 7）。因此，西南地区和西北地区是皮卡销售的热点地区，尤其是西南地区在 2016—2018 年表现特别突出，近两年出现了逐步回落的态势；而这两年东北地区、华北地区、华东地区的皮卡销量得到小幅增长，这也是皮卡产业经济向东部地区转移的良好体现，皮卡消费在东部地区呈现良好的增长态势。

表 14-7　皮卡区域市场特征

区域	2016 年	2017 年	2018 年	2019 年	2020 年	2021 年
西南	24.4%	25.9%	25.3%	22.8%	23.3%	21.3%
西北	17.9%	17.6%	17.0%	16.7%	18.8%	20.2%
中部-长江	16.1%	15.9%	14.8%	13.8%	13.6%	13.7%
东部-华北	8.4%	9.3%	10.3%	10.4%	12.1%	12.8%
东部-华南	14.3%	13.2%	11.9%	10.4%	10.2%	10.2%
东北	6.4%	6.4%	6.0%	6.1%	7.5%	7.9%
东部-华东	5.6%	4.9%	4.9%	5.0%	5.5%	6.2%
中部-黄河	5.0%	4.9%	5.9%	5.4%	6.2%	6.0%
东部直辖市	1.9%	1.9%	3.9%	9.4%	2.8%	1.8%

注：资料来源于乘联会全国皮卡市场信息联席会。

2. 全国皮卡主力城市销售特征分析

皮卡市场在县乡和小城市的表现相对突出，县乡市场销量占到了 40% 的比例，小型城市市场也占到 25% 左右的比例，并且还在不断提升，见表 14-8。

表 14-8　皮卡主力城市市场特征

区域		2017 年	2018 年	2019 年	2020 年	2021 年
特大城市	北京	1.1%	3.2%	8.7%	1.9%	0.8%
	广州	0.7%	0.8%	0.7%	0.7%	0.7%
	杭州	0.5%	0.5%	0.6%	0.7%	0.6%
	上海	0.3%	0.3%	0.3%	0.3%	0.4%
	深圳	1.1%	1.1%	0.6%	0.7%	0.7%
	天津	0.5%	0.4%	0.4%	0.5%	0.5%
特大城市汇总		4.3%	6.4%	11.3%	4.9%	3.7%
大型城市	成都	1.7%	1.9%	1.8%	1.8%	1.5%
	东莞	0.5%	0.6%	0.6%	0.5%	0.5%
	佛山	0.3%	0.2%	0.2%	0.3%	0.2%
	合肥	0.5%	0.5%	0.5%	0.4%	0.5%
	济南	0.5%	0.5%	0.6%	0.7%	0.7%
	昆明	1.4%	1.3%	1.0%	1.1%	0.8%
	南京	0.3%	0.3%	0.3%	0.3%	0.3%
	宁波	0.7%	0.7%	0.7%	0.7%	0.7%
	石家庄	0.6%	0.8%	0.7%	0.9%	0.9%
	苏州	0.3%	0.3%	0.3%	0.3%	0.3%
	武汉	0.4%	0.4%	0.5%	0.5%	0.6%
	西安	0.8%	0.8%	0.6%	0.6%	0.6%
	长沙	0.7%	0.9%	0.6%	0.7%	0.6%

（续）

区域		2017 年	2018 年	2019 年	2020 年	2021 年
大型城市	郑州	0.7%	1.2%	0.9%	0.8%	0.7%
	重庆	2.5%	2.6%	2.2%	2.8%	2.3%
大型城市汇总		12.1%	13.1%	11.5%	12.5%	11.5%
中型城市		18.8%	17.3%	17.2%	18.2%	18.8%
小型城市		21.5%	21.5%	21.4%	23.7%	24.6%
县乡		43.4%	41.7%	38.6%	40.7%	41.3%

注：资料来源于乘联会全国皮卡市场信息联席会。

由表 14 - 8 可以看出，中型城市的皮卡销量基本占到全国总量的 18.8%。省会级的大型城市皮卡销量占比相对较低，只有 11.5% 左右。特大城市是限购城市市场，限购城市皮卡销量在全国的占比不到 4%，北京市场的皮卡销量在 2019 年达到全国的 8.7%，但快速萎缩到 0.8% 的比例。因此，皮卡销量仍以中小城市和县乡一级市场为主。

皮卡的主力消费城市目前来看还是以重庆、成都等西南地区为主，其次是海口的皮卡市场需求相对比较旺盛；保定、哈尔滨和拉萨等市场的皮卡表现也相对较强。北京的皮卡市场出现过"过山车"的情况，在 2019 年的第 1 季度和第 2 季度都突破了万辆的水平，但迅速又在 2020 年下半年回到了季度销量不足千辆的水平，如图 14 - 1所示。

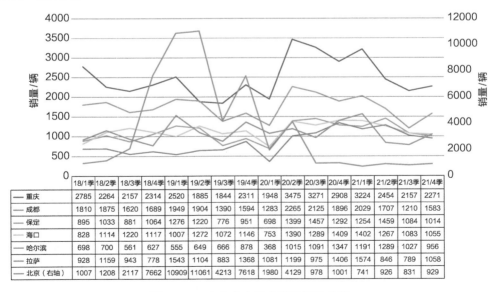

	18/1季	18/2季	18/3季	18/4季	19/1季	19/2季	19/3季	19/4季	20/1季	20/2季	20/3季	20/4季	21/1季	21/2季	21/3季	21/4季
重庆	2785	2264	2157	2314	2520	1885	1844	2311	1948	3475	3271	2908	3224	2454	2157	2271
成都	1810	1875	1620	1689	1949	1904	1390	1594	1283	2265	2125	1896	2029	1707	1210	1583
保定	895	1033	881	1064	1276	1220	776	951	698	1399	1457	1292	1254	1459	1084	1014
海口	828	1114	1220	1117	1007	1272	1072	1146	753	1390	1289	1409	1402	1267	1083	1055
哈尔滨	698	700	561	627	555	649	666	878	368	1015	1091	1347	1191	1289	1027	956
拉萨	928	1159	943	778	1543	1104	883	1368	1081	1199	975	1406	1574	846	789	1058
北京（右轴）	1007	1208	2117	7662	10909	11061	4213	7618	1980	4129	978	1001	741	926	831	929

图 14 - 1　皮卡主力城市季度销量走势

注：资料来源于乘联会全国皮卡市场信息联席会。"18/1 季"指 2018 年第 1 季度，以此类推。

3. 皮卡区域用户使用特征分析

在汽油皮卡的选择上，皮卡市场的用户区域特征体现得很明显，尤其是以北京为代表的区域用户属于以私人用户为主和以城市内使用为主，所以北京皮卡市场中的汽油车占比达到90%以上，呈现出全国独特的"北京特色"；而上海等其他区域的汽油皮卡占比仅在40%左右（表14-9）。因此，总体而言，皮卡消费在特大城市仍然以柴油皮卡为主，汽油皮卡是小众的选择。在中型城市、小型城市、县乡市场汽油皮卡的销量占比依次降低，尤其县乡市场80%以上的皮卡车型都是柴油动力。

表 14-9　汽油皮卡主要城市销量占比情况

区　　域		2017 年	2018 年	2019 年	2020 年	2021 年
特大城市	北京	99%	100%	100%	98%	92%
	广州	31%	33%	36%	38%	31%
	杭州	31%	36%	38%	47%	45%
	上海	42%	40%	37%	40%	42%
	深圳	33%	42%	75%	47%	39%
	天津	55%	50%	51%	52%	45%
特大城市汇总		54%	70%	88%	66%	51%
大型城市汇总		26%	30%	28%	30%	29%
中型城市		32%	33%	33%	33%	32%
小型城市		29%	31%	30%	30%	29%
县乡		20%	20%	17%	17%	19%

注：资料来源于乘联会全国皮卡市场信息联席会。

五、皮卡市场竞争格局分析

1. 历年皮卡厂家竞争走势

在2021年销量前十的皮卡企业中，市场份额下滑较大的多为老牌皮卡企业，新进入的皮卡厂家崛起较快，尤其是大型汽车集团的皮卡业务正在快速布局和推进。典型的例子是上汽通用五菱和上汽大通，这两家企业依托乘用车业务开拓皮卡的规模效应和品牌优势明显，皮卡销量势头强劲（图14-2）。

2. 主力皮卡厂家竞争格局

皮卡厂家在区域市场的布局各有各的优势，各自形成了相对差异化的以产地为核心的区域优势，这是因为部分行业用户以及地域性工程等方面的需求，实际上与本地的经济发展项目密切相关，因此皮卡厂家的属地特征明显。表14-10显示，长城汽车在华北地区、东北地区、西北地区和西南地区表现都相对较强；郑州日产在黄河中部地区、华东和东部直辖市等地表现相对突出；江铃汽车在中部地区尤其是长江中游地区表现相对较强。

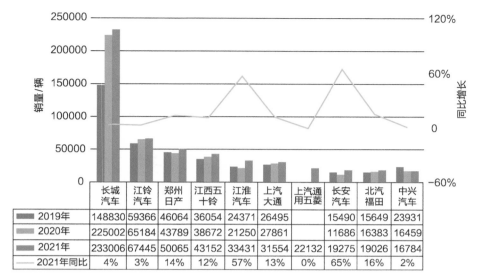

	长城汽车	江铃汽车	郑州日产	江西五十铃	江淮汽车	上汽大通	上汽通用五菱	长安汽车	北汽福田	中兴汽车
2019年	148830	59366	46064	36054	24371	26495		15490	15649	23931
2020年	225002	65184	43789	38672	21250	27861		11686	16383	16459
2021年	233006	67445	50065	43152	33431	31554	22132	19275	19026	16784
2021年同比	4%	3%	14%	12%	57%	13%	0%	65%	16%	2%

图 14 - 2　皮卡主力厂家年度销量走势及 2021 年同比 2020 年增长情况

注：资料来源于乘联会全国皮卡市场信息联席会。

表 14 - 10　2021 年 12 月皮卡主力厂家区域市场份额情况

企业名称	西北	西南	中部 - 长江	东部 - 华北	东部 - 华南	东北	中部 - 黄河	东部 - 华东	东部直辖市	总计
长成汽车	47.1%	32.8%	34.3%	52.5%	40.5%	48.6%	46.2%	26.2%	38.1%	41.3%
江铃汽车	7.8%	17.3%	27.7%	13.8%	11.7%	16.6%	9.4%	19.5%	10.5%	15.1%
郑州日产	14.0%	10.3%	5.7%	6.5%	16.4%	8.5%	21.6%	16.5%	15.9%	11.6%
江西五十铃	10.5%	13.3%	11.9%	9.8%	12.1%	12.4%	5.1%	7.6%	4.3%	10.9%
上汽大通	3.4%	4.4%	4.4%	3.6%	4.4%	3.5%	3.1%	8.5%	9.7%	4.3%
北汽福田	3.8%	6.5%	2.9%	2.5%	2.1%	3.7%	4.1%	7.3%	8.3%	4.2%
上汽通用五菱	1.2%	2.6%	4.1%	3.9%	4.8%	1.4%	4.2%	8.3%	4.3%	3.2%
江淮汽车	3.8%	5.1%	4.3%	1.9%	2.3%	1.6%	1.1%	1.3%	0.5%	3.2%
长安汽车	1.6%	2.4%	1.6%	2.2%	1.5%	0.8%	1.5%	1.9%	6.4%	1.9%
庆铃汽车	1.9%	2.9%	1.0%	1.1%	2.2%	0.6%	2.2%	1.6%	1.0%	1.8%
中兴汽车	2.6%	1.2%	1.2%	1.8%	1.0%	1.5%	0.9%	0.6%	1.5%	1.4%
黄海汽车	2.0%	0.7%	0.5%	0.3%	0.4%	0.9%	0.2%	0.3%	0.0%	0.8%
北京汽车	0.2%	0.3%	0.1%	0.2%	0.0%	0.1%	0.2%	0.1%	0.3%	0.2%

注：资料来源于乘联会全国皮卡市场信息联席会。

3. 皮卡主力车型市场销量走势

皮卡产品近年来快速迭代，各家企业推陈出新速度很快，尤其是长城汽车推出的长城炮商用版产品相对较强，一经推出就获得了巨大成功，销量从 2020 年第 2 季度开始就达到季度 1 万辆规模，到 2021 年更是保持在 2 万辆左右的季度销量规模。福田拓陆者、五菱征途、江铃宝典、五十铃铃拓、五十铃瑞迈、长城风骏 5 欧洲版、长城风骏 7 等皮卡车型也都获得了良好的市场表现，如图 14 – 3 所示。

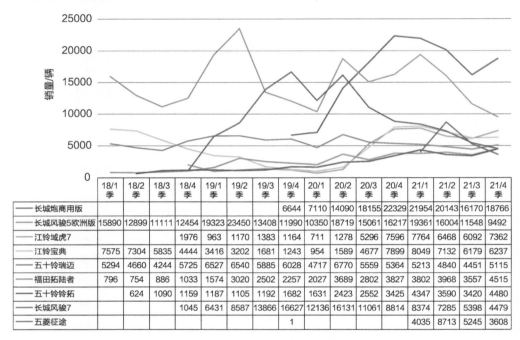

	18/1季	18/2季	18/3季	18/4季	19/1季	19/2季	19/3季	19/4季	20/1季	20/2季	20/3季	20/4季	21/1季	21/2季	21/3季	21/4季
长城炮商用版								6644	7110	14090	18155	22329	21954	20143	16170	18766
长城风骏5欧洲版	15890	12899	11111	12454	19323	23450	13408	11990	10350	18719	15061	16217	19361	16004	11548	9492
江铃域虎7				1976	963	1170	1383	1164	711	1278	5296	7596	7764	6468	6092	7362
江铃宝典	7575	7304	5835	4444	3416	3202	1681	1243	954	1589	4677	7899	8049	7132	6179	6237
五十铃瑞迈	5294	4660	4244	5725	6527	6540	5885	6028	4717	6770	5559	5364	5213	4840	4451	5115
福田拓陆者	796	754	886	1033	1574	3020	2502	2257	2027	3689	2802	3827	3802	3968	3557	4515
五十铃铃拓		624	1090	1159	1187	1105	1192	1682	1631	2423	2552	3425	4347	3590	3420	4480
长城风骏7				1045	6431	8587	13866	16627	12136	16131	11061	8814	8374	7285	5398	4479
五菱征途								1					4035	8713	5245	3608

图 14 – 3 皮卡主力车型季度销量走势

注：资料来源于乘联会全国皮卡市场信息联席会。"18/1 季"表示 2018 年第 1 季度，以此类推。

六、皮卡市场展望

我国皮卡产业诞生于 20 世纪 80 年代，经过 40 年的发展，我国皮卡行业已经成为品类相对完善的产业。但总体来看，皮卡产业仍然存在着一定的发展瓶颈。首先是皮卡的技术创新能力相对不强。目前国内皮卡企业自主创新的积累还不够，自主研发能力相对不强，尤其在皮卡的底盘体系开发方面，我国皮卡行业与国际先进水平相比差距较大。其次是皮卡产品的高端人才相对比较缺乏。由于皮卡企业的产品规模较小，多数皮卡企业的规模并不大，形成了皮卡产品以小规模、行业营销为主的特征，皮卡产品的高端人才也相对比较缺乏。

要克服这些发展瓶颈，首先要提升企业的核心竞争力。只有提升企业的核心竞争力，皮卡产品才能获得更多的利润，更好地抵御危机和挑战，实现从低价竞争向高利润竞争的转型，确保企业可持续的长久发展和抵御风险的能力。其次是要塑造独特的企业文化。竞争对手可以模仿品牌、技术，但是无法模仿公司全员认同的企业文化和企业价值观。好的企业文化和价值观能够对自身企业的品牌培育和消费者认同带来很大的推动作用。再次，导入乘用车技术。皮卡产品的动力、底盘、内饰等多种设计资源都可以与乘用车共享，从而获得更多的技术提升和低成本优势。目前国内各大主流汽车企业集团正在加大对皮卡市场的关注和投入，未来乘用化的皮卡会有更大发展空间。最后是电动化技术的创新。随着环保减碳政策的加速推进，纯电动皮卡的发展将进入新阶段。电动皮卡对城镇运营场景的皮卡产品有较大的拉动作用，皮卡企业要及时跟进，从而更有效地拓展市场空间。

1. 未来皮卡产品趋势展望

皮卡产品竞争力提升的方向是加强皮卡企业的自主创新能力。皮卡企业应注意把引进的产品与自身技术相结合，并根据消费者的需求变化做有效改进和迭代，通过创新形成多层次的产品品类。具体来看，车企首先要把握中高端产品消费升级机遇，打造个性化内外饰和乘用化电气配置的核心竞争力，提升底盘和车身的整体调校能力；第二是分层分档，从价格和配置等方面实施差异化产品组合，拓展客群覆盖；第三是通过与有实力的零部件企业的深度合作，实现零部件品质和技术水平的提升，进而推动皮卡整体技术的提升；第四则是打造新能源的新模式。要对新能源产品进行设计、销售和服务的三位一体考虑，比如充换电产品、销售模式和充电服务模式的联合设计，以及新能源皮卡新增储物空间和销售价格的联动设计。

2. 未来皮卡消费群体展望

随着皮卡文化的不断发展，皮卡企业需要开拓私人消费市场。首先，个人用户挖细分。要深挖农村用户配套运输和出行代步的升级需求，紧抓城市和城郊用户个人敞口运输等理性需求和越野体验等感性需求。其次，对公用户挖场景。整合现有产品向企业客户提供全局解决方案，如提供通用皮卡到加装起重设备皮卡的全体系道路抢险清障解决方案，以及清扫＋洒水＋市容监察皮卡产品的城市环卫解决方案等。再次，新能源替换。要紧抓具有新能源渗透率指标的政企客户新能源替换机遇。

3. 未来皮卡渠道展望和对策

我国皮卡产品的快速提升带来更多市场机会，渠道销售模式是车企调整营销策略的重要一环。首先要因地制宜，在城市、城郊及富有的农村区域紧抓出行与体验需求，布局小型专营店；在云贵川区域紧抓运输功能性需求，布局汽贸合作店。其次是紧跟政策方向，车企在国内选址要紧跟各个城市"皮卡进城限制取消"等路权管理政策。再次是拓展国际市场，车企的出口选址要紧跟"一带一路"等国家对外发展与合作政策。

第 15 章　商用车进出口市场分析及趋势展望

本章作者：崔东树

摘要：

中国商用车产业世界领军地位坚实，进出口商用车市场呈现差异化特征。进口商用车市场虽然总体是在万辆规模的小众市场，但也有重型货车和皮卡等特色产品突出其亮点。而中国商用车出口一直持续走强，尤其是 2021 年，中国商用车出口爆发式增长，成为商用车企业的新亮点。未来，随着中国商用车法规不断提升，中国商用车的世界竞争力将持续提升，并带来中国商用车国际化布局的不断完善。

一、商用车进口市场分析

1. 商用车进口市场规模

如图 15 – 1 所示，随着我国经济的持续稳定增长，近几年进口商用车市场持续走强。2017 年仅有不足万辆规模，到 2020 年就达到 1.8 万辆规模，2018—2020 年进口商用车提升明显。

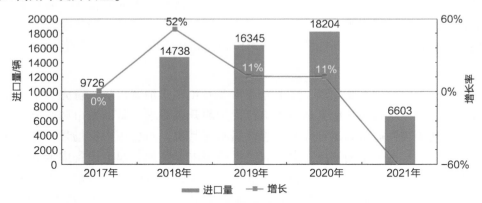

图 15 – 1　2017—2021 年我国商用车整车进口量及增长走势

注：数据来源于乘用车市场信息联席会（以下简称乘联会）综合数据库。

2021 年商用车进口受到世界市场缺芯的影响和国内国六标准实施的影响，进口量下降较大，全年进口量仅为 6603 辆，同比下降 64%。

表 15 – 1 显示，2021 年 1—12 月进口车市场降温，全年进口量 6603 辆，同比下降 64%。2021 年商用车的进口量逐季度下降，1—3 季度呈现持续快速环比下滑的局面；第 4 季度随着芯片供给改善，商用车进口量稍有改善。近几年进口量最高的是 2020 年第 1 季度，进口量暴增到 6763 辆（考虑疫情导致的高端物流运输暴增）。

表 15-1 2021 年商用车进口量季度情况

年份	1 季度 进口量/辆	同比 增速	2 季度 进口量/辆	同比 增速	3 季度 进口量/辆	同比 增速	4 季度 进口量/辆	同比 增速	全年 进口量/辆	年增速
2018 年	2457	-25%	4680	54%	4097	141%	3504	103%	14738	52%
2019 年	4457	81%	4278	-9%	3187	-22%	4423	26%	16345	11%
2020 年	6763	52%	3524	-18%	4090	28%	3827	-13%	18204	11%
2021 年	2325	-66%	1781	-49%	1193	-71%	1304	-66%	6603	-64%

注：数据来源于乘联会综合数据库。

2. 商用车整车进口月度走势

图 15-2 显示，2017—2020 年进口商用车月度进口量走势波动较大，尤其是 2018 年 4—5 月皮卡进口量暴增，北京皮卡进城政策暂时宽松的政策波动带来了进口车需求的剧烈变化。

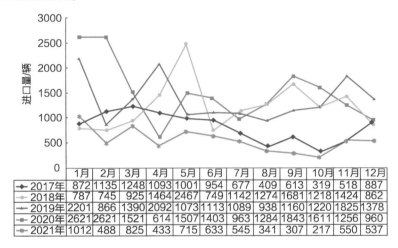

	1 月	2 月	3 月	4 月	5 月	6 月	7 月	8 月	9 月	10 月	11 月	12 月
2017 年	872	1135	1248	1093	1001	954	677	409	613	319	518	887
2018 年	787	745	925	1464	2467	749	1142	1274	1681	1218	1424	862
2019 年	2201	866	1390	2092	1073	1113	1089	938	1160	1220	1825	1378
2020 年	2621	2621	1521	614	1507	1403	963	1284	1843	1611	1256	960
2021 年	1012	488	825	433	715	633	545	341	307	217	550	537

图 15-2 2017—2021 年全国商用车月度进口量走势

注：数据来源于乘联会综合数据库。

2021 年，进口商用车市场持续走弱，尤其是在芯片短缺较严重的 8—10 月，商用车进口更是严重低迷。

3. 商用车整车进口结构特征

由表 15-2 可以看出，我国商用车进口市场中，货车占据主要地位，客车进口微乎其微。在货车进口方面，目前来看，呈现出重型货车和轻型货车两大支柱差异化发展的特征。在 2017 年以前，以轻型货车为主力，这主要是皮卡的进口需求，直到 2018 年轻型货车进口量仍高出重型货车一倍以上。但到了 2020 年，重型货车就超越轻型货车，成为商用车进口的主力，2021 年重型货车进口量比轻型货车高出约 1.5 倍，体现了重型货车的进口车竞争力较强。中型货车市场总体来看规模相对较小。

表 15 – 2　商用车整车进口情况

（单位：辆）

类型		2017 年	2018 年	2019 年	2020 年	2021 年	2021 年			
							1 季度	2 季度	3 季度	4 季度
货车	重型货车	2181	4743	8411	10945	3527	1535	768	663	561
	轻型货车	7271	9323	7529	6305	1404	439	486	250	229
	中型货车	214	249	181	268	513	188	119	80	126
	非公路自卸车	17	39	28	73	90	23	25	28	14
	其他货车	0	1	5	2	4	0	3	0	1
	货车汇总	9683	14355	16154	17593	5538	2185	1401	1021	931
客车	轻型客车	43	377	170	609	567	132	197	44	194
	中型客车	0	5	19	1	22	1	2	9	10
	大型客车	0	1	2	1	15	7	7	1	10
	客车汇总	43	383	191	611	604	140	206	54	204
	总计	9726	14738	16345	18204	6142	2325	1607	1075	1135

注：数据来源于乘联会综合数据库。

4. 新能源商用车整车进口结构特征

近几年商用车中的柴油车占比持续上升，汽油车的比例从 2017 年的 70%下降到 2021 年不足 20%的水平（表 15 – 3）。客车中柴油车占比达到 90%左右，而汽油客车的占比相对较低。电动客车的进口数量非常少，国内大中型电动客车较多且有补贴，因此进口客车基本是柴油客车。

表 15 – 3　各燃料类型商用车整车进口情况

类型		进口量/辆									年度增速	
		2017 年	2018 年	2019 年	2020 年	2021 年	2021 年				2020 年	2021 年
							1 季度	2 季度	3 季度	4 季度		
货车	柴油	2452	6397	8872	11590	4381	1812	949	865	755	31%	– 62%
	汽油	7214	7918	7249	5928	1063	350	424	128	161	– 18%	– 82%
	不明	17	40	33	75	94	23	28	28	15	127%	25%
	货车汇总	9683	14355	16154	17593	5538	2185	1401	1021	931	9%	– 69%
客车	柴油	40	375	162	478	547	123	190	41	193	195%	14%
	汽油	0	3	12	132	50	11	15	13	11	1000%	– 62%
	纯电动	0	1	1	1	7	6	1	0	0	0%	600%
	不明	3	4	16	0	0	0	0	0	0	– 100%	0
	客车汇总	43	383	191	611	604	140	206	54	204	220%	– 1%
	总计	9726	14738	16345	18204	6142	2325	1607	1075	1135	11%	– 66%

注：数据来源于乘联会综合数据库。

5. 商用车进口国别结构分析

表 15 –4 显示，我国商用车的主要进口国是德国、瑞典和美国三个国家，进口量相对较大，荷兰也有一定进口量，而从日本、韩国等亚洲国家的进口量相对较低。

表 15 –4　商用车进口国别结构

国家	进口数量/辆					国家	进口均价/万美元				
	2017 年	2018 年	2019 年	2020 年	2021 年		2017 年	2018 年	2019 年	2020 年	2021 年
德国	2024	4658	5516	6098	1692	德国	6.58	7.99	9.67	10.35	13.09
瑞典	360	787	1784	2546	1186	瑞典	10.13	10.34	9.79	10.36	12.02
美国	6115	6256	6955	5726	1041	美国	4.06	3.82	3.76	3.62	8.91
日本	407	412	313	588	726	日本	5.94	4.09	4.95	8.56	3.82
意大利	362	577	245	385	671	意大利	3.89	7.71	3.55	3.67	3.87
荷兰	160	304	650	1885	606	荷兰	10.84	10.43	9.32	9.26	9.54
奥地利	146	355	636	554	331	奥地利	7.76	9.48	10.56	10.16	9.79
印度	3	18	12	46	75	印度	21.43	47.27	36.24	39.83	28.32
法国	8	24	30	11	66	法国	7.12	7.45	6.81	7.31	2.04
合计	9726	14738	16345	18204	6603	加权均价	5.07	5.75	7.00	7.88	10.15

注：数据来源于乘联会综合数据库。合计为所有进口商用车数据。

由于地域优势，我国从德国和瑞典进口的商用车以重型货车为主，而从美国进口的是以皮卡为代表的轻型商用车。皮卡与重型货车的结构形成了美国和欧洲进口车型的差异化。

近期从美国进口商用车的数量出现剧烈萎缩，这主要是因为我国核心城市对皮卡的限制政策在 2021 年有所强化，因此对美国轻型商用车的进口需求下降。从德国进口商用车的规模在 2021 年以前较大，但由于 2020 年新冠肺炎疫情后国内长途运输需求逐步得到满足，且德国汽车生产受到芯片影响而出口下降，因此从德国进口商用车的数量在 2021 年也出现了调整压力。

二、进口商用车竞争力分析

1. 中重型货车具有可靠性优势

随着国内快递业务的发展，物流业对时效性的要求日益严格，尤其是快递快运领域，一切以效率优先。国产商用车的可靠性相比进口商用车的差距虽然在不断缩小，但目前还有一定距离。进口商用车因其质量可靠性能够保证出勤率，可实现歇人不歇车，综合计算收益，进口车虽然价格贵，但是效益更高。另外，虽然国产货车的驾驶室空间越来越大，卧铺越来越宽，舒适性也越来越好，但总体来看，目前阶段进口货车在人体工程学设计以及用户体验方面做得更好一些。

2. 全生命周期成本相对不高

企业型用户由于财力强且车队运营经验丰富，所以更加注重产品的全生命周期价值和整体物流解决方案，也更加注重高品质的物流，而不只是载货。品质好的车辆能够为公司节省更多的使用成本，提高车辆的全生命周期价值。进口车虽然前期一次性投入较大，但在安全性、效率（包括出勤率）和全生命周期成本方面具有较大优势，这也是一部分物流企业愿意选择进口车的原因。

3. 皮卡产品高端化

在我国，皮卡被归入货车序列，无论排量多大，皮卡的总税率都为 46.25%，没有消费税（排量越大，税率就越高）。因此，进口皮卡无疑是一部分购买力强、品牌意识强的用户想要体验大排量且纳税少的好选择。

三、商用车出口市场分析

1. 商用车出口市场规模

我国商用车出口 2017—2019 年保持相对平稳的态势，基本保持在 28 万辆左右的水平。2017 年出口量为 28.3 万辆，2018 年为 27.82 万辆，同比下降 2%；2019 年为 29.47 万辆，同比增长 6%，如图 15 - 3 所示。

图 15 - 3 我国商用车整车出口数量及增长情况

注：数据来源于乘联会综合数据库。

由图 15 - 3 可知，2020 年由于疫情的影响，商用车出口受到了一定影响，下降到 25 万辆左右的水平，同比下降 14%。但在 2021 年，商用车出口实现了较大增长，达到 49.76 万辆，同比增长 95%，实现了爆发式增长。

2. 商用车出口季度分析

表 15 - 5 显示，2021 年商用车出口呈现逐季强势增长的态势，第 1 季度同比增长 86%，第 2 季度同比增长 150%，第 3 季度同比增长 101%，第 4 季度同比增长

62%，2021年全年同比增长95%。2021年第2季度和第3季度的同比增长是极其迅猛的，而第4季度出口增长仍然保持在62%的水平，出口数量各季的平均水平在13万辆左右，且基本保持相应的稳定态势。

表 15 - 5　2021 年我国商用车出口季度分析

年份	1 季度出口量/辆	同比增速	2 季度出口量/辆	同比增速	3 季度出口量/辆	同比增速	4 季度出口量/辆	同比增速	全年出口量/辆	年增速
2017 年	56095	—	78797	—	69108	—	79117	—	283117	—
2018 年	51607	- 8%	77035	- 2%	73337	6%	76255	- 4%	278234	- 2%
2019 年	74617	45%	80100	4%	69519	- 5%	70499	- 8%	294735	6%
2020 年	56605	- 24%	54209	- 32%	61478	- 12%	82254	17%	254546	- 14%
2021 年	105302	86%	135405	150%	123442	101%	133425	62%	497574	95%

注：数据来源于乘联会综合数据库。

3. 商用车出口产品结构分析

由表 15 - 6 可知，我国商用车出口以货车为主，在 2021 年近 50 万辆的出口总量中，货车出口达到 36.78 万辆，占比 73%；客车出口量为 3.65 万辆；特种车出口量达到 9.33 万辆。可见，2021 年形成了特种车和货车强劲发展的态势。实际上，特种车也以改装后的货车为主，所以，总体来看，货车出口以及货车改装品的出口占比相对较大，呈现货车出口持续增长态势。客车出口在近几年表现相对平稳，受到疫情影响，2021 年客车出口比 2020 年仍然下降近 10%，而特种车的出口量从2020 年的 1.86 万辆增长到 9.33 万辆，增长至 5 倍，体现了我国汽车出口的专业化水平正在提升。

表 15 - 6　我国商用车出口产品结构分析

（单位：辆）

类　型		2017 年	2018 年	2019 年	2020 年	2021 年	2021 年			
							1 季度	2 季度	3 季度	4 季度
货车	轻型	116128	139587	138769	125606	239895	50950	64503	62885	61557
	重型	49017	33347	41432	36705	70317	13786	19901	17189	19441
	中型	39695	26996	25015	23944	41667	9033	10904	10201	11529
	其他货车	388	427	1767	3592	8436	843	1749	3338	2506
	非公路自卸车	4621	5950	6596	5417	7467	1690	2451	1572	1754
	货车汇总	209849	206307	213579	195264	367782	76302	99508	95185	96787

（续）

类　型		2017 年	2018 年	2019 年	2020 年	2021 年	2021 年			
							1 季度	2 季度	3 季度	4 季度
客车	轻型	32762	35535	40696	24526	22694	5725	7503	2608	6858
	大型	19510	18883	19995	12482	11183	2125	2347	2520	4191
	中型	4114	2428	3518	3696	2661	702	561	465	933
客车汇总		56386	56846	64209	40704	36538	8552	10411	5593	11982
特种车		16882	15081	16947	18578	93254	20448	25486	22664	24656
总计		283117	278234	294735	254546	497574	105302	135405	132442	133425

注：数据来源于乘联会综合数据库。

四、货车出口市场分析

1. 货车出口规模

随着我国乘用车出口走强，货车出口在汽车出口市场中的占比表现处于相对稳定状态。表 15-7 显示，2018—2020 年货车出口量基本相近，没有跟上我国汽车整体出口增长的步伐。2021 年我国货车出口回升较大，但仍未实现超越汽车总体出口增速。

我国货车出口主力是 5t 以下货车，20t 以上重型货车总体也有一定需求。未来"一带一路"建设会推动我国货车出口规模扩大。

表 15-7　2018—2021 年货车出口情况

（单位：辆）

类型		2018 年	2019 年	2020 年	2021 年
柴油车	14t < 总质量≤20t	5706	6110	5898	11625
	5t < 总质量≤14t	26575	24647	23369	41274
	总质量 > 20t	27535	34753	30657	58473
	总质量≤5t	56386	59730	66239	140881
柴油车汇总		116202	125240	126163	252253
汽油车	5t < 总质量≤8t	421	368	575	393
	总质量 > 8t	106	569	150	219
	总质量≤5t	83201	79039	59367	99014
汽油车汇总		83728	79976	60092	99626
其他		6377	8363	9009	15903
货车汇总		206307	213579	195264	367782

注：数据来源于乘联会综合数据库。

2. 货车出口市场变化特征

表 15 – 8 显示，货车出口市场前几年总体表现一般，但在 2021 年呈现出强势的高增长。其中，南美出口市场相对较好，智利、秘鲁走势较强；越南是我国货车出口的核心主力市场；南非市场 2021 年表现较强。目前我国商用车国内需求减速，正在推动出口力度进一步增强。

2021 年货车出口下滑较大的是缅甸、伊拉克等市场；阿尔及利亚市场则是在 2020 年出现快速萎缩。这表明，货车出口市场仍不够稳定。

表 15 – 8　2018—2021 年我国出口货车数量、增速及增减量

（单位：辆）

2019 年前十		同比增速	2018 年前十		增减量各前五	
阿尔及利亚	27399	9%	阿尔及利亚	25037	沙特	2872
越南	18188	– 25%	越南	24222	菲律宾	2717
智利	16039	– 5%	智利	16887	尼日利亚	2508
菲律宾	13767	25%	菲律宾	11050	阿尔及利亚	2362
澳大利亚	7890	29%	厄瓜多尔	8547	伊拉克	1910
哥伦比亚	7665	25%	伊朗	7803	伊朗	– 6383
厄瓜多尔	7398	– 13%	缅甸	6371	越南	– 6034
缅甸	6899	8%	哥伦比亚	6130	巴基斯坦	– 2882
秘鲁	5772	10%	澳大利亚	6105	阿根廷	– 2294
尼日利亚	5149	95%	秘鲁	5225	厄瓜多尔	– 1149
总量 196275		前十 占比 59%	总量 189267	前十 占比 62%	增量前 五合计	12369
2021 年前十		同比增速	2020 年前十		增减量各前五	
智利	58782	323%	越南	19633	智利	44895
越南	32805	67%	智利	13887	越南	13172
澳大利亚	19511	113%	菲律宾	9618	南非	10658
菲律宾	18211	89%	缅甸	9189	澳大利亚	10342
秘鲁	15362	129%	澳大利亚	9169	秘鲁	8643
南非	14184	302%	加纳	7866	缅甸	– 4999
厄瓜多尔	13053	94%	哥伦比亚	7471	伊拉克	– 2108
哥伦比亚	12301	65%	厄瓜多尔	6729	埃塞俄比亚	– 885
沙特	11316	117%	秘鲁	6719	爱尔兰	– 461
加纳	9816	25%	沙特	5220	乌兹别克斯坦	– 413
总量 352937		前十 占比 58%	总量 186617	前十 占比 51%	增量前 五合计	87710

注：数据来源于乘联会综合数据库。

五、客车出口特征分析

1. 客车出口产品结构表现

目前，客车出口总量在汽车出口市场中的占比处于持续萎缩状态。我国客车出口以 10～20 座的轻型客车为主（表 15－9），2021 年汽油客车出口市场进一步萎缩，柴油轻型客车出口市场触底反弹。

表 15－9　2018—2021 年我国客车出口产品结构分析

（单位：辆）

类型		2018 年	2019 年	2020 年	2021 年
纯电动车	10≤座位数＜20	102	133	299	529
	20≤座位数＜30	229	463	450	573
	座位数≥30	375	924	1729	1560
纯电动客车汇总		706	1520	2478	2662
插电式混动		80	150	82	394
柴油车	10≤座位数＜20	19423	22466	15222	15569
	20≤座位数＜30	309	499	877	403
	座位数≥30	576	690	288	590
柴油客车汇总		20308	23655	16387	16562
汽油车	10≤座位数＜20	15939	17967	8932	6534
	20≤座位数＜30	1886	2554	2346	1472
	座位数≥30	17871	18233	10413	8895
汽油客车汇总		35696	38754	21691	16901
其他		56	130	66	19
客车汇总		56846	64209	40704	36538

注：数据来源于乘联会综合数据库。

2. 客车出口国家和地区表现

表 15－10 显示，我国客车目前出口的主要市场是埃及、秘鲁、卡塔尔、玻利维亚等，这些市场容量小，波动大，贸易风险大。我国前期对越南的客车出口增长较快，规模较大，但近几年越南需求急剧萎缩。我国客车对发达国家和地区的出口较少，还没有体现出我国客车产业的真正优势。

表 15－10　2018—2021 年我国出口客车数量、增速及增减量

（单位：辆）

2019 年前十		同比增速	2018 年前十		增减量各前五	
埃及	10658	111%	玻利维亚	6341	埃及	5597
秘鲁	6477	5%	秘鲁	6142	沙特	2333
玻利维亚	6302	－1%	越南	5746	哈萨克斯坦	683

（续）

2019 年前十		同比增速	2018 年前十		增减量各前五	
沙特	5587	72%	埃及	5061	乌兹别克斯坦	473
越南	4801	－16%	沙特	3254	墨西哥	457
菲律宾	2338	－10%	菲律宾	2612	越南	－945
智利	1985	－12%	厄瓜多尔	2341	古巴	－935
厄瓜多尔	1969	－16%	智利	2263	埃塞俄比亚	－677
马来西亚	1644	1%	马来西亚	1629	厄瓜多尔	－372
阿联酋	1481	28%	缅甸	1388	以色列	－318
总量 64209		前十占比 67%	总量 56846		前十占比 65%	增量前五合计 9543
2021 年前十		同比增速	2020 年前十		增减量各前五	
埃及	7074	－33%	埃及	10547	卡塔尔	2320
秘鲁	3847	34%	沙特	5091	秘鲁	981
卡塔尔	2553	996%	秘鲁	2866	南非	813
玻利维亚	2279	12%	玻利维亚	2033	巴基斯坦	688
阿联酋	1574	10%	阿联酋	1428	以色列	611
南非	1507	117%	菲律宾	1401	哈萨克斯坦	－4451
智利	1395	17%	尼日利亚	1229	埃及	－3473
厄瓜多尔	1368	79%	越南	1201	尼日利亚	－765
巴基斯坦	1032	200%	智利	1188	缅甸	－698
越南	895	－25%	哈萨克斯坦	1083	沙特	－577
总量 36538		前十占比 64%	总量 40704		前十占比 69%	增量前五合计 5413

注：数据来源于乘联会综合数据库。

六、商用车出口竞争力分析

1. 高性价比优势

我国出口的汽车很多是与国外的二手车竞争的。世界二手车出口主要集中在日、美、韩等发达国家。2020 年，日本二手车出口量达到 106 万辆，占其国内交易量的 15.5%；韩国二手车出口量为 39 万辆，占其国内交易量的 9.8%；美国二手车出口量为 79 万辆，占其国内交易量的 2%。我国商用车出口占国内企业总销量的 10% 左右。

日本的二手车价格在国际上是最低的，日本国内的汽车每年贬值 20%～30%，7 年车龄以上的车辆价格接近于 0；日本出口到海外的汽车每年贬值 10%，10 年车龄以上的车辆价格接近于 0。出口与国内市场之间的价差成为日本二手车出口的利润空间。此外，日本二手车质量好、耐久性强、行驶里程短，因此，其二手车产品在非洲和东南亚等地随处可见。日本二手车出口的车龄占比：车龄 4 ~ 9 年的占65%，0 ~ 3 年的占3%，10 年以上的占32%。其出口的二手车中乘用车占85%，商用车占15%。不过，近年来，随着我国自主汽车企业的成长壮大，我国新车，尤其商用车的高性价比优势正逐步凸显。

2. 中国海外建设项目拉动

"一带一路"带来了大量的基础设施建设，拉动了我国重型货车向"一带一路"国家的出口量。随着外援项目的大量展开，巨额的资金援助带来我国货车海外保有量的增长。例如，很多非洲本地驾驶员在看到中国重型货车便宜、耐用的特点后，也纷纷购买中国重型货车。此外，近期国际资源价格暴涨，矿山等支出增加，中国重型货车等车型也有了更大的出口空间。

3. 缺芯带来海外二手车涨价

海外新冠肺炎疫情带来供应链紧张，导致汽车生产的部分环节受阻，尤其是芯片不足导致新品种供给不足。近期国际车企一般优先生产高端车型满足本国市场需求，低端、低利润的车型生产相对较少，这就使得国际市场日、韩、欧、美车辆的供给出现了紧缺情况。尤其是二手车，由于车源相对紧张，国际市场二手车价格相对上涨，导致日韩等国出口的二手车在非洲、南美等市场的竞争力削弱，为中国新车的销售创造了巨大机会，拉动了中国汽车出口的增长。

4. 车辆技术标准快速提高

随着我国环保标准的提升，我国车企生产的新车很多都达到了国六以上的排放标准，因此，我国高排放标准的车型在国际市场也有一定的竞争力，得到了国际市场的认同。此外，随着我国治理超载超限工作的深入，货车车型设计也逐步规范化，超载、超重等问题得到一定的改善，成为符合世界标准的车型，有利于我国商用车出口企业拓展海外市场。

七、"十四五"商用车出口趋势

1. 传统商用车出口小幅增长

随着中国商用车市场从 2021 年下半年起进入调整期，庞大的国内商用车生产产能，尤其是货车产能正在逐步地向海外市场扩张。很多物美价廉的产品将通过整车出口、KD 组装（散件组装）生产和本土化等方式出口到南美、非洲、中东、俄罗斯等地区和国家，形成中国汽车出口可持续增长的趋势。随着中国的汽车环保标准快速提升，中国的产品正快速与国际接轨，在技术标准和产品认证等方面都取得了新的突破。因此，"十四五"期间中国汽车出口尤其商用车出口将会有较为平稳的增长空间。

2. 海外商用车基地建设逐步启动

中国汽车企业正在逐渐强大，在海外的布局也呈现出较为全面发展的趋势。在国际市场中，中国企业在东盟的布局相对充分，包括泰国、马来西亚、印度尼西亚等，都有中国企业在当地布局。目前中国汽车企业在印尼、越南、缅甸等国已经建立了 KD 工厂，整车工厂加 KD 工厂的模式正推动中国汽车业在东盟市场获得快速增长。中国汽车企业对印度市场的开拓也取得了一定成绩，其中长城汽车在印度整车工厂的建立，推动了其在印度的规范化生产。中国汽车企业在巴基斯坦、斯里兰卡等国也有相应的 KD 工厂建设，这对于开拓东盟、东南亚以及印度等市场有很大帮助。欧洲市场同样有巨大的发展空间，中国车企在英国、意大利、法国、保加利亚等国也建立了 KD 工厂。

中国车企在非洲和南美洲的布局目前仍以 KD 工厂为主，整车工厂相对不多。在南美洲，只有奇瑞和长城在巴西有整车工厂，KD 工厂主要是比亚迪；长城、江淮汽车则是在厄瓜多尔建立了 KD 工厂。中国汽车企业在非洲的 KD 工厂建设相对较多，北汽在南非建有 KD 工厂；突尼斯、埃及、阿尔及利亚、埃塞俄比亚等国也有中国车企的 KD 工厂。总体而言，虽然援非项目走到非洲去的中国 KD 工厂数量较多，但规模相对较小，未来有巨大提升空间。

3. 商用车电动化技术提升带来出口机遇

随着中国汽车电动化的快速推进，电动化、智能化带来产品技术的提升，这使得中国车企相对于很多国际中小车企具有一定的技术优势。"十四五"期间，电动化的产品将在全球得到更大范围的推广，中国高性能、低成本的电动化解决方案，也将使得中国商用车出口拥有更大的发展空间。

中国商用车
发展报告

2022

第四部分
企业竞争力报告

第 16 章　吉利新能源商用车：
8 年演绎天生强者范儿

本章作者：方得网编辑部⊖

摘要：

8 年前，战略坚定。8 年间，保持专注。

吉利新能源商用车作为中国首个新能源商用车集团，自 2014 年入局就开始"孤注一掷"生产新能源产品；仅用短短 8 年，就坐稳了市场冠军的宝座，并建立了一个独一无二的新能源商用车"帝国"。

复盘 8 年奋斗历程，从甲醇、增程到纯电、换电，从重型货车到全系列商用车，从传统汽车制造商到智慧绿色运力科技综合服务商，吉利新能源商用车不止成为中国新能源商用车领导者，更是构建了一个中国新能源商用车行业的新业态。

稻盛和夫说："要将不可能变为可能，首先需要达到'痴狂'程度的强烈愿望，坚信目标一定能实现并付出不懈的努力，朝着目标奋勇前进。不管是人生还是经营，这才是达到目的的唯一方法。"

吉利新能源商用车，作为一个商用车新势力，能够快速崛起，成为新能源市场的领军者，正是应了稻盛和夫所说的这份"痴狂"。

2022 年 10 月 26 日，吉利新能源商用车集团旗下品牌远程宣布完成 Pre-A 轮融资。该轮融资将主要用于研发投入和市场生态建设，进一步巩固提升了远程在新能源商用车市场的头部地位。

宣布完成 Pre-A 轮融资的同时，远程公布碳中和目标：2025 年，实现运营碳中和；2030 年，实现全生命周期碳中和。

2022 年，吉利新能源商用车的"光环"，已经不仅仅是中国首个新能源商用车集团、整体销量行业第一，而且还是中国零碳陆运的先行者、中国首个拥有自家卫星的商用车企业……

所有的惊艳，都来自长久的准备。吉利新能源商用车的 8 年很好地诠释了这句话。

一、每一个成功都不是偶然的

没有谁生来就是成功的"宠儿"。

⊖　本章主要由方得网编辑部编辑王旭撰写。王旭，方得网副主编，曾参与《中国客车产业发展报告》的编写。

自进入汽车行业以来，"没有什么不可能"的信念早已刻在了吉利人的血脉里。敢拼、敢冒险、坚韧，一直都是业内对吉利的评价。对于新能源商用车市场的开拓，吉利亦是带着"没有什么不可能"的信念，白手起家，靠着执着和实干，走向了成功。

不可否认，在今天，成功比在任何一个时代都具有诱惑力。有人一定会说，吉利于8年前入局商用车市场，并决定只生产新能源产品，太过冒险。但是，成功者与平庸者之间最大的差异，就是勇气、智慧、野心，以及是否能坚信"自己是成功的宠儿"。吉利新能源商用车身上正是具备了这种"冒险家"精神。

当然，想要在市场经济中纵横阖掉，绝不是靠匹夫之勇。彼得·德鲁克就曾提到："我所知道的许多成功的创新者和企业家，没有一个有冒险倾向。事实上，他们是保守的。"

回顾8年的入局，吉利新能源商用车对新能源的笃定，其实背后暗含的是对未来的清晰洞见和理智规划。

（一）　"孤注一掷"的背后

2022年，是吉利新能源商用车入局的第8年。作为一个后来者，吉利新能源商用车在2016年发布了中国首个专注于新能源领域的商用车品牌——远程新能源商用车，产品覆盖重型货车、轻型货车、小微货车、轻型商用车及客车5大产品线，实现了全系列产品的新能源化。此外，吉利新能源商用车还入股汉马科技，成为控股股东，以及全资收购唐骏欧铃。当前，汉马科技和唐骏欧铃正在加速向新能源领域转型。其中，汉马科技发布公告表示，将于2025年12月停止传统燃油车的整车生产，并专注于纯电动、甲醇动力、混合动力、氢燃料电池等新能源、清洁能源汽车业务。唐骏欧铃也宣布将于2023年12月停产燃油车的整车生产，并下线了基地首款新能源小卡新锋锐V5E，开启绿色发展新征程。未来汉马科技、唐骏欧铃将与远程新能源商用车资源协同、优势互补，共同夯实吉利在新能源商用车领域的头部占位。

同时，吉利新能源商用车已出口到乌拉圭、智利、哥斯达黎加、以色列、韩国等多个国家。

谁也没有想到，当世人对吉利新能源商用车"一意孤行"决定只生产新能源产生质疑的时候，8年后的今天，吉利新能源商用车却用让人惊叹的成绩做出了有力的回应。

很多时候，最困难的往往是决定的开始。将时间拨回8年前，吉利新能源商用车的开始似乎显得有些"任性"。

2013年，吉利按下布局新能源商用车市场的加速键；2013年2月，吉利控股集团收购了英国锰铜控股的业务与核心资产，并组织了沃尔沃动力系统团队，开始筹划全新一代城市商用车产品的技术开发，并依照伦敦将于2018年实施的城市排放新法规标准。2014年8月1日，吉利控股集团正式发文成立项目组，开始围绕绿色智能的新一代新能源商用车进行投资发展。2016年3月，吉利再次出手，收购了东风南充商用车公司，正式踏入商用车领域，并决定只生产新能源产品。

当时，国五标准即将正式实施，各大汽车品牌正在为新标准做筹备。同时，新能源商用车并没有表现出明显的市场需求。在当年的新能源汽车销量中，乘用车占比 71%，客车占比 27%，货车和其他商用车仅占 2%。

所以，吉利入局商用车，在当时并不被看好。

不过，当我们仔细分析当时的大环境就会发现，吉利之所以选择直接切入新能源，一是因为在当时以传统燃油车为主的商用车，已经不符合中国经济社会发展的未来趋势。特别是，国家在政策层面已经开启了对新能源技术的鼓励和支持，发布了《关于加快新能源汽车推广应用的指导意见》《节能与新能源汽车产业发展规划（2012—2020 年）》；其次，乘商向来可以实现一体化发展，当时的吉利汽车已经成为国内乘用车头部企业，在乘用车技术基础上打造新一代商用车，可以把乘用车上的智能化、舒适性技术和主动安全技术应用在新一代的新能源商用车上，更加贴合已经发生的汽车消费结构变化。

正是基于这样的判断，吉利新能源商用车在成立之后，推出了远程新能源商用车品牌，确立了"以研发为先导，以商业模式为基础"，专注于绿色、智能的新能源新一代商用车的战略定位，致力于成为"智慧绿色运力科技综合服务商"。

由此开始，吉利新能源商用车按下了开拓新能源市场的加速键。

（二）"1 + 1 > 2"

作为商用车领域的后来者，吉利清楚地知道，与乘用车相比，新能源商用车建立在高技术门槛、高资产耗费、高研发成本的基础上，如果稍有不慎，踏不准市场节奏，就会满盘皆输。再加上中国商用车年产销量虽然仅为乘用车的 1/4，但发展历史长、老牌企业多、品牌集中，要从商用车"老大哥"坚固的护城河中实现突破，并不是那么容易。

如果选择单兵作战，可能抗不过老牌企业的造车积淀；如果选择只投资本，又等于没有抓住核心技术，丢失市场话语权，成为所谓的"PPT 造车"。

如何才能迅速夯实自己在商用车市场的头部地位？建立在先发优势的基础上，吉利新能源商用车选择的是"组团打怪"的模式，通过资源协同、优势互补，夯实造车底蕴，迅速站稳市场的头部地位。

背靠吉利控股集团中央研究院深厚的技术资源，吉利商用车迅速建立了国内最大的新能源商用车研究院，汇聚了国内外超 2000 名研发工程师，专注于商用车新能源和智能化技术开发；同时，布局形成了四川南充、江西上饶、山东淄博、山西晋中、安徽马鞍山、浙江湖州六大制造基地。

在商用车领域与一汽、东风、福田这样的老前辈相比，吉利不但拥有可以调动的全球资源，还在国内实现了品牌资源的协同发展。2017 年 12 月 27 日，吉利控股集团入股沃尔沃卡车集团；2018 年 2 月 24 日，吉利控股集团入股戴姆勒奔驰卡车集团。至此，吉利成为全球两大跨国货车巨头的大股东。2020 年，吉利新能源商用车将重型货车行业排名前十，拥有发动机、变速器、车桥完备产品体系的华菱星马（如今的汉马科技），收归旗下，成为其控股股东。同年，吉利新能源商用车又全资收购了唐骏欧铃公司。两大老牌商用车企业的加入，与吉利现有商用车业务形成互补。

拥有全球货车品牌＋两个国内货车界的"元老"后，吉利新能源商用车可以说拥有了强大的可与传统商用车品牌竞争的资源。

据统计，2021年，新能源商用车逆势增长51.4%，渗透率上升至4.2%。同时，有专家甚至预测，到2027年，新能源商用车市场复合年增长率为8.3%。这意味着新能源商用车市场已成为增量蓝海，将引来越来越多原生型汽车大佬和跨界资本躬身参与其中。

在这个地盘上，吉利新能源商用车凭借先发优势和完备的产业资源，已经提前占据了有利地形。建立在独有的智慧造车架构基础上，旗下远程新能源商用车已成为全国首个实现多能源布局、全系列品牌新能源化的新能源商用车品牌，并布局完成了星瀚、星智、星享、星际、锋锐的品牌矩阵。

2021年，远程新能源商用车在新能源商用车市场交出了优异的成绩单，实现了年销量大增288%。其中，新能源重型货车同比增长369.9%，在新能源重型货车全目标市场排名行业第一；新能源轻型货车同比增长460.6%，销量排名行业第一；增程式轻型货车年销量同比增长372.0%，已连续3年在细分市场保持绝对领先地位。其中，远程增程式冷藏车更是冷链物流领域的明星产品，凭借低能耗、长续驶里程、绿牌有路权等优势，2021年拿下了该细分市场的销量冠军。

2022年1—8月，吉利商用车新能源整体销量再度登上行业第一的位置，其中，新能源轻型货车以绝对优势实现领跑，连续8个月问鼎同级别销售冠军。

二、得"势"者得天下

作为制造业中的领衔产业，汽车拥有庞大的产业链，是高度技术密集型工业。在这个赛道上，中国汽车自主品牌虽然迟到，但是正在改变世界汽车竞争格局。

尤其是凭借领先技术，中国的自主新能源汽车企业更是正在重塑全球新能源汽车产业新业态。在他们的手上，一个个具有自主知识产权的新技术、新装备层出不穷，迈出了推动中国走向汽车制造强国的坚定步伐。

面对这样的大环境，中国汽车自主品牌已经不能只是简单地"引进、消化、吸收"，也不再是只针对某个尖端领域进行突破，更不能是不计成本地大手笔资本投入。

所谓，庸者谋利，能者谋局，智者谋势。在新能源商用车这个增量蓝海里，如何才能"得势"？吉利新能源商用车给出了答案。

（一）洞察用户需求是法宝

中国工程院院士郭孔辉不止一次表示，与燃油车相比，新能源技术路线尤其是纯电动技术路线，在货车、客车上的使用优势很明显，使用成本节省很多都在50%以上。

但是，我国商用车在纯电动技术路线上是从"油改电"开始的，也就是说走的是一条逆向研发路线，把燃油车的发动机、变速器等拆了，换成电机、电池等部件，

"三电"（电池、电机、电控）同质化严重。

当不少商用车企业还在徘徊时，吉利新能源商用车选择了一条多元化道路。在市场竞争中，输赢的关键不在于比对手更强，而在于比对手更早地发现并定义市场需求，塑造满足不同用户的产品力。

在强调场景定义汽车的新商用车时代，吉利新能源商用车提出了以多能源发展为基础的商用车生态发展方向。新能源轻型货车的使用场景主要聚焦于城市配送物流，而城市配送物流的运输特点就是运距较短，对续驶里程要求不高，而且充电也方便，因此从动力上选择纯电动更加合适。而针对城际物流场景，增程式的动力形式更能满足较远的运输距离以及冷藏等额外的上装用电需求。跑中长途物流，动辄运输里程数千千米，如果选择纯电动重型货车，以现在的电池技术并不能满足需要，而且单纯增加电池组会对车辆载重有所限制，甲醇、换电技术无疑更加合适。

因此，在新能源商用车的技术路线上，远程新能源商用车选择了以纯电驱动与增程式动力系统为核心的城市商用车技术路线，以及以液氢能源甲醇动力与采用换电技术的纯电驱动为核心的公路商用车技术路线。两大核心技术路线，齐头并进，既从实际使用情况出发，也很好地呼应了当下碳达峰、碳中和的节能主题。

得益于覆盖更多运营工况的技术路线，远程推出了行业首款增程式电动轻型货车、全球首款量产的甲醇重型货车；引领行业进入架构造车时代，推出正向研发的全新一代智能电动轻型货车"远程星智"、全新正向开发的新能源智能豪华重型货车"远程星瀚 H"……，吉利在新能源商用车领域如"开挂"一般，年年上新；实现引领新能源商用车变革的同时，也掌握了更多市场主导话语权。

（二） 开启智慧架构时代

在 8 年的造车历史中，吉利新能源商用车一出手就是"王炸"，凭什么？

"先赌技术，再谋战略"，领先的核心技术是新能源商用车市场的生存之本。对于吉利来说，依托自身领先的乘用车技术底蕴，实现乘商一体化协同发展，这并不算难。相比其他造车企业，吉利新能源商用车的核心竞争力，则要从一个"智慧大脑"谈起。

在新能源乘用车赛道上，吉利十分重视架构化造车理念，推出了 CMA 架构[○]与 SEA 浩瀚架构。在新能源商用车领域，远程则推出了以 GLA、GHA、GMA 为核心的三大专属智慧架构，实现了对商用车全领域的覆盖。

这三大专属智慧架构最显著的特征就是扩展性。

2021 年，依托新能源专属架构完全正向研发的首款智能轻型货车"远程星智"在江西上饶低碳数智工厂上市发布。这款车覆盖了纯电、增程、氢燃料电池三种动力形式，适用于 2.5～12t 的各类运输和专用作业类车辆，并拥有窄、中、宽三种驾驶室选择，

○ CMA 分别代表高集成度（Compact）、模块化（Modular）和架构（Architecture）。CMA 架构覆盖吉利从 A0 级到 B 级的所有车型。

可满足轻型货车城市物流场景的使用需求。远程星智上市当天即斩获 5500 份订单。

可以说，远程星智的出现，把商用车从"硬件定义汽车"带入了"软件定义汽车"的时代——智慧架构时代。

商用车智慧架构所提供的丰富选择，为场景定义汽车的发展方向提供了有力支撑，满足了商用车多元化运输场景的需求，但同时也对自身研发、生产提出了挑战。对此，远程新能源商用车已经考虑周全。与之相应的，是数智工厂的柔性生产线和智能化管理模式。在上饶低碳数智工厂，不仅有商用车行业内首次采用的 IGBT（绝缘栅双极型晶体管）模块化电源配套阳极、无磷前处理等"零碳"工艺，还可实现多种车型共线柔性生产。

目前，上饶低碳数智工厂已量产多款明星车型，例如远程星智、远程锋锐小型货车等。未来，上饶低碳示范数智工厂还可实现 C2M（Customer to Manufactuer，即用户直连制造）模式，与产业链上下游建立连接，推动新能源商用车产业实现从制造到智造的飞跃。

2022 年 4 月，李克强总理一行在视察上饶低碳数智工厂时，还对远程新能源商用车所展现的创新技术和智能制造实力给予了肯定。

（三）"和而不同"的甲醇

数据显示，2020 年中国汽车市场产销量为 2523 万辆，其中商用车只有 490.8 万辆，但其燃料消耗量却占了汽车总体燃料消耗量的一半，制造了道路交通碳排放的 56%。因此，近年来，商用车企业都在加速向新能源转型。

是否有既节省成本，又没有里程焦虑，同时还能大幅降低碳排放的新能源商用车？换电是目前主流的解决方案之一，而还有一种独特的解法就是甲醇汽车。与纯电动汽车相比，甲醇汽车补能效率高，续驶能力不受天气影响；与氢燃料电池汽车相比，甲醇汽车原料的提取和生产没有太高要求，成本和推广难度更低。

2021 年，国际可再生能源署发布的研究报告《创新展望 - 可再生甲醇》指出，低碳甲醇和绿色甲醇减排、零排放潜力巨大，扩大低碳甲醇生产应用可以带动绿色可再生甲醇的规模化。在中国科学院第二十次院士大会期间，丁仲礼院士所做的《中国"碳中和"框架路线图研究》专题报告中提出，全球实现碳中和的十项技术路线中，前两项均是通过捕集二氧化碳制取化学品甲醇和燃料甲醇来实现；中国社会科学院出版的《中国能源转型：走向碳中和》一书提出，甲醇可以有效地把氢能、碳循环、电能替代、燃油替代技术结合在一起，是碳中和应用的重要环节。

2022 年 4 月，交通运输部、科技部联合印发《"十四五"交通领域科技创新规划》，规划中提到，应聚焦国家碳达峰碳中和与绿色交通发展要求，突破包含甲醇等新能源与清洁能源的创新应用。

由此可见，推广应用甲醇汽车是实现交通领域健康可持续发展的一条最为现实有效的路径，同时国家相关政策规划也在逐步推进甲醇汽车的发展。而对于运输行业来说，甲醇重型货车是个新产品，市场认同需要一个过程。但是，吉利深耕甲醇汽车技术 17 年，从未放弃过。作为目前国内唯一推出甲醇重型货车的车企，早在 2005 年，吉利就已开始布局甲醇汽车领域。从能源安全、绿色低碳出发，吉利成功解决了甲醇发动机零部件耐醇、耐久性能等行业难题，掌握了甲醇汽车的核心技术，成为国内首家获得国家甲醇汽车生产资质的企业，在技术成熟度及产品投放规模两方面均处于国际领先水平。

2019 年 4 月，全球首款 M100 甲醇重型货车正式下线，开启了远程新能源商用车的甲醇重型货车时代。目前，远程新能源商用车已开发了丰富的甲醇动力和甲醇商用车，包括牵引车、自卸车、双挂汽车列车等，产品覆盖了普通货物运输、危化品运输、建筑、矿区、集装箱运输等多种场景。其中，吉利远程甲醇商用车已经在新疆、山西、内蒙古、陕西、甘肃等多个省市自治区投入使用，可靠性得到充分验证。

2022 年 3 月，吉利生产的甲醇轿车和远程甲醇重型货车在丹麦奥尔堡港测试和示范运行，丹麦交通部长 Trine Bramsen 试乘后表示：绿色甲醇汽车将对丹麦的气候和环境产生巨大的影响，甚至将改变整个世界。6 月，吉利晋中基地首辆远程甲醇重型货车下线。这是吉利大力推进甲醇汽车的一个重要标志。据介绍，此次下线的远程甲醇重型货车是吉利研发的第二代甲醇重型货车，搭载了全新自主开发的 13L 甲醇发动机，动力更强，能够满足不同运输场景的需求；动力能耗也进一步降低，经济性优势突出，比柴油重型货车节约 18% ~32%。尤其在新疆、陕西、甘肃等局部富醇地区，燃料费用可节约 30% ~40%。8 月，针对中长途干线、快递快运、提供的高端舒适、经济智能、匹配绿色甲醇动力的解决方案远程 G2M 甲醇牵引车正式发布，同时亮相的还有甲醇增程动力链，更加丰富了甲醇动力产品矩阵。

面向未来，吉利新能源商用车还将对甲醇动力进行挖潜，目前已开展了甲醇 P2 混动、甲醇增程式、车载甲醇重整制氢燃料电池等多种新能源动力形式的研究，并准备将之应用到吉利新能源商用车的新产品上。

三、审时度势，顺势而为

从 1885 年卡尔·本茨发明第一辆现代汽车以来，汽车产业从未像今天一样成为如此多技术变革的交汇点，涉及能源、交通、通信、计算机等诸多行业。汽车新四化——电动化、智能化、网联化、共享化浪潮已经开启，汽车产业正面临百年未有之大变局、大洗牌。

未来新能源商用车，将从单纯的生产工具向智能移动运力、零碳物流载体、数字生活空间转变。在这样的变局中，"新商用汽车"正在进化。这场进化不仅是产品本身的进化，更是以"车"为中心到以"货"为中心的转变、以"新商用汽车"为载体的新商业模式的诞生。

面对这样的变化，吉利新能源商用车作为商用车的新势力，无论是在"整体道路货运行业转型"方面，还是在"终端驾驶体验升级"方面，都进行了深入的布局。

（一）从足履实地到星辰大海

如果说"电动化是新能源汽车的上半场，智能化则一定是下半场"。百度旗下平台 Apollo 的智驾产品，为多家车企的自动驾驶客车提供智能化服务，并已开始进入商用车物流领域；阿里达摩院在推出物流机器人"小蛮驴"后，又将 L4 级自动驾驶货车"大蛮驴"的研发提上议程；京东也曾于 2018 年推出全自主研发的 L4 级无人驾驶重型货车……

身为中国首个专注于新能源领域的商用车品牌，远程在自动驾驶技术上也有明确规划。远程新能源商用车表示，2023 年实现 L3 级高速公路自动驾驶与 L4 级限定场景自动驾驶，2026 年实现 L4 级干线物流自动驾驶，2030 年实现 L5 级结合智慧座舱的自动驾驶产业化。

远程星瀚 H 正式亮相，吹响了吉利新能源商用车开启新领域的号角。远程星瀚 H 采用了 L4 级自动驾驶技术，采用中央域控制电子架构，并搭载强大的中央控制芯片提供算力支持；融合激光雷达、毫米波雷达、超声波雷达、环视摄像头、前视摄像头等多维感知技术，配合集成 5G + V2X 的通信模组，实现高阶可进化的自动驾驶技术。

2022 年，"吉利未来出行星座"首轨九星成功发射。自此，吉利成为中国首家、全球第二家"一手造车、一手造星"的企业。而这也开启了吉利新能源商用车自动驾驶的新天地。中国人向来都有上下求索的决心和奔赴星辰大海的梦想。不过，吉利造星并不是为了仰望星空的浪漫。吉利"造星"，是要实现汽车自"四个轮子 + 两个沙发"向"有生命和灵魂"的进化，让吉利新能源商用车的全球智慧物流蓝图更进一步。

吉利"造星"，正是为了赋能汽车产业，提升其造车能力的上限。通过打造天地一体化高精时空信息系统，在智能驾驶、智慧物流、海洋渔业、智慧能源、环境保护、定制化遥感服务等领域都能实现商业应用。例如，在智慧物流领域，将助力吉利新能源商用车建设智慧物流生态体系，实现"人、车、货、站、电"一站式打通，布局全球物流服务；在智能驾驶领域，在卫星系统的支撑下，吉利新能源商用车有望领先于同行实现高阶自动驾驶技术的产业化落地。

放眼未来，在干线物流场景下，编队行驶的商用车队可在卫星厘米级高精度定位服务及感知配合下，精确控制车辆行驶间距，提升道路的运输效率。在矿山、港口等封闭场景内，更高阶的自动驾驶技术将实现货物运输的完全自动化，直接带动物流运输效率的提升。

吉利控股集团董事长李书福早在 2010 年就公开表示，在扎根一个地球的同时，我们还应该放眼浩瀚的宇宙。如今，继特斯拉之后，吉利成为全球第二家一手造车、一手造星的企业。这也意味着，通过未来出行星座建设，吉利将构建天地一体化高精时空信息系统，打造全域覆盖的"未来出行"生态。

（二） 不满足做汽车制造商的"野心"

自诞生起，吉利新能源商用车就被看作是新势力。但是，它的"野心"并不满足只做一个简单的整车制造商。

如今，纵观全球商用车市场，新能源正在"零碳"的影响下成为商用车市场的必争之地。想要在行业新旧势力的"厮杀"中胜出，一定要找到实现变革的突破口。凭借敏锐的前瞻性眼光，吉利新能源商用车选择了一条颠覆传统汽车制造商的道路，向智慧绿色运力科技综合服务商转型，剑指新能源商用车生态圈建设。

通过产业化协同，吉利新能源商用车建设了三大生态平台。其中，绿色慧联定位于城市绿色运力和智慧车联网平台提供商，为用户提供慧联租车、慧联车服、慧联智控等新能源物流车全生命周期运营管理服务。万物友好 + 阳光铭岛以换电重型货车为基础，实现"智能换电 + 清洁能源供给网络 + 全场景定制服务 + 智能运营平台"的定制化全生命周期综合服务。醇氢科技以液氢能源甲醇动力为核心，加速甲醇商用车的推广应用，构建醇、运、站、车的完整绿色甲醇运力生态。

依托三大平台公司，吉利新能源商用车从不同维度对绿色物流全场景覆盖，实现了车与货、车与能源、车与环境三个方面协同发展，让运力真正做到智慧、绿色、高效、低成本。

这套看似复杂的商业模式，事实上只是围绕着一条主线：从"以车为中心"转变为"以货为中心"，从卖车到提供绿色物流整体解决方案，重新解构了新能源商用车生态圈中"车、货、人"的关系。

从这套商业模式来看，吉利新能源商用车已经不再是简单地卖车，而是针对城市和公路不同运输场景，根据个体及集团用户的不同需求、不同产品的全生命周期，建立起来一个生态价值链条，解决了个体散户买车、养车、找货、二手车等一系列痛点，为集团用户提供绿色运力和碳减排的全套方案，从而实现上下游产业的降本增效。

例如，通过吉利新能源商用车的生态模式，物流公司可以用更低廉的成本实现运营。以前，物流公司仅是买车就需要花一大笔钱，如今，物流公司既可以买车、租车，也可以直接买服务，远程汽车为他们提供能源与车辆。整个物流供应链，所有的生态参与方，都因此获益，并实现了绿色减排和降本增效。

可以说，新能源商用车新时代即将来临，吉利新能源商用车在构建绿色智能物流生态圈的探索中，实现了领跑，代表了新势力车企在产业变革中的前瞻性思考。

此外，为了实现人、车、货、站全面打通，吉利新能源商用车还上线了一个超级App，功能涵盖"选、购、用、管、修、换"全生命周期，满足用户全业务场景需求。

（三） 未来已来

"中国汽车产业的崛起非一日而成，发展新能源商用车更需久久为功，是一场没有终点的马拉松。"作为吉利新能源商用车集团董事长，周建群曾表示，面对接下来的挑战和目标，吉利新能源商用车也有清晰的战略思考和规划。

面向未来，以"创造智慧互联，引领绿色商用"为愿景，吉利新能源商用车提出了新的发展战略——"4.2.3"发展战略。

"4.2.3"发展战略即依托过去8年多"以研发为先导，以商业模式为基础"投资发展形成的在新一代绿色智能的新能源商用车行业的"4"大支柱，全力开展产品市场到资本市场"2"个市场的战略协同，通过两个市场双轮驱动，构建完成"3"驾马车协同发展的集团整体发展长远架构。

这其中，"4"即研发、制造、运营、绿色循环再制造4大支柱。简单来讲，研发，就是依托吉利控股集团中央研究院的智造经验以及领先的乘用车技术，在此技术基础上研发新一代绿色智能商用车产品。制造则指的是，在南充、上饶、马鞍山、淄博、晋中、湖州六大绿色智能新一代商用车制造中心，形成数字化、智能化的先进制造能力。运营是指，对绿色慧联、万物友好＋阳光铭岛以及醇氢科技三大平台协同运营，实现全场景的人、车、货、站、电的智能匹配，并依托三大平台公司，大力开展车与货、车与能源、车与环境的三个方面协同发展。绿色循环再制造是指以整车低碳修复和再制造核心部件为发展目标，打造行业领先的高标准、智能化绿色再制造企业。通过绿色循环再制造，对新能源商用车三电系统等核心零部件进行检测更新，提升产品全生命周期，实现再制造再利用价值，促进绿色循环经济发展。

"2"即全力开展产品市场与资本市场两个市场的战略协同，实现2个市场双轮驱动。

"3"即，一是以纯电驱动和增程式动力系统为核心技术路线，构建绿色智能的电动商用车的全资源链产业生态；二是围绕液氢能源甲醇动力重型货车的运行与研发，聚焦甲醇燃料生产及加注体系建设；三是以智能制造为核心，打造全国重要的新能源商用车生产基地、研发基地和产业链核心零部件配套生产基地。

同时，吉利新能源商用车旗下品牌远程新能源商用车还公布了2030年远景战略目标：第一阶段，2021—2025年，公司营销进入"创构期"，首先引领商用车迈入新能源架构造车时代，其次加速重构产业生态，构建全价值链碳中和，最后探索整车低碳修复和零部件再制造：构建"研发端—营销端—再制造端"统筹的低碳循环产业生态圈，并实现新能源整车销量25万辆，市场占有率21%，绿电综合使用率达到40%的目标；第二阶段，2026—2030年，进入"共赢期"，远程新能源商用车将推动实现新能源整车销量达57万辆，市场占有率20%，整车全生命周期碳减排90%的目标。

吉利，正在朝着零碳陆运领导者的目标努力迈进。

四、结语

永远为明天而战。

读懂了这句话，或许就能读懂吉利新能源商用车。

第 17 章　比亚迪商用车：上半场"电动"领先，下半场"智能"领跑

本章作者：方得网编辑部⊖

摘要：

以 100% 新能源产品开道，进入商用车行业 12 年，比亚迪商用车是比亚迪全面转型新能源的探路者，也是商用车行业的拓荒者。新能源汽车产业化尚不清晰时，比亚迪坚定战略方向，并且付诸实干，抓住了这个历史机遇。在公交电动化已成主流，货车电动化快速发展的今天，回顾比亚迪商用车 12 年前的超前意识、12 年间的坚韧投入，更值得致敬。

比亚迪是全球唯一同时掌握新能源汽车芯片、电池、电机、电控及充电配套、整车制造等核心技术的企业。其强大的技术体系和垂直产业链的优势，赋予了比亚迪商用车在商用车行业同质化竞争中的差异化优势。在汽车行业变革的"上半场"电动化，比亚迪商用车已经占据领先，"下半场"智能化，比亚迪商用车再次走在前列并取得重要进展。本章重点回顾了比亚迪商用车的电动化和智能化发展道路，并对其核心竞争力进行了系统阐述和分析。

2022 年 4 月 3 日，比亚迪官方发布说明：根据战略发展需要，自 2022 年 3 月起停止燃油汽车的整车生产。

率先停产燃油车，这要比很多传统车企所说的 2025 年或 2030 年目标，获得了提前好几年的窗口期。

全球第一家完全转型新能源的传统车企，为什么是比亚迪？

实际上，从 2008 年开启纯电动客车研发、2010 年发布"城市公交电动化"解决方案，比亚迪商用车早已是商用车行业第一个 100% 新能源车型品牌。2021 年，在中国商用车行业相对低迷的形势下，比亚迪商用车在客车、道路用车等多个领域，世界范围内批量交车，纯电动客车销量稳居行业排名三强，纯电动货车屡有市场突破，并在多国实现市场份额的增长。

一、全面新能源的可行性，比亚迪商用车提前预演

过去很多年，电动汽车一直是全球汽车行业关注的重点新技术。但是直到 20 世纪 90 年代末，锂离子电池技术获得关键突破，相关产业 21 世纪初获得快速发展，

⊖　本章主要由方得网编辑部资深编辑周静撰写。

才为电动汽车产业化提供了可能。

而以电池业务起家的比亚迪，它的新能源汽车梦，却从反对声中起步。2010年，比亚迪率先提出公交电动化。从此，比亚迪商用车不仅成为比亚迪新能源汽车技术成果展示的一个最佳载体，更从商用车领域开启了汽车行业新能源方向的真正市场化，有力回击了各路质疑。

起步就是全面纯电动车型的比亚迪商用车，为比亚迪整体转型新能源，提供了12年的预演。

（一）坚定新能源"养鱼"并不是豪赌

梦想，有时会被误认为是空谈或狂妄。汽车行业经历百年发展，是公认的技术门槛高、研发周期长，需要长期、较大资本投入的行业。从理论上来说，汽车新能源化需要更高的资本、技术等投入，或应由实力雄厚的汽车头部企业开始，以循序渐进式的革新进化来实现。

比亚迪跨界大举杀入新能源汽车领域，打破了这个节奏。2003年，"电池大王"比亚迪进军汽车制造，宣布以新能源汽车为目标，备受质疑。2008年，比亚迪F3第一次名列国内单一车型销售排行榜首位，推出全球首款量产的插电式混合动力轿车F3DM，拉开新能源汽车变革序幕，却在当时遭到市场冷遇。

当时行业分析都认为新能源汽车产业化尚不清晰，比亚迪这是在豪赌。比亚迪却坚持认定新能源汽车这一"百年机遇"，始终在"烧钱"投入研发。

比亚迪为什么"一意孤行"？

2016年比亚迪蝉联全球新能源汽车销量冠军，比亚迪创始人、董事长王传福接受媒体时谈道：新能源车就是一条"大鱼"。"10年前，没人相信电动车时，我们就开始'养'，遇到了很多困难，但依然坚持，不放弃。因为我们认为中国有石油安全、空气清洁、气候变暖三大问题必须直面。"他说，"其实我胆子很小，我根本不会去豪赌。"

一个成功的企业，战略时机选择很重要。市场已经到来的时候再进入，相当于闯进了一片"红海"；市场没有到来的时候就提前投资，又很容易变成先驱。

时势造英雄，也需要英雄顺势而为。新能源汽车，让中国看到了汽车产业变革机遇，中国汽车产业从大到强，发展新能源汽车被视为是必由之路。比亚迪看到了这一点，并且付诸实干，抓住了这个历史机遇。

（二）公交电动化打响名片，比亚迪商用车走向世界

在创新发展的新能源汽车领域，比亚迪的研发与市场都走在行业前列。而最先实现市场化、商业化运营的，是商用车的客车领域。让世界认识比亚迪新能源汽车，甚至比亚迪新能源汽车开始盈利，也是从比亚迪纯电动大客车开始的。

1. 公交电动化率先实现

2009年，我国政府主导的"十城千辆"节能与新能源汽车示范推广应用工程启

动，选择的领域是公交、出租车等公共交通，开启了中国新能源汽车产业发展。

而这也成为比亚迪新能源战略落地的一大突破口。

事实上，比亚迪一直相信，国家会推动公共交通首先实现电动化。2008 年北京奥运会，中国电动汽车率先得到示范应用。2008 年，也是"股神"巴菲特入股，比亚迪发展历程里的关键一年。比亚迪就在这一年启动了新能源客车的研发。

2010 年 9 月，在巴菲特、比尔盖茨的见证下，续驶里程超过 300km 的比亚迪首款 12m 纯电动大客车 K9，在长沙基地顺利下线，并与长沙市政府达成 1000 辆电动大客车的购销意向协议，迈出了市场化的重要一步。2010 年 11 月，在深圳举行的第 25 届世界电动车大会暨展览会上，王传福宣布，比亚迪为未来公交电动化提供了一个整体的解决方案。那段时间，一边是王传福在不同场合给纯电动大客车代替燃油大客车"算账"：如果全国的公交系统都用电动车代替，经济效益和社会效益将更加可观，一边是比亚迪纯电动大客车在全国各地寻找落地的可能。

十几年前的电动公交车，购买价格确实比传统燃油汽车高很多，但油电差价产生的运营成本节省远远抵过燃油车的整个生命周期的运营成本。2011 年深圳举办大运会，比亚迪电动大客车终于得以实现"大规模路演"。200 辆比亚迪 K9 电动大客车和 300 辆比亚迪 e6 出租车，在服务赛事期间成功保障交通，为盛会献上一份"绿色大礼"。以深圳为起点，比亚迪成为全球首批实现新能源客车商业化运营的企业。后续，比亚迪电动大客车在城市公交领域运营多年，2017 年年底助力深圳成为全球"公交电动化第一城"，为公交电动化探索出可复制的成功经验。

2. 公交电动化率先闯出商业化道路

作为商用车行业最早 100% 新能源车型品牌，比亚迪为商用车行业带来诸多创新，不仅是产品，更是商业模式。

2012 年 11 月，王传福在北京发布了最新的"比亚迪城市公交电动化解决方案"。这一解决方案概括起来就是"零元购车、零成本、零排放"，以融资性租赁、经营性租赁和买方信贷等多种模式，塑造了电动汽车新商业模式，为电动汽车市场商业化打通了渠道。

选择公交电动化作为突破口，比亚迪新能源汽车市场化的战略路径更加清晰——公交电动化拥有市场基础及政策利好，随着规模化、产能的提升，技术获得进步，生产成本得以降低；同时，比亚迪为充电配套积累了丰富经验，建充电场站、安充电桩、找运营商协调……推进新能源汽车生态系统建设，为整个新能源汽车发展及比亚迪市场爆发做好准备。

另一方面，在推进公交电动化过程中，比亚迪产业布局也走出深圳，在中国多个城市进行投资，在促进当地产业发展、深入培育市场的同时，比亚迪通过合作建厂、当地生产成功打破地方壁垒，赢得更大发展空间并提升了品牌影响力。2012 年之后，借助公交电动化抢先领跑优势，比亚迪电动大客车陆续打开荷兰、意大利、美国、韩国、日本、德国等市场，在全球范围内打响了比亚迪这张"名片"。

3. 货车电动化再次引领行业

2012 年，比亚迪开始研发纯电动货车，成为全球最早投入新能源货车研发的企业之一。

2015 年，比亚迪正式发布新能源汽车"7＋4"全市场战略布局，即在私家车、城市公交、出租车、道路客运、城市商品物流、城市建筑物流、环卫车 7 大常规领域，以及仓储、矿山、机场、港口 4 大特殊领域全面推广新能源汽车。比亚迪商用车再次引领行业，在全球范围内率先实现纯电动货车的规模化、商业化运营，引领全球新能源货车产业变革。截至目前，比亚迪已经交付纯电动货车及专用车超过 1.6 万辆，并且成功打入欧美等发达国家和地区市场。

4. 海外布局升级

比亚迪不仅产品走出国门，而且还在海外投资建厂，进一步在当地"生根发芽"。

目前，比亚迪已在美国、加拿大、巴西、日本、匈牙利和印度等地建立了生产基地，生产纯电动客车、纯电动货车、动力电池包、太阳能组件、汽车模具等。此外，2020 年 4 月，比亚迪与日野自动车株式会社宣布将各出资 50% 成立合资公司，充分结合双方技术和经验优势，加快纯电动商用车开发进程。

"不积跬步无以至千里"。今天的比亚迪，已经成为一家全球领先、引领绿色出行的新能源车企。比亚迪商用车 12 年来的探索与实践，为全球公共运输电动化发展提供的"中国方案"功不可没。

二、比亚迪商用车的全球版图

依托比亚迪强大的技术体系，比亚迪商用车产品线迄今已覆盖 6～27m 全系列纯电动客车、2.5～32t 电动货车，市场版图不断扩大。2020 年、2021 年，全球市场因新冠肺炎疫情蔓延而备受打击，比亚迪商用车却未曾停下不断进取的脚步，其纯电动客车销量稳居行业排名前三强，纯电动货车屡有市场突破。截至 2021 年，比亚迪已累计向全球六大洲、70 多个国家及地区用户交付纯电动商用车超过 8.5 万辆，总运营里程超 55 亿 km。

（一）纯电动客车产销突破 7 万辆

回顾 2020 年、2021 年，比亚迪商用车加速纯电动客车全球布局，在国内、国际市场愈战愈勇。2022 年 1 月 25 日，在杭州比亚迪客车基地，比亚迪全球第 70000 辆纯电动客车正式下线，代表着比亚迪商用车在客车领域新的里程碑。

1. 国内下沉市场寻找存量机会

领先技术、灵活战略持续深化市场布局，不断推出优质产品以满足细分市场的需求，比亚迪纯电动客车积极主动，市场从国内一、二线城市向中小城市、城乡公交拓展。

比亚迪年报显示：2020 年，比亚迪纯电动大客车逆势增长，市场份额进一步提升。通过拓展下沉市场、完善服务模式等策略，比亚迪纯电动大客车不仅进入了包括承德、镇江、宜昌、永州等在内的众多城市，同时也深化了深圳、广州、长沙、天津等地区的市场运营。

2021 年，比亚迪纯电动客车在国内开辟了九寨沟、日喀则、喀什、云和及神农架等地区的客运和公交市场，助力中国新能源客车产业稳步向前。其中，6 月底 7 月初，正值中国共产党成立 100 周年、西藏和平解放 70 周年之际，70 辆比亚迪客车交付日喀则，展示了"西藏高原纯电动客车第一品牌"的实力。9 月，85 辆比亚迪纯电动客车 K9 陆续投入九寨沟景区，不仅提升了旅客接驳游览体验，也促进了绿色交通与生态旅游的有效融合。9 月，比亚迪全新 B18 车型进入宜昌城市快速公交主线运营，标志着宜昌作为中型城市快速公交系统（Bus Rapid Transit，BRT）的全球创新样本，又一次在 BRT 电动化方面走在行业前列。同时，这也是比亚迪 18m 纯电动铰接车在全球市场成功实现规模化运营之后，首次在国内投放。

2021 年，比亚迪商用车还迅速呼应市场热点，在 7m 及以下小型客车细分领域取得销量第一、市占率第一的好成绩。

2. 海外市场份额提升

"国内开花国外香"。比亚迪商用车不仅成功跻身欧洲市场，在美国、日本市场也实现了突破，世界三大汽车认证体系地区全部进入，强势证明了其市场价值。

2020 年，比亚迪商用车完成向美国、英国、瑞典、德国等国家订单的交付，在欧洲纯电动客车市场份额超过 20%。2021 年，比亚迪商用车海外业务继续保持快速增长，正式进入罗马尼亚、芬兰、巴基斯坦、爱尔兰及南非等国家，在全球范围内推广纯电出行新体验。

2021 年 1 月，比亚迪商用车独家斩获 1002 辆哥伦比亚纯电动客车订单，创造了海外市场迄今为止最大的纯电动客车订单；5 月，比亚迪向瑞典港口城市皮特奥交付首辆纯电动大客车，这里距离北极圈仅百余千米，是比亚迪电动大客车运营线路最北端的新纪录，延伸了全球新能源汽车足迹；7 月初，南非开普敦市正式投入运营比亚迪纯电动大客车，这是南非、也是南部非洲，首次实现纯电动大客车批量上路运营；7 月 23 日，比亚迪商用车 C8 纯电客车、T5D 纯电货车共计 20 辆发运老挝万象赛色塔低碳示范区，成为当地首批纯电动商用车；11 月 22 日，比亚迪宣布向德国联邦铁路公司（Deutsche Bahn）旗下客车集团 DB Regio Bus 交付全新一代 12m 纯电动客车。这是继 2020 年 22 辆比亚迪纯电动客车交付德国鲁尔区一年后，比亚迪在汽车工业强国德国市场的又一重大里程碑；11 月 24 日，比亚迪与北欧最大公共交通运营商 Nobina 签订 70 辆大客车订单，再度推动芬兰公共交通电动化进程；11 月 29 日，比亚迪宣布中标以色列 100 辆纯电动大客车订单，这是当地有史以来最大的纯电动大客车招标。

值得一提的是，2021 年 11 月，在英国苏格兰格拉斯哥举行的第 26 届联合国气候变化大会（COP26）上，比亚迪纯电动大客车为全球领导人及公众提供出行服务，展示了零排放绿色交通解决方案。也正是在此次大会上，比亚迪成为在全球碳中和目标下第一家明确禁售燃油车时间表的中国车企。比亚迪代表中国车企签署了《格拉斯哥宣言》，与 24 个国家一同承诺在 2035 年前实现在主要市场、2040 年前在全球范围内结束内燃机汽车的销售，以促进 2050 年实现零碳排放。

（二） 纯电动货车加快落地

在"双碳"战略推进及多地鼓励新能源车进入物流领域的政策推动下，2021年，新能源货车迎来快速增长。终端上牌数据显示，2021 年新能源货车销售 42382辆，同比大涨 172%。2022 年，"双碳"战略落地及更多地方实施细则明确，新能源货车势必继续保持快速增长。

作为全球最早一批投入新能源货车研发的企业，比亚迪商用车 10 年布局，在新能源货车市场机遇节点来临之前，已备好充足的"武器库"。与此同时，比亚迪纯电动货车不仅抓住国内新能源货车机遇，更发力欧美市场，实现规模化运营。截至2021 年，比亚迪商用车在国内外交付纯电动货车及专用车已超过 1.6 万辆。

1. 新能源货车风口虽晚但到

比亚迪商用车拥有覆盖多种运营场景的一系列纯电动货车产品，包括纯电动智能自卸车 T31、纯电动混凝土搅拌车 T31、纯电动牵引车 Q3、纯电动洗扫车 T8F 和纯电动物流车 T5D。截至目前，比亚迪向北京交付了近 3000 辆纯电动环卫车，助力北京环卫集团基本实现电动化；已有超过 3200 辆纯电动自卸车投入到深圳、广州、北京、西安等城市的基础建设；比亚迪纯电动货车还在国内宁波港、厦门港、淮安港、盐田港等港口范围内实现运营。

2021 年 4 月 13 日，比亚迪与百威（中国）集团正式签署战略合作协议，百威啤酒运输将采购首批比亚迪纯电动牵引车 Q3，陆续投运佛山、唐山、武汉等多地园区。2021 年 10 月 22 日，广汽比亚迪纯电动智能渣土车 T31 交付广州市公交集团二运公司，促进广州渣土车电动化。

2. 新能源货车突破欧美市场

就像比亚迪纯电动客车的发展轨迹，比亚迪纯电动货车在抓住国内新能源货车机遇的同时，也在欧美市场取得突破，共同推动全球绿色物流运输体系建设。在海外的南加州百威配送中心、亚马逊园区、洛杉矶港、奥克兰港、圣地亚哥港等，以及瑞典货运技术公司 Einride、荷兰知名物流运营商 TDS（Top Delivery Services）、墨西哥啤酒集团 Modelo，比亚迪纯电动货车已实现规模化运营。

2021 年 10 月，比亚迪和美国 Levo Mobility LLC（以下简称 Levo）共同宣布，Levo 计划在五年内购买多达 5000 辆支持 V2G（Vehicle to Grid，即电动汽车给电网送电技术）的比亚迪中型、重型纯电动物流车、货车和客车；12 月 7 日，比亚迪携手货车经销商 Bluekens EV，向荷兰知名物流运营商 TDS 交付了 10 辆 7.5t 纯电动货车，在阿姆斯特丹为宜家提供运输服务；12 月中旬，20 辆 21t 载重纯电动重型货车交付墨西哥大型啤酒生产、分销公司莫德洛集团（Grupo Modelo），成为拉美最大的纯电动物流货车队。

三、比亚迪商用车上半场领先下半场领跑

从电池到整车，从乘用车到商用车，从客车到货车，比亚迪多次跨界进入"新赛道"，为什么总是能成功？比亚迪商用车为什么能从行业新军起步，10 年时间就站稳行业前列，实现领跑？

比亚迪拥有核心技术、垂直产业链的优势，不言而喻。王传福一直在说，比亚迪是目前一个技术型的企业。"很多人认为技术是为产品服务的，比亚迪并不这么认为。技术首先是为战略服务的，其次才为产品服务。对技术的理解，会让你对行业看得更远，看得更深，判断得更科学。"

（一）全线布局，全球唯一

始终坚持"技术为王，创新为本"的发展理念，比亚迪是目前全球唯一同时掌握新能源汽车芯片、电池、电机、电控及充电配套、整车制造等核心技术的企业。这赋予了比亚迪商用车在同质化竞争中的差异化优势。

1. 上下游自配套，拒绝短板

汽车产业上下游的重要零部件，包括整车内外饰件塑胶产品、汽车电子部件、五金零部件等，比亚迪都可以实现内部配套。比亚迪之所以建立这样的垂直配套体系，起初是出于无奈，因为当时供应商对比亚迪并不看好。而比亚迪垂直体系一旦咬牙做成了，其好处不仅是更有效的成本控制、更卓越的品质管理，更能对市场机会迅速反应，加快产品研发节奏。

当新冠肺炎疫情冲击全球供应链，比亚迪全产业链的优势格外凸显。为什么我们没听说过比亚迪抱怨"缺芯"？因为比亚迪早在十几年前就启动了芯片的研发和生产，现在不仅满足自家产能，还能外供。

王传福在接受媒体采访时表示："在一种新革命之前，早期的产业必须垂直整合。因为很多技术都不确定，你和别人干，都是纠纷一大堆。一开始是好的，用着用着标准变了，最后就是一堆扯皮。所以我们一开始就要把产品做好，做好之后再专业分工。"

2. 刀片电池量产，商乘共融

比亚迪乘用车、比亚迪商用车，其实是共融生态圈。比如，轮边电机、全铝车身、交流大功率充电装置这些由比亚迪研发的创新技术在比亚迪纯电动客车上率先得到应用。目前，比亚迪还在研究直流充电、无线充电、顶部充电技术等，以满足世界各地客户的不同需求。

2020年3月，比亚迪正式推出"刀片电池"。电池结构创新的比亚迪"刀片电池"，具备超级安全、超级寿命、超级成本、超级续驶、超级强度、超级功率和超级低温性能七大技术创新，无模组化设计方案相较于传统电池包，体积利用率提升50%，成本方面的优势更加突出。毫不夸张地说，刀片电池以一己之力，令磷酸铁锂电池再次焕发生机，新能源汽车行业都为之侧目。比亚迪商用车无疑具有"近水楼台"的便利，在后续的新产品规划上，相信会有越来越多的新车型应用这一领先技术。

（二）　比亚迪商用车开启新时代

掌握全产业链核心技术，以及全球首创或行业首创的纯电动核心技术，奠定了比亚迪商用车的技术引领者地位，也助推其产品成为行业品质标杆。

2020年7月28日，比亚迪商用车推出了以"26111"为核心技术的全新全系列纯电动商用车平台。比亚迪集团副总裁兼商用车事业群CEO王杰表示："举办新品发布会是顺应当前国际发展形势、响应国家政策号召的重要举措，同时也开启了比亚迪商用车发展的新时代。"

比亚迪商用车全新技术平台由比亚迪全球设计总监沃尔夫冈·艾格率领设计团队，以超越限制、融入城市的理念，将车辆造型、技术和体验融合，重新定义商用车产品。全新比亚迪电动客车B10、B12、B12D，车身"大鹏展翅"，高亮黑、蓝色线条，为高楼视角打造的车顶细节，乘用车灯光体验，都突破了以往客车"方盒子"的印象。全新比亚迪电动轻型货车T5，同样贡献了灵动的城市符号——更有设计感的车型，更高的品质、安全和轿车体验，让城市电动货车更加"时尚"。

耳目一新的造型是外在，内在的是"硬核"升级的"三电"系统。比亚迪商用车全新产品搭载全新升级的核心"三电"系统，防水等级达到IP69，配备超高安全性的磷酸铁锂电池，能量密度更高，通过了针刺等各项严苛试验；同时从9个方面、4个层级、3大类别构建全方位的电动车系统安全体系，树立了商用车行业安全新标杆。在保证车辆性能和安全的同时，比亚迪全新商用车还通过流线型设计、车身轻量化、维修方案优化等，大大提升车辆的经济性与维护便利性，让客户用车、养车更经济、更省心。

综合而言，基于全新电动商用车平台，比亚迪实现了新能源商用车生产制造的高集成化和高标准化，产品更安全、更经济、更智能，无论在集成化、能量密度、轻量化还是成本控制上都具有较强优势。

（三） 智能电动赛道：上半场领先，下半场抢跑

掌握新能源汽车全产业链技术，为客户提供包括充电基础设施建设、车队管理以及融资租赁方案等在内的整体解决方案，这让比亚迪商用车得以引领商用车行业电动化变革，在市场起步阶段就占据主动，赢得了"上半场"。

"汽车工业的大变革，电动化是上半场，智能化是下半场。"王传福表示，在智能化领域，比亚迪将会像在电动化领域一样，打通所有核心技术并进行充分验证。"先电动，后智能"，比亚迪商用车当仁不让，先做好纯电动商用车产品，做大市场，再针对商用车应用场景配置不同等级的辅助驾驶系统，逐步实现自动驾驶的落地。

2021年，比亚迪商用车有两则新闻值得关注。一则是，2021年2月12日，比亚迪携手日本最大航空公司全日空航空（ANA），在东京羽田机场完成为期10天的自动驾驶摆渡大客车试运行。这是比亚迪全球首辆应用于实际场景的自动驾驶大客车，羽田机场也成为日本首个进行自动驾驶大客车试运行的国际机场。另一则是，2021年11月11日，比亚迪首批无座舱式港口专用牵引车在长沙基地下线，标志着比亚迪向货车智能化驾驶迈出重要一步。接下来，该款无座舱式牵引车将投入深圳妈湾智慧港口运营，加速自动驾驶货车商业落地。在此之前，已有18辆比亚迪纯电动牵引车Q2组编成自动驾驶无人集装箱货车车队在深圳妈湾港运行，能够实现岸桥自动对位、自动路径规划、自动行驶到堆场并与场桥自动对位等港口水平运输作业任务。

无座舱式智慧港口专用牵引车，既是比亚迪携手中科云杉深化战略合作的一大具体成果，更是比亚迪在全球技术门槛最高的智能电动重型货车领域的又一次重大突破。该款车型的全新外观、底盘、三电核心技术等均由比亚迪自主研发设计完成，搭载282kW·h磷酸铁锂电池、功率210kW+4档AMT变速器的驱动集成桥、高低压多合一电控系统、动力电池热管理系统等核心技术；整车6495mm×2550mm×2045mm，轴距3550mm，最大标准牵引质量31.5t，以"云端平台+车路协同控制（5G网络）+自动驾驶车辆"模式，凸显高安全、响应快、效率高等优势，与港口智能作业系统高效对接。由此也可见，在自动驾驶落地方面，比亚迪商用车已经占得先机。

四、结语

"Build Your Dream"，比亚迪的造梦之旅经历过坎坷。

站在新能源汽车大潮汹涌、造车新势力层出不穷的今天，比亚迪的前瞻眼光与扎实推进，显得更加可贵，令人心生敬意。

比亚迪商用车从零开始，走在商用车行业前列，它对行业带来的积极意义，不仅是以新技术、新产品创新引领，更以垂直产业链、崭新的商业模型，令行业拓展了发展边界。比亚迪商用车率先进入发达国家市场，更为"中国智造"提气。随着技术的不断进步和产业链的逐步成熟，智能汽车、自动驾驶来到从量变到质变的关键阶段，比亚迪商用车依然走在行业前沿，助力汽车新时代不断向前。

第 18 章　宇通：从客车龙头向世界一流商用车集团迈进

本章作者：方得网编辑部

摘要：

2021 年，面对新冠肺炎疫情反复、原材料涨价、外贸出口面临严峻挑战等外界大环境，宇通集团展示出强大的韧性与突破能力，不仅牢牢抓住新能源客车、出口国际等市场增长点，巩固客车主业的优势地位，还成功开拓新能源重型货车等市场新蓝海。

历经近 20 年的阔步发展，宇通已成为全球规模领先的新能源商用车企业，旗下拥有 2 家上市公司（宇通客车，SH600066；宇通重工，SH600817）、4 个整车工厂、5 个零部件基地。近年来，宇通集团累计销售各类新能源商用车超 16 万辆。

2021 年以来，商用车行业逐渐进入"至暗"时刻，宇通集团却呈现出稳中有进的状态。宇通货车"入市"仅一年就跻身行业第一梯队。"十四五"期间，宇通集团正加速向一流新能源商用车集团迈进。

面对复杂的经济环境，宇通集团为什么还能持续创新突破，实现逆势领跑？它又能为行业带来哪些借鉴经验？

一、践行绿色低碳，形成新能源商用车全矩阵，从中国走向世界

推广应用新能源汽车，被认为是商用车推进"双碳"的重要途径。有数据显示，2021 年，我国新能源商用车共销售 18.6 万辆，同比大涨 54%，渗透率接近 4%。在商用车整体市场行情下行的情况下，新能源商用车一枝独秀。

作为中国制造的代表企业之一，宇通新能源客车一直走在行业前列，近年来还加速出口海外，在国际舞台上展示中国制造的强大实力，为全球绿色低碳贡献自己的一分力量。

回顾 2021 年，宇通集团展示出强大的韧性与突破能力，在巩固客车主业的同时，还成功开拓新能源重型货车等市场新蓝海。

（一）向一流新能源商用车集团迈进

宇通，作为中国客车行业的龙头企业，引领中国客车走向世界的知名品牌，多年来都与客车紧密相连。但近年来，随着宇通集团在商用车领域的多方拓展，其业

务逐渐多元化，宇通的品牌含义已经不仅仅是中国客车的名片，而是有了更丰富的内涵。

2022 年 4 月，宇通集团发布新一版的企业宣传片。在该片中，宇通的"企业简介"是这样的："宇通是以客车、货车为主业的大型商用车集团，产品覆盖客车、货车、专用车辆、环卫设备及服务、工程机械等。旗下拥有 2 家上市公司、4 个整车工厂、5 家零部件基地。"

官方资料显示，2021 年，宇通集团营业额 445 亿元，同比增长 8%；纳税 23.4 亿元。旗下几大业务板块均克服市场困难，交出亮眼成绩单。

在"老本行"客车领域，宇通业绩稳中有进，行业龙头地位依然稳固：2021 年，宇通大中型客车国内市场占有率达到 38.2%，连续 20 年领跑行业；产品累计出口超过 8 万辆，批量销售至全球 40 多个国家和地区，形成覆盖美洲、非洲、亚太、中东、欧洲等六大区域的发展布局，全球占有率超过 10%，连续 11 年全球销量领先，成为世界主流客车供应商之一。

新能源客车是宇通 2021 年的一大业绩亮点。2021 年，在国内新能源客车销量同比下滑两位数的行业背景下，宇通 6m 以上新能源客车销售 11813 辆，是行业内唯一一家销量过万的企业，是第二名与第三名之和，在行业中一骑绝尘。

在专用车、重型货车等新开拓的业务板块，宇通的表现也十分抢眼。宇通重工是宇通集团第二家上市公司，抓住新能源转型的发展契机短短数年便成为国内新能源环卫设备与服务的头部企业。2021 年，宇通重工的环卫车辆上险数同比增幅 57%。其中，新能源环卫设备市场占有率 28.5%，位居行业第一。货车业务快速抢占市场，新能源重型货车上市首年跨入行业第一梯队。

"聚创·新时代，稳步·向未来"，这是宇通集团新版企业宣传片的主题，也是宇通应对新能源转型、新冠肺炎疫情等产业环境变革，穿越行业低迷期的总结。宇通，正加速向一流新能源商用车集团迈进。

（二） 宇通新能源客车闪耀国际舞台

在国际形势复杂多变、疫情反复的 2021 年，中国汽车出口克服重重困难，创下出口超 200 万辆的历史新高。其中，新能源汽车出口是最大亮点。

2021 年，宇通出口大中型客车 4911 辆，位居行业第一。在船运资源紧张、海运运费上涨等不利条件下，宇通客车依然向卡塔尔交付了 741 辆纯电动客车，并提供了全面的服务保障。截至 2021 年，宇通客车累计出口各类客车超 8 万辆，产品远销哈萨克斯坦、智利、菲律宾、澳大利亚、尼日利亚、卡塔尔、英国、挪威、丹麦等全球主要客车需求国家与地区。

"出口不能做一锤子买卖，打一枪换一个地方，要打持久战，服务先行"，是宇通一直坚持的出口原则。

宇通客车2021年年报披露，截至2021年年底，公司在海外市场拥有240余家授权服务站或服务公司、330余个授权服务网点，覆盖100余个国家和地区，平均服务半径150km。同时，公司在巴拿马、墨西哥、哥伦比亚、阿联酋、卡塔尔、澳大利亚、法国等建立区域性配件中心库，并授权80余家配件经销商，为终端用户提供快捷有效的配件供应。由190余名客户服务工程师组成的一线服务团队常驻海外市场，开展客户需求识别、技术培训、车辆问题解决等工作，以保障产品的良好运营。

过硬的产品与完善的售后服务，让宇通成功打入全球主要客车市场。同时，出口业务也成为宇通渡过行业低迷期、业绩稳定增长的一大支撑。年报披露，2021年，宇通客车海外销售额达44.87亿元，和2020相比，海外销售收入有显著提升。海外销售的毛利率也进一步提升至31.34%。

在绿色低碳成国际主流、电动化转型提速的大背景下，宇通的新能源客车也在国际舞台上大放光彩。目前，宇通的新能源客车在中东、拉美、东南亚、欧洲等地区的主要市场均已获得批量订单。在气候寒冷、对新能源客车考验极大的挪威、丹麦、冰岛等北欧国家，宇通更是成为当地首批采购的纯电动客车品牌。从2018年首次进入北欧国家，到2020年新冠肺炎疫情期间欧洲单笔纯电动客车最大订单，宇通已经成功打入北欧5国中的4个国家。从2010年首次出口欧洲市场，到英国出口量突破500辆，在法国建设中国品牌在欧洲的最大配件库，再到近年新能源客车打入北欧市场……10余年来，宇通一步一个脚印，成功在世界客车的发源地、全球客车的"市场天花板"——欧洲市场站稳了脚跟。

近年来，宇通客车加速从"制造型＋销售产品"型企业向"制造服务型＋解决方案"转型，其独创的"宇通模式"，成为中国汽车工业由产品输出走向技术输出的典范。如今，宇通已经成为中国客车的知名品牌和中国制造的新名片。全球盛事，宇通同行。近年来的国内外重大国际会议、顶级赛事等重大高端场合，经常能看到宇通客车的身影：

2020年11月，宇通与卡塔尔国家运输公司Mowasalat签订了1002辆2022年卡塔尔世界杯车辆供应及服务合同，其中741辆纯电动客车创下了当时最大纯电动客车批量订单的纪录。据悉，此批车将服务于2022年卡塔尔世界杯的公共交通运营。

2021年11月，第26届联合国气候变化大会（COP26），宇通客车作为公共出行领域"中国制造"的代表受邀参加，并有55辆宇通纯电动客车在大会期间服务公众美好出行，还携手国际公共交通联会（UITP）、国际知名运营商发起"零碳倡议"。

2021年11月第四届中国国际进口博览会（进博会）期间，206辆宇通客车担纲护航重任，宇通客车连续4年闪耀进博会，展示中国制造风采。

2022年2月，北京冬奥会举世瞩目，宇通有950辆客车为盛会保驾护航，包括氢燃料客车、高端商务车 T7、纯电动机场摆渡车、高端旅游客车，还有一支 60 余人、各方面经验都很丰富的保障团队。

（三） 新能源货车成为宇通集团最大的自我突破

新能源重型货车是 2021 年中国新能源市场的一大亮点，销量首次突破万辆大关。2021 年也被行业人士称为新能源重型货车市场爆发元年。其中，宇通重型货车成为最大的行业"黑马"。

2021 年 1 月，工业和信息化部第 340 批新产品公告中，宇通有 2 款重型货车产品上榜，其中 1 款充电自卸车、1 款换电自卸车。2021 年 4 月，工业和信息化部发布的第 343 批新产品公告中，宇通有 6 款重型货车产品上榜，其中 1 款充电搅拌车、1 款换电自卸车、4 款牵引车（2 款换电、1 款充电、1 款燃油）。

在业界还在议论，多年的"客车老大"宇通为何要进军重型货车，能否玩得转时，宇通已经抓住新能源重型货车爆发的机遇，交出了一份漂亮的成绩单。2021 年，是宇通重型货车产品正式上市的首个年份，宇通集团当年就以 1477 辆的销量拿下新能源重型货车行业第二的位置，相比第一名仅差 20 辆。

宇通新能源货车 2021 年大单频出、惊艳业界的业绩背后，其实是厚积薄发。一方面，身为客车龙头企业，信奉长期主义、"为客户创造价值"的宇通对于中国商用车市场有着深刻洞察，在做好客车主业，抓住新能源客车发展机遇的同时，宇通也一直在进行多元化的探索与布局，持续关注轻型货车、中型货车、重型货车等商用车细分行业，洞察用户痛点与需求，把握政策风向，发掘市场新蓝海；另一方面，宇通一向重视技术研发，在新能源客车领域的十多年持续投入，使得宇通已经充分掌握纯电动、氢燃料等核心技术并且能够将其应用到新能源货车领域。得益于新能源三电技术领域的深厚积累以及相对完善的新能源汽车产业链，宇通跨界制造重型货车后，无论是车辆的安全还是续驶里程、可靠性、配套设施等，都能很好地满足市场与用户需求。

可以说，宇通重型货车的快速崛起，是大环境与企业自身努力的天时地利人和：国家大力推进"双碳"战略，城市"蓝天保卫战"的政策春风，企业早有市场调研规划并提前做好技术和产品布局。

从河南中原走向全国、走向全球的宇通，正加速向世界一流新能源商用车集团迈进。

二、坚持前瞻、思变、自主，靠强大技术实力迈向一流新能源商用车集团

新能源汽车是新赛道，中国汽车有"换道超车"的机会。目前来看，由于全球主要大国不约而同加码电动化，新能源汽车赛道炙手可热，中国客车凭借新能源的

东风加速崛起，中国也由客车制造大国向客车制造强国更进一步。

在新能源客车领域，宇通一直是行业先行者。早在 1997 年，宇通就开始新能源客车的研发，1999 年便开发出第一款纯电动客车。20 多年来，不管行业周期高低，新能源推广遇挫、补贴退坡等外界环境变化，宇通一直坚定地走新能源技术路线，不断加码研发，其研发投入稳定地占到营业收入的 5% 以上。

2021 年，宇通客车研发投入 15.61 亿元，占营业收入的比例为 6.72%，在同行业中居于较高水平。年报显示，这些研发经费主要投向了自动驾驶及智能网联关键技术研究与产业化，多场景燃料电池技术及三电技术研究与开发，T7 高端商务车产品研发与升级完善，以及微循环公交产品研发与升级等领域。2020 年刚上市的宇通重工，2021 年的研发投入也有 1.75 亿元，占营业收入的 4.65%，均处于行业较高水平。

重视研发、多年坚持对技术进行前瞻布局的宇通，围绕新能源技术、智能网联技术、主被动安全控制技术和轻量化技术等关键技术，持续开展技术攻关和工程应用研究，并逐步建立了相应的技术标准和规范。不管是电动化、氢燃料，还是网联化、智能化……一波又一波的行业新技术新风潮，宇通始终走在行业前列。

丰富的技术储备与前瞻的规划布局，还让宇通及时发现商业新蓝海，不断拓展业务版图，由单一的客车制造商"变身"为综合的新能源商用车集团；由提供产品到提供技术方案，成功转型为新能源商用车解决方案供应商。

（一） 持续加码研发，新能源技术的"全能选手"

新能源客车在新能源汽车市场上起步较早，但这个总体规模不大、比较依赖政府补贴的细分市场，竞争其实很激烈。既有三龙（厦门金龙、厦门金龙旅行车、苏州金龙）一通（宇通）、福田欧辉、中通客车、安凯客车等老牌客车劲旅拼抢，还有比亚迪、南京金龙等"新势力"强势崛起。

但几轮市场淘汰后，新能源客车销量前十榜单上的企业变来变去，只有宇通稳坐冠军榜首。傲视群雄的市场表现背后，是宇通在新能源客车领域的硬核技术实力。

在新技术研发上，宇通以纯电动、混合动力、燃料电池客车的研发和产业化为主线，基于"全生命周期成本最低"的开发理念，以行业共性关键技术"电驱动、电控、电池"的自主攻关为切入点，历经十余年技术攻关，在自动驾驶技术、车联网及智能网联云平台技术、多场景燃料电池系统技术等方面取得多个重大突破。

2021 年，宇通完成了国内纯电动客车系统的全面升级，新能源三电系统完全具备空中下载技术（Over-the-Air Technology, OTA）升级能力，满足软件快速迭代的需求。2021 年，氢能领域利好消息不断，氢燃料汽车终于迎来市场激活、加速发展的曙光。在这条技术路线上，宇通同样早有布局，"手中有粮"。

早在 2009 年，宇通客车就已抢先布局，研发第一代燃料电池客车。经过 12 年研发积累，宇通在氢燃料汽车研发上取得了 162 项国家专利，形成相关标准 45 项，培养了行业最强实力的研发团队，并战略投资了亿华通、重塑、唐锋等燃料电池关键零部件企业。

目前，宇通已完成第三代氢燃料电池客车开发，正加紧推进第四代氢燃料电池客车的开发。宇通第三代氢燃料客车具备低氢耗、高安全、低温环境适应性强等优势，加氢时间 8~10min，续驶里程超过 500km，可实现 -30℃ 低温启动，工况氢耗达 4.3kg/100km，经济性达到国际领先水平；整车采用先进的生产工艺和全面的生产质量监控，通过碰撞、涉水、高寒、可靠性路试、整车爬坡等多项试验验证，确保安全性和可靠性。

截至 2021 年，宇通燃料电池客车累计推广 458 辆，累计运营超过 3200 万 km，形成以郑州为中心，覆盖北京延庆、河北张家口、江苏张家港、山东潍坊、贵州六盘水等地的运营网络，形成了完整的运营维护体系，可为客户提供涵盖制氢、运氢、加氢和运营在内的整体解决方案。多个地区的成功示范运营样本表明，宇通的氢燃料客车已经具备大规模批量交付和运营的能力。

（二） 前瞻布局，智能化技术的"先行者"

"电动化是上半场，智能化是下半场"，这是行业对汽车革命的一大共识。跑赢上半场的宇通，在智能化领域也是行业先行者。

在预见到 5G、车联网等新科技的蓬勃发展之后，宇通从 2013 年开始布局智能网联技术。经过 8 年多的前瞻布局，宇通在自动驾驶领域不断突破。2015 年，宇通在郑州完成全球首例自动驾驶大客车公开道路测试。目前，宇通已在广州、琼海（博鳌）、重庆、长沙、南京、绍兴、郑州等多个城市开展自动驾驶项目测试示范，实现了景区、园区、机场、城市公交等多个场景下的探索，截至 2022 年 7 月，累计商业化运营超过 160 万 km，累计接待乘客 20 万人次。

2020 年，宇通发布自动驾驶小客车小宇 2.0，这是行业首款正向研发具备 L4 级自动驾驶能力的量产客车产品。该车具备自主超车、自动避障、超级巡航、精确进站、自主泊车、自动充电等功能，满足全天时、复杂交通流通行需求，还可适应雨雪雾等极端天气。2021 年 4 月，具备 L4 级自动驾驶能力的小宇 2.0 批量下线，标志着宇通智能驾驶技术从小批量生产、小范围示范，向规模化、商业化方向持续迈进，迈出产业化"进阶"的关键一步。2021 年，宇通自动驾驶客车小宇 2.0 和"车联网数字化车队管理系统"一年之内两次荣获世界工业设计大奖德国"红点奖"，宇通也成为唯一获得"红点奖"的中国客车品牌。

自动驾驶不单单是技术突破，还有行业生态的颠覆与重塑。遵循"更聪明的车、更智慧的路、更智能的交通基础设施"的原则，宇通对城市交通系统进行全方位构建，为城市搭建安全、绿色、舒适、快捷、准时的智慧出行服务系统，并发布了宇通智慧出行品牌 WitGO。自动驾驶共享汽车使市民的出行更加方便、更加快捷、无人环卫、无人物流使得城市的生活服务更加舒适，对此，宇通也正加紧打造"自动驾驶产品集"。

通过多个地区、多个行业标杆示范项目的探索，宇通建立了 52 个自动驾驶企业流程标准，逐步形成了完善的技术研发和市场服务体系，为行业发展贡献了一套涵盖技术、产品、场景、运营等多个层面的自动驾驶整体解决方案。例如，宇通在行业首创无人场站，站内实现智能调度、自动充电、自主泊车等无人作业可视化管理，助力场站高效运营，提升出行效率，改善公交出行体验。

车路协同是中国在自动驾驶路线上的独创，宇通毫无疑问是"人 – 车 – 路 – 网 – 云"的车路协同整体解决方案的积极探索者。车路云一体化方案，以及在其基础上构建的生态服务，将是自动驾驶时代宇通最硬核的科技实力。

除了自主研发外，宇通还通过战略投资、自主创业、深度合作等多种形式，深度布局自动驾驶上下游产业链，在加快技术开发的同时，也致力于提升产业链的自主可控程度，与合作伙伴共建产业生态。

总体来看，宇通的自动驾驶技术历经了从封闭园区到开放道路，从简单路况到真实复杂路况，从单一车辆测试到车队运营集群的商业化打磨，越来越接近商业化落地、大规模应用的"临门一脚"。行业公认，自动驾驶技术的商业化落地，将从无人配送小客车，以及封闭道路下的港口、矿山、园区等应用场景率先突破。这些应用场景，也是宇通自动驾驶技术研发团队"练兵"的日常场景。

（三）　研发团队实力雄厚，产品矩阵完善

得益于在新能源、智能化技术方面的持续深耕，宇通在"新四化"领域一直领跑行业，甚至走在不少乘用车企业的前面。打造业内一流研发团队的同时，宇通还不断推动着行业技术进步、标准完善。

目前，宇通客车已构建一流的专业研发团队，截至 2021 年，公司拥有研发人员 3754 人，占公司总人数的 23.85%，其中博士 34 人，硕士 674 人；拥有 7 个国家级、10 个省级研发平台，多次承担国家级科研专项。

在新能源领域，宇通客车已形成了由 32 名首席专家、34 名博士和 1000 多名技术骨干组成的新能源和智能网联客车专业研发团队，涵盖前端技术规划、动力系统匹配与集成、车辆控制、电机及其控制、电池及其管理、电气安全等技术方向，在智能驾驶技术、燃料电池技术、新材料应用、操纵稳定性能控制等领域取得了显著突破。

截至 2021 年年底，宇通专利公开数量累计 4004 件，包括车联网、新能源汽车三电、车路协同等核心技术，专利申请量、授权量均居客车行业第一。此外，宇通共获得 28 项国家级、省级科技进步奖，参加 189 项国家、行业、地方和集团标准制

定。在提升自身研发水平和创新能力的同时，宇通也积极发挥行业龙头的作用，促进关键技术和科研成果的快速转化，推动行业标准的建立和完善。

基于在三电、智能网联、自动驾驶等新能源领域的技术优势，宇通抓住行业升级转型的机遇不断跨界，进入轻型货车、重型货车、专用车与工程机械等行业。目前，宇通已拥有全系列商用车生产资质，成为业内为数不多的产品谱系全面、资质齐全的商用车集团。

在客车领域，宇通客车拥有 126 个产品系列的产品线，覆盖 5～18m 全系列产品，形成国内外最完整的新能源客车产品型谱。截至 2021 年年底，公司共有 205 款纯电动客车、14 款混合动力客车和 21 款燃料电池客车进入工业和信息化部公告目录，其中 13.7m 纯电动与 18m 混合动力客车填补了国内空白。

2021 年，围绕城市出行新需求，宇通深挖客车细分市场，推出 E6S 微循环小客车，该车面向社区出行人群，连接高铁站、地铁口，解决"最初一公里、最后一公里"的出行问题。抓住新能源的东风，宇通以过硬的技术和产品，在红海中发现新蓝海。例如，宇通推出的 T7 商务车，凭借媲美高档轿车的舒适性、全方位的安全呵护等出众品质，打破合资品牌在高端商务车细分市场的长期垄断，成为我国重大国事活动中商用接待用车的首选。

面对重型货车这一看似格局已定、龙头稳固的商用车市场，宇通以"绿色、低碳"为核心，推出牵引车、自卸车、搅拌车等系列新能源重型货车产品，发掘纯电重型货车、纯电矿山货车等市场新增点。

产业变革时代，行业与企业的传统边界被打破，造整车的开始造电池，造乘用车的开始造商用车，造客车的开始造货车……不同背景的车企都在跨界，拓展自己的商业版图。但跨界造车从来都是高风险的事，如何平衡投资风险与收益回报，极其考验企业管理层的智慧与能力。已经跨出客车圈的宇通，跨界的核心原则是，围绕绿色低碳、智慧出行，持续发力商用车全场景智慧解决方案，探索智慧环卫、智慧物流、智慧矿山货车等多场景应用模式，推动交通行业数字化转型，助力智慧交通、智慧城市创新发展。

（四） 发布"超基因价值链"，引领行业价值链升级

2022 年 5 月 10 日，第六个中国品牌日，宇通发布基于客车全生命周期价值升级的"超基因价值链"，这也是客车行业首个以价值链为核心的价值体系。

官方介绍，宇通"超基因价值链"从洞察用户需求出发，对研发设计、车辆选材、生产制造、质量验证、售后服务等影响车辆全生命周期运营的环节进行改善和提升，以"可靠、高效、引领"的产品、服务和解决方案，不断聚合价值，推动客车全系产品的进阶，全方位助力客户成功。

具体而言，"超基因价值链"包括五大核心模块：超前研发、严选品材、超级

制造、全严品控、一站直服。

"超前研发"方面，除了上述业内一流的研发团队，宇通还自建了行业最大的数据库，提前洞悉用户需求，提供超越期待的好产品，并依靠强大的研发实力、设计标准确保产品"先人一步"。宇通客车的路谱数据在广度和深度方面已经做到了行业领先。数据的广度上，覆盖全国 32 个省级行政区，实测路谱超 30 万 km，可实现在厂区内 30 天完成 100 万 km 道路模拟实验。在数据深度方面，按照 5 年平均值，将自然环境和城市路况信息分 6 个维度，包含温度、湿度、高度、坡度、沙尘度及腐蚀度，从 −40℃ 的漠河到 50℃ 的吐鲁番，从相对湿度只有 28% 的青海到湿度 90% 以上的海南，从刚刚高于海平面的三沙岛到海拔 5200m 的珠峰大本营，从最大坡度 5° 以下的平原城市到坡度 15° 以上的山城重庆，从无沙尘的三亚到沙尘排名第一的包头，从腐蚀度低的兰州到腐蚀度高的广州，实现环境数据全覆盖。

"严选品材"方面，宇通客车从源头做起，不仅制订严格的准入系统，100% 选用业内头部供应商，而且对零部件进出厂执行全尺寸、全功能、全性能的两次 100% 全检。

"超级制造"方面，宇通在行业内率先采用激光切割工艺、德国六轴自动化焊接机器人，中涂、面漆、清漆三大环节全部应用机器人喷涂，加工精度可达 ±0.2mm。目前，集成 MES（制造执行系统）与机器人、智能物流输送系统和自动化设备的宇通，已经可实现高度智能制造。

"全严品控"方面，宇通客车导入先进的 IATF 16949 国际汽车质量管理体系，建立 50000 余项质量检验控制标准；同时投资 10 亿元打造试验中心，搭建从零部件到系统再到整车的三位一体质检体系，确保质量过硬。

"一站直服"方面，宇通多年坚持"车辆交付不是结束，而是服务的开始"的经营原则，为车辆提供全生命周期的运营保障。宇通客车独创"1 主 +3 辅"的服务模式，自建 13 家独立 4S 中心站 +2000 多家特约服务网点，实现 15min 响应、4h 内解决一般故障、8h 内解决重大故障。同时，宇通还自建智能网联平台，对车辆实现智能诊断、智能分析、智能提醒，确保运营保障时刻在线。

从以上内容来看，"超基因价值链"是宇通客车过去几十年的技术积累、经验总结与价值沉淀。放到整个行业来看，作为行业首个价值体系，"超基因价值链"也是宇通在客车行业进入体系化、平台化发展时代的背景下，积极应对用户需求变化及出行环境变革的突破之举。

在国家提出"双碳"战略目标，汽车行业电动化、智能网联化、高端化、国际化等"新四化"已成大势所趋的新时代、新形势下，人们对高质量公共出行的需求激增，更加注重出行的效率、舒适及便利，公共交通行业正迎来新一轮全面深刻的变革。

宇通发布以用户为中心、价值升级的"超基因价值链"，是对行业变革深刻洞察之后的一次振臂高呼，身为龙头企业积极响应时代变革、促进行业转型升级，推动公共出行可持续高质量发展，引领中国客车走在可持续出行服务的世界前列。

三、做优秀企业公民，时刻不忘民族品牌的责任感

从 1963 年的一家地方小厂，到如今走向全球的商用车集团和民族品牌的代表，宇通是中国改革开放的参与者、实践者，也是受益者。秉承"为美好出行"的初心，宇通一直践行"壮大民族产业、做优秀企业公民"的企业使命，在可持续发展、社会公益、关爱下一代等方面积极履行企业社会责任。

2022 年 3 月，宇通客车发布 2021 年社会责任报告，这是其连续第 13 年发布社会责任报告。这一细节，体现出宇通在履行企业社会责任方面的认真态度。

（一）专注实业，践行绿色低碳

截至 2021 年年末，宇通累计销售新能源商用车超 16 万辆。作为中国客车龙头企业，宇通为全球低碳发展贡献了中国智慧和中国力量，向世界进一步展示了中国制造的责任担当。

在国家"双碳"目标引领下，宇通将"绿色低碳"的理念贯穿于企业的方方面面。2019—2021 年，宇通客车累计投资 6595.4 万元用于污染物减量排放改造，持续推动绿色工厂、绿色采购、绿色物流、绿色办公、绿色能源体系建设，向世界输出绿色产品、绿色理念、绿色解决方案等。

（二）积极抗疫救灾，关键时刻展现企业担当

2021 年，依托爱心宇通、展翅计划和社会开放日三大公益活动平台，宇通客车有规划、有组织地持续开展"金秋助学""重阳敬老""关爱见义勇为英雄"等各项公益活动 20 余次，全年累计向见义勇为英雄、贫困学子及受灾地区等捐款捐物近 1300 万元，参与志愿者 300 人，救困 1 万余人。

2021 年郑州"720"特大暴雨期间，宇通作为河南本地企业身先士卒，不仅快速启动应急响应预案，捐款 1000 万元用于省市防洪救灾，还积极参与社会救援，救护转移被困群众，向河南全省所有受灾的公交客运企业提供免费救援服务，保证灾后群众正常出行。

（三）关爱下一代，多年关注儿童交通安全

关爱下一代是社会公益的重点领域，在宇通看来，公益是一件细水长流且任重道远的事情，不仅在于当下，更在久远的未来。

全国人大代表、宇通集团董事长汤玉祥曾先后三次在全国"两会"上提交专用校车推广相关议案。自 2005 年启动校车研发以来，宇通和中国校车发展同频共振，

树立校车行业新标杆，并开创中国校车文化体验的先河。目前，宇通校车已经发展到第三代，在安全性和智能化方面全面提升，产品性能已达到国际领先水平。2015年以来，宇通连续数年举办"校车行业高峰论坛"，搭建共同探讨校车新方向、新模式、新发展的平台，凝聚多方力量探讨校车发展模式。

作为国内专用校车的倡导者和领航者，宇通一直专注学童交通安全领域，以关爱之心传播爱与责任。宇通 & 壹基金儿童交通安全公益行自 2019 年起，足迹已遍布全国 28 个省市自治区的 300 多个学校，学生体验者将近 10 万名，通过寓教于乐的形式，让孩子们从小树立交通安全知识，在更大范围为儿童交通安全营造良好的环境，呵护儿童平安快乐成长。

从捐款捐物到传播知识，从平台构建到公益服务再到企业采购倾斜，宇通的公益不仅已成体系，而且不断优化升级，细致入微，深度彰显扎根实业、志在全球的中国制造业领军企业的温度和高度。

总体来看，商用车企业的社会责任活动，大多还停留在传统的抗震救灾等单一层面，和有规划、有平台、丰富多样、层次多面的乘用车企业有明显差距。体系化、多方面开展企业社会责任活动的宇通，以一己之力，缩短了商用车企业与乘用车企业在社会公益活动方面的差距。

正是因为在技术研发、国内外市场、企业社会责任方面的全方位进步，宇通的品牌价值不断提升。2021 年，宇通客车荣登《中国 500 最具价值品牌》排行榜、《财富》中国 500 强。

四、结语

近两年，新冠肺炎疫情反复令旅游、公交、客运、物流等交通运输业持续低迷，连带客车、货车等商用车遭受重创。芯片短缺、原材料涨价等供应链问题困扰整个汽车行业；同时，在电动化、智能化等新技术革命与全球"双碳"战略共同推动下，汽车行业加速变革。产业转型升级的压力再加上疫情等不可控因素的干扰，汽车企业的日子普遍不好过，尤其是市场竞争充分又与经济形势紧密相关的商用车企业。

困难时方显人本色，见企业真功。纵观整个汽车行业，从整车到零部件，从乘用车到商用车，近年来都呈现出"强者恒强"的马太效应，弱势企业加速边缘化甚至淘汰出局，龙头企业、头部企业稳中求进，优势地位进一步巩固。抓住新能源客车发展机遇，进一步巩固客车领头羊的行业地位，还成功跨界重型货车、专用车等领域的宇通，正是商用车龙头企业的典型代表。

第 19 章　迈向世界一流，中国重汽用创新让"大国重器"不断升级

本章作者：方得网编辑部⊖

摘要：

从新中国第一辆重型货车黄河，到新一代黄河重型货车；从重型货车出口量占据国内同行业出口的半壁江山，到 2022 年上半年重型货车销量及市场占有率双第一，中国重汽用创新让"大国重器"不断升级，稳步走在"迈向世界一流"的路上。

1960 年，具有划时代意义的新中国第一辆重型货车——黄河下线，中国重汽结束了我国不能制造重型货车的历史，中国重汽也成为我国重型汽车工业的摇篮。2022 年，黄河、汕德卡等产品销量稳居中国高端重型货车阵营；中国重汽的重型货车销量中国第一；出口连续 17 年占据中国重型货车出口半壁江山。这背后，是中国重汽紧抓汽车强国机遇的笃定，是中国重汽进一步提升研发投入、布局高端人才的坚定，让中国重汽在科技创新道路驶上了"加速车道"。

一、中国商用车产业发展的一大缩影

作为与中国商用车产业共同成长的企业，中国重汽见证了中国商用车从无到有、从大到强的发展历程，走出了一条从技术引进到消化吸收再创新，再到自主正向开发的战略转型路径。

1956 年，中国重汽的前身——济南汽车配件厂成立，并于 1958 年引进苏联汽车车型，研发出黄河牌 JN220 越野汽车；1960 年，济南汽车配件厂制造的黄河 JN150 下线，成为中国第一辆重型货车；1966 年，济南汽车配件厂更名为济南汽车制造总厂，并于 1978 年引进罗马尼亚罗曼汽车技术；1981 年，应用新技术的黄河 JN162 系列货车亮相；1985 年，首辆在中国组装的斯太尔 91 系列货车下线，结束了我国不能生产大吨位货车的历史。

2001 年，重组后的中国重汽以"中国重型汽车集团有限公司"回归，先后与瑞典沃尔沃卡车公司、德国曼恩公司合作，并于 2004 年推出了具有国际先进水平的高端重型货车产品——豪泺 7 系列。2009 年，中国重汽集团与德国曼恩公司签订合作

⊖　本章主要由方得网编辑部资深编辑张艺婷撰写。

协议，在 2011 年上海车展期间，中德双方发布全新高端品牌 SITRAK（中文名为汕德卡），同时，该品牌首款量产车型 T7 也在车展上亮相。

2018 年 9 月 1 日，谭旭光正式挂帅中国重汽集团，带着"客户满意是我们的宗旨"的企业核心价值观、"不争第一就是在混"的激情文化，以及"一天当两天半用"的效率文化入驻中国重汽，进行大刀阔斧的改革，并在 4 年时间里带领中国重汽跑出了高质量加速度。

2020—2023 年的这几年，是中国重汽向世界一流全系列商用车集团全速奋进的阶段。谭旭光在中国重汽 2020 商务年会上提出，中国重汽 2025 年前要实现三个"20 万"的战略目标，即重型货车国内销量稳定在 20 万辆，中轻型货车国内销量稳定在 20 万辆，轻型商用车销量稳定在 20 万辆。

中国重汽 2020 年财务年报数据显示，中国重汽共销售重型货车 27.84 万辆、轻型货车 18.10 万辆，在 2020 年部分达到了 2025 年的预定销售目标。

2021 年，在国内重型货车市场因国五切换国六完成导致 2021 年销量前高后低的背景下，中国重汽展现出行业领军者姿态，重型货车销量实现逆势增长，全年销售 28.18 万辆，行业排名升至第二；重型货车市场占有率超 20%，同比提升 2 个百分点，增幅行业第一。

在市场占有率增长的同时，中国重汽产品结构调整取得显著成效，货车短板明显改善。2021 年，中国重汽货车板块市场占有率实现翻番式增长，增幅位居行业第一，已全面布局快递、冷链等重点细分市场；在搅拌车板块，导入智联泵产品，持续引领行业产品革新，销量和市占率行业第一；在牵引车板块，中国重汽市场占有率增幅行业第一。其中，汕德卡系列牵引车最近五年年销量复合增长率 65.8%，持续引领行业迈向高端；AMT 重型货车销量和市场占有率均为行业第一。在出口方面，中国重汽的优势得以延续，2021 年重型货车出口销售 5.41 万辆，同比大增 75%，连续 17 年保持国内重型货车出口第一。

二、以科技创新突破，夯实引领步伐

中国重汽销量的"加速度"，离不开其技术领先战略"引擎"的助推，这也为重汽实现 10 年跨越式发展奠定了坚实基础。

特别是谭旭光任职中国重汽董事长之后，尤为注重在科技创新领域的投入和研发精英人才的培养。中国重汽在科技创新能力、重大科研创新成果、科研队伍建设、研发生态建设、销量和市场占有率上取得了新突破。

目前，中国重汽已形成日产近千辆整车，年产 25 万台发动机、70 万根车桥的生产能力，创造了前所未有的"重汽速度"。

作为重型货车行业的引领者，中国重汽拥有雄厚的技术储备和持续的研发投入。为了激发科研人员创新研发的积极性，中国重汽实施"揭榜挂帅"工作机制，"揭榜挂帅"竞争性强、透明性强、目标性强,成为科研人员敢为人先、勇于创新的催化剂,也成为中国重汽自主研发、勇攀科技高峰的"利器"。2018 年以来,为保持技术领先优势、实现从技术引进向自主正向开发转型,中国重汽集团刀刃向内,自我革命,明确市场输入、产品规划和项目开发目标,逐步建立起基于需求管理和产品论证的正向开发流程,规范了内部产品开发项目管理阶段定义,统一信息传递渠道和数据规则,实现了各业务部门协同开发,压缩了产品开发周期,提升了产品质量。

(一) 正向开发流程夯实产品核心竞争力

中国重汽深知在中国汽车产业发展中,需警惕"卡脖子"技术问题。对于核心关键技术的掌握,中国重汽持续围绕产业链部署创新链、结合创新链发展产业链,在强化企业技术创新主体地位的同时,完善成果转化和激励机制,提升自主创新能力。

基于自主正向开发流程,中国重汽先后推出新黄河干线物流牵引车、新黄河矿用自卸车、豪沃轻量化公路牵引车、无忧换档 AMT 变速器、MCY 系列高可靠车桥等产品,对于其夯实核心竞争力和引领行业都具有重要意义。

特别值得一提的是,中国重汽自主正向开发的代表作——新一代黄河重型货车,基于空气动力学、人机工程学理论以及主挂一体设计理念,以满足使用安全性、便利性和舒适性要求为约束条件,正向开发了超低风阻驾驶室总成、驾驶室与挂车之间的空气导流套件,结合主动进气格栅等部分气动附件的电动化和智能控制技术,整车风阻系数低于 0.36。通过优化燃烧过程组织,集成应用低摩擦技术、动力附件电动化等先进技术,自主开发并量产了高效选择性催化还原(Selective Catalytic Reduction,SCR)路线柴油机,热效率同款最高;基于动力控制单元(Power Control Unit,PCU)控制平台的动力衔接性一体化标定技术和路况特征采集技术,开发了具有智能换档功能的自动变速器,实现了动力总成的优化匹配;开发了高效长寿命 MCY12 系列驱动桥,其机械效率最高达到 97.6%;整车动力传动链最高机械效率达 93.6%。采用基于模型预测和比例积分微分(Proportional-Integral-Derivative,PID)控制理论,开发了人、车、路协同的整车能量管理和策略,通过 PCU 实现了对发动机和 AMT 变速器的协同控制、整车路径规划、车速优化、动力附件节能管理等智能控制和自适应巡航功能,达成综合节能效果,与传统车型相比,黄河重型货车在长途干线物流运输工况下百公里油耗节省 4L 左右。

中国重型货车始于黄河,黄河在中国民族汽车工业发展史上具有重要的历史意义,对于中国重汽更加意义非凡。重塑黄河,这是中国重汽朝着"打造世界一流的全系列商用车集团"的战略愿景迈出的关键一步。

(二) 自主研发自动档技术,引领中国 AMT 潮流

早在 20 世纪 60 年代,欧洲的一些汽车公司就开始了 AMT 技术的研究工作,戴

姆勒·奔驰和斯堪尼亚等是研发 AMT 变速器的先驱，并在 20 世纪 80 年代开发出第一代 AMT 产品。2018 年，欧洲和北美的 AMT 车辆覆盖率已经超过 95%，据专业预测，"十四五"将是国内 AMT 市场的快速增长期，覆盖率将达到 70%。这对于中国重汽来说，是一个不可多得的机遇。

实际上，中国重汽是国内最早研发自动档变速器、最早装车运营的重型货车企业。2006 年年底，中国重汽正式上马 AMT 项目，2007 年开发出 AMT 工程样机，开始与整车的匹配性进行测试和标定。通过成百上千次的试验，50 多辆试验车累计行驶里程超过 600 万 km，2008 年中国重汽宣布已实现国产自动档变速器产业化并批量装配整车，填补了市场空白。其 AMT 产品采用主箱双中间轴、副箱行星机构设计，转矩范围为 500～2700N·m，涵盖 8 档、9 档、10 档、12 档、16 档等系列，覆盖轻、中、重型货车及新能源货车变速器。

经过 10 多年的发展，中国重汽 AMT 变速器已经升级至第 7 代 S－AMT16。为满足多工况换档便利性需求，中国重汽打破传统手自一体变速器定义，开发了模拟多档机械变速器的"无忧换档"及应急换档功能系统。该系统可提高换档性能，实现快速换档，使换档轻便易操作，车辆适应工况更广，并在变速杆断裂时也能挂入档位行驶；基于大数据统计技术，实施监控和统计当前车辆运行状态，优化换档控制策略，实时将最佳行车换档参数赋予当前车辆，提升车辆燃油经济性；基于智能化控制技术，开发了智能交互系统，实现报警功能、高低档提示、推荐档位提示、操作行为提示、故障处理提示等；智能提醒，规范驾驶员操作，有效提高车辆的安全性。

截至目前，"无忧换档" AMT 已完成匹配黄河、汕德卡、豪沃、HOWO 轻型货车等诸多车型，并在全国首次推出与天然气发动机的动力匹配系统。该 AMT 系统具有更好的燃油经济性，百公里油耗节省 1L，按已售车辆平均 50 万 km 运行里程计算，减少碳排放约 95 万 t，并带动整车销售额 125 亿元以上，大大推动了中国货车的出口市场，提升了"中国智造"在国际上的影响力。

（三）　"未雨绸缪"，智能驾驶技术提前布局

在科技的不断发展和进步下，无人驾驶也随着汽车的电动化、网联化、智能化等趋势的深入发展而加速。智能驾驶技术在货车上的拓展能够有效提升驾驶的安全性、舒适性并降低运营成本，已逐渐发展为汽车技术的潮流。

伴随着自动驾驶货车市场的飞速发展，作为传统货车车企的中国重汽，早就将目光瞄准了自动驾驶货车领域，并通过接连推出多款自动驾驶重型货车和轻型货车，开始抢占这片蓝海。在进军自动驾驶货车这条路上，中国重汽的优势不言而喻。

2016 年 9 月，中国重汽发布第一代智能货车，融合了防追尾、防侧翻、防蹿道、防溜车及自适应巡航等功能，我国重型货车主动安全迈上新台阶。2017 年 12 月，中国重汽首批 20 辆智能货车投入市场运营，引领国内智能重型货车步入产业化

和商业化的新阶段。

联合主线科技打造的全球首辆无人驾驶电动货车在天津港开启试运营，2020 年 1 月 17 日在天津港成功进行全球首次整船作业。在无人干预的情况下，装配有激光雷达、高清摄像头和智能计算单元的无人驾驶电动货车，完成了道路行驶、精确停车、集装箱装卸、障碍物响应等指定动作，实现了集装箱从岸边到堆场的全程自动驾驶运输，标志着中国重汽对无人驾驶技术的探索和创新一直不断升级。

面向高速公路场景，中国重汽推出了一系列提升主动安全性、驾驶舒适性和燃油经济性的驾驶辅助产品，具备前向碰撞预警和车道偏离预警功能、自动紧急辅助制动功能、自适应巡航控制功能，并已实现大批量销售交付。2021 年年底，由中国重汽自主研发的具备组合驾驶辅助功能产品首次应用在新黄河车型上，实现预测性自适应巡航和车道居中保持控制的组合辅助驾驶功能，提高了驾驶舒适性和燃油经济性。中国重汽正在研发面向更高等级的高速公路场景的智能驾驶产品。

面向智慧矿山场景，中国重汽推出了满足智慧矿山自动驾驶应用的智能矿用货车线控整车产品，已具备批量销售条件，可满足露天智慧矿山的自动驾驶运输作业要求。

面向智慧港口场景，中国重汽与天津港、宁波港等集团合作多年，开展智能纯电动集装箱货车合作开发与示范运营。面向智慧港口场景的智能货车已商业化交付超百辆，应用于天津港、宁波港等港口集团的多个码头。

（四） 柔性智能制造能力，拉动商用车制造升级

中国重汽集团作为国内规模最大的商用车生产基地之一，很早就确立了走智能制造路线的发展方向。

中国重汽针对自身的产品特点，通过对标国内外行业先进企业，吸收先进制造技术、智能化系统，通过对制造过程的信息数据采集、设备间的互联互通、系统间的集成融合，推进生产过程智能化、柔性化、敏捷化，提升企业智能制造水平。其重点打造的货车（莱芜）工厂突出特征就是数字化、智能化、柔性化，其建设的驾驶室柔性化焊装线、涂装线、AGV 组成的整车装配线、内饰线等，均能够快速精准地满足商用车高度柔性化生产需求。同时，该工厂还通过最新的厂房设计、工艺、设备，来降低烟尘、废弃物排放以及能源消耗，也高度契合了商用车的绿色发展理念。

中国重汽在各整车及总成工厂先后建设了多条高度自动化、柔性化的生产线。其中，新一代汕德卡驾驶室焊装线，大量应用了机器人、AGV，自动化率达到100%，并实现商用车及皮卡共线生产；发动机装配线实现发动机缸体、缸盖线全自动装配，自动化率达到74%，该条生产线可兼顾 WP 和 MC 全系列产品；变速器装配线突破难点工序，自动化水平行业领先，自动化率达到72%，可兼顾 AMT 和 MT

变速器生产；传动轴装配线突破生产线设备及集成技术难点，实现传动轴装配高度自动化，自动化率达到78%。以上生产线的投入，均能够同时满足多种产品的共线柔性生产，减少了不同产品生产的换线时间，在提升生产效率和设备综合效率、降低成本的同时，可在最短时间内将产品交付到客户手中。

最近几年，行业内常常通过机器人、AGV 的应用数量来衡量一座工厂的智能化程度，按照这个标准，中国重汽工厂的智能化水平在行业内是遥遥领先的。目前整个中国重汽集团已拥有 1950 余台机器人、770 余台 AGV。另外，更能体现数字化和智能化水平的是这些硬件背后的软件系统。中国重汽采用了包括 SAP 系统、HPM 工艺数字化系统、MES 生产管理系统等多个智能化系统，可实现信息共享及调用，能够同时满足多种产品的共线柔性生产，这对于专业化和细分化程度越来越高的商用车来说非常重要。

由于商用车应用场景多样化的特征，柔性化智能制造能力已经成为全球商用车制造业的核心能力。在未来的市场竞争中，中国重汽将全力发挥柔性智能制造这驾马车的作用，打造世界一流的全系列商用车集团。

三、践行"双碳"，引领中国商用车新能源技术升级

2021 年和 2022 年，"双碳"战略、各地新能源车辆推广力度持续加大、绿色物流转型升级、新能源补贴政策到达最后窗口期等因素的"合力"，推动新能源重型货车市场持续大幅增长并迎来爆发期。

根据行业数据，2021 年，国内新能源重型货车销量首次历史性突破万辆。鉴于港口、厂区及矿山等应用需求的集中释放，换电重型货车全年销量达 3228 辆，占新能源货车总销量的比例为 30.70%；燃料电池重型货车销量持续增长，全年销售 779 辆，占新能源货车总销量的比例为 7.41%。

在国内重型货车市场由增量市场转向存量市场的当下，新能源产品需求显著提升无疑成就了新契机。中国重汽作为我国重型货车行业的开创者，要迈向世界一流，成为中国商用车登顶世界科技塔尖的先锋，正凭借其勇立潮头的创新意识，攻坚克难，持续引领中国商用车新能源技术升级。

（一）三大维度协同发展，2030 年新能源渗透率预计达到 50%

面对新能源革命，中国重汽以三维立体"蓝立方"象征纯电、混动、氢能三大动力的三个维度，与中国重汽电驱动桥技术的模块化特性进行匹配，坚持三种动力组合协调发展的系统解决方案。

根据中国重汽新能源汽车产业发展规划（2021—2035 年），中国重汽确定以纯电动汽车、插电式混合动力汽车、燃料电池汽车为"三纵"的技术路线，布局整车技术创新链。在新能源赛道上，中国重汽将依托自身产品结构，结合对细分市场的

深度理解，打造差异化竞争优势，全面布局纯电动、混合动力、氢燃料电池三大技术路线，基于商用车多样化的应用场景，面向牵引、载货、工程、专用四大类车型，开发全系列新能源商用车产品，完全自主开发的全系列电驱动桥技术也将全面布局，3～16t 级电驱动桥新产品将陆续投放市场。

在"双碳"战略的指引下，中国重汽持续在技术和战略方面创新，力争 2025 年新能源渗透率达 15%、2030 年渗透率达 30%、2035 年渗透率达 50%，坚持纯电、混合动力、燃料电池三大技术路线，持续创新发展，引领商用车行业转型升级，以科技助力碳达峰、碳中和。

（二） 掌握核心技术，开启能源革命

随着新能源市场快速发展，且还没有形成固定格局的市场态势，谁真正掌握了行业及用户核心痛点的解决方案，谁就有反超并形成优势的机会，谁抢先进入市场必然形成先发优势。

中国重汽认为暂时的吸睛未必是可持续之道，最终拼的还是技术优势、产品实力、交付周期以及售后服务。要保持长期优势需要靠硬实力，核心技术掌握在自己手里才能技术协同进步、降低新能源车辆的能耗、缩短车辆交付周期、更好地服务于用户。

面对新能源革命，中国重汽把动力系统研究作为未来重点方向。中国重汽已提出新能源动力系统要全面掌握燃料电池系统、驱动电机和控制器、电驱动桥等关键核心技术，在商用车领域率先建立全球竞争优势。

作为新能源商用车的"核心"，中国重汽在新能源动力系统研发方面以电驱动桥产品颠覆传动动力驱动模式，整车全新紧凑布置为优势；以"一大核心技术"颠覆行业认知，借"六大科技革命"深度解读，夯实技术优势。中国重汽围绕产业链价值提升，为用户提供高效、绿色、运营最优的产品解决方案，致力于推动中国绿色智慧物流发展引领全球新能源物流市场，这同样是推动中国重汽在新能源研发技术持续创新的动力。

针对新能源车辆在能量、效率、续驶里程、空间、安全、养护六大方面的技术攻关难点，中国重汽"逐点击破"。通过整车高集成度、降重 500kg、比中央电机方案能耗降低 10% 等，达成能源革命；以双电机效率提高 5% 开启效率革命；以综合续驶里程提升 10%、工况续驶里程 250km，开启续驶里程革命；同时解决中央驱动外采配件匹配难点，做到超大电池无需后背，稳定结构拒绝遮挡；安全方面，中国重汽做到史上最严测试环境，淬炼非凡的信赖感，放心可靠看得见；自主研发电机＋电控＋车桥，民族品牌，世界品质；以极简设计、极简养护，做到后期维护持久守护、随叫随到。

（三） 开启中国氢能源货车新时代

在全球低碳环保、节能减排压力不断加大的环境下，能够完全实现零污染、零排放的氢燃料电动汽车，被国际公认为"终极新能源汽车解决方案"。

2021 年是我国氢能产业规模示范元年，中国氢能联盟数据显示，2021 年我国氢气总产量达 3500 万 t 左右，位居全球第一；可再生能源制氢方面，我国已成为全球最大的电解槽增量市场；中国碳达峰碳中和"1 + N"相关文件发布、燃料电池汽车示范城市群等行动陆续启动，从国家到地方支持氢能发展的政策频出，氢能进入产业化提速阶段。

有研究学者认为，氢燃料汽车具有无污染、零排放、能量大、快速补给等优点，不但能解决传统能源汽车排放、环境污染的现状，也能解决现阶段纯电动汽车续驶里程不足的问题，其市场推广极具潜力。

针对新能源产业发展，中国重汽提出，新能源动力系统要全面掌握燃料电池系统、驱动电机和控制器、电驱动桥等关键核心技术，在商用车领域率先建立全球竞争优势；2025 年前实现智能网联、氢燃料电池商用车引领全球市场。

早在 2014 年，中国重汽便已启动氢燃料牵引车的研发工作，并于 2017 年完成了首辆氢燃料码头牵引车的装配。2020 年 11 月 6 日，山东省成立"北京冬奥会雪蜡车联合攻关项目指挥部"，中国重汽牵头 16 家企事业单位参与研发攻关与制造。历时 11 个月，智能雪蜡车在 2021 年 9 月 26 日全部下线，实现了国内第一辆完全知识产权雪蜡车的重大突破。10 月 27 日，自主智能雪蜡车交付国家体育总局，正式宣告填补了我国这项装备空白。这款雪蜡车牵引车采用全球领先、自主研发的中国重汽新黄河重型货车，动力来自潍柴氢燃料电池系统，确保低温极寒条件下的车辆运行。目前，中国重汽已布局牵引、自卸、载货氢燃料产品，配装潍柴电池堆，续驶里程达 400km。2025 年前，中国重汽智能网联、氢燃料产品将协同发展，致力于干线长途运输市场。

四、服务创新不离"客户满意是我们的宗旨"

在商用车行业竞争日益激烈的环境下，仅凭产品已经难以满足用户的需要。为提升竞争力，服务方面的比拼已经成为各个企业抢占市场的新赛道。

中国重汽始终坚持"客户满意是我们的宗旨"的企业核心价值观，切实践行"亲人"服务，时刻洞察市场风向，坚守品质至上，满足细分市场需求，为客户提供更高效、更具价值的整体物流解决方案。

（一） 二十年"亲人"服务升级，初心不变

中国重汽在服务领域，一直引领着商用车行业前行。

1999 年，中国重汽基于对市场的前瞻性认识，率先在国家工商行政管理总局注册了"亲人"服务商标，成为国内装备制造行业唯一注册的服务品牌，在业内率先成功开辟出服务品牌这片"蓝海"。

2003 年，中国重汽亲人用户服务中心成立，根据用户服务需求对有限的服务资源与配件资源进行优化整合，提高了服务满意度，同时加大了对服务站的培训力度，促进了服务站管理能力、运营质量和专业化服务水平的提高。2004 年，为了确保新产品能够顺利导入市场，满足用户日益增长的服务需求，在全国各地成立备件中心库，实施备件预投政策，大大缩短了维修时间，提高了维修效率，有力支撑了新产品的销售。2005 年，重汽"服务备件一线通"信息化系统正式启用，加快了集团与服务站之间的信息传递，让亲人服务更及时、更快捷、更高效，中国重汽成为业内服务信息化做得最好的企业之一。

2014 年，中国重汽成立呼叫中心，以 7×24h 全天候热线服务，保障客户服务需求即时答复、及时处理，引领商用车服务再次升级；2016 年，顺利取得服务认证证书，成为行业内首家获得商品售后服务评价体系五星级认证的企业；2021 年，通过售后服务体系国家标准七星级（卓越）认证，象征着中国重汽"亲人"服务继续引领行业发展。

随着行业的发展以及客户需求的不断变化，"亲人"服务从起初的专注于服务"车"，逐步延伸至服务"人+车"，再到"人+车+路+货"，符合行业发展趋势，并始终走在行业前列；二十年来，中国重汽不断赋予"亲人"服务新内涵，由"亲情、主动、及时、有效、终身服务"升级为"体验、互动、增值、高效、全生命周期"，致力于为客户提供高效便捷+全生命周期+客户收益最大化的服务解决方案，实现服务全过程的流程化、智能化和可视化。

经过无数重汽人的精心打造，"亲人"服务品牌赢得了社会的广泛认可，给予客户"亲人"般的呵护，不断引领行业发展。中国重汽"亲人"服务品牌先后通过全国商品售后服务五星级和七星级认证，这不仅是对"亲人"服务品牌的认可，也是对千千万万个重汽人的认可，这更加激励中国重汽不断延伸和拓展"亲人"服务品牌内涵，融合产业链行业伙伴，共同打造链合服务新生态，共创、共享服务价值。

为全面提升服务质量，打造让客户安心、舒心、暖心、放心的全新服务平台，中国重汽进行了网络形象升级、维修技能升级、服务时效升级等十大升级举措，以标准化、信息化、智能化为抓手，实现了服务质量的全方位提升。其中，全面优化服务网络，打造精干高效的售后服务体系，是中国重汽升级"亲人"服务的一大重点。

（二） 科技创新提升服务水平，"智慧重汽"助力重汽服务数字化转型

在汽车产业与数字化技术加速融合的大背景下，中国重汽的"智慧重汽"服务

平台发展，成为中国重汽实施数字化转型的组成部分，该平台利用移动互联网技术、大数据技术，为用户提供车辆全生命周期服务，是中国重汽链接终端用户、服务用户、提升客户满意度的重要途径。

中国重汽着力围绕产业链和创新链布局的同时，强化企业技术创新主体地位向销售环节延伸，提升价值链水平。依托信息化及大数据支持能力，中国重汽进行了一系列的智能化能力提升：车联网监控，通过车载智能通实现车辆法规项监控等多项数据监测；开发上线了"重汽云诊断"系统，实现了远程诊断、数据读取、远程升级等多项功能；综合服务半径、配件库存、服务站等级等多种因素，实现系统自动智能派单；向服务站派单时，推送派单短信的同时自动推送系统语音提醒电话，提醒服务站及时接单。一系列的智能化功能，极大提升了服务站的服务能力。

创新链要从源头增强发展韧性，按照自主可控的要求着力构建跨学科、跨领域、大协作的创新平台，并升级产业链，推动产业迈向高端。"智慧重汽"平台以车辆展示、服务报修、车辆配件等方面功能为主，同时打通车联网数据，为用户提供轨迹回放、驾驶行为分析等服务，基本涵盖了车辆"买、用、养、换"全过程。"智慧重汽"平台运行至今，累计注册用户超过90万，实际绑定车辆用户超过60万，未来将在推进企业数字化转型，构建以数据为关键要素的营销、服务生态，以及存量市场方面发挥更大的价值。

五、结语

2018—2022年，中国重汽重组五年，交出了一份亮丽的成绩单。

2022年上半年，商用车行业低迷遇冷，中国重汽却激流勇进，跃居重型货车行业第一。这不仅得益于谭旭光一系列大刀阔斧的改革，更是中国重汽始终以集聚商用车最强大脑为目标，以自主正向研发为主线，坚持建立全球领先的自主正向研发体系、开放协同的全球链合创新体系、高层次科技人才支撑体系、时刻创新的最优生态体系的结果。

从中国第一辆重型货车黄河到全球技术领先的高端重型货车黄河，从技术引进到技术引领，谭旭光提出，中国重汽坚定不移地扛起集团整车整机跨越发展的大旗，向着"三步走"战略——"2年内重卡产品和技术要全面实现国内引领；3年内形成全系列商用车竞争优势，重卡产品率先迈向世界一流水平；5年内打造成为世界顶级商用车品牌之一"，一步一个脚印地前进。

第 20 章　上汽红岩再起航：
领跑智能电动重型货车新赛道

本章作者： 方得网编辑部⊖

摘要：

通过股权重组，上汽红岩进入了重型货车行业的快车道，创造出惊人的"红岩速度"——2015—2020 年重型货车销量增长至 10 倍，行业排名从第 10 位跃升至第 6 位，成为重型货车行业发展标杆；同时，依托上汽集团的技术赋能，在新能源化、智能化、网联化、定制化等方面全面布局和储备技术，已经在新能源智能重型货车行业表现出明显优势，未来在智能电动重型货车新赛道上有了更多胜算并将引领中国重型货车行业智能升级。

2021 年，上汽红岩汽车有限公司（以下简称上汽红岩）重型货车销量为 6.3 万辆，市场份额达到 4.5%，在重型货车行业销量排名位居第 6 位，连续多年成为重型货车行业前 10 强中增速表现最佳的企业；而在 2015 年，上汽红岩市场份额仅 1.6%，在重型货车行业排名一度跌至第 10 位，行业地位趋于边缘化。

短短 6 年时间，上汽红岩不仅逃离了险境，还进入发展快车道，在业内创下"红岩速度"，在智能电动重型货车领域的竞争力也日益凸显。然而，在同一时期，不少重型货车企业被甩在时代之后，或没落，或被其他企业收购。

作为一家有着 57 年历史的老牌重型货车制造企业，上汽红岩为何能跟上新时代的步伐，几经沉浮依然傲立潮头？从老国企如何跟上新时代的角度看，上汽红岩的变革发展经验值得研究。

一、凤凰涅槃

在 57 年的岁月中，上汽红岩曾经创造了无数辉煌成就，但在发展道路的摸索中，也曾一度陷入困境，幸而通过股权重组和技术创新走出了险境，焕然新生。

（一）昔日辉煌

从四川汽车制造厂（上汽红岩前身）打造的新中国第一个重型军用越野汽车基地算起，到 2022 年，上汽红岩的发展已经走过 57 个年头。在这 57 年里，上汽红岩

⊖　本章主要由方得网编辑部资深编辑舒慕虞撰写。

经历了军车基地艰难崛起、军转民、跨越发展、合资壮大、科技创新的发展之路，创造了一个又一个辉煌的成就。

1965 年，上汽红岩的前身——四川汽车制造厂（以下简称川汽），在周恩来总理的亲切关怀下，于重庆双桥破土动工，拉开我国第一个高起点、专业化的重型军车生产基地建设序幕。依托法国贝利埃军车技术，先后试制出红岩 CQ260、红岩 CQ261 等多种车型，为我国国防建设做出了重要贡献，也开启了中国重型货车新纪元。

20 世纪 80 年代，随着市场经济的发展，民用运输市场对重型货车的需求日益迫切。红岩率先研发了 CQ30290，让第一辆民用重型货车走向市场，填补了当时国内 18t 位级重型货车的空白；随后共同组建了中国重型汽车工业联营公司，并引进奥地利斯太尔技术平台，在实现"军转民"的背后，更让民族重型货车换代升级，奠定了我国重型货车汽车工业的坚实基础。

数十年厚积薄发，红岩重型货车的品质有口皆碑，不负曾经的广告语"千锤百炼出红岩"。1987 年 7 月，红岩 CQ25.290 和 CQ15.250 全轮驱动重型沙漠越野车成功首次穿越号称"死亡之海"的新疆准噶尔盆地古尔班通古特大沙漠，完成 5000km 运载试验，创造了国产重型沙漠汽车横穿大沙漠的奇迹；1988 年 5 月 16 日，我国第一辆两端牵引全轮转向 60t 全挂车诞生，填补了国内空白。

2000 年，川汽销售重型货车 5018 辆，同比增长 100.4%，产销量居全国重型汽车第三位，创建厂 35 年以来生产经营的最好水平；当年 12 月 28 日，川汽改制组建重庆重型汽车集团有限责任公司。

进入 21 世纪后，为增强自身核心竞争力，红岩成为第一个实施进口与民族品牌并存"双品牌"战略的重型货车合资公司，揭开了全新的发展篇章。红岩开发了第一款同步欧洲、服务全球的高品质重型货车杰狮，在商用车发展道路上实现了战略性的突破。可以说，在长达半个世纪的发展历程中，上汽红岩始终肩负振兴民族工业的历史使命，为改变新中国"缺重"局面以及夯实我国重型货车工业制造的基础做出了特别的贡献。

（二）两度重组，焕然新生

作为中国最早一代合资重型货车企业，红岩在合资中没有得到快速发展，反而陷入了市场占有率大幅下滑的尴尬境地。直至 2016 年，红岩迎来了一场脱胎换骨的变革——股权重组，从而再次进入跨越式发展新阶段，吐故纳新，焕发新生。

2007 年，重庆重型汽车集团有限责任公司（川汽改制后的企业名）与上汽集团、意大利依维柯商用车公司共同投资成立上汽依维柯红岩商用车有限公司（以下简称上汽依维柯红岩），上汽集团与依维柯对等地共同持有 67% 股权。三方股东希望通过中外合资，利用上汽商用车技术中心的开发能力以及依维柯的先进整车和发动机技术，大幅提升红岩的产品竞争力，推动其成为商用车行业的领先企业。

然而，事与愿违，合资后的红岩重型货车并没有获得更好的发展，2007—2015年市场占有率一路下滑：2007年市场占有率4.9%，2008年市场占有率4.1%，2009年市场占有率3.2%，2010年市场占有率3.3%……2015年市场占有率1.6%，合资9年间市场占有率下滑3.3个百分点。

为应对我国商用车市场转型、结构调整带来的挑战和机遇，2016年，上汽红岩再度进行股权重组，上汽集团成为企业控股方。2016年12月16日，上汽集团通过增资方式扩大股权，增持上汽依维柯红岩股权至59.96%，成为上汽依维柯红岩的控股股东，取得了对红岩的控制权和主导权。

二、新变化，新气象

通过股权重组，上汽红岩作为上汽集团旗下唯一的重型货车企业，焕发了全新风貌，重新步入发展快车道，创造了惊人的"红岩速度"，也开启了自主创新和科技引领之路。

（一）"红岩速度"

在上汽集团赋能下，上汽红岩不仅以强大的技术实力与市场敏感度，带来了全新升级的系列重卡产品，更在销量上爆发出惊人的增长速度，在重卡行业创造出"红岩速度"。

上汽红岩用一连串亮眼的数据，完美地诠释了何为"红岩速度"：整车销量从2015年的8708辆跃升至2020年的80077辆，增长了8倍多，市场占有率从1.6%提升至5%，行业排名从第10位跃升至第6位，成为重型货车行业发展标杆；2017—2021年连续5年荣膺自卸车细分市场销量冠军，上汽红岩"工程之王"的称号实至名归。

在业绩攀升的同时，上汽红岩还在公路车领域不断突破，加快提升牵引、载货车占比，改变了工程车销量比例偏大的"一条腿走路"格局：根据细分领域的销售特点，开发出符合长途高效物流、港口集装箱、快递、危化品、煤炭、重载运输等工况的系列牵引车产品；牵引车产品销量从2015年的4125辆升至2021年的2.1万辆，增长了4倍多，市场占有率从1.6%提升至3.1%，行业排名从第8升至第7，较好地解决了销量结构偏科的问题。

在上汽集团的强大赋能下，上汽红岩在充分满足国内需求的同时，也加快了在"一带一路"沿线国家市场的布局，开发出多款技术先进、实用、安全的"红岩"品牌重型货车，以成熟的产品体系满足国际市场需求，目前已出口东南亚、非洲、中东、中南美洲等40多个国家和地区。

（二）被唤醒的"雄狮"

"红岩速度"的背后，是上汽红岩体系竞争力的快速增强。依托上汽集团的

"背书"与全力支持，上汽红岩建立了更扁平、更贴近市场的组织结构，对用户需求的反应更迅速，进而打造出一系列适合不同运输工况的新产品，爆发出惊人的增长速度。全新"升级"后的上汽红岩，如同被唤醒的雄狮，真正雄起。

在产品层面，上汽红岩通过持续创新，进一步完善产品矩阵，迄今已拥有杰狮、杰虎、杰豹等多个平台车型，囊括柴油、天然气、纯电动、氢能等多种动力形式，并已覆盖工程自卸、牵引、载货、专用等多个领域；同时，紧跟细分市场需求变化，及时、快速地推出定制化产品。比如，2018年，上汽红岩抓住市场新热点，推出7款定制化产品，包括智能网联6×6全驱大件运输车、国内第一款重型货车房车、智能车罐一体化危品车、中置轴多功能列车等一系列新车型，开创了国内智慧高效物流运输新纪元，极大提升了企业的影响力。

在服务层面，上汽红岩不断完善服务网络体系，始终坚持"服务零距离"理念，在全国建立了1200多家专业的售后维修站，服务半径缩短到65km；目前，在全国运营近100家"红岩驿站"，"卡友"们在站内可享受免费洗车、洗漱沐浴、洗衣烘干等贴心服务；根据客户群体的不同，还开创了多种不同的服务模式，如针对公路车的"畅行服务"、针对工程车的"贴近服务"、针对专用车的"管家服务"等。

在营销层面，上汽红岩通过"渠道运营标准——DOS"贯标培训、一年一度的营销比武大赛等方式，全面提升营销队伍能力，打造营销体系正规军。一是加强用户直联，快速响应用户需求。关注市场变化，转变营销思路，开启"经销和直营+线上和线下"的新型业务模式，瞄准重点场景落地，为不同行业的用户提供更高效、智能、安全、个性化的运输解决方案。二是数字化建设，提升管控能力。建立企业数据中台，数字化打通全业务链，实行"业务数字化，数字业务化"全业务链管控，并建立标准的红岩经销商、供应商管控渠道，强化过程控制管理，优化结构成本，提高企业运营质量。三是打造三大体系，强化体系能力。通过打造产品研发体系、精益制造体系、价值营销体系，归纳总结研发、制造、营销三个板块中的经验教训、知识库、数据库等，建立独特的数据信息中心，有利于完善工作过程中的决策机制并提高团队作战能力。

在技术层面，上汽红岩紧跟上汽集团商用车"新四化"发展战略，依托集团先进研发实力，致力于成为绿色智能商用车生态"创领者"。2017年，上汽红岩率先发布首款互联网梦想货车，开启了国内重型货车智能网联化新时代；2018年，上汽红岩无人驾驶集装箱货车完成全球首次港区货物调运业务并推出行业首家C2B（消费者面向企业）个性智能定制化平台；2020年，上汽红岩"5G+L4"智能重型货车实现准商业化运营；2021年，基于商用车实际业务场景而生的互联网重型货车3.0正式发布。目前，上汽红岩重型货车智能网联技术已经趋于成熟，并且融入整个产品矩阵中。

（三） 新品牌，新气象

在"十三五"的最后一年里，上汽红岩还发布了全新品牌战略和全新车型平台，开启智慧工厂的建设，紧跟时代步伐，为"十四五"腾飞做好全方位准备。

2020年11月，上汽红岩正式对外发布全新品牌战略及品牌标识（LOGO）。在发布会上，上汽红岩总经理楼建平阐述了品牌焕新的意义和内涵，并进一步明确了上汽红岩的战略目标和发展路径。他表示，在上汽集团商用车"新四化"战略的指引下，上汽红岩将紧紧围绕"上汽红岩中国力量"这个品牌核心，在"新能源化、智能化、网联化、定制化"的方向创新引领，以信得过的技术、安全可靠的产品，成为客户和行业有温度、可信赖、有实力的合作伙伴。

在上汽集团的技术支持下，上汽红岩推出了全新的H6系列重型货车平台，开启智能重型货车新时代。上汽红岩H6系列重型货车以全面领先的新一代域融合电子架构为基础，集成上汽集团全新一代H-Pilot智能驾驶系统，拥有L4级自动驾驶解决方案，配备上汽全新一代X-Connect智能网联系统，打通从产品创新到智能运营的全链路，包括智能货仓、智能安全、智能交互、智能运营平台等；同时，独有整车柔性架构设计，使得第六代重型货车拥有行业最全能源组合，柴油、天然气、混动、纯电、氢能等燃料形式一应俱全。

有了智慧车型，还要有智慧工厂。2020年10月，上汽红岩开启了智慧工厂的建设，积极探索智能制造，逐步从"制造"迈向"智造"。相较于传统工厂，上汽红岩"智慧工厂"通过对现有生产线信息化改造，将大力提升其柔性生产能力；自动化生产机器人的投入使用进一步提高了生产效率，并有效降低生产过程中产生的能耗与污染。此外，通过对现有车间进行智能化改造，还将提升各生产环节的自动化、信息化和智能化水平，在提高产能的同时，更稳步提升经济效益。项目建成后，最大年产能可达15万辆，预计可新增产值超200亿元。

三、迈向下一个十年

"十四五"是汽车行业发展动能转换的"关键期"，也是产业新边界的"开拓期"。站在"十四五"的起点上，上汽红岩将以"创新驱动、差异引领"，致力于在新赛道上成为绿色智能商用生态的"创领者"，继续成为中国重型货车行业的重要力量，全力推动我国重型货车产业的高质量发展。

（一） "十四五"新征途

在"十四五"转型变革阶段，上汽红岩将加快实现"135"战略目标，在资本融合、智能化、低碳化、国际化等"新赛道"上全速迈进，力争进入重型货车第一阵营，将民族重型货车品牌发扬光大。

在上汽红岩制定的"135"战略中，"1"代表提升排名1位，力争进入重型货车第一阵营。"3"代表实现3个目标——整车销售力争10万辆，挑战12万辆；市场占有率达8%；细分领域销量增长。在巩固自卸车市场优势的基础上，加快做大牵引车增量，改善销量结构、提升市场份额。努力成为智能网联重型货车、燃料电池重型货车、电动重型货车及高附加值专用车等细分市场的标杆。"5"代表提升五大能力：提升产品能力、营销能力、管控能力、体系能力、团队能力，不断提升市场影响力和品牌形象，以更加包容的心态和前瞻的视野面向国内外市场。

在实现"135"战略的同时，上汽红岩还将致力于成为绿色智能商用车生态"创领者"。在绿色低碳技术方面，上汽集团坚持纯电动、插电式混合动力和燃料电池三条技术路线同步推进，具有成熟的电池、电驱、电控和燃料电池技术，其燃料电池堆核心部件自主化程度和国产化率达到100%，核心技术指标比肩全球顶尖水准。得益于集团领先的新能源技术及强大的上下游产业链，上汽红岩将率先布局新能源重型货车市场，推出以纯电动、氢能为代表的新能源重型货车产品，加快"双碳"背景下各细分市场的商用化落地，并在内蒙古鄂尔多斯建设智能化、数字化的新能源整车生产基地；在智能网联技术方面，上汽集团拥有全新一代H–Pilot智能驾驶系统（L4级自动驾驶、L2+级干线物流高速智驾）、X–Connect智能网联系统、先进的电子架构及软件架构、C2B智能制造等板块的核心技术。在上汽集团的技术赋能下，上汽红岩将不断推进产品的技术迭代，引领重型货车行业智能升级，加速重型货车自动驾驶的落地应用。

（二） 资本市场大动作

"十四五"的首年，上汽红岩通过资产重组，完成了在资本市场的上市，公司发展迎来新机遇，未来将实现资本、技术、人才等优势的融合，持续增强核心竞争力，做大做强重型货车业务。

2021年8月26日，上海柴油机股份有限公司（以下简称上柴股份）重大资产重组资产交割实施完成，上汽红岩100%股权、上依投50%股权及上菲红10%股权已过户至上柴股份名下。本次重组完成后，上柴股份将形成"重型货车＋动力总成"一体化发展布局。值得关注的是，本次重组募集配套资金将投向标的资产上汽红岩"智慧工厂"项目和"新一代智能重卡"项目，募投项目的实施有利于提升其整体竞争实力。因此，本次重大资产重组完成后，上汽红岩的资产规模、盈利能力和综合竞争力得到进一步提升，有利于将公司做强、做优、做大，提升其可持续发展能力，助力实现下一个十年的高质量发展。

（三） 布局智能电动重型货车新赛道

当前，在国家"双碳"战略的推动和国家能源战略安全的要求下，智能电动重型货车已经成为重型货车行业发展的新赛道。按照"十四五"规划，上汽红岩将以"创新驱动、差异引领"，致力于在新赛道上成为绿色智能商用生态的"创领者"。

实际上，早在 2019 年，上汽红岩就抢先布局新能源重型货车市场，在战略布局和产品研发方面率先抢跑，赢得了领先身位。截至目前，上汽红岩不仅实现了优势资源整合，熟练掌握了电驱、电控、电池系统的开发与应用，并与捷氢科技（电池堆/系统）、联创电子（电控）、宁德时代等头部企业战略合作，形成了优势产业集群。上汽红岩已构建起杰狮、杰虎、杰豹三大新能源产品平台，全面覆盖牵引车、自卸车、载货车、专用车四大细分领域，其纯电动重型货车已在河北、山西、河南、贵州、内蒙古（鄂尔多斯）、湖北、山东等地投入商业化运营，覆盖钢厂、电厂、煤矿、港口等使用场景，取得了良好的社会、经济和环保效益。

在目前尚未被普遍重视的氢能源领域，上汽红岩同样提前布局，加快推动氢能重型货车的落地应用。基于鄂尔多斯市富裕的氢能资源和丰富的使用场景，2021 年 10 月上汽红岩鄂尔多斯新能源重型货车基地揭牌奠基，启动全球首个万辆级氢能重型货车产业链项目；2021 年 11 月底，上汽红岩交付鄂尔多斯市用户的首批氢能重型货车正式投入运营，速度远超其他重型货车企业。这不仅是上汽红岩氢能重型货车商业落地再进一步的重要标志，也是上汽红岩鄂尔多斯新能源重型货车项目进程中的又一重要里程碑。

未来，上汽红岩将以氢能重型货车和纯电动重型货车两大矩阵，全面满足各细分行业的重型货车运输需求，持续实践"新四化"发展战略，不断对产品进行迭代升级，推动我国商用车行业低碳高质量发展，赋能绿色城市的建设，为我国早日实现"双碳"目标添砖加瓦。

在智能化赛道上，上汽红岩也已拥有诸多成熟的产品及应用案例：融合人工智能、5G、V2X 车联通信等先进技术的上汽红岩"5G + L4"智能重型货车，于 2020 年 7 月在上海洋山港实现准商业化运营，构建智能重型货车全新应用场景。该项目仅在 2021 年运量就由 7 月的 500 箱，增加到年底每月的 4500 箱，增长了 8 倍，2021 年全年完成 4 万个集装箱运输；同时精准倒车成功率 100%，整体入库成功率 100%，倒车平均用时 70s，已超过熟练驾驶员的倒车效率和精度；还可在 20ms 内实现队列行驶功能，20ms 内建立车队间的实时交互通信，确保自动跟车、车道保持、换道绕行、紧急制动等队列行驶。

"十四五"期间，上汽红岩将围绕"上海洋山港"项目的技术积累和成功经验，聚焦港口、厂区等特定场景与干线物流场景，进行 L4 级和 L3 级自动驾驶产品的开发，以"技术 + 产品 + 运营"的全新业务模式，致力于成为全球商用车领域全场景自动驾驶解决方案和网络货运平台的创领者。

此外，在"万物互联"的时代浪潮下，"连接生活"不单单是"硬件之间的相互连接"，"场景生态"才是行业发展的新未来。经过多年精心深耕，上汽红岩从互联网梦想货车1.0到2.0，再到3.0，在打造"以人为本"的智能网联重型货车领域同样走在行业前列。2021年初，上汽红岩基于商用车实际业务场景，打造出互联网梦想货车3.0产品。其互联网重型货车3.0产品可通过打通业务数据源，结合车联网大数据，搭载最新的睿商版蜘蛛智联产品，联合并集成腾讯生态系统、多轮语音交互、国内领先的商用车导航地图、主动降噪技术、货箱及载重监控等网联技术，为商用车行业的车主、车队管理者、驾驶员、货主提供体验感更佳的互联网应用生态。

四、结语

过去57年岁月，上汽红岩始终与时俱进，肩负振兴民族工业的历史使命，经历了一系列转型发展之路，为改变新中国"缺重"局面以及夯实我国重卡工业制造的基础做出了贡献。

如今，在上汽集团"新四化"指引下的上汽红岩，将在资本融合、智能化、低碳化、国际化等"新赛道"上全速迈进，力争早日进入重型货车第一阵营，真正成为绿色智能商用车生态"创领者"。

第 21 章　法士特的冠军之路：
开放式创新，攻克关键技术

本章作者：方得网编辑部⊖

摘要：

50 多年前"缺重少轻"的中国，已跃升为世界汽车制造大国。由"老三线"企业成长为重型汽车传动领域的龙头，法士特的跨越发展，是中国汽车工业历史变迁的缩影。

从"十三五"胜利突破到 2021 年"十四五"成功开局，法士特不仅迎来企业营业收入、利润的历史高点，接连创造全球变速器世界纪录，更在新能源、智能化传动系统等新领域取得亮眼突破。

由连续 16 年产销量稳居世界第一、全球最大的商用车变速器生产基地，进阶到世界高品质汽车传动系统及高端装备制造综合解决方案供应商，法士特为实现"汽车工业强国梦"贡献了怎样的"法士特方案"及"法士特智慧"？

从曾经"缺重少轻"，到世界汽车制造大国，中国汽车工业发展成就辉煌。

以里程、跨度全球第一的中国公路运输网作为"测试路"，全球第一大的中国用户群体担任"评测师"，中国理应孕育出强大的自主汽车工业。

由"老三线"企业，到成长为重型汽车传动领域的龙头，成功跻身全球供应链体系，法士特的跨越发展，正是中国汽车工业从无到有、由弱变强历史进程的缩影。50 余年来，法士特始终坚持汽车传动系统为主、装备制造业适当多元的发展战略，"向着一个城墙豁口冲锋"。

秉承开放式创新，持续攻克关键技术，陕西法士特齿轮有限责任公司（以下简称法士特）不仅迎来企业营业收入、利润的历史高点，接连创造全球变速器世界纪录，更在新能源、智能化新领域取得崭新突破。

"惟希望也，故进取""惟进取也，故日新"。中国汽车工业由"大国梦"到"强国梦"的跨越，自主零部件必须强。逐梦的法士特，铿锵前行。

一、五十多年光辉历程，踏准时代的节拍

海尔集团张瑞敏说"没有成功的企业，只有时代的企业。所有的企业都不能说

⊖　本章主要由方得网编辑部资深编辑周静撰写。

自己成功，所谓的成功只不过是踏准了时代的节拍。"

中国经济腾飞、为社会经济强劲输血的物流大动脉加速循环，中国汽车工业从"有没有"向"好不好"转变、中国重型汽车创新迭代升级，几十年"奋斗交响乐"激昂奏响。法士特踏准了节拍，实现跨越式发展，在中国汽车工业发展史册上写下浓墨重彩的一笔。

（一）　应运而生，乘风而上

经历艰苦创业的卧薪尝胆、薪火相传，成长于市场经济转轨发展，法士特的改革发展之路踏过一片荆棘，绽放繁花似锦。

法士特的前身，是始建于 1968 年的陕西汽车齿轮厂（以下简称陕齿），发轫于"三线"建设时期，肩负着改变中国汽车工业"缺重少轻"的被动局面、建设我国第一家重型汽车变速器专业制造企业的重任。在秦岭北麓、渭水南岸的陕西省宝鸡市蔡家坡同峪沟内，历时 6 年，陕齿研制生产了我国第一代配套军用越野汽车的 5J80T 变速器，实现了国产重型汽车变速器"零"的突破。

改革开放拉开了中国经济腾飞的序幕，陕齿产品由军品向民品扩大转化，形成了以 J80、J90 系列变速器为主导的产品配套体系。1985 年，陕齿划归中国重汽集团公司管理，利用引进技术消化吸收再创新，研发生产的双中间轴系列重型变速器，加速了我国重型汽车传动技术的更新换代，逐渐成为重型汽车总成的"标配"。

20 世纪 90 年代中期以后，商用车行业不景气，困境中的中国重汽面临重组。1999 年年底，陕齿重新回归陕西省管理，面向全国全行业供货，开始了新的创业。进入 21 世纪，我国重型汽车市场迎来一个非常好的上升期，陕齿大胆改革创新，率先以全部经营性资产与上市公司合资组建了陕西法士特齿轮有限责任公司。2005 年 9 月 28 日，企业整体改制为法士特集团，由工厂制变为公司制，建立起符合市场机制的法人治理结构，由此步入发展的快车道。

从连续四个半月开不出工资、陷入资不抵债的谷底，到 2010 年首次跨上 100 亿元大关，再到 2019—2021 年 3 年保持营业收入超过 200 亿元，持续高位运行，法士特已实现各项经营指标连续 19 年名列中国齿轮行业第一，重型汽车变速器年产销量连续 16 年稳居世界第一。2021 年，法士特单厂变速器累计产销量突破 1100 万台，达到历史新高度，这也是中国齿轮行业乃至全球重型变速器行业的独一家。

（二）　产品迭代紧扣时代需求

我国商用车变速器等传动系统产业的规模不断发展壮大，接下来就要解决"不够强"的问题。面对欧美技术垄断、高端产品价格居高不下，谁能与之争锋？

打破技术封锁，让我国用户以更实惠的价格、更快用上与世界同步的传动产品，产品更适应我国道路工况、服务更贴近用户需求，这是法士特始终不变的初心。从技术引进到自主创新的进阶，法士特的跃升发展，紧扣行业进步与中国用户需求变化，屡次"开行业风气之先"。

1. 成为中国重型货车行业的"黄金传动"

20世纪90年代，百业待兴，公路路况远非今日可比，货车需求重点是高承载和高性价比。法士特创新升级的双中间轴系列重型变速器，保持了在大吨位重型车、高运载量工况下的稳定性，具备传动效率高、使用寿命长、燃油经济性好等优势，并及时配套售后服务，很快占据了市场制高点。

21世纪前十年，我国大量基建项目上马，更适应我国国情的法士特变速器逐步成为我国重型货车行业经典"黄金动力链"中的固定一员。

2. 在重型汽车行业普及同步器

幅员辽阔的中国，对于货车超远距离运输的稳定性、操控便利性提出了更高要求。变速器匹配同步器结构，成为行业趋势。同步器能让用户操控更便捷，变速器换档更平稳，可承受的最大转矩更高，为整车高效出勤提供可靠保障。

经过自主研发，法士特的全系列变速器均可配装同步器，让同步器在重型货车行业快速推广普及。2015年，法士特"锁销式汽车同步器"正式被国家知识产权局授予"第十六届中国专利奖"优秀奖，还在美国、加拿大和俄罗斯等国获得发明专利。2021年6月18日，法士特第2000万套同步器在陕西咸阳基地正式下线。法士特同步器现已升级为大转矩、短行程、高性能的锁环式同步器，集成式紧凑结构设计，有效提升换档品质、车辆动力性和燃料经济性，全面配套国内外轻型货车、客车、重型货车知名生产企业。

3. 大大提高液力缓速器配套率

液力缓速器产品通过液力制动，将整车行驶的动能转换为热能，最终由整车的散热系统散发热量，从而实现长时间、大功率的制动，让重型货车能够长距离匀速下坡并安全制动。

作为提升商用车尤其是重型货车安全性的关键核心零部件，液力缓速器此前长期被国外品牌垄断。2000年以前，液力缓速器在国内的价格高达每台8万元以上。

经过多年的潜心钻研，法士特成为我国第一家完全自主设计制造液力缓速器产品的企业，并拥有独立的产品自主知识产权。2010年，法士特液力缓速器在北京车展上正式发布，填补国内液力缓速器技术空白；同年，外资品牌缓速器的价格直降到每台3.5万元左右。

法士特液力缓速器的问世，不仅填补了国内技术的空白，还迅速降低了全行业液力缓速器的购买成本，让重型货车用户告别坡路淋水不断踩制动踏板的惊险场景，有效提高了行车安全和运营效率。现在，法士特液力缓速器制动转矩范围覆盖1500～4000N·m，且具备品种多、系列全、覆盖面广、体积小、重量轻、安装和拆卸方便，制动转矩大，制动效果好的特点，产品技术性能达到国内领先和国际先进水平。

4. 下一个目标是"人均自动档"

法士特的目标是自动档变速器卖到与机械变速器一样的价格，让每一名中国货车驾驶员能有一台信得过、开得起、用得好的 AMT 变速器。

十年磨一剑，经过多年研发积淀，法士特自动档变速器实现了 350～3200N·m 全覆盖，形成了分别针对重型、中轻型商用车的"智行""易行" AMT 解决方案，其中法士特·智行 B10 变速器设计寿命为 200 万 km，最高传动效率为 99.8%，达到世界领先水平。另外，法士特设计开发的世界首款 9 速商用车 AT 液力自动变速器，填补了世界商用车 9AT 的空白。

2021 年前两个月，法士特·智行 AMT 销量已超 2020 年全年，全年累计销量同比增长 5 倍以上，市场占比已达 20% 左右。同时，法士特已在同步规划 AMT 产能，三年内集成式 AMT 将具备 40 万台的生产能力，可全面满足各主机厂各种车型和应用需求。

5. 前瞻布局，提前抢占新能源风口

认准汽车行业未来趋势，2015 年法士特提出"5221"战略目标，直指"十三五"期间实现智能化与新能源汽车产品营业收入占比 20%。如今，法士特"十四五"战略目标已升级为"4321"：到 2025 年，法士特智能化、新能源产品将占到总收入的 30%。

坚持智能化、高端化转型升级，法士特不断加码新能源、智能化产品的研发推广，成功研发了纯电动新能源变速器、混合动力自动变速器以及轮边减速机等汽车传动系统新产品，已形成规模化、全覆盖的法士特新能源产品，2021 年累计销量大增 5 倍以上，市场占有率超过 50%。迄今已有近 60 家车企生产的新能源商用车动力系统采用了法士特电驱动系统。法士特再一次紧抓市场与机遇，引领行业绿色发展。

以法士特 6E240 新能源产品为例，其重量轻，结构紧凑，可靠性更高，而且节能。得益于控制策略科学先进，气动换档执行机构寿命可达 3000 万次，换档更平顺，可靠性更高；应用先进能量管理算法，能够根据不同工况自动调节能量回收强度，同时合理管理附件能耗，可提高车辆 15% 的续驶里程，达到经济节能的效果，成为新能源重型货车市场的"明星单品"。

（三）　"咬定青山不放松"

"振兴民族汽车工业"，是一代又一代汽车人前赴后继的接力赛。

"咬定青山不放松"，法士特深耕商用车传动系统，不仅以低成本、高性价比产品和保姆式服务的优势突出重围，同时坚持产品迭代升级，拓展产业链，持续做大做强。

在山沟里建起第一座厂房，在改革开放的春风中寻求新机，迈进新时代的自主创新，法士特始终与时代同频共振，为实现"汽车工业强国梦"贡献了法士特方案、法士特智慧。

二、法士特的"FAST"速度，动力源是创新

中国速度有多快？创造了行业奇迹的法士特"FAST"速度，可以作为一个范例。

从1990年双中间轴变速器投产，到第100万台变速器下线，法士特用了17年又2个月时间。从2020年第1000万台变速器下线，到2021年6月18日第1100万台变速器在宝鸡厂区下线，法士特只用了不到9个月时间。

9个月产销量就超过曾经17年的产销量！这不仅是量的积累，更是质的飞跃。支撑法士特持续快速发展的原因，其实不是秘密，那就是：牢牢抓住核心技术，坚持创新驱动，打造最具品质竞争力、核心技术竞争力和成本竞争力的产品。

"唯有在关键技术领域先人一招、领先一步，才能在发展中抢占行业制高点，赢得发展主动权。"法士特集团党委书记、董事长严鉴铂在总结法士特多年发展经验时强调，关键核心技术是要不来、买不来、讨不来的，世界上没有救世主，一切只能靠自己。"专注自主创新是法士特的'制胜法宝'，是法士特永葆青春活力的动力源。"

"蹚出一条新路子，自己淘汰自己就是创新。"50余年间，法士特正是因为坚持创新驱动、自立自强的发展理念，才牢牢掌握了发展主动权。值得一提的是，法士特既坚持自主研发、正向研发，也不排斥国际合作，坚持科技创新、产线创新、合资合作创新等全覆盖、立体化创新，以"开放式创新"营造了最有利于发展的创新生态系统。

（一）专注汽车传动，追求极致

秉承"对着一个城墙豁口发起冲锋"的理念，始终专注于汽车传动领域，精益求精，追求极致，是法士特引领市场的"制胜法宝"。

"虽然创新从来都是九死一生，但只要有利于行业长远发展，再苦再累也要聚焦主业，瞄准智能化、新能源汽车配套产品的'城墙豁口'，一干到底。"严鉴铂表示。

1. 持续研发投入，创新成果爆发

产品和技术，被法士特视为企业安身立命之本。法士特坚持"生产一代、试制一代、研发一代、构思一代"的产品研发理念以及"自己淘汰自己"的迭代法则，先后在研发领域投入数十亿元资金，近几年研发资金投入占比为5%，高于行业平均水平。目前，法士特拥有30多个系列、数百品种、千余款产品型谱，完成全系列商用车传动系统布局，全面满足各类客户升级换代需求。法士特自主研发的S变速器、AMT变速器、AT自动变速器、液力缓速器和纯电动传动系统、混合动力系统

等产品迅速抢占市场，为企业发展提供了新动能，并打破国外技术垄断，荣获"国家科技进步一等奖""中国工业大奖"等多项创新最高荣誉；累计获得专利达 1700 多项，其中发明专利 160 项；累计牵头或参与制定国家标准 11 项、行业标准 10 项。

仅"十三五"期间，法士特累计研发投入就超 30 亿元，获得专利超过 870 项，迎来了创新成果的爆发式增长。以法士特自动变速器为例，集成式 AMT 法士特·智行基于法士特 S 变速器平台开发，经典双中间轴结构，与欧美产品性能指标相当；机电系统高度集成，壳体采用全铝合金压铸工艺，外形简洁，密封性能更好，故障率更低；采用机电一体化设计理念的换档控制单元（SCU），结构紧凑，防水、防尘、抗振；使用寿命更长，满足 800 万次换档；具有丰富的软件功能，完全可以适用各种车型和工况。此外，法士特世界首款 9 速商用车 AT 液力自动变速器拥有完全自主知识产权，已站在全球商用车液力自动变速器研发最高峰。

2. 营造良好创新生态

创新竞争最根本的是人才竞争。厚植创新土壤，优待创新人才，厚爱科研"奇才、怪才、鬼才"，在法士特由来已久。法士特汽车传动工程研究院是国内汽车零部件行业第一家具有国家级企业技术中心资质的企业科研机构，现有科研人员 1200 余人，平均年龄仅 32 岁，90% 以上为重点院校本科学历，35% 以上为硕士研究生学历。

这些科研人员，被法士特视若珍宝。法士特不仅为科研人员搭建起以国家级企业技术中心、院士专家工作站、博士后科研工作站、英国创新中心为基础的国际一流的创新研发资源共享平台，还以"揭榜挂帅""项目制"为抓手，构建以创新能力、质量、贡献为导向的科研人才评价体系，研发投入不设上限，给足试错空间，实现"宽带薪酬为主、期票为辅、绩效激励兼顾、项目摘牌奖励"的多元化绩效激励。

（二）　借八方之力，开放式创新

美国加州伯克利大学学者亨利·切萨布鲁夫提出的"开放式创新"理念认为，企业或组织在创新过程中可以利用内、外部两条市场通道，将企业内外有价值的创新资源集中起来创造价值。

法士特就是"开放式创新"。"聚四海之气，借八方之力"，请进来教、走出去学，跨过了企业边界乃至国界，法士特没有关起门来搞创新，而是力争在更高起点上推动自主创新，为世界汽车零部件行业贡献法士特方案。

1. 产学研联动，技术攻关

法士特与清华大学、西安交通大学等十余所国内知名高校开展关于自动变速器、齿轮加工、智能生产线材料、先进工艺等"卡脖子"关键核心技术及前瞻性基础研究等课题合作和项目探索，"政、产、学、研、用、金"一体承担国家重大专项；

借助"秦创原创新驱动平台",联合攻克技术难题,加快完成科研成果从样品到成品再到商品的转化。

法士特先后共同承担了国家863计划2项、国家科技支撑计划2项、国家重点研发计划4项、国家科技重大专项2项、陕西省科技计划十余项,成功入选"国家技术创新示范企业"。同时,法士特还与多所科研院校签署战略合作协议,共同建设陕西省齿轮传动重点实验室,围绕技术攻关、人才培养、平台建设开展深度合作。

2. 国际合作,兼容并蓄

凭借自主创新积累,产品品质、技术水平得到广大国内外用户的认可,让法士特赢得了更多话语权。本着平等协商、开放包容的原则,坚守自主权底线,法士特在可选择性的领域实现与外资的交流合作,进而扩展开放式创新。

目前,法士特成功跻身多家国际知名企业全球供应链体系;与卡特彼勒、伊顿等多家跨国公司建有5家合资公司。法士特还积极推动国际技术合作,在英国设立创新中心;与多家国际知名专业研发机构建立战略合作联盟;坚持国际研发队伍建设与培养,全面提升专业技术人员研发能力水平和国际化前沿技术视野。

3. 融合创新,联合孵化

在新兴业务领域,法士特采取了融合创新、联合孵化的更具开放性的合作方式。在新能源电机电控、汽车电子、盘式制动器等领域,寻找股权投资或合作标的,加速布局汽车电子、智能驾驶、激光雷达、无人驾驶、智能制动、大数据应用等,法士特的技术创新与构建产业体系已紧密结合起来。

(三) 唯有创新,才能做大做强

无须讳言,法士特的"第一桶金"来自"站在巨人的肩膀上","技术引进—消化吸收—再创新"让法士特很快做大。而由大到强、成就百年企业,唯有自主创新,掌握核心技术。志向远大的法士特,更希望用自主创新点燃高质量发展新引擎,自己成为"巨人"。

由追赶到并跑,从消化吸收到并驾齐驱。未来,法士特还将持续加大研发投入,形成"自主创新+开放创新+工匠创新+基础研究创新"的四位一体创新体系,久久为功,攻克"卡脖子"技术难关,为"碳达峰、碳中和"贡献智慧力量,开创企业全球化、多元化、高端化发展新局面。

三、效能革命,数字化转型

技术日新月异,市场竞争环境也在发生改变,这对传统企业管理模式提出了巨大挑战。

行至中流,法士特的竞争对手是全球布局、高效能管理的跨国企业。如何补上管理短板，为市场"前线"提供更为强大的后方保障？

法士特扎实推进国企改革，着力健全现代企业制度体系，掀起了自我提升管理工作水平的效能革命，以管理创新激发团队活力，以科技创新提高生产效率。

（一）　效能革命就是要"敢捅马蜂窝"

1. 向工作作风存在的问题亮剑

2018—2019 年是法士特确立的"创新驱动年"，效能革命和品质革命是"创新驱动年"活动的重头戏和主战场。从这一年开始，法士特自上而下开展以"三敢三大、向五不宣战"为主题的作风建设专项活动。所谓"三敢"，就是工作中要有敢捅马蜂窝的精神、敢揭盖子的勇气、敢亮家丑的胸怀；"三大"即是履职尽责大整顿、务实高效大普查、不留死角大提升；"向五不宣战"指的是要向"不知道、不归我管、这事没找过我、我不懂、这也不行那也不行"的五种行为宣战。

此专项活动目的明确——展开效能革命，向全员工作作风存在的问题"亮剑"，强化全员主动作为、主动担当的意识，提高企业运行效率。

2. 创新管理体制，深化人力资源改革

法士特坚持"文化引才、岗位成才、发展造才"理念，不断深化人力资源改革，有力推进人才强企战略。目前，法士特已全面实施绩效管理，坚持以关键绩效指标（Key Performance Indicator，KPI）业绩考核为抓手，全面梳理核心管控流程，确立企业、部门、员工三级 KPI 指标体系的标准细则。通过全面预算、内控管理等管理工具，将指标分解到岗、细化到人，明确责权范围，实现扁平高效管理和全员业绩考核，形成了以目标为导向、全面提升执行力的良好局面。

为深度激发人才创新活力，法士特建立管理岗位、技术岗位和工匠技师"三大职业发展通道"，对科技研发人才"建台子"，对高端技能人才"铺路子"，对经营管理人才"搭梯子"。企业出台实施了新员工基层培养管理机制、"31123"人才规划，全员推行"星级员工评价体系"、工匠管理办法、专业技术专家培养管理办法、干部挂职管理办法等一系列人才培养制度体系，形成了一套科学有效的选才、育才、用才的运行机制。

（二）　数字化转型走向深蓝

在汽车产业百年不遇之大变局前，法士特居安思危，进一步解放思想，为自己主动创造机会。2020—2021 年是法士特"解放思想年"，法士特全面开展"风暴行动"，纵深推进"生产模式变革、数字化转型升级、优化合资合作、强化供应链管控、挖掘后市场空间、培养高素质人才"六大行动。

持续深化国企改革的"解放思想年"，与 2022—2023 年法士特"数字化赋能年"无缝衔接。当前，数字化转型已成为经济社会发展的重要特征，通过"上云入

湖"深度挖掘数据分析决策潜力,线上线下兼顾,实现优化工艺技术、丰富产品功能、加快创新步伐、缩短科技成果转化周期等目的,为制造业的高质量发展带来新活力。法士特在多年信息化、智能化建设的基础上,开启"数字化赋能年",从经营管理、产品、研发生产装备和客户服务四个方向,全面推进数字化转型工作。

1. 传统生产制造模式彻底改变

法士特从智能制造核心技术装备入手,推动产业链与创新链深度融合,成功获批"国家智能制造试点示范企业""首批国家级绿色示范工厂",有力促进传统优势制造业优化升级,加速助推汽车零部件产业迈向高端。

据统计,法士特先后对 100 余条生产线进行智能化升级优化,关键工序数控化率达 98%;数字化制造平台搭建到位,交货期缩短,企业运营成本降低。其中,高端变速器数字化智能工厂、缓速器数字化工厂二期在 2021 年建成投产,法士特成功打造行业领先、面向未来的科技型工厂,彻底改变了传统生产制造模式。

(1)法士特高智新工厂彻底改变传统工业模式

2021 年,智能化标杆工厂"法士特高智新科技公司"顺利在西安高新区建成投产。年产 20 万台高端 S 变速器和智能化 AMT 自动变速器的法士特高智新数字化智能工厂,机械加工自动化率 100%,装配自动化率 71.5%,生产效率提高 70% 以上,能源消耗降低 14%,人均产值增加至 5 倍多,并彻底改变传统工业模式,成为企业发展史上的重要里程碑。

据了解,法士特高智新数字化智能工厂完全按照智能化工厂标准、智能制造系统和智能物流精益布局,依托工业互联网平台,充分实现新一代信息技术和制造技术的深度融合,生产制造实现全业务领域闭环智能化运营。其应用"数字孪生、黑灯生产、万物互联、智能决策、绿色制造、数据闭环"六大核心技术,通过数据采集,建立模型,实现对工厂各项运营数据的分析和挖掘,真正打造"透明、黑灯、数字、智能、绿色、精益"工厂。其中,齿轮生产线在行业内首次实现了加工、检测、物流、存储的全流程自动化;应用国内首台套秦川 12000r/min 高转速磨齿机攻关项目,达到国际先进水平。壳体生产线的设备全部联网,关键尺寸 100% 在线测量;应用自适应加工,加工效率提升 70%,单件成本下降 40%,能耗减少 60%。装配生产线的换产节拍小于 100s;自动化率达到 71.5%,关键工序自动化率 100%,处于行业顶尖水平;大量使用人机协作机器人、人体外骨骼等技术,辅助人工完成高效高质量装配。

(2)法士特智能制动产业基地领先行业水平

在咸阳市秦都区装备制造产业园内,基于 5G 网络智能化控制的咸阳法士特智能制动产业基地,各项智能制造指标处于商用车领域领先水平。

咸阳法士特智能制动产业基地项目总投资 50 亿元,占地 900 亩,计划分三期建设，现有员工 100 余人。项目一期投资 21 亿元，建于 2018 年 2 月，2019 年顺利投产，设计产能为年产 20 万台液力缓速器。项目二期于 2021 年 1 月正式开工建设，建成后将满足法士特商用车自动变速器核心零部件生产以及年产 100 万件安全制动总成需求。咸阳法士特智能制动产业基地，机加工自动化率 95%，装配自动化率 70%，与传统制造模式相比工厂占地面积减少 50%，单件成本降低 40%，人员节省 60%，劳动强度降低 90%，换产时间缩短 70%，库存降低 50%，劳动生产效率提升一倍，交付时间缩短 30%。

2. 提速研发数字化

法士特已经构建了制造协同平台、数字化工艺平台、大数据平台、销售服务平台、竞品分析平台、全面质量管理、全面预算管理系统等平台，实现了研发制造一体化、产供销一体化和企业运营可视化。通过协同研发平台，产品设计与生产制造紧密结合，法士特有效实现了设计与工艺并行协同工作，促进了研发业务流程的数字化，研发周期缩短 33%。

3. 重塑供应链与客户服务关系

面向商用车数字化供应链大数据平台的建成，解决了业务流程不直、信息流不畅、组织协同效率低等问题，实现了供应链侧数据采集、存储和应用等功能，支撑起各级组织对供应链流程的实时智能分析，提升了研产供销服管的整体工作效率。

客户服务数字化转型，将提升服务效率、服务水平和服务满意度视为重要目标。目前，法士特售后服务及配件销售管理平台覆盖 3000 多家维修站和售后配件分销中心，实现了 24h 免费客户服务热线和各网点服务区覆盖 50km 半径范围，实现了售后服务的信息化管理和网络化协同。

（三）"数字化"催生无限可能

一系列大刀阔斧的改革，极大释放了法士特的创新活力和发展潜力，推动法士特在高质量发展道路上快速前行。坚定不移地推进数字化转型，正展现了制造业未来的样貌。

"信息化管理与数字化业务双管齐下，设计研发数字化和生产制造数字化齐头并进"，法士特的数字化赋能，不仅是推动产业链与创新链深度融合，更是在企业流程化管理模式下贯彻数字赋能理念，将企业建设成为多元化的"数字法士特"。

四、高质量发展，国际化展望

法士特锁定了一个百年企业的理想——成为"中国的采埃孚、博世"。尤其是在汽车"新四化"背景下，法士特加快结构调整，于危机中找到发展新机遇，不断加快企业数字化、智能化、国际化和多元化发展步伐。

1. 做实"高质量"文章

在法士特集团党委书记、董事长严鉴铂看来，制造业高质量发展离不开"高质量"这三个关键字。

一要求"高"，目标高、格局高，要把自身摆到全球化坐标中，瞄准"全球先进"。二要求"质"，在提升产品品质、平台能级中，不断向产业链高端攀升。三要求"量"，谋求人才的量，优质企业的量，新产业、新技术、新应用中的创新含量，为更多企业创新营造良好环境。

2. 立足"一带一路"，布局全球

"国内大循环为主体、国内国际双循环相互促进"的新发展格局下，法士特既眼光向内、把握当下，又放眼全球、谋划长远。

目前，法士特产品被国内外150多家主机厂的上千种车型选为定点配套产品，变速器累计产销超过1100万台，国内重型货车变速器市场占有率超过70%，并广泛出口北美、东北亚、东南亚、东欧、南美、中东等10多个国家和地区。在泰国罗勇府，法士特汽车传动（泰国）有限公司成为法士特独资建设的首家海外工厂。该厂具备5万台变速器年产能，已与东南亚多家主机厂及终端用户实现产品配套，并提供专业技术、及时备件等销售服务网络全方位服务，由此辐射东盟市场，推动了法士特从产品出口升级到技术和品牌出口。在欧洲，法士特在东欧建有分厂，已经成为东欧几十家汽车厂的主要变速器提供商之一，配套范围和销量逐步攀升。

沿着"一带一路"，法士特正在扩大全球版图。

3. 创新企业文化，不断注入新内涵

"十四五"期间，法士特将紧抓国家汽车产业转型升级重大战略机遇期，纵深推进"4321"战略，坚持"战略引领、创新驱动、顾客先赢、两化支撑、链合发展、文化铸魂"的工作方针，打造"内生式"和"外延式"双轮驱动平台，力争到2025年年末，年营业收入突破500亿元，实现新跨越。

其中，"文化铸魂"为企业高质量发展凝聚强大精神动力，对于法士特未来发展的积极作用不容忽视。十年企业靠管理，百年企业靠文化。法士特文化传承的，首先是艰苦创业阶段凝聚的"三线"国企基因、高度的历史使命感与责任感，以及严谨、一丝不苟的工匠精神。到了改革改制时期，"我靠法士特生存，法士特靠我发展"的法士特企业核心价值观，有效增强了企业凝聚力、创造力和竞争力。

结合新时代发展形势，法士特又提出"五最"观念（搬最大的石头，啃最硬的骨头，攻最坚固的堡垒，登最高的山峰，走最远的路）和"精益、高效、共享、节俭"的行为准则，为企业科学高质量发展、长远可持续发展提供了根本宗旨和行动指南。

在企业发展的历史长河中，法士特不断识别危机、防范危机、化解危机，立足

新发展阶段，贯彻新发展理念，融入新发展格局，助推企业实现高质量发展，坚定不移地走在锻造百年企业的征程中。

五、结语

"十三五"期间，法士特产销收入由 103 亿元跃升至 249 亿元，年复合增长率 24%。变速器年产销量由 50 万台跃升至 118 万台，年复合增长率 24%。

2021 年，商用车行业"风高浪急"，法士特仍以建厂以来第二的好成绩实现"十四五"良好开局。

从起步晚、底子薄的山沟沟出发，法士特能吃苦、更努力，心中的"汽车强国梦"始终不变。科技赋能领跑行业，由法士特创新向法士特创造、法士特速度向法士特质量、法士特产品向法士特品牌不断迈进，法士特正在打造成为具有国际竞争力的商用车传动系统综合解决方案供应商与服务商。

第 22 章　特百佳动力：乘减碳东风，铺新能源商用车之路

本章作者：方得网编辑部

摘要：

乘着节能减排和"双碳"的东风，靠集成技术起家的特百佳动力，快速成长为新能源重型货车动力总成领域的领头羊。无论是新能源重型货车还是新能源工程机械，特百佳动力都致力为用户提供更优的解决方案。面对未来，特百佳动力规划清晰，产品竞争力持续增强，业务链布局有条不紊，公司整体氛围积极向上。本章系统阐述了特百佳动力是如何推动中国重型商用车新能源化道路的，并分析了特百佳动力的核心竞争力。

从成立至今的 6 年时间里，特百佳动力科技有限公司（以下简称特百佳动力）乘着新能源的东风，迎风而起，乘风而上，从零起步，不断完成突破。作为新能源商用车驱动总成的领头羊，特百佳动力正持续推动重型商用车的新能源化。如今的特百佳动力，在整车控制、电机电控与 AMT 自动变速器等领域都拥有出色的技术实力和强大的竞争优势。

特百佳动力，究竟有着怎样的成长历程？为什么能够迅速崛起成为行业的头部企业？面向未来，特百佳动力是如何规划自己发展道路的？

一、迎风而起，逆风飞翔

2021—2022 年，频繁出现在商用车"头条"的是新能源重型货车；而新能源重型货车的心脏——动力总成，出现频率最高的则是"特百佳动力"。

特百佳动力是国家电力投资集团的成员企业，专注于新能源商用车驱动系统的研发与创新。近年来，凭借强大的技术研发能力和创新精神，特百佳动力面向市场不断推出成熟、高效、安全、稳定的商用车纯电驱动系统、混合动力驱动系统、商用车自动变速器系统，以及面向自动驾驶的核心驱动平台，构建"三系统一平台"的核心动力系统架构。除了驱动产品外，特百佳动力还同时掌握整车控制技术、电机控制技术和自动变速器控制技术，能够全面提供动力系统输出的整体打包解决方案。

翻开特百佳动力近些年的发展史，不难发现其迅猛的"进阶"过程。从 2016 年成立至今，在短短 6 年时间内，特百佳动力一步一个脚印，成长为国内新能源重型货车与工程机械传动系统领域的主要动力总成供应商之一。截至 2022 年 4 月，特

百佳动力在纯电动重型货车动力总成市场的占比超过 65%，是新能源重型货车动力总成领域当之无愧的领头羊。2022 年第 1 季度，全国 22 个省市自治区有纯电动牵引车挂牌上路，其中，在市场占比高达 72.8% 的河北省中，有 919 辆不同品牌的牵引车搭载了特百佳动力总成。同期，纯电动牵引车上牌量前 10 的省市自治区中，特百佳动力在其中 6 个的配套率超过 70%，在上海、内蒙古、北京的配套率超过 90%；四川省 2022 年第 1 季度上牌的纯电动牵引车，更是全部搭载特百佳动力。

特百佳动力，从成立至今只有 6 年，它为何能在这么短的时间里就一跃成为行业领头羊？

（一） 迎风而起

"时势造英雄"。任何企业的崛起都离不开时代大背景。汽车的新能源化，是汽车发展的大势。从 2009 年开始，我国不断推出各种扶持新能源汽车发展的政策，我国的新能源汽车逐渐成为全球汽车行业最有优势的细分领域，这就是特百佳动力崛起的"大势"。

在政策引导下，作为特定场景下解决运输需求的载体，新能源重型货车的发展迎来了起步和成长契机。正是看到汽车新能源化的大势，看到新能源商用车的动力总成还处于空白状态，2016 年 5 月 30 日，特百佳动力乘着政策的"东风"正式成立。

可以说，特百佳动力的崛起离不开"新能源"这个风口。也正是敏锐地预判到我国工程机械与重型货车电动化的趋势，特百佳动力提前布局，才能赢得"迎风而起"的机遇。

（二） 逆风飞翔

"不经历风雨，怎么见彩虹"。任何事物的发展都不会一帆风顺。创业尤其艰难，新产业在拥有巨大机会的同时，也面临巨大的风险。特百佳动力能获得当前的成就和地位，也是一路克服各种困难，从挫折中摸爬滚打走出来的。

新能源重型货车在推广初期，市场和用户并不买账，商业运行落地难、盈利模式模糊以及资本不追捧等问题一直困扰着产业链上的企业，很多用户都持观望态度。国家虽然在大方向上支持新能源汽车的发展，但是对于重型货车这类非财政资金购买的汽车产品，并没有强制性要求购买的具体扶持政策。行业内部也一直存在一种声音，认为重型货车不适合采用纯电驱动。因此，当特百佳动力开始推广新能源重型货车驱动系统时，虽然其技术得到认可，但是市场却未能启动。传统观念下，真正愿意做"第一个吃螃蟹的人"并不多。

谈到创业初期最艰苦的岁月，特百佳动力总经理黄高成这样回忆道："开始是面向各个主机厂，做不同项目的开发。至于各种新能源重型货车的应用普及，却极少能收到批量订单。从经营层面来看，公司当时在重型货车业务端只有支出，没有回报。对于特百佳动力而言，那段时间是最艰难的岁月。"

就是在这样前景不明朗、用户还不接受新产品的前三年时间里，特百佳动力一直埋头苦干，遇到困难不退缩，坚持不懈地进行产品升级和迭代。到 2018 年，特百佳动力已经拥有完善的整车控制、电机电控技术与 AMT 变速器技术，开始广泛受到各大主机厂的认可与青睐。

"还好我们足够坚持，三年后，各项工作开始步入正轨。"黄高成表示，正是由于执着的坚持，2019 年之后，特百佳动力在新能源重型货车动力市场进入了高速发展阶段。

特百佳动力从零起步，到目前在新能源重型货车动力领域拔得头筹，离不开国内主流重型货车厂家长期的深度合作。华菱汽车（现为汉马科技），是特百佳动力最早的新能源重型货车驱动系统合作伙伴，也是最早在国内新能源重型货车市场形成批量交付兼具市场规模的整车企业。几年前，在解决纯电动重型货车充电缓慢、运营效率低与电池衰减等一系列问题的道路上，特百佳动力与国电投、华菱汽车等携手共进，推动了换电重型货车局面的更快打开，这三家企业也从此缔结了良好的合作关系。现在，换电模式已经成为解决纯电动重型货车运营短板的重要路径。

作为致力于做好中国新能源商用车动力的"原创者"，特百佳动力在克服一个又一个困难后，收获了诸多具有里程碑意义的成果：纯电动重型货车业务布局最早——2017 年特百佳动力便开始布局新能源重型货车动力总成系统，匹配牵引车、自卸车、搅拌车、矿山货车等全系列重型货车；实际运营里程最长——截至 2022 年 3 月，特百佳动力纯电动重型货车动力总成系统配套的新能源车辆累计运营里程超过 3 亿 km，在新能源商用车动力总成中的实际运营里程最长；在河北、北京、内蒙古、江苏、上海、陕西、四川等地集中使用的单车累计运营里程超过 15 万 km，北京地区部分车辆单车运营里程接近 40 万 km；纯电动重型货车动力总成配套量最大，市场占有率超过 65%。

二、乘风而上，驭风而行

"春风送暖入屠苏"。借着政策的春风、新能源产业链的不断完善，越来越多的重型货车上下游企业都加入到推动新能源重型货车普及的行列中来，特百佳动力也借风势而起。

新能源商用车道路上的伙伴越来越多，特百佳动力的朋友圈不断扩大，在更多的车型产品上配套，进入到更多地区和领域运行。特百佳动力用超前的眼光、强大的创新能力、技术的快速迭代以及产品的不断完善，持续推动着重型货车行业的新能源化进程。

一位业内专家分析认为，特百佳动力在近些年取得快速发展，主要有以下五点原因：一是外部宏观因素，国家的"双碳"战略目标已箭在弦上，加上环保的压力，这些因素都促进了商用车行业向新能源转型；二是特百佳动力布局早，产品经过长时间的打磨和验证，以其高稳定和高可靠性能受到用户青睐；三是特百佳动力在技术上具有一定的领先性，拥有包括 AMT 控制技术在内的三大核心技术；四是特百佳动力已经构建起成熟的生态圈，供应链保障能力比较强；五是特百佳动力拥有完善的服务网络，有能力为用户提供及时高效的支持。

（一）　"五个行业第一" + "两个行业首创"

特百佳动力是如何推动新能源重型货车行业发展的？或许"五个行业第一" + "两个行业首创"，能够更清楚地回答这个问题。

"五个行业第一"指的是第一家只专注新能源重型货车、工程机械，第一家开发纯电动重型货车专用永磁同步电机，第一家开发纯电动重型货车专用四档 AMT 自动变速器，第一家开发纯电动重型货车三合一动力系统，第一家全面掌握新能源整车控制单元（VCU）、变速器控制单元（TCU）、电机控制单元（MCU）控制技术及底层软件。"两个行业首创"指的是国内首创纯电动重型货车三合一动力系统与国内首创重型货车并联式混合动力系统。

成立至今，特百佳动力总工程师邓跃跃博士带领公司技术团队，攻下了一个又一个技术难关。特百佳动力为实现"碳中和"而研发的纯电动重型货车一体化驱动总成产品，首次在国内纯电动重型商用车上实现了大功率电机、电控以及变速器的深度集成。一方面，该系列总成产品从物理元件上实现了电机、逆变器、变速器的集成；另一方面，在控制方面实现了软硬件的集成，产品体积和质量减小，更利于车辆的整体布局设计，让内部零部件组装结构得以优化。更重要的是，该集成方案减少了运行时的能量损耗，让车辆的使用成本更低，并且大幅减少了车辆内部线束，提高了车辆的可靠性。

在谈及特百佳动力为何能率先全面掌握新能源 VCU、TCU 与 MCU 控制技术和底层软件时，邓跃跃表示："特百佳动力的核心技术人员均具有国际新能源零部件企业研发工作经验，深刻掌握新能源开发技术的严苛流程和技术标准，并以此指导公司的产品技术研发。在公司创立早期，团队专注于研发，持续多年科技攻关，以新能源 VCU、TCU、MCU 控制技术为突破口，在商用车新能源重型货车动力系统构型创新，高效率、高平顺性机电耦合系统，以及整车能量管理节能系统三大关键技术上取得了重大突破。正是由于技术标准高、设计理念先进，技术团队持续攻关，才使得这些技术为公司的产品奠定了坚实基础，并提升了我国新能源汽车的竞争力，打破了发达国家在该领域的技术封锁与市场垄断。"

邓跃跃还对特百佳动力的"两个行业首创"给出了解读："国内首创纯电动重型货车三合一动力系统是特百佳动力在重型货车驱动系统大批量应用的结晶，让主机厂装配更合理、工艺流程更简易、成本更易控制是特百佳动力研发的方向之一；为了给用户提供更多的便利，特百佳动力在这项产品上投入了大量的人力、物力，进行了大量测试验证。比如，如何解决电磁干扰让电磁兼容性（Electro Magnetic Compatibility，EMC）达标？如何解决电器元件的振动可靠性？如何完善冷却系统？这些细小问题都是在制订了几十个方案、做完了几百次试验后才得到解决的；再比如，电机控制器的振动问题，特百佳动力进行了超过 20 个方案的实验，才达到最终想要的效果。国内首创重型货车并联式混合动力系统是特百佳动力又一核心技术的体现，虽然如今仅限于部分合作伙伴的小批量投放，但混合动力产品的难度要远高于纯电动，诸如发动机协同、减速离合器控制与整车控制等都是难点；特百佳动力用自己的理念正向开发了全套系统，我们也期待混动系统在市场上得到全面的应用并获得市场的更多认可。"

技术层面的核心优势，让特百佳动力站在了新能源商用车动力总成的制高点。截至目前，特百佳动力在纯电动系统、氢燃料系统与混合动力系统三个领域均拥有明星产品：纯电动系统，涵盖电机 + 四档变速器集成方案（适用于重载版和山区版 4×2、6×4、8×4 电动重型货车）、电机控制 + 电机 + 四档变速器集成方案（适用于重载版和山区版 4×2、6×4、8×4 电动重型货车）、前后双电机 + 四档变速器集成方案（适用于 90~120t 矿用货车），以及双电机 + 二档变速器集成方案（适用于 30、50、70t 装载机）；氢燃料系统，涵盖电机控制 + 电机 + 四档变速器集成方案（适用于标载版 4×2、6×4、8×4 氢燃料电池重型货车）；混合动力系统，包含专用电机 + 七档混动 AMT 变速器集成方案（适用于 4×2、6×4、8×4 混动重型货车）。

（二） 自动档变速器，又一"看家本领"

新能源政策东风面向全行业，经营新能源重型货车动力总成的企业也不少，为何特百佳动力能够拔得头筹？

特百佳动力能够独步江湖，一是凭借集成技术这一"独门绝技"；二是其自动档变速器同样拥有着极高的技术门槛，是特百佳动力的又一"看家本领"。

特百佳动力的自动变速器，为何会受到用户青睐呢？

首先，特百佳动力聚焦新能源重型货车和工程机械行业，可以发挥其先进完善的 AMT 技术的长处。在新能源汽车行业技术领域中，区别于乘用车和中轻型物流车、客车，重型货车和工程机械因为工况多变，车货总质量特别大，所以驱动系统必须要有变速器系统。特百佳动力基于新能源重型货车的需求，全球首家开发应用的纯电动专用四档 EMT、混合动力专用七档 AMT，改变了新能源重型货车驱动系统采用传统变速器改制的格局，去冗复简，引领了新能源重型货车和工程机械系统中变速器的技术潮流，并以市场应用的成果证明了特百佳动力引领行业的技术实力。其次，完善的整车控制、电机控制系统也是行业领先，同时也是重型货车主机厂在应用初期需要的，成熟的整车控制、电机控制系统，也是推动新能源重型货车行业快速发展的重要助力之一。

所谓"百炼成钢"，特百佳动力自动变速器控制技术的竞争优势明显，与历经了市场五年以上的考验，并在近两年有了上万台的市场应用经验不无关系。

特百佳动力自动变速器的核心控制策略，已经得到了全方位检验。自适应选换档与离合器控制、高精度坡度与动态载荷识别、离合器摩擦片温度识别、数字化智能化电控换档系统等经过了市场考验，可以适应各种复杂工况。

（三） 驭风的人

特百佳动力能够按照既定目标乘风而上，全因一群"驭风"的人：特百佳动力团队。

特百佳动力的领导团队由海归技术专家领军，并由国际知名公司核心研发团队组成，拥有丰富的新能源汽车领域技术研发和管理经验。"将这些拥有技术梦想的海外顶尖人才聚拢在一起，是一件非常难得的事，特百佳动力为此也是尽了最大努力。对于很多顶尖人才而言，物质追求已经不再是他们加入特百佳动力的原因，个人在技术层面的价值追求才是他们的终极目标。"邓跃跃表示，正是对"梦想"的追求，才让这样一群顶尖人才聚集在特百佳动力。

其次，特百佳还拥有一支超强的技术研发团队。正是这支团队，推出了一项又一项的创新技术，在一片完全空白的领域开发出诸多成果。在技术研发层面，特百佳动力有顶尖技术专家坐镇，从上至下研发人员的整体素质远高于行业平均水平。一方面，特百佳动力在引进人才方面海纳百川，不拘一格；另一方面，随着企业的发展壮大以及岗位的完善和补充，特百佳动力也不断创新各种吸引人才的激励机制，助力特百佳动力做大做强。目前，特百佳动力有超过40%的员工从事创新研发工作。正是研发人员夜以继日的工作，才使得特百佳拥有源源不断的创新动力。

特百佳动力的员工队伍则表现出非常强的软实力，这是由特百佳动力独有的文化与内部氛围培育出来的。特百佳的企业文化接地气，时刻彰显内驱力；同时，在团队氛围和人才建设方面同样很有特色。特百佳的企业文化分为使命、愿景、价值观和目标四项。其中，使命是为地球节约能源，为人类创造价值；愿景是成为新能源货车智能动力新时代的缔造者；价值观是品格、梦想、创新与协作；目标是创芯动力、智行天下。

优秀的文化打造出特百佳动力良好的团队氛围。正是拥有共同的目标和愿景，特百佳动力从上到下工作劲头十足，面对困难不低头，不退缩。黄高成表示："特百佳动力的企业文化很贴近现实，比如愿景这一点，我们的确是希望成为新能源货车智能动力新时代的缔造者。现实也确实如此，特百佳动力当前在很多方面就是做到了引领行业，这是毋庸置疑的。未来，我们也有能力成为新能源货车智能动力新时代的缔造者，这一切都不失可行性，特百佳绝不是简单说说而已。"

三、好风凭借力，未来正可期

"好风凭借力，送我上青云"。"3060"双碳目标，就是一阵好风，把新能源重型货车推入了快车道。

2020年9月，我国明确提出2030年"碳达峰"与2060年"碳中和"目标。2021年10月24日，《中共中央 国务院关于完整准确全面贯彻新发展理念做好碳达峰碳中和工作的意见》印发。2021年工业和信息化部发布的《关于启动新能源汽车换电模式应用试点工作的通知》，将唐山、包头、宜宾列为重型货车特色类城市。这些城市积极响应，制定明确的推广目标，出台了多项支持新能源重型货车推广应用的配套政策。"双碳"目标，犹如新能源重型货车的一股东风，让行业进入了大发展时期。特百佳动力则凭借着"双碳"的"春风"，销量扶摇直上。

2021年，国内新能源重型货车共计销售10448辆，年销量首次突破万辆大关，同比增长299%。有人称，2021年是新能源重型货车的爆发元年。这一年，特百佳动力的订单总量超过8000套，同比增长至5倍，交付订单7000余套。2022年，新能源重型货车销量继续乘风而上，特百佳动力的订单也不断增长：有望实现超3倍增长。据黄高成透露，预计2022年国内新能源重型货车销量将达到3万~5万台，特百佳动力的销售目标是保2万套，争取3万套。

2022年，一些潜在的新能源重型货车客户不断涌现。黄高成表示："在与一众主机厂的合作过程中，特百佳动力在新能源重型货车领域已经积累了丰富的运营经验。未来，特百佳动力仍会不断拓展客户，尽全力服务好新客户，共同致力于重型货车的新能源化，做好节能减排，助力'双碳'国策。"

"乘风破浪会有时，直挂云帆济沧海"。"双碳"目标下，已经具备硬实力和软实力的特百佳动力，正乘风破浪，快速前进。

对于特百佳动力的未来，黄高成表示："'十四五'末，特百佳动力要达到年产销十万套电动重型货车和工程机械动力总成的目标。这个目标倘若在尚未进入'十四五'阶段的2020年提出，或许很多人会觉得异想天开。不过，当所有人都看到新能源重型货车在2021年的井喷表现时，这个目标也就变得越来越现实。"

特百佳动力将如何实现"十四五"末产销十万套的目标呢？

"未来，特百佳动力将从三方面发力：一是要抓住市场需求，巩固特百佳动力现有的优势地位；二是要在产品研发上持续迭代升级，包括能耗、轻量化甚至总成的性价比方面都需要持续迭代；三是在运营和服务保障方面的合理布局。"黄高成这样展望未来。

在新能源大潮下，特百佳动力的强势表现将进一步得到巩固。外界所关心的产能问题究竟又该如何得到保障？

　　"随着市场的扩大与需求的增长，特百佳动力扩充产能实属必然。"黄高成解释道，"特百佳动力提前做了产能布局，比如投入加工设备和集成装配产线等，内容包括变速器、电机、电控与动力总成。"

　　兵贵神速，特百佳动力 2022 年在扩能的道路上提档加速。2022 年 2 月，特百佳新能源重型货车驱动系统自动装配线已经投入运行，单班年产 50000 套；2022 年，上海新增建变速器生产线投入运行，一期规划年产能 50000 套；2022 年，上海新增建电机生产线投入运行，一期规划年产能 50000 套。2022 年年初，特百佳动力在上海金山区增资 1.5 亿元，新增厂房 8985m² 以扩大生产规模，将建成年产能 3 万套的新能源驱动系统关键零部件（自动变速器及智能电控配件）生产项目。

　　除了在自身硬件上的提前布局，特百佳动力对于整个供应链的考虑也是未雨绸缪。"首先是芯片问题，我们已经通过不同渠道，储备了足够满足年内用的芯片；其次是一些关键的功能器件模块的供应，我们跟多个一线品牌达成了保障供应的共识，从这几个月供应情况来看，效果很好；再次，我们对供应链的合作做了一些拓展，包括齿轮、轴等都有一级供应商、二级供应商甚至三级供应商来保障我们的需求。"黄高成说道。"当前，电动重型货车仅仅是一个开端，它未来的发展空间巨大，特百佳动力已经做好了准备。"

　　黄高成预计，2025 年国内纯电动重型货车与氢燃料重型货车占重型货车的比例将达到 20%，混合动力与节能重型货车占比 15% 左右，上述新能源与节能重型货车合计占比在 35% 左右；2030 年，各种动力类型新能源与节能重型货车的合计占比有望超过 60%。特百佳动力在紧抓市场机遇的同时，也将持续加大研发力度，强化特百佳动力"两横三纵"产品平台发展战略，即建立纯电动、混合动力、以及氢燃料动力总成三大产品线，以新能源重型货车和新能源工程机械动力总成系统作为核心两横的产品体系；提升产品质量，保障售后服务，全方位做好准备，迎接日益扩大的市场，持续做新能源动力领域的领军者。

　　任何一段征程，都不会一帆风顺，而是需要持续打磨，像贝壳磨砺珍珠一般，方可持续闪亮。

　　凭借自身在集成技术、整车控制技术以及变速器技术层面上的优势，特百佳动力成立 6 年以来，一步一个脚印，发展成为国内新能源动力系统的主要供应商。特别是在新能源重型货车全面上量的当下，特百佳动力为众多用户提供了稳定、高效且经济的新能源动力总成，收获了良好口碑。

　　不甘心躺在功劳簿上的特百佳动力对未来同样有着精准的规划，产品不断精细化打磨，对客户的拓展一切有条不紊。我们有理由相信，10 万套并不是一个遥不可及、乌托邦一般的数字，而是一个通过创新和努力便可以达成的目标。

　　不积跬步，无以至千里；不积小流，无以成江海。一直努力中的特百佳动力，从未放弃过理想，一心旨在打造国内新能源动力总成最强供应商。

特百佳动力，正在书写奇迹。

附：特百佳动力发展历程

2016 年 5 月 30 日，公司正式成立。

2018 年，特百佳动力产品相继匹配在福田、东风、重汽、华菱、徐工等主机厂的电动重型货车上并收获批量订单。

2019 年 2 月，获得国电投战略投资，全面加入换电重型货车生态圈。

2019 年 10 月，成为上海市科技小巨人（培育）企业。

2019 年 12 月，战略聚焦新能源重型货车和工程机械，其中新能源重型货车业务占比 70%。

2020 年 2 月，获评上海市"专精特新"企业。

2020 年 10 月，连续两年入选"中国电动汽车核心零部件 100 强"。

2020 年 11 月，连续三年荣获"第一新能源动力总成品牌"称号。

2021 年 6 月，完成 B 轮融资。

2021 年 8 月，获评工业和信息化部专精特新"小巨人"企业。

2021 年 12 月，全年交付新能源重型货车动力总成系统超 7000 套，连续 4 年纯电动重型货车市场占有率超 65%。

2022 年 3 月，第 10000 套新能源重型货车动力总成系统下线。

2022 年第 1 季度，交付新能源重型货车动力总成系统近 5000 套。

附　录

中国商用车大事记（2021 年 1 月—2022 年 6 月）[○]

2021 年 1 月

1 月 1 日起，2021 年新能源汽车补贴标准在 2020 年基础上退坡 20%；为推动公共交通等领域车辆电动化，城市公交、道路客运、出租（含网约车）、环卫、城市物流配送、邮政快递、民航机场以及党政机关公务领域符合要求的车辆，补贴标准在 2020 年基础上退坡 10%。为加快推动公共交通行业转型升级，地方可继续对新能源公交车给予购置补贴。

1 月 1 日起，GB 38900—2020《机动车安全技术检验项目和方法》正式实施。该标准新增空车质量要求：重中型货车、重中型挂车不超过 ±10% 或 ±500kg，轻微型货车不超过 ±10% 或 ±200kg，且轻型货车空车质量应小于 4500kg。空车质量检验要求自 9 月 1 日开始实施。

1 月 6 日，山东重工集团、潍柴集团、中国重汽集团董事长谭旭光宣布，潍柴集团正式完成对雷沃重工的战略重组，双方将联合发挥资源协同优势，加快推进中国农业机械化、智能化，助力乡村振兴战略落地。

1 月 8 日，江铃汽车股份有限公司（简称江铃汽车）发布公告称，江铃汽车拟对全资子公司江铃重型汽车有限公司（简称江铃重汽）以现金的形式，增资 11.42 亿元。本次增资完成后，江铃重汽的注册资本将从约 1.82 亿元增加至 13.24 亿元。

1 月 12 日，国家市场监督管理总局反垄断局发布 2021 年 1 月 4 日—10 日无条件批准经营者集中案件列表。列表显示，浙江吉利新能源商用车集团有限公司（简称吉利商用车）收购山东唐骏欧铃汽车制造有限公司（简称唐骏欧铃）股权案已于 2021 年 1 月 8 日审结，唐骏欧铃正式纳入吉利商用车旗下。

1 月 24 日，法士特集团召开 2021 年工作（视频）会议。2020 年，法士特全年累计销售变速器总成 118 万台，同比增长 18%；实现销售收入 249 亿元，同比增长 24%。

1 月 25 日，解放动力奥威 CA6DM3（13L）发动机成功通过塞浦路斯交通部审核，成为国内首个获得欧Ⅵ－e 排放认证的发动机，取得了进军欧洲高端市场的"通行证"。

1月26日，"上汽红岩＆刚果（金）矿业公司重卡交付暨签约仪式"在重庆举行，100辆红岩重型货车交付客户。仪式现场，双方又签订了200辆上汽红岩重型货车新订单，进一步深化合作。

1月，中车电动"智造"的C12AI——12m自动驾驶客车，通过了在法国巴黎的道路测试，这是法国首辆12m自动驾驶客车获得开放道路运行许可，同时也是中国自动驾驶客车首次进入法国。

1月，比亚迪在南美洲哥伦比亚首都波哥大2020年度客车项目招标中独家斩获1002辆纯电动客车订单，刷新海外纯电动客车行业销量纪录。

1月，我国商用车行业共计销售45.8万辆，环比微增0.5%，同比增长43.1%。其中，货车销售42.2万辆，环比增长7.2%，同比增长44.3%；客车销售3.6万辆，环比下降41.8%，同比增长30.1%。

2021年2月

2月9日，商务部办公厅关于印发商务领域促进汽车消费工作指引和部分地方经验做法的通知提出《商务领域促进汽车消费工作指引》和《地方促进汽车消费经验做法》。其中，《商务领域促进汽车消费工作指引》指出："加快取消皮卡进城限制。充分发挥皮卡客货两用功能，尚未取消皮卡进城限制的地区，积极协调推动有关部门全面取消皮卡进城限制。对于尚不具备条件全面取消的地区，积极采取分区域、分路段、分时段放开进城限制等方式，对皮卡进城实施精细化管理，并逐步实现全面取消进城限制。"

2月12日，比亚迪携手日本全日空航空（ANA），在东京羽田机场完成为期10天的自动驾驶大客车试运行。

2月16日，江铃汽车小蓝工厂第100万辆整车下线。小蓝工厂自2013年正式投产以来，下线的100万辆产品主要包括58万辆全顺轻型客车系列产品以及42万辆SUV系列产品。

2月23日，戴姆勒货车公司和康明斯公司联合宣布，双方已签署谅解备忘录，建立中型发动机系统全球战略合作伙伴关系，康明斯将在2025年后，在全球为戴姆勒货车和客车提供中型发动机系统。

2月25日，潍柴动力发布公告称，公司拟分拆所属子公司潍柴火炬科技股份有限公司（简称火炬科技）至创业板上市。

2月25日，内蒙古自治区首辆100kW级氢燃料电池环卫重型货车在包头下线。

2月28日，上汽大通MAXUS旗下EV90电尊王、V90智运王、V80 PLUS全能王与V80带货王四款宽体轻型客车新车上市。

2月，我国商用车行业共计销售29.9万辆，同比增长246.2%，环比下降34.8%。其中，货车销售27.5万辆，环比下降34.9%，同比增长250.2%；客车销售2.4万辆，环比下降33.2%，同比增长206.7%。

2021年3月

3月1日，"2021中集瑞江品牌升级全球发布会"在上海举办，"瑞江汽车"品牌全新升级为"瑞江罐车"。发布会当天，2021年首批千辆订单发车仪式在安徽芜湖中集瑞江厂区同步举行。

3月5日，上汽皮卡发布了全新车型——上汽牛。新车动力部分搭载上汽π2.0T Bi–Turbo双增压柴油发动机，最大功率160kW，最大转矩达到500N·m，是目前自主品牌皮卡中转矩最大的柴油机。

3月6日，福田皮卡大将军上市发布会在海南文昌举行。发布会上共发布装甲大将军、野战大将军、木兰大将军、重炮大将军等车型，售价11.98万~18.38万元。

3月22日，安凯客车发布2020年年度报告。2020年，安凯客车实现客车销量5605辆，同比下降1.5%；6m以上客车市场占有率4.6%，同比上升1.3个百分点，位列行业第8位；营业收入32.6亿元，同比下降3.44%；归属于上市公司股东的净利润9958.24万元，同比增长196.19%。

3月28日，在四川泸州，江淮悍途皮卡正式上市，全系列售价12.98万~16.48万元。这是江淮汽车与德国大众深度合资合作后推出的首款高端宽体旗舰大皮卡。

3月30日，一汽解放发布2020年年度报告。2020年，一汽解放实现整车销售47.4万辆，同比增长41%；营业收入1136.81亿元，较上年同期增长6.80%；归属于上市公司股东的净利润26.72亿元，较上年同期增长34.45%。

3月31日，上汽大通MAXUS T90皮卡正式上市。T90搭载了2.0T双增压柴油机，其最大转矩为500N·m。

3月，中车电动自动驾驶客车获得在上海指定路段测试牌照。

3月，巴西首辆本地制造的比亚迪22m纯电动铰链式大客车在巴西圣保罗州的圣若泽杜斯坎普斯市亮相，这是该国首辆纯电动铰链式大客车。

3月，我国商用车行业共计销售65.1万辆，环比增长117.9%，同比增长68.1%。其中，货车销售59.9万辆，环比增长118.2%，同比增长68.1%；客车销售5.2万辆，环比增长114.8%，同比增长68.2%。

2021年4月

4月1日起，货运车辆"三检合一"全面落地，年审、年检和尾气排放统一检测，为货运行业降本增效带来重大利好。

4月2日，福田汽车第1000万辆整车下线，宣告其正式驶入"X新世代"。

4月2日，广汽日野向河南开封市通和瑞达运输有限公司交付首批700智臻危运版牵引车。

4月13日，比亚迪与百威（中国）集团在深圳坪山比亚迪全球总部正式签署战略合作协议，百威将率先采购首批比亚迪纯电动牵引车 Q3，后陆续投运佛山、唐山、武汉等多地园区。

4 月 14 日，一汽解放青汽即墨工厂第 100 万辆整车下线。一汽解放青汽即墨工厂 2014 年投产，年产量从 5 万辆增长到 28 万辆。

4 月 14 日—15 日，2021 年全球物流技术大会在海南召开，欧航欧马可全球首发了欧航 R pro 自动档超级中型货车。

4 月 16 日，中国重汽 HOWO 智相全球首发暨上市发布会在济南举行，中国重汽全新一代高端小轻型货车——HOWO 智相正式发布。

4 月 19 日，2021（第十九届）上海车展开幕，福田戴姆勒汽车全球首发其全新研发的高端重型货车欧曼银河。

4 月 19 日，在 2021（第十九届）上海车展上，格罗夫氢能汽车有限公司推出中高端商用车品牌中极，宣布跨界进入商用车市场。

4 月 19 日，长城皮卡组建"5 炮 3 弹"皮卡战队亮相上海车展，并全球首发全新旗舰级全尺寸硬派越野皮卡。同时，长城皮卡正式发布"炮弹"计划以及 IP 形象"炮弹仔"。

4 月 20 日，在 2021（第十九届）上海车展上，上菲红发布 Cursor 9、Cursor 11、Cursor 13 国六系列发动机，该系列发动机具有钒基无忧后处理和 eVGT 瞬动增压两项关键技术。

4 月 20 日，"法士特·易行"品牌在 2021（第十九届）上海车展上发布。这是继"法士特·智行"后发布的最新一代中轻型货车 AMT 品牌。

4 月 21 日，第二届世界内燃机大会展览会上，潍柴带来了 WP13H 50% 热效率柴油发动机；东风龙擎动力发布了全新天然气发动机 DGi13；解放动力展示了采用 48V 混合动力系统的 CA4DB1 发动机；玉柴则带来了燃料电池系统，共包含 YCFC - A10 和 YCFC - A20 两种型号。

4 月 21 日，"陕汽轻卡全系车型标配汉德车桥战略合作仪式"举行，此次战略合作标志着陕汽轻卡成为轻型商用车行业首家全系标配汉德免维护车桥的品牌。

4 月 26 日，乘龙 H7 陆航版国六产品上市发布仪式在上海登场。乘龙 H7 陆航版是东风柳汽乘龙双品战略下，面向干线物流行业推出的旗舰产品。

4 月，具备 L4 级自动驾驶能力的小宇 2.0 批量下线，标志着宇通全新一代自动驾驶技术及产品已具备工业化研发及批量生产能力。

4 月，我国商用车行业销售 54.8 万辆，环比下降 15.9%，同比增长 2.3%。其中，货车销售 50.1 万辆，环比下降 16.5%，同比增长 0.7%；客车销售 4.7 万辆，环比下降 9.5%，同比增长 23.1%。

2021 年 5 月

5 月 7 日，江铃汽车发布关于挂牌出售子公司股权的公告。江铃汽车拟以不低于 7.64 亿元的价格，公开挂牌出售全资子公司江铃重型汽车有限公司（简称江铃重汽）100% 的股权。

5 月 10 日，比亚迪向瑞典东北部著名港口城市皮特奥交付该市首辆纯电动大客车。皮特奥市位于北纬 65°31′，距离北极圈（北纬 66°34′）仅百余千米。本次交付标志着比亚迪电动大客车开创运营线路最北端的新纪录，同时刷新了全球新能源汽车足迹的北延版图。

5 月 22 日，陕汽重卡 X6000 全球长途标载智慧物流新生态创融大会在上海召开，陕汽在会上发布了 X6000 智慧物流专属动力链，并现场签约 X6000 订单 5016 辆。

5 月 25 日，东风商用车龙擎 DDi16 重型发动机（A 样机）成功点火，正式迈出从产品设计到工业化制造的重要一步。

5 月 27 日，宇通客车在郑州发布高端公交"宇威"全系列产品，其中包括宇威低地板公交车、宇威二级踏步公交车、宇威双层公交车、宇威燃料电池公交车以及智美旗舰公交车——宇威 U12 低入口公交车。

5 月，康明斯武汉氢能源工程中心正式挂牌开业，该中心是康明斯新能源事业部氢能业务在中国的第一个工程中心。

5 月，我国商用车行业共计销售 48.2 万辆，环比下降 12.1%，同比下降 7.4%。其中，货车销售 43.5 万辆，环比下降 13.1%，同比下降 9.7%；客车销售 4.6 万辆，环比下降 1.4%，同比增长 23.2%。

2021 年 6 月

6 月 7 日，东风柳汽"第 5 届 67 品牌客户日暨技术生态品牌发布大会"在柳州开幕。活动现场，东风柳汽推出了技术生态品牌、乘龙国六 3.0 货车、T7 CROSS 无人驾驶概念车、乘龙 T7 智慧 + 房车等前沿技术理念与产品。

6 月 10 日，一汽解放 2000 辆充换电一体电动牵引车签约仪式暨首批交车仪式在河北唐山举行，一汽解放分别与河北百纳汇腾实业有限公司亚之杰物流公司、唐山银港物流有限公司、鼎石物流股份有限公司签订了 2000 辆充换电一体电动牵引车采购意向书。

6 月 16 日，"湖南机场技术创新战略合作联盟"成立，宇通最新一代无人驾驶客车——小宇 2.0 正式进入长沙机场机坪内部开展测试。这也是全国首个无人驾驶客车进入机坪内部进行载人测试。

6 月 16 日，康迈中国第 600 万只轮毂总成下线仪式在康迈江苏南京工厂举行。这距离 2010 年 12 月首只康迈轮毂总成在中国下线，仅相隔 10 年多时间。

6 月 18 日，法士特第 1100 万台变速器在法士特宝鸡厂区下线。第 1100 万台变速器下线是法士特奋力向第二个 1000 万台奔跑的第一棒，更是法士特在创业基地向着"十四五"规划目标吹响的冲锋号。

6月19日，天津冠芳集团与南京依维柯千车战略合作首发式暨山楂树下新品发布会在天津举行，首批60辆依维柯多功能欧系轻型客车顺利交付。

6月19日，以"智·星际 悦·出行"为主题的吉利星际客车品牌发布会暨南充智造基地投产仪式在四川南充举行，吉利商用车集团正式发布全新客车品牌——星际。

6月24日，在第34届世界电动车大会暨展览会（EVS34）上，东风商用车正式发布"可靠的新能源解决方案"。会上，东风商用车与5家客户代表达成新能源商品战略合作，并举行了3000辆新能源重型货车战略签约仪式。

6月，三一重卡首辆氢燃料重型货车下线。

6月，我国商用车行业共计销售44.6万辆，环比下降7.4%，同比下降16.8%。其中，货车销售39.4万辆，环比下降9.6%，同比下降20.2%；客车销售5.3万辆，环比增长13.4%，同比增长23.5%。

2021年7月

7月1日起，全国范围内全面实施重型柴油车国六排放标准，禁止生产、销售不符合国六排放标准的重型柴油车（生产日期以机动车合格证上传日期为准，销售日期以机动车销售发票日期为准），进口重型柴油车应符合国六排放标准（进口日期以货物进口证明书签注运抵日期为准）。

7月2日，吉利商用车旗下新能源品牌远程汽车全新一代轻型货车产品"远程星智"，在全新落成的江西上饶低碳数智工厂正式发布。这是远程汽车基于新能源轻型货车专属智慧架构"云界"打造的首款产品，支持纯电、增程式、氢燃料电池三种新能源动力模式。

7月5日，由云内动力自主研发的首款缸内直喷式轻型商用车高端品质G20发动机在车间正式下线，并开始批量生产。它标志着云内动力从传统的柴油机市场向汽油机市场迈进。

7月7日，2021北京国际道路运输展开幕，比亚迪率旗下全新纯电动双层观光客车B12D、全新纯电动公交车B10及B8和纯电动高端商务客车C6，以及客车驱动桥等系列产品亮相。宇通最新科技成果——6m微循环小客车全国首发；小宇2.0、宇通T7、宇威U10、宇通F12燃料电池客车等"全明星"阵容亮相。安凯客车全新一代宝斯通N7首发亮相。福田欧辉携旗下BJ6129城市客车、BJ6122城间客车、BJ6122氢燃料客车、BJ6996新一代健康校车、智尊V7商务车5款车型亮相。晓兰客车在展会上发布了第三代HA6102FCEVB1氢能源城市客车和HA6702HEVB1增程式商旅中型客车。玉柴机器携8款动力产品亮相，包含国六柴油、燃气动力产品以及四大新能源动力系统。

7月13日，"解放出车65周年庆典暨解放智慧动力域品牌发布会"在一汽解放货车厂总装车间举行，一汽解放迎来第800万辆货车下线。活动现场，一汽解放还发布了全新产品品牌——解放智慧动力域，为动力系统装上"智慧大脑"。

7月20日，上汽集团与内蒙古鄂尔多斯市人民政府正式签署《关于新能源汽车产业链项目投资协议》，上汽集团及旗下上汽红岩、捷氢科技将在鄂尔多斯市伊金霍洛旗投资20亿元，建设全球首个万辆级氢能重型货车产业基地。

7月27日，北京市智能网联汽车政策先行区正式开放自动驾驶高速场景，允许首批获取高速公路测试通知书的企业开展试点测试。小马智卡、主线科技－京东联合体、主线科技－北汽福田－福佑联合体获得政策先行区首批高速公路道路商用车测试通知书。

7月，比亚迪携手南非金箭巴士服务公司宣布，在南非西开普省首府开普敦市正式投入运营比亚迪纯电动大客车。这是整个南部非洲首批正式上路运营的纯电动大客车，西开普省也成为南部非洲大陆第一个拥有正式上路运营纯电动大客车的省份。

7月，宇通客车与哈萨克斯坦合作伙伴共同筹建的CKD工厂（QazTehna工厂）举行开工仪式。该工厂的建成，标志着宇通客车在哈萨克斯坦市场上的深耕再上互惠共赢新台阶。

7月，我国商用车行业共计销售31.2万辆，环比下降30.1%，同比下降30.2%。其中，货车销售27.4万辆，环比下降30.3%，同比下降33.8%；客车销售3.8万辆，环比下降28.2%，同比增长16.4%。

2021年8月

8月3日，工业和信息化部、公安部发布《关于进一步加强轻型货车、小微型载客汽车生产和登记管理工作的通知》（征求意见稿）。通知指出，要从产品源头有效消除轻型货车"大吨小标"、超载运输隐患，并对轻型货车相关技术要求及现行法规进行了多项更新。

8月3日，墨西哥市场首批星锐电动物流运输车正式发车，进一步稳固了江汽集团在墨西哥电动汽车市场第一品牌的地位，更彰显出江汽集团过硬的产品实力和优质的服务能力。

8月15日，福田汽车与中国石油合作建设的首座加氢站在北京市昌平区投入运营。

8月17日，潍柴第40万台国六发动机下线交付暨"国六服务潍柴行"启动仪式在山东潍坊举行，标志着潍柴全系列全领域国六产品全面发力。

8月20日，200辆福田智蓝新能源物流车交付美菜，创下北京"油换电"政策实施以来单笔最大订单，为北京"油换电"实现碳中和目标注入环保新力量。

8月23日，沃尔沃卡车与江铃汽车股份有限公司正式签署协议，沃尔沃卡车以7.8亿元收购江铃重型汽车有限公司及其在太原的生产基地。收购完成后，沃尔沃卡车将在中国建立独资生产基地。

8 月 24 日，宇通客车发布半年度报告。2021 年上半年，宇通客车实现营业收入 98.06 亿元，同比增长 28.83%；归属上市公司股东的净利润 1.45 亿元，同比增长 130.01%。

8 月 26 日，上柴股份重大资产重组资产交割实施完成，上汽红岩 100% 股权、上依投 50% 股权及上菲红 10% 股权均过户至上柴股份名下。完成重组后的"新上柴"将致力于打造重型货车和柴油发动机两大产业板块协同发展的新格局，并以整车带动向"新四化"业务转型发展。

8 月 27 日，一汽解放发布半年度报告。2021 年上半年，一汽解放实现营业收入 786.00 亿元，较上年同期增长 14.20%；归属于上市公司股东的净利润 32.69 亿元，较上年同期增长 52.06%。

8 月 27 日，东风汽车股份有限公司发布半年度报告。2021 年上半年，东风汽车实现营业收入 88.43 亿元，同比增长 36.88%；归属于上市公司股东的净利润 5.04 亿元，同比增长 71.68%。

8 月 29 日，长城炮皮卡在成都车展上完成了第 20 万辆车的交付，成为"最快突破 20 万销量的中国高端皮卡品牌"。

8 月 31 日，潍柴动力发布半年度报告。2021 年上半年，潍柴动力实现营业收入 1263.9 亿元，同比增长 33.8%；归属于上市公司股东的净利润 64.3 亿元，同比增长 37.4%。

8 月，英国最大超市集团 TESCO（乐购）采购 150 辆上汽大通 MAXUS EV90 新能源冷藏车。此次首批车辆空运出口不仅创下了中国汽车品牌的最大规模空运纪录，同时也创造了全球电动轻型商用车的最大空运纪录。

8 月，我国商用车行业共计销售 24.7 万辆，环比下降 20.9%，同比下降 42.8%。其中，货车销售 21 万辆，环比下降 23.7%，同比下降 47.1%；客车销售 3.7 万辆，环比下降 0.9%，同比增长 6.6%。

2021 年 9 月

9 月 6 日，福田康明斯 F2.5 轻型柴油国六发动机在北京正式发布。

9 月 8 日，经重庆两江新区市场监督管理局核准，上汽依维柯红岩商用车有限公司正式更名为上汽红岩汽车有限公司。

9 月 15 日，以"创赢未来、智领高端"为主题的"陕汽轻卡 K5000"全国上市发布会暨科技创新产品展会在山东烟台举行。"陕汽轻卡 K5000"的面世，填补了陕汽轻卡在高端轻型货车市场的空白。

9 月 16 日，吉利商用车集团与雀巢中国在吉利杭州总部完成战略合作签约，双方将在新能源商用车领域开展碳减排、碳交易、运力运营、车辆采购和推介等一系列深度合作。

9 月 23 日，上汽集团发布上汽商用车"十四五"规划和目标：到"十四五"

末，商用车整车销量要实现翻番，达到 50 万辆规模；营业收入要超越千亿元，新能源销售占比提升至 38%，智能网联装机率提升至 60%，海外销量占比达 25%，燃料电池车的"十、百、千、万"氢能战略要取得重大突破。

9 月 26 日，东风商用车发布生态品牌鲲跃，全力打造绿色智慧物流解决方案。在新品牌理念指导下，东风商用车首批发布了换电物流整体解决方案以及 L4 级智慧港口整体解决方案。

9 月 28 日，伊顿康明斯（中国）高产能线首台赢动 AMT 产品下线仪式于江苏无锡工厂内举行。伊顿康明斯（中国）高产能线投产后，将带来 8 万台重型变速器的产能储备，为伊顿康明斯（中国）进一步加速本地化进程奠定了坚实基础。

9 月 29 日，伊顿康明斯在四川成都面向全球市场发布了其全新开发的 15L 国六重型发动机产品。该款发动机携 48% 的量产热效率以及 680 马力的最大功率两大"杀手锏"，将进一步助推物流行业在动力性、TCO（全生命周期成本）及高效定制等方面步入"新纪元"。

9 月 29 日，在一汽解放新能源战略发布暨新能源事业部成立大会上，一汽解放宣布成立新能源事业部，以行动响应国家"双碳"战略，并在大会上发布了解放"15333"新能源战略。

9 月 29 日，潍柴动力股份有限公司发布《关于对控股子公司增资暨关联交易的公告》。经潍柴动力股份有限公司与陕西汽车集团股份有限公司协商确定，双方按当前持股比例（潍柴动力持股比例为 51%，陕汽集团持股比例为 49%）分别对陕西重汽增资不超过 40.8 亿元和 39.2 亿元，增资款项分期到位，其中首期分别增资 10.2 亿元和 9.8 亿元。

9 月，生态环境部正式开放甲醇汽车公告申报端口，山西和贵州等地方政府进一步推进甲醇汽车推广应用，吉利远程汽车、汉马科技、北奔、陕汽等商用车企业加快在该领域的布局研发，预示着甲醇重型货车进入市场推广阶段。

9 月，我国商用车行业共计销售 31.7 万辆，环比增长 28.3%，同比下降 33.6%。其中，货车销售 27.7 万辆，环比增长 32.3%，同比下降 36.1%；客车销售 3.9 万辆，环比增长 5.3%，同比下降 8.9%。

2021 年 10 月

10 月 5 日，比亚迪和美国 Levo Mobility LLC（简称 Levo）共同宣布，Levo 计划在五年内购买 5000 辆比亚迪中型和重型纯电动车，其中包括公交车、客车、庭院拖拉机、拖车、环卫货车、"最后一英里"物流车和校车。

10 月 7 日，福田欧康动力超级工厂探秘之旅在山东潍坊开启，搭载欧康 F2.5 蓝牌轻型货车新动力的奥铃速运 BUFF 版同期升级上市。

10 月 13 日，上汽红岩汽车有限公司内蒙古分公司与内蒙古捷氢科技有限公司揭牌暨奠基仪式在内蒙古鄂尔多斯市举行，标志着全球首个万辆级氢能重型货车产业链项目正式启动。

10 月 22 日，广汽比亚迪向广州市公交集团二运公司交付首批 40 辆纯电动智能渣土车 T31，促进广州渣土车电动化，进一步改善城市大气环境。

10 月 24 日，江铃特顺空间王在南京宣布全国上市。江铃特顺空间王拥有 5.496m 的车长、2.48m 的外高以及 1.74m 的车厢内高，载货容积最高可达 9.2m³。

10 月 27 日，"奋斗焕新生活——奇瑞商用车开瑞品牌焕新战略发布"活动在河南开封举行。开瑞汽车作为奇瑞集团"商乘并举"战略的重要布局，以新世代用户需求为中心，发布了品牌焕新战略。

10 月 28 日，福田汽车旗下欧辉 70MPa 氢燃料客车顺利通过全球首例碰撞试验。此举不仅填补了氢燃料客车碰撞安全研究的空白，同时也标志着福田汽车氢燃料电池商用车研发制造能力再上新台阶。

10 月，工业和信息化部办公厅印发《关于启动新能源汽车换电模式应用试点工作的通知》，决定启动新能源汽车换电模式应用试点工作。纳入此次试点范围的城市共有 11 个，其中综合应用类城市 8 个（北京、南京、武汉、三亚、重庆、长春、合肥、济南），重型货车特色类城市 3 个（宜宾、唐山、包头）。

10 月，我国商用车行业共计销售 32.6 万辆，环比增长 2.5%，同比下降 29.7%。其中，货车销售 28.7 万辆，环比增长 3.0%，同比下降 31.8%；客车销售 3.9 万辆，环比下降 0.8%，同比下降 8.8%。

2021 年 11 月

11 月 8 日，远程汽车与中铁联运物流股份有限公司达成战略合作，双方将开展甲醇新能源供给领域的合作，共同开发推广以甲醇、甲醇增程式和纯电驱动为动力的多挂集装箱新能源智能重型货车，共建绿色高效的物流体系，为国家能源安全和绿色低碳发展做出贡献。

11 月 8 日，远程汽车发布全新一代新能源智能豪华重型货车——远程星瀚 H（Homtruck），新车计划于 2024 年正式上市。作为剑指全球市场和未来环境的旗舰重型货车，远程星瀚 H 凝聚了远程汽车所有尖端技术，汇聚家居设计布局、高阶智能驾驶、未来智慧座舱三大核心亮点。

11 月 11 日，比亚迪首批无座舱式港口专用牵引车在湖南长沙基地下线，标志着比亚迪在纯电动专用车领域再开新篇章，向货车智能化驾驶迈出重要一步，加速自动驾驶货车商业落地。

11 月 13 日，"大运重卡全国巡展启动暨 V7 下线仪式"在山西运城举行，大运全新一代行业轻量化标杆产品——V7 正式下线发布。经过多项轻量化设计突破，V7 自重可达到 7.26t。

11 月 17 日，上柴股份发布《关于使用部分募集资金向上汽红岩汽车有限公司增资以实施募投项目的公告》，上柴股份以货币方式向上汽红岩增资 10 亿元，以实施"智慧工厂"项目和"新一代智慧重卡"项目。

11月18日，云内动力在云南昆明举行云内德威国六长效超级产品、智慧后服务发布会。会上，首次保养换油周期5000km/3个月、定期保养换油周期40000km/12个月的云内德威系列国六长效超级发动机正式发布。

11月19日，在2021第十九届广州国际汽车展览会上，长城皮卡宣布全球销量突破200万辆，树立皮卡行业全新里程碑，开启了中国皮卡全球化元年。

11月22日，内蒙古鄂尔多斯市"伊金霍洛旗氢能重卡运营启动仪式"在内蒙古正能化工集团举行，上汽红岩交付鄂尔多斯市用户的首批氢能重型货车正式投入运营，这不仅是上汽红岩氢能重型货车商业落地再进一步的重要标志，也是上汽红岩鄂尔多斯新能源重型货车项目进程中的又一重要里程碑。

11月23日，上海柴油机股份有限公司（简称上柴股份）发布《关于变更公司名称及修改〈公司章程〉的公告》，上柴股份拟将中文名称由上海柴油机股份有限公司变更为上海新动力汽车科技股份有限公司。

11月30日，"陕汽重卡&正威（天津）集团战略签约暨1000辆危化品牵引车首批交车仪式"在陕西西安陕汽产业园举行。

11月，工业和信息化部发布的《"十四五"工业绿色发展规划》将甲醇汽车纳入绿色产品范畴，并提出要促进甲醇汽车等替代燃料汽车的推广。

11月，我国商用车行业共计销售33万辆，环比增长1.1%，同比下降30.3%。其中，货车销售29万辆，环比增长0.9%，同比下降31.9%；客车销售4.0万辆，环比增长2.5%，同比下降16.5%。

2021年12月

12月5日，中通客车全周期智慧运营管理平台品牌——U－LINK正式发布。U－LINK旨在搭建智慧、便捷、全方位、全周期的运营生态，缓解人、车、路、网资源不协调的难题，为提升公共交通主动安全、运行效率提供有效支撑。

12月7日，比亚迪携手货车经销商Bluekens EV向荷兰知名物流运营商TDS（Top Delivery Services）交付10辆7.5t纯电动货车。

12月7日，71辆7m金龙海外定制版校车装船启航中东阿联酋，这也是金龙客车首次批量出口该车型。

12月10日，戴姆勒卡车控股公司在法兰克福证券交易所正式上市。这是戴姆勒卡车历史上重要的里程碑，标志着其在独立于戴姆勒股份公司之后，正式迈入充分释放业务潜力的发展道路。

12月10日，以"氢能驱动未来"为主题的"宇通集团·国家电投燃料电池产品批量交付暨战略合作签约仪式"在河南郑州举行，100辆宇通氢燃料电池客车即日起陆续交付。

12月中旬，比亚迪墨西哥分公司向当地啤酒生产、分销公司莫德洛集团

（Grupo Modelo）交付 20 辆 21t 载重纯电动重型货车。此次向莫德洛集团交付的 20 辆纯电动重型货车，是目前拉美最大的纯电动物流车队。

12 月 17 日，一汽解放鹰途产品发布暨下线仪式在山东青岛即墨新工厂举行。

12 月 17 日，戴姆勒卡车公布即将在中国生产的梅赛德斯－奔驰重型牵引车产品战略。国产化的梅赛德斯－奔驰牵引车将基于戴姆勒卡车全球产品阵容中最新一代 Actros 平台打造，并提供满足不同客户需求的丰富动力链选择。

12 月 18 日，奇瑞鄂尔多斯新能源矿用货车下线仪式暨奇瑞集团首辆车下线 22 周年庆，在内蒙古鄂尔多斯奇瑞零部件工业园举行。首批从奇瑞新能源矿用货车生产基地下线的新能源产品，有 8×4 纯电动重载型自卸车、6×4 纯电动牵引车、8×4 纯电动渣土车。

12 月 22 日，福田汽车正式发布首个技术品牌——银河技术。银河技术是福田汽车历经 5 年打造的"1＋3＋N"的立体式技术平台，由 1 个高效干线物流技术平台、3 大核心优势、N 项关键技术构成。

12 月 23 日，吉利商用车集团与协鑫集团签署全面战略协议，双方在移动能源市场拓展、换电重型货车、甲醇汽车、碳捕捉、液态阳光（绿色甲醇）等领域开展全面深度合作。

12 月 28 日，广西玉柴集团第 1000 万台发动机下线暨新战略发布会在广西玉林举行。玉柴集团第 1000 万台发动机下线是中国柴油机领域的第一个千万台纪录，也是中国内燃机行业发展史上重要的里程碑。

12 月 29 日，一汽解放 2022 商务年会在长春召开。2021 年，解放以总销量近 44 万辆、中重型货车近 37 万辆、中重型货车份额 23.5% 的业绩，再创十项历史新高，夺十项行业第一；创下国内重型货车六连冠、中重型货车五连冠，全球四连冠，品牌价值连续十年行业第一。

12 月 29 日，上汽商用车中型多功能宽体轻型客车项目（中 VAN 项目）启动仪式在南京依维柯桥林基地举行。这是南京依维柯股比变更、上汽控股以后，依托上汽商用车技术中心自主研发的首个新项目，也是上汽商用车事业部实施商用车基地布局战略部署的重大举措。

12 月 30 日，中国重汽集团 2022 商务大会在山东济南召开。2021 年，中国重汽重型货车销量市场占有率达到 20.5%，同比增长 2.4 个百分点，国内行业排名升至第二位，其中，重型货车出口连续 17 年保持全国首位。

12 月 31 日，财政部、工业和信息化部、科技部、发展改革委联合发布《关于2022 年新能源汽车推广应用财政补贴政策的通知》。通知要求，2022 年，新能源汽车补贴标准在 2021 年基础上退坡 30%；城市公交、道路客运、出租（含网约车）、环卫、城市物流配送、邮政快递、民航机场以及党政机关公务领域符合要求的车辆，补贴标准在 2021 年基础上退坡 20%。

12月，我国商用车行业共计销售 36.4 万辆，环比增长 10.5%，同比下降 20.1%。其中，货车销售 31.1 万辆，环比增长 7.2%，同比下降 21.2%；客车销售 5.4 万辆，环比增长 34.4%，同比下降 13.6%。

2021 年，我国商用车行业累计销售 479.3 万辆，同比下降 6.6%。其中，货车销售 428.8 万辆，同比下降 8.5%；客车销售 50.5 万辆，同比增长 12.6%。

2021 年，我国新能源重型货车销量首次突破万辆，这是新能源重型货车发展史上的里程碑事件，标志着重型货车行业和公路运输业在"双碳"背景下，正快速向着电动新赛道迈进。

2022 年 1 月

1月4日，潍柴集团第 105 万台发动机交付陕西重汽，潍柴集团达成 2021 年产销发动机 105 万台，再次刷新全球柴油机行业纪录。

1月8日，潍柴动力在济南发布了首款本体热效率 51.09% 柴油机及重大氢能科技示范成果。2020 年 9 月 16 日，潍柴动力在济南发布了首款本体热效率 50.23% 的商业化柴油机。

1月11日，东风商用车有限公司与国家电投集团氢能科技发展有限公司在武汉签署战略合作协议，共同致力氢燃料电池商用车市场推广，助力"双碳"攻坚战。

1月12日，福田"大将军皮卡全系柴油 8AT 暨驭炮大将军上市发布会"在重庆举行。驭炮大将军车型售价 13.48 万～16.58 万元，将军 F9 车型售价 12.68 万～15.48 万元，大将军 G9 车型售价 14.48 万～19.38 万元。上市新车全部搭载 2.0T 柴油发动机和采埃孚 8AT 变速器。

1月13日，工业和信息化部、公安部发布《关于进一步加强轻型货车、小微型载客汽车生产和登记管理工作的通知》，这意味着备受瞩目的"蓝牌新规"终于正式颁布。该政策对于轻型货车和轻型客车行业影响巨大，其中，4.5t 蓝牌轻型货车发动机排量不大于 2.5L（冷藏车不大于 3.0L），蓝牌轻型货车货箱内部宽度不大于 2100mm、小微型载客汽车的车辆长度不超过 5500mm 等方面的规定，将重塑整个轻型商用车行业的发展趋势和竞争格局。

1月14日，上汽红岩鄂尔多斯基地天隆工厂投产暨首批车辆下线，标志着全球首个万辆级氢能重型货车产业链项目落地取得阶段性成果。

1月17日，远程汽车发布了国内首款新能源双挂列车，搭载远程汽车自主研发的 13L 甲醇动力，未来还将搭载甲醇增程式、纯电换电等多种新能源动力。

1月20日，一汽解放 J6V 上市发布会在长春一汽解放货车厂总装车间举行。该车是 J6"神车"中的最新款产品，采用驾驶室平地板设计并应用 80 项技术升级。

1月24日，湖北襄阳市与比亚迪签署战略合作框架协议，携手打造新能源与智能网联汽车产业基地。襄阳比亚迪产业园主要包括动力电池生产线及零部件、零碳园区、新能源汽车零部件等项目，将分 3 期建设，一期总投资 100 亿元。

1月25日，随着一辆即将交付瑞典的13m纯电动大客车驶出杭州比亚迪客车基地，比亚迪全球第70000辆纯电动客车正式下线。

1月，我国商用车行业共计销售34.4万辆，环比下降5.5%，同比下降25.1%。其中，货车销售31.4万辆，环比增长1%，同比下降25.8%；客车销售3.0万辆，环比下降43.3%，同比下降15.8%。

2022年2月

2月4日，2022北京冬奥会开幕，宇通客车本次共有包括氢燃料、高端商务车T7、纯电动机场摆渡车、高端游旅客车等在内的950辆客车为赛事护航。

2月4日，2022北京冬奥会开幕，金龙客车服务车辆超过300辆，其中包括客运服务车辆、DIDO自动驾驶物流车、阿波龙、移动核酸检测PCR实验室以及移动CT医疗车等。

2月16日，一汽解放西北营销部成立，一汽解放将针对西北市场特点，实施精准化营销战略。

2月21日，远程汽车与韩国汽车产业集团MS明信集团签署战略合作协议，双方将共同基于新能源全新轻型客车远程星享V开发定制车型，并在技术开发、属地认证、市场销售等领域进行深度合作。

2月22日，康明斯公司和美驰公司共同宣布，双方已达成协议，康明斯将收购美驰公司。根据协议，康明斯将以每股36.50美元现金收购美驰，总交易金额约为37亿美元。

2月22日，宁德时代联合三一重工在福建宁德举行福建省换电重型货车应用示范投放运营仪式，全国首条电动重型货车干线——福宁干线投入运营，福建省首批62辆三一电动渣土车正式交付。

2月22日，比亚迪宣布，瑞典自动驾驶货车公司Einride已经向其购买了200辆8TT纯电动牵引车，这是比亚迪在亚洲以外地区获得的最大一笔重型纯电动货车订单。

2月28日，欧曼银河全国上市发布会在海南文昌举行。会上，欧曼全新IP形象正式发布，以更年轻化的设计，成为卡友行车路上的"保护神"。

2月28日，以"伙伴靠谱 奋斗UP——创富＋战略落地暨开瑞X6真情上市"为主题的开瑞新品上市发布会在安徽芜湖举行，本次发布会对开瑞"创富＋"战略落地进行了深度解读，并为用户带来了奇瑞赤兔平台首款车型——开瑞X6大微型货车。

2月，河南省人民政府印发的《河南省"十四五"现代能源体系和碳达峰碳中和规划》提出，到2025年，全省能源消费增量的50%以上由非化石能源满足，2030年前实现碳达峰；着力推进氢能发展，推进郑州国家氢燃料电池汽车示范城市群与郑汴洛濮氢走廊融合发展，推动氢燃料电池汽车在物流园区、城市建设、垃圾转运、重点产业园区、重点企业厂区等示范应用；构建绿色低碳交通体系，大力发展多式联运，促进大宗货物中长距离运输"公转铁""公转水"，鼓励重型货车、船舶使用液化天然气（LNG）或氢能替代燃油。

2月，福田汽车批量客车交付新西兰奥克兰东区最大公共交通公司。全部车辆将投入奥克兰东区作为所有区内学校校车，为学生提供接送服务。此次交付意味着福田汽车成为新西兰历史上首个客车产品被批量化用做校车的品牌。

2月，康明斯公司宣布进一步扩展其动力总成平台，实现多种低碳燃料通用。这种全新设计将应用于康明斯B、L和X系列发动机，这些产品可使用柴油、天然气和氢气作为燃料。

2月，我国商用车行业共计销售25.0万辆，环比下降27.4%，同比下降16.6%。其中，货车销售22.7万辆，环比下降27.8%，同比下降17.8%；客车销售2.3万辆，环比下降23.5%，同比下降3.6%。

2022年3月

3月1日起，"蓝牌新规"正式实施，生产厂家停止生产不符合新规技术要求的产品，相关机构也停止接收相关产品合格证信息。

3月7日，远程汽车新能源轻型客车远程星享V全国上市，该款新能源物流车为用户提供6m³载货大空间，为城市"供应商—仓库—配送中心—门店"的运输多元化需求提供灵活高效的多种选择方案。

3月10日，交通运输部、科技部联合印发的《"十四五"交通领域科技创新规划》提出的重点任务包括：在交通装备领域，推动新能源汽车和智能网联汽车研发，突破燃料电池、高效驱动电机、车路协同无线通信、车辆主动防护及自动预警等技术。

3月12日，特百佳动力科技有限公司在上海举行第10000台新能源重型货车驱动系统下线仪式，新能源重型货车动力总成领域迎来单一企业率先突破万台的里程碑事件。

3月16日，徐工集团和协鑫能科举行新能源战略合作签约仪式。协议明确，双方要在未来3~5年实现1万辆以上换电重型货车的销售和200座以上换电站建设。

3月16日，中国重汽重磅推出全新一代汕德卡C9H重型货车。

3月22日，国家发展和改革委员会、国家能源局印发《"十四五"现代能源体系规划》。该规划提出，实施重点行业领域节能降碳行动，构建绿色低碳交通运输体系，优化调整运输结构，大力发展多式联运，推动大宗货物中长距离运输"公转铁""公转水"，鼓励重载货车、船舶领域使用LNG等清洁燃料替代，加强交通运输行业清洁能源供应保障；提升终端用能低碳化电气化水平，积极推动新能源汽车在城市公交等领域应用，到2025年，新能源汽车新车销量占比达到20%左右。

3月28日，宇通客车发布2021年年度报告。2021年，宇通客车累计实现客车销售41828辆，行业龙头地位持续稳固；实现营业收入232.33亿元，同比增长7.04%；归属于上市公司股东的净利润6.14亿元，同比增长18.95%。

3月28日，国内首台氨柴车用重型发动机在清华大学成功点火。这款由东风商用车技术中心和清华大学联合开发的车用重型发动机，实现了稳定高效的燃烧和更低的排放控制，将推动商用车实现低碳技术跃迁。

3月30日，潍柴动力发布2021年年度报告。2021年，潍柴动力销售发动机102万台，同比增长3.1%，其中重型货车发动机销售42.9万台，市场份额同比提升2.8个百分点至30.7%；实现营业收入2035.5亿元，同比增长3.2%；归属于上市公司股东的净利润92.5亿元，同比增长0.3%。

3月30日，一汽解放发布2021年年度报告。2021年，一汽解放实现整车销售43.97万辆，其中，中重型货车销售37.34万辆，市场占有率23.7%，同比增长1.5个百分点；实现营业收入987.51亿元，同比下降13.13%；归属于上市公司股东的净利润39.00亿元，同比增长45.97%。

3月30日，玉柴YCS04系列柴油机UN R49.07欧六E（欧VI-e）阶段柴油机排放颁证仪式在北京举行。这意味着玉柴成为国内首家成功获颁UN R49.07欧六E阶段排放证书的汽车柴油机制造商。

3月31日，东风柳汽乘龙H5智能网联电动物流车获得全国第一张针对公开道路入厂物流场景的自动驾驶重型货车测试牌照。

3月，由吉利控股集团研发生产的甲醇轿车和远程甲醇重型货车，开启了在丹麦奥尔堡港的测试与示范运行。

3月，国家发展和改革委员会、工业和信息化部等十部委联合发布的《关于进一步推进电能替代的指导意见》提出，深入推进交通领域电气化，加快推进城市公共交通工具电气化，在城市公交、出租、环卫、邮政、物流配送等领域，优先使用新能源汽车；大气污染防治重点区域港口、机场新增和更换车辆设备，优先使用新能源车辆；积极推进厂矿企业等单位内部作业车辆、机械的电气化更新改造。

3月，比亚迪携手印尼合作伙伴PT Bakrie & Brothers Group共同宣布与当地客车组装厂Tri Sakti达成合作，三方共同推进印尼新能源汽车产业化进程。

3月，我国商用车行业共计销售37.0万辆，环比增长47.7%，同比下降43.5%。其中，货车销售33.2万辆，环比增长46.3%，同比下降44.8%；客车销售3.8万辆，环比增长60.9%，同比下降27.8%。

2022年4月

4月1日起，新修订的《机动车驾驶证申领和使用规定》（公安部令第162号）正式实施，新增轻型牵引挂车准驾车型（C6）。

4月7日，中国重汽HOWO轻型货车全新统帅正式上市发布。HOWO新统帅是中国重汽面向高端物流运输领域打造的智慧轻型货车。

4月15日，伊顿康明斯公司宣布完成对Altra Industrial Motion旗下皆可博车辆系统的收购。

　　4月18日，内蒙古自治区鄂尔多斯市人民政府发布《氢能产业发展三年行动方案（2022—2024年)》。该方案提出，到2024年，开展可再生能源制氢示范项目8个以上；可再生氢产量达20万t/每年；累计建设加氢站60座，燃料电池车辆推广超过3000辆，打造5个以上10万t级绿色化工项目；建成3个市级及以上氢能产业创新合作平台。

　　4月19日，东风商用车有限公司动力总成事业部举行龙擎DT8变速器批量投产仪式，龙擎DT8变速器为8档变速器，主要适配于中型货车、专用车，具有快速扩展成自动变速器的技术能力。

　　4月28日，自动驾驶科技公司文远知行推出中国首款前装量产全无人驾驶环卫车，并宣布自5月起将在广州市南沙区开展公开道路测试，首批车队规模超50辆。

　　4月28日，沃尔沃卡车FH I－Save新车在中国上市，它搭载沃尔沃卡车迄今为止最具燃油效率的TC发动机，转矩增加300N·m，最大转矩达到2800N·m，动力性提升13%。

　　4月，一汽解放与远景动力通力合作的重型货车智能换电示范运营项目取得新突破。该项目目前已在内蒙古自治区鄂尔多斯市建成两座智能重型货车换电站，并成功完成了J6P配套远景动力全新一代重型货车电池系统的换电示范。

　　4月，比亚迪在哥伦比亚首都波哥大交付了406辆纯电动大客车。截至目前，共有1048辆比亚迪电动大客车在波哥大投入运营。

　　4月，国轩高科全资子公司合肥国轩与浙江吉利新能源商用车集团签署战略合作协议。双方约定，合肥国轩将在2022—2024年为吉利商用车供应动力电池产品。双方承诺2022—2024年预估供应/采购电池产品总量12.6万台套，包含微型客车（微面）、轻型货车、增程式三大品类。

　　4月，内蒙古自治区首条换电重型货车绿色运输干线——启源"鄂—包"运煤干线正式投运。该干线是在内蒙古自治区统一部署下，由启源芯动力联合G7、鄂尔多斯绿动集团、达拉特旗汇达能源、北奔重汽等合作伙伴探索出的煤炭绿色运输、数字甩箱陆港新模式。

　　4月，中集车辆孵化的半挂车分时租赁和全生命周期管理服务平台江苏挂车帮租赁有限公司宣布完成1亿元A轮融资，本轮融资将用于支持挂车帮现有业务的发展，补充流动资金，加速商业模式推广。

　　4月，我国商用车行业共计销售21.6万辆，环比下降41.6%，同比下降60.7%。其中，货车销售19.1万辆，环比下降42.6%，同比下降62%；客车销售2.5万辆，环比下降33.2%，同比下降46.6%。

2022年5月

　　5月1日起，国内首部针对皮卡制定的技术标准《多用途货车通用技术条件》正式实施。该标准明确了皮卡车的术语定义、尺寸、质量、功能、性能等有关要求，并对其客用属性以及牵引功能等方面进行了明确规定。标准实施后，皮卡车会在技术层面以"多用途货车"的身份独立存在。

5月5日，长安跨越出口南美市场的1341辆车辆完成发运交货。此次1341辆车主要是长安跨越王X系列车型，多次出口至埃及、阿根廷等国家和地区。

5月6日，杭州公交集团官网对公司2022年337辆纯电动城市客车采购及全生命周期维保服务项目中标候选人进行公示，宇通客车是该项目的唯一中标候选人，投标总报价258113400元（约2.58亿元）。

5月8日，长城炮皮卡第30万辆整车在长城汽车重庆智慧工厂下线。此次下线的第30万辆车型是乘用炮拖挂版，乘用炮、商用炮拖挂版也于当天同步上市。

5月9日，东风专用汽车有限公司智能化制造新工厂正式揭牌，这是东风商用车有限公司打造整车一体化核心竞争力的最新战略成果，也是东风商用车整车一体化事业发展的重要里程碑。

5月10日，第六个中国品牌日，宇通客车发布了客车行业首个以价值链为核心的价值体系——超基因价值链，从5大模块11个步骤聚焦客车全生命周期，旨在通过聚合价值，打造更加符合用户需求的产品、服务和解决方案，促进行业转型升级，推动公共出行可持续高质量发展。

5月10日，在第六个中国品牌日及江淮汽车集团58周年厂庆之际，江淮轻型货车进阶成为"江淮1卡"超级品牌，朝着"中国的1卡　世界的1卡"阔步前行，开启品牌发展全新纪元。

5月10日，第六个中国品牌日，东风商用车官宣将携手华为云加速数字化转型。华为云以专业数字化转型咨询，结合东风商用车"品牌向上"战略量身打造数字化路径，提升全价值链快速应对能力和效率。

5月11日，北奔重汽与科大天工举行"北奔重卡创新业务事业部"揭牌仪式。双方将在技术创新、商业开发、平台建设、产业投资、人才培养等多个方面开展深入合作。

5月16日，吉利商用车集团与建信金融、海通恒信国际、中广核国际、江苏金融及苏银金融五家金融租赁公司达成100亿元战略合作意向，签约方将围绕新能源商用车销售、换电站建设运营、生产基地建设、数据风控、商业模式创新等方面展开全方位合作。

5月16日，由五十铃（中国）企业管理有限公司从庆铃汽车采购，出口到蒙古的首批4辆VC61牵引车由重庆出发，在内蒙古二连浩特口岸交付海外客户。

5月19日，国家内燃机产业计量测试中心（筹）揭牌仪式在潍柴举行，潍柴动力获批筹建我国内燃机行业唯一的国家级计量测试中心。

5月19日，吉利远程本途新能源商用车项目签约仪式在山东省泰安市举行。未来，本途新能源作为专业的微型新能源车辆生产企业，将提供场地及设备，吉利远程新能源商用车将提供技术、产品支持和指导，共建新能源智能化高端装备，助推泰安市加快"双碳"目标落地。

5月20日，解放动力奥威520产品上市发布。奥威520发动机燃油喷射压力高达2000bar（1bar＝10⁵Pa），发动机的燃油雾化和分布更均匀，整体的燃油消耗率只有183g/kW·h。

5月20日，中国重汽第四代豪沃TX自动档智能渣土车上市发布。第四代豪沃TX自动档渣土车匹配重汽第七代S－AMT16无忧换档变速器，搭载潍柴工程标定版发动机，B10寿命突破180万km。

5月23日，江淮皮卡第20万辆量产车下线暨悍途共创车预售仪式在扬州制造基地举行。

5月24日，中国重汽第20万辆汕德卡暨首辆汕德卡G7S下线。G7S新车在汕德卡G7牵引车的基础上升级而来，专为高效物流打造。

5月27日，东风柳汽乘龙首批高端重型货车房车乘龙T7旅行家交付客户，全新品类重型货车房车开始正式进入货运市场。

5月27日，长城汽车旗下商用车品牌长征汽车对外宣布自6月5日起全面停产燃油车，从传统能源转向氢燃料电池、纯电动等清洁能源运输技术路线，并加大新一代清洁高效物流运输技术与产品研发力度。在产品布局方面，长征汽车主要聚焦新能源城市物流车、智能环卫车以及氢燃料重型货车三条产品线。

5月28日，"陕汽重卡1000辆新能源车辆战略合作签订仪式"在新疆乌鲁木齐举行。现场，新疆昆邦物流有限公司与陕西重型汽车有限公司、新疆启源焕电科技有限公司、陕汽新疆汽车有限公司、新疆恒通源汽车销售服务有限公司四方企业共同签订战略合作协议。

5月31日，国务院印发《扎实稳住经济的一揽子政策措施》，其中涉及商用车行业的重要政策包括：鼓励对中小微企业和个体工商户、货车驾驶员贷款及受疫情影响的个人住房与消费贷款等实施延期还本付息；中央汽车企业所属金融子企业要发挥引领示范作用，对2022年6月30日前发放的商用货车消费贷款给予6个月延期还本付息支持；完善交通物流保通保畅政策，全面取消对来自疫情低风险地区货运车辆的防疫通行限制，着力打通制造业物流瓶颈；统筹加大对物流枢纽和物流企业的支持力度。加快推动交通基础设施投资，支持中国国家铁路集团有限公司发行3000亿元铁路建设债券，启动新一轮农村公路建设和改造，等等。

5月，上汽红岩纯电动牵引车在南美洲智利某锂盐矿区顺利结束试运营，成为首款在智利实现商业化运输的纯电动重型货车。上汽红岩由此成为国内首家向智利出口纯电动重型货车的企业。

5月，上汽红岩杰狮H6纯电动牵引车及其所属零部件成功通过了欧盟整车型式批准认证WVTA的30余项检测，标志着红岩纯电动牵引车的性能已经完全满足高标准的欧盟法规要求，成为中国首辆通过该认证检测的纯电动牵引车产品，加速了中国新能源重型货车走向世界的进程。

5 月，我国商用车行业共计销售 23.9 万辆，环比增长 10.4%，同比下降 50.5%。其中，货车销售 21 万辆，环比增长 9.7%，同比下降 51.9%；客车销售 2.9 万辆，环比增长 15.7%，同比下降 37.4%。

2022 年 6 月

6 月 1 日，财政部发布的《财政支持做好碳达峰碳中和工作的意见》提出，将"大力支持发展新能源汽车，完善充换电基础设施支持政策，稳妥推动燃料电池汽车示范应用工作"作为支持重点方向和领域。

6 月 2 日，东风柳汽与柳钢集团举行了汽车用钢联合实验室揭牌仪式并签署战略合作协议，柳钢集团采购的 500 辆东风柳汽绿色物流运输车首批 100 辆车正式交付。

6 月 7 日，东风柳汽发布"光合未来"新能源战略，"光合未来"新能源战略囊括商用车与乘用车两大品类，其中新能源商用车涵盖轻型、中型、重型三大平台。发布会上，东风柳汽乘龙准重型平台换电牵引车 H5V 亮相。

6 月 8 日，由一汽解放自主设计研发的国内首款重型商用车缸内直喷氢气发动机成功点火。该款氢气发动机属 13L 重型发动机，运转功率超 500 马力，指示热效率突破 55%。

6 月 8 日，全柴动力第 100 万台博世共轨发动机下线。活动现场，双方签订了新的战略合作协议，就现阶段和未来新能源产业的发展加深合作，为"双碳"助力，也为市场用户提供更好的产品和解决方案。

6 月 10 日，斯堪尼亚在江苏如皋举行商用车项目暨如皋制造基地工程建设启动仪式，该基地计划于 2024 年投产。这是斯堪尼亚在欧洲和南美外的全球第三个生产基地。未来，如皋制造基地将开发和生产传统内燃机车辆及新能源车辆，产品不仅供给中国，还将出口国际市场。

6 月 14 日，汉马科技发布公告称，为积极响应国家"碳达峰、碳中和"战略目标号召，加快公司产品新能源化进程，公司将于 2025 年 12 月停止传统燃油车的整车生产，专注于纯电动、甲醇动力、混合动力、氢燃料电池等新能源、清洁能源汽车业务。

6 月 15 日，北汽集团举行"BLUE 卫蓝计划"发布会，宣布将深入推进全面新能源化与智能网联化，通过技术降碳、产品降碳、制造降碳、低碳生态多种方案并行，打造乘用车、商用车全系列绿色低碳产品，全力在 2025 年实现碳达峰，2050 年实现产品全面脱碳、运营碳中和。

6 月 15 日，中国重汽、潍柴动力联合发布全国首辆商业化氢内燃机重型货车。该款车型为中国重汽全新一代黄河品牌高端重型货车，搭载潍柴动力自主开发的 13L 氢内燃机。

6月16日，郑州日产推出了基于日产纳瓦拉平台打造的锐骐7全新皮卡，汽油版售价10.98万～15.48万元，柴油版售价11.38万～16.08万元，同时提供手动/自动、两驱/四驱等多种组合，并包含不同货箱版本和颜色搭配，共计多达30余种车型。

6月17日，高端新能源皮卡全新品牌——RADAR（雷达汽车）正式发布。RADAR品牌由浙江吉利控股集团有限公司注册，于7月正式首发，其首款皮卡产品也将同步亮相。

6月17日，内蒙古自治区新能源重型货车产业发展大会在内蒙古包头市召开。活动现场，北奔重汽向包钢交付了151辆新能源重型货车，并与20家与会企业签订了7319辆的新能源重型货车集中采购意向订单。

6月17日，一汽解放300辆氢燃料电池商用车从长春发往北京、上海、山西三地。该批车辆包括载货、自卸、牵引三个产品系列，覆盖城市物流、城建渣土、短驳倒运等多个应用场景。

6月17日，甘肃省首条自动驾驶测试路段暨自动驾驶路测牌照发放仪式举行，该省首条自动驾驶测试道路——兰州新区城市开放道路测试区测试与示范应用道路正式公布，宇通获得"甘A0001试"号牌，这也是甘肃省首张自动驾驶路测牌照。

6月18日，定位为"高端新一代全能生意王"的福田奥铃M卡正式上市，共发布汽油1.5T，柴油2.0L、2.3L及2.5L四款新车型，标志着奥铃轻型货车开始进军小型货车市场。

6月21日，成都大运新能源2.0系列上市发布会在四川成都举行，成都大运全新一代新能源货车矩阵面向全国用户正式公开亮相，产品覆盖纯电动、换电、混合动力货车等不同技术路线。活动现场，成都大运汽车收获订单合计达1100辆，并交付首批30辆换电物流车。

6月22日，国务院常务会议确定加大汽车消费支持政策。会议指出，要进一步释放汽车消费潜力：一是活跃二手车市场，促进汽车更新消费；二是支持新能源汽车消费；三是完善汽车平行进口政策，有序发展汽车融资租赁，支持停车场等建设。政策实施预测2022年增加汽车及相关消费大约2000亿元。

6月22日，吉利晋中基地首辆远程甲醇重型货车和第4代帝豪醇电混动轿车同步下线。本次下线的远程甲醇重型货车是吉利正向研发的第二代甲醇重型货车，搭载全新自主开发的13L甲醇发动机，拥有430马力/460马力/480马力三种动力版本，燃料费用比柴油重型货车节省约18%。

6月24日，长征汽车品牌复兴暨1号新能源重型货车发布会在河北邢台长征汽车工厂举行。长征汽车1号新能源重型货车包括液氢燃料电池牵引车、气氢燃料电池牵引车和换电重型货车等不同车型，是长征汽车针对港口、矿山、钢铁、电力、重工业等短倒运输场景定制开发的新能源重型货车产品。

6月25日，北汽瑞翔在2022重庆车展上发布以"聚势启新，拥抱未来"为主题的新能源战略。未来五年北汽瑞翔将在新能源领域实施"双擎"战略计划，从商用车及乘用车两个领域共同发力。

6月26日，解放动力迎来第四个品牌日。解放动力以"非同凡芯，志越四海"为主题，通过云直播方式，召开解放动力品牌日暨非道路四阶段全系列产品上市发布会。

6月28日，上海新动力汽车科技股份有限公司（简称动力新科）召开董事会2022年度第三次临时会议，会议表决通过了《关于公司新能源汽车CTP高效动力电池系统制造项目的议案》。该公司公告称，公司拟利用现有厂房投资建设新能源汽车CTP高效动力电池系统制造项目，首期投资额为8781万元，形成3GW·h产能，计划2023年投产。

6月29日，福田欧辉客车获得北京公交集团城市副中心公交2022年度210辆新能源客车采购项目，该批订单包括145辆10m纯电动客车及65辆7m纯电动客车，中标金额高达24860.90万元。

6月30日，玉柴YCK16H燃氢发动机在广西玉林成功点火。该款发动机排量达15.93L，最大功率达560马力。

6月，上海捷氢科技股份有限公司科创板IPO上市申请获上交所受理。捷氢科技是一家专注于燃料电池堆、系统及核心零部件的研发、设计、制造、销售及工程技术服务的高新技术企业。此次IPO，公司拟募集资金10.6亿元。

6月，江淮1卡帅铃全新S系列新品在各地上市，S系列产品布局1725mm、1920mm、1995mm、2090mm多款车身，动力覆盖2.2L、2.5L、3.0L、4.0L、4.5L，为冷链、商贸、城市配送、物流等行业打造更具价值的1号产品一体化解决方案。

6月，45辆中通纯电动豪华旅游客车发往南美洲智利，该批车以超级大客车H12为主，将承担起智利国家铜矿区的通勤出行交通保障服务，这也是H12连续两年批量进入智利市场。

6月，江淮1卡旗下全新一代高端轻型货车品牌"运多多"发布，该品牌定位"巨划算的高端物流卡车"，以专业底盘、专业座舱覆盖蓝牌、黄牌市场，满足全场景运输需求。

6月，我国商用车行业共计销售28.1万辆，环比增长17.4%，同比下降37.4%。其中，货车销售24.6万辆，环比增长17.2%，同比下降37.8%；客车销售3.4万辆，环比增长18.9%，同比下降34.3%。

2022年上半年，我国新能源重型货车市场销量保持连涨态势，累计销量突破万辆，同比增长491%，几近逼平2021年全年销量，发展势头迅猛。

2022年上半年，我国商用车行业累计销售170.2万辆，同比下降41.2%。其中，货车销售152.2万辆，同比下降42.2%；客车销售18.0万辆，同比下降30.5%。